Hans Reinecker
Grundlagen der Verhaltenstherapie

Hans Reinecker

Grundlagen
der Verhaltenstherapie

Psychologie Verlags Union
München – Weinheim 1987

Anschrift des Autors:

Professor Dr. Hans Reinecker
Universität Bamberg
Lehrstuhl Klinische Psychologie
Markusstr. 6
8600 Bamberg

Anschriften des Wissenschaftlichen Beirates des Psychologie Programms

Prof. Dr. Dieter Frey, Institut für Psychologie der Universität Kiel,
Olshausenstr. 40/60, 2300 Kiel
Prof. Dr. Siegfried Greif, Universität Osnabrück, FB 8 Psychologie, Knollstr. 15, 4500
Osnabrück
Prof. Dr. Heiner Keupp, Institut für Psychologie, Sozialpsychologie Universität München,
Leopoldstr. 13, 8000 München 40
Prof. Dr. Ernst-D. Lantermann, Gesamthochschule Kassel, FB 3,
Heinrich-Plett-Str. 40, 3500 Kassel
Prof. Dr. Rainer K. Silbereisen, Universität Giessen FB 06 Psychologie
Otto-Behaghel-Str. 10/F, 6300 Giessen
Dr. Bernd Weidenmann, Universität der Bundeswehr München,
Fachbereich Sozialwissenschaften, Werner-Heisenberg-Weg 39, 8014 Neubiberg

Lektorat:

Dr. H. Jürgen Kagelmann

CIP-Kurztitelaufnahme der Deutschen Bibliothek

Reinecker, Hans:
Grundlagen der Verhaltenstherapie / Hans Reinecker. –
München ; Weinheim : Psychologie-Verlags-Union, 1987.
    ISBN 3-621-27032-9

Umschlagentwurf: Atelier Warminski, 6470 Büdingen
Gesamtherstellung: Kösel, Kempten
Printed in Germany.
© Psychologie Verlags Union
ISBN 3-621-27032-9

*Für
Christa
und
Eva Elisabeth*

Vorwort

Das Ziel eines Buches über „Grundlagen der Verhaltenstherapie" kann nicht allein darin bestehen, nun noch ein Werk über Verhaltenstherapie zu schreiben – davon gibt es wahrlich genug. Die Idee und schließlich die Umsetzung entstand vielmehr aus einer jahrelangen Beschäftigung mit Grundlagen der Verhaltenstherapie und aus der Ausbildung in Klinischer Psychologie. Mit der Bearbeitung und Darstellung wichtiger Grundlagen sollte für den Studierenden eine *Orientierungshilfe* geschaffen werden: Diese Orientierungshilfe beabsichtigt weder eine vollständige Darstellung all dessen, was der Autor an der Verhaltenstherapie für zentral und vermittelnswert hält, noch eine blinde Rezeption des Standpunktes durch den Leser. Es ist vielmehr die Absicht, eine exemplarische Aufbereitung von Grundlagen zu leisten und dem Studierenden die Fähigkeit zur flexiblen Problemlösung zu vermitteln.

Um diese Ziele zu realisieren wurde versucht, verschiedene didaktische Gesichtspunkte einzuhalten:

- Die Darstellung der Inhalte sollte möglichst konkret und mit Bezug auf die zukünftige praktische Arbeit erfolgen. Zu diesem Zweck wurden viele *Beispiele* in den Text eingeflochten, die – so gut dies über Beispiele eben möglich ist – einen Bezug von theoretischen Überlegungen zum praktischen Handeln erleichtern sollen.
- Zur Illustration wurden eine Reihe von Graphiken, Abbildungen und Schemata aufgenommen, die ebenfalls eine Erleichterung für den Leser darstellen sollen.
- Zur raschen Orientierung, aber auch als *Merkhilfe,* wurden am Schluß der einzelnen Kapitel kurze *Zusammenfassungen* angefügt. Diese Zusammenfassungen haben den Charakter von »Merksätzen« für den Inhalt des jeweiligen Kapitels.
- Ebenfalls am Ende der einzelnen Kapitel wurde ein Hinweis auf wichtige *weiterführende Literatur* gegeben, die insbesondere zur Differenzierung und Vertiefung empfohlen wird. Besonderes Augenmerk wurde darauf gelegt, sich auf eine »bewältigbare« Menge zu beschränken.
- Im Anhang des Buches sind verschiedene Hinweise über wichtige verhaltenstherapeutische *Fachzeitschriften, Buchserien* und verhaltenstherapeutische *Gesellschaften* abgedruckt; damit soll für den Leser ebenfalls eine gewisse Orientierung geschaffen werden.

Ein wichtiges Ziel des Buches ist es, denjenigen Grundlagen der Verhaltenstherapie besondere Beachtung zu schenken, die man als *bewährt* ansehen kann. Damit sind Darstellungen und Verweise auf *ältere* Ansätze aus der Psychologie verbunden, die man heute kaum noch rezipiert, weil offensichtlich alles, was älter als ein paar Jahre ist, als wissenschaftlich überholt gilt. Wenn man sich jedoch die Mühe macht, auch ältere Literatur zu rezipieren, wird man vieles von dem wiederfinden, was heute zum Teil als brandneu oder revolutionär verkauft wird. Beispiele dafür bilden theoretische Überlegungen bei Edward L. Thorndike, Edward C. Tolman, Kurt Lewin oder John Dollard und Neal E. Miller. Neben der Berücksichtigung neuerer Trends findet der Leser deshalb auch Hinweise auf diese *klassische* Literatur. Es wäre besonders erfreulich, wenn damit eine Anregung zur eigenständigen Auseinandersetzung mit diesen Originalquellen gegeben werden könnte.

Wenn der Leser die Darstellung verschiedener Gebiete vermißt, so sollte er folgendes im Auge behalten: Die Schwierigkeit bei der Darstellung eines umfangreichen Gebietes ergibt sich nicht dadurch, daß man überlegt, was man *noch* alles aufnehmen und darstellen könnte. Das Problem bei der Konzeption bestand vielmehr darin, genau zu überlegen, was man in der Darstellung für *verzichtbar* hält, damit der Umfang des Werkes einigermaßen im Rahmen bleibt.

Es ist üblich, einer Reihe von Personen im Vorwort entsprechenden Dank für die Hilfe beim Zustandekommen des Buches abzustatten. Auch ich habe von mehreren Menschen sehr viel an fachlicher Hilfe und persönlicher Unterstützung erhalten, ohne die das Buch nicht entstanden wäre. Meinen Dank kann ich nicht dadurch ausdrücken, daß ich mich der entsprechenden Pflicht durch die Erwähnung im Vorwort entledige. Ich möchte dies auf ähnlich persönliche Weise tun, wie ich diese Hilfe erfahren habe. Dies ist aber nicht mehr Gegenstand des Vorworts.

Bamberg, im Januar 1987   *Hans Reinecker*

Inhalt

1 Verhaltenstherapie: Prinzipien und Standpunkte

Die Zeit der kontinuierlichen Entwicklung der Verhaltenstherapie ist mit circa 30 Jahren ausgesprochen kurz und erlaubt gewiß keine abschließende Bewertung. Um so erstaunlicher ist es, daß die Verhaltenstherapie in dieser kurzen Zeit einen starken Einfluß auf die Entwicklung der Klinischen Psychologie genommen hat. Beispiele dafür bilden verhaltenstheoretische Erklärungsmodelle psychischer Störungen, der Ansatz der Verhaltensdiagnostik, der Beitrag der Verhaltenstherapie zur psychosozialen Versorgung und der Einfluß auf die Psychotherapieforschung.

Verhaltenstherapie hebt sich durch ein ganz zentrales Merkmal von verschiedenen Modetrends im Randbereich der Klinischen Psychologie ab: Die Verhaltenstherapie weist eine enge Beziehung zu Grundlagen und Anwendungsfeldern der Psychologie auf. Wenn es auch schwerfällt, die Grenzen der Verhaltenstherapie präzise anzugeben, so mag es ein gewisser Trost sein, daß die Verhaltenstherapie dieses Problem mit der Psychologie insgesamt teilt. Die im Kern *psychologische Fundierung* der Verhaltenstherapie ermöglicht eine Orientierung an methodologischen und Forschungsaspekten der Psychologie (Beispiel: System-Modelle) ebenso wie eine Offenheit gegenüber neuen Anwendungsfeldern für verhaltenstherapeutisches Denken (Beispiel: Verhaltensmedizin).

In diesem ersten Kapitel werden einige *zentrale Merkmale* der Verhaltenstherapie näher dargestellt. Dazu gehört eine Erörterung der theoretischen beziehungsweise technologischen Fundierung der Verhaltenstherapie in der Psychologie. Besprochen werden auch Probleme des Medizinischen Modells psychischer Störungen, psychologische Alternativen und Konturen eines System-Modells. Abschließend wird eine Charakterisierung des heutigen Standes der Verhaltenstherapie versucht.

1.1 Zur Entwicklung der Verhaltenstherapie

Für die Entwicklung beziehungsweise Entstehung der Verhaltenstherapie als psychologischer Ansatz läßt sich kein genauer Zeitpunkt angeben; dies hängt unter anderem damit zusammen, daß eine genaue Gegenstandsbestimmung und Grenzziehung für Verhaltenstherapie zwar immer wieder versucht wurde, daß eine entsprechende Einigung jedoch nie stattfand. So kommt es auch, daß sich mit jeweils guter Begründung unterschiedliche Zeiträume für das Entstehen der Verhaltenstherapie angeben lassen:

- Am häufigsten werden die 50er Jahre genannt; dies ist auch der Zeitpunkt, in dem der Begriff Verhaltenstherapie („Behavior modification") offenbar unabhängig von mehreren Autoren vorgeschlagen wurde (Joseph Wolpe, Hans J. Eysenck, Burrhus F. Skinner, Ogden R. Lindsley, Vic Meyer). In diesem Zeitraum läßt sich in verschiedenen Gegenden der Welt eine Entwicklung der Verhaltenstherapie feststellen (allerdings mit leicht unterschiedlichen Schwerpunkten). Auf diese Entwicklung wird später noch kurz eingegangen.

- Vielfach wird auf verhaltenstherapeutische Ansätze hingewiesen, wie sie sowohl in praktischer Hinsicht (Dunlap 1928, 1932, M. C. Jones 1924a, b) als auch in methodologisch-theoretischer Hinsicht (John B. Watson, Iwan P. Pawlow) circa um 1920 oder 1930 eher sporadisch auftauchen. Es handelt sich dabei um einzelne, verstreute Ansätze, die sich zwar durchaus in eine „moderne" Verhaltenstherapie einordnen ließen, eine einheitliche Entwicklung ergab sich daraus jedoch noch keineswegs.
- Ebenso verstreut, zum Teil anekdotisch, sind Ansätze aus der Jahrhundertwende; diese wurden unter anderem von Freedberg (1973) als bedeutsam für die Grundlegung der Verhaltenstherapie angesehen (beispielsweise Prince, Coriat, Donley, Williams).
- In gewisser Weise läßt sich die Tradition der Verhaltenstherapie auch auf einzelne Bestrebungen im Mittelalter und in der Antike zurückführen. Hingewiesen wird dabei häufig auf das Beispiel des Redners Demosthenes, der durch kontinuierliche *Übung* seiner Aussprache einen Sprachfehler selbst korrigieren konnte und zu einem berühmten Redner wurde. Aus der Zeit des Mittelalters werden Beispiele einer systematischen Verstärkung von Verhaltensweisen (wie man dies heute ausdrücken würde) bei Tieren berichtet, um ausgesprochen komplexe Verhaltensweisen auszuformen (vgl. dazu Brožek und Diamond 1976).

Seit Mitte der 50er Jahre kann man von einer kontinuierlichen Entwicklung der Verhaltenstherapie sprechen. Es ist interessant, daß die Wurzeln der Verhaltenstherapie in diesem Zeitraum in England (Eysenck, Shapiro, H. G. Jones), in Südafrika (Wolpe, A. Lazarus) sowie in den Vereinigten Staaten (Lindsley, Skinner, Mowrer, Dollard und Miller) zu finden sind. Es lassen sich zwar einige Namen anführen, die für die Entwicklung der Verhaltenstherapie bedeutsam waren und die zumindest eine wichtige Facette dieser Bewegung geprägt haben; dennoch fällt bei der Entwicklung der Verhaltenstherapie auf, daß es keine eindeutige Gründerfigur gibt. Dieser Umstand und die Tatsache, daß wichtige Grundlagen und Methoden der Verhaltenstherapie an mehreren Orten *unabhängig* voneinander entwickelt wurden, weisen darauf hin, daß die Zeit für das Aufkommen der Verhaltenstherapie gewissermaßen reif geworden war. Dies läßt auch Krasner (1971, 1976) von der Verhaltenstherapie als einer „sozialen Bewegung" sprechen. Dabei darf man nicht aus dem Auge verlieren, daß diese Bewegung zwar eine Reihe wichtiger Gemeinsamkeiten aufweist, die sich allerdings nicht eindeutig festlegen lassen. Es handelt sich bei diesen Gemeinsamkeiten wohl eher um „Familienähnlichkeiten" im Sinne von Wittgenstein (1953), das heißt um eine Art „roten Fadens", der sich durch die Bewegung zieht. Die angesprochene *Heterogenität* der Entwicklung wird auch an den Ansätzen in England, in Südafrika und in den Vereinigten Staaten deutlich.

England

Hier versuchte Eysenck (1959, 1960), lerntheoretische Prinzipien zur Erklärung und Veränderung von psychischen Störungen heranzuziehen. Sehr deutlich wird dieses Vorhaben an Eysencks Definition von Verhaltenstherapie: Er verstand darunter eine Anwendung von Lerntheorien, was später zu einigen Kontroversen führte (Breger und Mc Gaugh 1965; Westmeyer 1973). Der enge Bezug von Verhaltenstherapie zu den Lerntheorien – unabhängig davon, wie dieses Verhältnis auch aussehen mag – geht sicherlich zum Teil auf den Einfluß von Eysenck zurück.

Etwa zur selben Zeit entwickelte Shapiro (1961, 1963, 1966) ein etwas anderes Verständnis von Verhaltenstherapie: Shapiro meinte, daß sich ein *psychologischer* Zugang zu psychischen Störungen insbesondere eines *psychologischen Wissens* (Theorien und Methoden) bedienen sollte. Aufgabe des Psychologen ist es demnach, in einem *Einzelfall* nach *Bedingungen* eines Problems zu suchen und zur Veränderung dieser Bedingungen im Einzelfall auf den gesamten Bereich psychologischen Wissens zurückzugreifen. Shapiro wurde damit zu einer wichtigen Gründerfigur der kontrollierten einzelfallanalytischen Tradition in der Verhaltenstherapie (vgl. Yates 1958, 1970).

Eine Reihe von Psychiatern und Psychologen am Maudsley Hospital in London versuchten, bei verschiedenen psychischen Störungen auf der Grundlage psychologischer und lerntheoretischer Überlegungen zu intervenieren und trugen so zu einer Verbreitung der Verhaltenstherapie im klinischen Setting bei (H. G. Jones; V. Meyer; A. Yates und andere).

Südafrika

In Südafrika bezog sich Joseph Wolpe zur Erklärung von massiven Angstreaktionen im theoretischen Bereich auf Clark Hull (1943) und auf eigene Untersuchungen (Wolpe 1952), die er insbesondere mit Katzen durchgeführt hatte. Daraus entwickelte sich das Behandlungsverfahren der *systematischen Desensibilisierung,* das lange Zeit als *die* Standardmethode der Verhaltenstherapie galt. Im Prinzip werden bei der systematischen Desensibilisierung konditionierte Angstreaktionen durch ein angstantagonistisches Verfahren (Entspannungstraining und andere therapeutische Maßnahmen) gehemmt und schrittweise abgebaut. Sowohl die theoretischen Grundlagen, als auch das technische Vorgehen bei Wolpe (1958, 1969) wurde später zum Gegenstand heftiger Kontroversen (vgl. Yates 1975).

Neben Wolpe sind für die Entwicklung der Verhaltenstherapie in Südafrika auch Arnold Lazarus und Stanley Rachman zu nennen. Beide waren Mitarbeiter und Kollegen von Wolpe, wobei, sich insbesondere Lazarus mit seinem eher technologisch orientierten Ansatz (Lazarus 1972, 1976) immer mehr von Wolpe entfernte, was ihm massive Kritik von Wolpe (1976a, b) eintrug. Wolpe und Lazarus waren später am selben Institut in Philadelphia tätig. Rachman arbeitete unter anderem eng mit Eysenck in London zusammen und trug zur Verbreitung der Verhaltenstherapie auch in Kanada bei.

Vereinigte Staaten

Einen wichtigen Strang der Entwicklung in den USA bilden Ansätze einer *operanten Technologie,* wie sie durch grundlegende Arbeiten von Skinner (1938, 1953), Ferster und Skinner (1957), Holland und Skinner (1961) vorbereitet wurden. Skinner selbst hat zwar nie verhaltenstherapeutisch gearbeitet, seine Untersuchungen und theoretischen Abhandlungen über die Bedeutung von *Konsequenzen* für das *zukünftige* Auftreten des Verhaltens wurden jedoch für eine Generation von Forschern und Therapeuten äußerst einflußreich (Azrin und Holz 1966; Bijou und Baer 1965, 1978; Ferster 1958, 1961, 1965; Honig 1966; Honig und Staddon 1977; Kanfer 1961, 1965; Kanfer und Phillips 1966, 1970; Krasner 1958, 1962, 1971; Krasner und Ullmann 1965; Lindsley 1956, 1960; Lovaas 1966, 1977; Ramp und Semb 1975; Ullmann und Krasner 1965, 1969).

Auch der Ansatz der *funktionalen Analyse,* wie er für die Verhaltenstherapie bedeutsam wurde, geht im Prinzip auf Skinner zurück (Abschnitt 2.1.2). Nach Skinner (1950, 1953) besteht eine sinnvolle theoretische Erklärung menschlichen Verhaltens im Aufzeigen der *Bedingungen,* unter denen dieses Verhalten entsteht.

Mit dem Anspruch der operanten Technologie, einen Beschreibungs- und Erklärungsansatz für „gestörtes" ebenso wie für „normales" Verhalten zu liefern, hängt auch eine Ausweitung des Geltungsbereiches der Verhaltenstherapie zusammen: Verhaltenstherapie – oder *„Verhaltensmodifikation",* wie dies im operanten Ansatz bevorzugt genannt wird (vgl. auch Keehn und Webster 1969) – beinhaltet also keineswegs nur eine Therapiemethode im engeren »klinischen« Sinne; Verhaltensmodifikation läßt sich ebenso auf den pädagogisch-erziehrerischen Bereich beziehen. Auch „außerklinische" Anwendungsfelder der Verhaltensmodifikation (zum Beispiel: Energiesparen durch kontrollierte Rückmeldung; Erziehung zu umweltschonender Abfallbeseitigung; und andere) gehen auf die operante Technologie zurück (vgl. Jones und Haney 1985; Kazdin 1977; Twardoz 1984). Ein Blick in verschiedene verhaltenstherapeutische Zeitschriften oder auch in die Reihe „Progress in behavior modification" zeigt diese vielfältige Entwicklung sehr deutlich.

Anmerkung: Die wissenschaftsgeschichtliche Entwicklung der Verhaltenstherapie wurde in zwei Büchern ausführlich behandelt (Kazdin 1978; Schorr 1984). Kazdin steht in der Tradition der Verhaltenstherapie und hat die Entwicklung selbst entscheidend mitgeprägt. Angela Schorr versucht, diese Entwicklung der Verhaltenstherapie aufzuzeigen; sie hat eine Reihe von Vertretern der Verhaltenstherapie ausführlich befragt und so eine Verbindung von persönlichen und institutionellen, manchmal auch eher zufälligen Gegebenheiten zur Wissenschaftsgeschichte der Verhaltenstherapie gezogen. Beide Bücher werden dem Leser sehr empfohlen, weil sie einen differenzierten Einblick in die Wurzeln der Verhaltenstherapie vermitteln.

1.2 Zur Charakterisierung von „Verhaltenstherapie"

Zur Charakterisierung von Verhaltenstherapie wurde eine Reihe von Definitionen vorgeschlagen (Bandura 1969; Eysenck 1959; Krasner 1971; Tunner 1970; Yates 1970; zusammenfassend siehe Wilson, 1978). Anstelle von Definitionen, die ja als Übereinkünfte über die Verwendung eines Begriffes aufzufassen sind (Bunge 1967), soll hier auf eine *Charakterisierung* von Verhaltenstherapie zurückgegriffen werden (Franks und Wilson 1978), die sich inzwischen weitgehend durchgesetzt hat. Diese *Charakterisierung* berücksichtigt neben konventionellen Elementen auch die *Verwendung* (im Sinne von Wittgenstein 1953) des Begriffes durch Verhaltenstherapeuten.

1.2.1 Merkmale der Verhaltenstherapie

In der angesprochenen Charakterisierung von Verhaltenstherapie (Franks und Wilson 1978) sind folgende Punkte von Bedeutung (für eine Ausarbeitung wichtiger „Kernannahmen" der Verhaltenstherapie in Form von 12 Thesen siehe auch Schmelzer 1985):

– Verhaltenstherapie bedeutet eine Anwendung von Prinzipien der (experimentellen/ empirischen) Psychologie und ihrer Nachbardisziplinen.
   Dies weist Verhaltenstherapie als eine im Kern *psychologische* Disziplin auf, die sich in flexibler Weise der Befunde aus einzelnen Nachbardisziplinen bedienen sollte, etwa der Psychophysiologie, der Evolutionstheorie, Soziologie oder anderer. (Der Begriff der „Anwendung" wird in Abschnitt 1.2.2 noch zu erläutern sein).
– Die angesprochenen Prinzipien werden zur Beschreibung, Erklärung und eventuellen Veränderung menschlichen Leidens und zur Verbesserung der (individuellen) Funktionsfähigkeit herangezogen.
– Bei der Anwendung von Verhaltenstherapie ist immer eine systematische Erfassung und Bewertung von Effekten beabsichtigt.
   Dies bedeutet im Prinzip ein möglichst kontrolliertes und systematisches Vorgehen; diese Kontrolle des Vorgehens dient der Optimierung einer verhaltenstherapeutischen Behandlung im Einzelfall und führt zu einer empirischen Beurteilung des Ansatzes.
– Eine verhaltenstherapeutische Intervention hat eine Veränderung derjenigen Variablen zum Ziel, die als aufrechterhaltende Bedingungen des Problems angesehen werden müssen; dazu gehören insbesondere Umgebungsbedingungen, allerdings auch Variablen im Inneren des Organismus wie Kognitionen, informationsverarbeitende Mechanismen und dergleichen. Dieser Punkt besagt, daß sich eine Veränderung eines Problems ausschließlich aus einer Veränderung derjenigen *Bedingungen* ergibt, die das Problem aufrechterhalten; in der funktionalen Analyse (siehe auch Punkt 2, Abschnitt 2.1.2) werden diese Bedingungen eruiert.
– Das Ziel einer Intervention besteht generell in verbesserter Selbstkontrolle und Eigensteuerung des Patienten. Verhaltenstherapie wird damit explizit als zeitlich begrenzter Eingriff in das Leben eines Patienten charakterisiert; in dem Punkt wird

auch darauf hingewiesen, daß die Selbsthilfekompetenzen eines Patienten aktiviert werden sollten, so daß der Patient befähigt wird, mit seinen Problemen besser zurechtzukommen.
– Das Handeln von Verhaltenstherapeuten muß durch allgemein akzeptierte ethische Prinzipien geleitet sein. Therapie findet in einem sozialen Kontext statt, und der Verhaltenstherapeut sollte die ethischen Richtlinien seines praktischen Handelns berücksichtigen und kritisch reflektieren. Vereinzelt wurde auch versucht, für Therapeuten einen *eigenen* ethischen Kodex zu entwickeln, was sich jedoch nicht als sinnvoll herausgestellt hat. Ganz wichtig ist es allerdings, darauf hinzuweisen, daß eine ethische Fundierung verhaltenstherapeutischen Handelns in erster Linie auf *normative* Prinzipien zurückgreifen muß; eine rein technologische oder empirische Begründung von Normen (= Soll-Sätzen) ist schon aus logischen Gründen nicht haltbar (vgl. Morscher 1974; Wipplinger 1986).

Die dargestellten Merkmale der Verhaltenstherapie nach Franks und Wilson (1978) lassen einen gewissen Spielraum für Interpretationen (zum Beispiel was als „menschliches Leiden" anzusehen ist; welche Aspekte als „Bedingungen" eines Problems angesehen werden müssen; was unter „Selbstkontrolle" eines Problems zu verstehen ist). Diese Offenheit ist durchaus wünschenswert, weil damit Raum für die Weiterentwicklung der Verhaltenstherapie gegeben ist. Wichtig ist es jedoch zu klären, was unter *Anwendung* psychologischen Wissens im praktischen *Handeln* zu verstehen ist. Präzisierungen und Klärungen dazu werden in den folgenden Kapiteln versucht.

Zusammenfassung: Verhaltenstherapie läßt sich folgendermaßen charakterisieren: Verhaltenstherapie weist einen engen Bezug zur Grundlagenforschung in der Psychologie auf; dieser Bezug zur Psychologie und ihren Nachbardisziplinen wird zur Beschreibung, Erklärung und Veränderung menschlichen Verhaltens herangezogen. Verhaltenstherapie strebt eine systematische Evaluation des therapeutischen Handelns an. Eine Veränderung von Bedingungen eines Problems sollte durch ethische Richtlinien geleitet sein und zur Verbesserung von Selbstkontrolle und Eigensteuerung des Patienten führen.

Weiterführende Literatur: Franks, C. M., und Wilson, G. T. (Eds.): Annual review of behavior therapy. Theory and practice 1978. New York: Bruner & Mazel 1978.

1.2.2 Theorien oder Technologie als Grundlage der Verhaltenstherapie?

Wenn man Verhaltenstherapie als wissenschaftliches System betrachtet, so sollten folgende *Ebenen* unterschieden werden (Bunge 1967; Herrmann 1976; Perrez 1982; Westmeyer 1979):

a) Theoretische Ebene:
Hier findet man eine große Anzahl von Aussagen (= Hypothesen und Gesetzen) über

einen bestimmten Gegenstandsbereich vor. Diese Aussagen müssen bestimmte Kriterien der Wissenschaftlichkeit erfüllen (zum Beispiel empirischer Gehalt, Widerspruchsfreiheit, Konsistenz und andere, vgl. Weingartner 1971).

Beispiel: In den Grundlagen von Angstbewältigungsverfahren werden Aussagen zur physiologischen, kortikalen Hemmung von Erregung getroffen (Pawlow 1927).

Die Aussagen auf der theoretischen Ebene enthalten idealisierte Bedingungen; sie bieten keine Beschreibung der Realität, versuchen allerdings, den Kriterien der Wissenschaftlichkeit (siehe oben) nahezukommen.

b) Technologische Ebene:

Technologische Aussagen enthalten im Prinzip Ziel-Mittel-Relationen. Die Beschreibung technologischer Regeln gibt Anweisungen darüber, wie bestimmte Ziele zu erreichen sind. Technologische Aussagen sind nicht als wahr oder falsch (wie die theoretischen Aussagen) zu bezeichnen, sondern als mehr oder weniger effektiv zur Erreichung eines bestimmten Zieles (Bunge 1967).

Beispiel: In verschiedenen Anweisungen zu Angstbewältigungsverfahren sind Angaben darüber enthalten, wie ein bestimmtes Ziel erreicht werden kann; diese Beschreibungen technologischer Regeln enthalten etwa Hinweise zum Entspannungstraining, zur Hierarchiebildung und zu einer spezifischen Form der Itemdarbietung bei der systematischen Desensibilisierung (vgl. zum Beispiel Wolpe 1969).

c) Handlungs-Ebene:

Hier handelt es sich um Beschreibungen derjenigen Tätigkeiten, die ein Therapeut in Interaktion mit einem Patienten realisiert. Diese Handlungen orientieren sich optimalerweise an theoretischen oder technologischen Aussagen, dürfen aber mit diesen nicht verwechselt werden.

Beispiel: Eine Beschreibung der Angstbehandlung in der Praxis enthält Aussagen über Tätigkeiten des Therapeuten, des Patienten, über das konkrete Setting und dergleichen. Diese Beschreibung selbst ist a) ausschnitthaft – weil nicht *alles* festgehalten werden kann und b) „theoriegetränkt" – weil selbst eine datennahe Beschreibung immer eine theoretische Perspektive enthält.

Für die Verhaltenstherapie (als Handlung, Tätigkeit, Praxis) stellt sich in diesem Punkt die entscheidende Frage, ob *theoretische* oder *technologische* Aussagen als Grundlagen dieses Handelns herangezogen werden sollen. Anders formuliert: Reicht es für die Durchführung von Verhaltenstherapie aus, sich auf *technologische* (also Aussagen über die Effektivität von Handlungen) Aussagen zu beziehen oder müssen zusätzlich *theoretische* (das heißt Aussagen, die einem Wahrheitskriterium nachzukommen versuchen) Aussagen als Grundlage der Verhaltenstherapie herangezogen werden?[1]

---

[1] *Anmerkung:* Über mögliche *Beziehungen* zwischen den einzeln angeführten Ebenen werden hier noch keine Angaben gemacht; dies wird in Abschnitt 1.2.4 näher erörtert.

Von verschiedenen Seiten wurden nun Argumente zugunsten einer technologischen versus theoretischen Fundierung verhaltenstherapeutischen Handelns vorgebracht:

London (1972) etwa spricht vom „Ende der Ideologie in der Verhaltensmodifikation" und meint, die Inanspruchnahme der experimentellen und theoretischen Grundlagen von Lerntheorien für die Verhaltenstherapie sei eine reine Prestigebehauptung gewesen. Einen explizit *technologischen* Ansatz vertritt auch A. A. Lazarus (1971, 1972, 1976): Er kümmert sich wenig um eine theoretische Fundierung seines Handelns, sondern vertritt einen Breitspektrumansatz („Multimodale Verhaltenstherapie"); nach Lazarus kommt es für das praktische Handeln vor allem darauf an, *effektive* Verfahren zu entwickeln, ohne daß damit ein theoretischer Erkenntnisanspruch vertreten werden kann. Konsequenterweise geht Lazarus den Weg des Eklektizismus, der effektive Verfahren miteinander kombiniert und sie in der Praxis anzuwenden versucht. Zusammenfassend ist zur Position einer *technologischen* Fundierung zu sagen, daß sie eine *theoretische* Fundierung der Verhaltenstherapie weder für möglich, noch für wünschenswert oder sinnvoll hält; eine bloße Ortientierung an effektiven Ziel-Mittel-Beziehungen reicht nach diesem Standpunkt als Grundlage der Verhaltenstherapie aus.

Gegenüber dieser *technologischen* Haltung wurde von verschiedenen Theoretikern (Eysenck 1964, 1971; Eysenck und Beech 1971; Franks 1984; Franks und Wilson 1973; Wolpe 1969, 1976a, b; Yates 1975, 1980) immer wieder festgehalten, daß eine rein technologische Fundierung der Verhaltenstherapie völlig unzureichend sei. Wenn Verhaltenstherapie weiterhin den Anspruch auf Wissenschaftlichkeit aufrechterhält, so muß sie sich nicht nur um das *Wie* eines bestimmten Vorganges kümmern, sondern es ist ihre Aufgabe auch das *Warum* des betreffenden Prozesses aufzuklären. Antworten auf *Warum-Fragen* können nur durch *Erklärungen* gegeben werden, in denen theoretische Aussagen enthalten sind (vgl. Hempel 1977; Hempel und Oppenheim 1948;). Wolpe (1976a) meint etwa, daß konsequente Forschung im Rahmen eines „blinden" technologischen Eklektizismus nicht möglich sei. Wenn man außerdem den Anspruch auf theoretische Fundierung aufgäbe, so Wolpe (1976a), stelle dies einen Rückschritt in eine vorwissenschaftliche Phase dar.

Vom heutigen Standpunkt aus ist zur Kontroverse um die theoretische versus technologische Fundierung der Verhaltenstherapie (siehe dazu auch Westmeyer und Hoffmann 1977) zu sagen, daß ein *Verzicht* auf eine theoretische Fundierung auch eine Verarmung der Verhaltenstherapie darstellen würde:

Eine reine Orientierung an Effektivitätswerten, wie dies für technologische Regeln charakteristisch ist, kann im Bereich der psychologischen Forschung in die Irre führen: Eine rein technische Verfeinerung unseres Instrumentariums stellt unter Umständen einen fragwürdigen Fortschritt dar (Wolpe spricht in diesem Zusammenhang von „Aderlaß mit Laserstrahlen", 1976a, S. 4). Auch für die Entwicklung von Techniken ist also ein *theoretischer* Gesichtspunkt notwendig oder zumindest höchst wünschenswert.

Eine Orientierung an theoretischen Modellen (wie diese Orientierung aussehen kann, wird noch zu klären sein – in Abschnitt 1.2.3) bildet eine Möglichkeit für

Erklärungen in der Verhaltenstherapie. Als Wissenschaftler sind wir daran interessiert, das *Warum* bestimmter Prozesse aufzuhellen und zumindest vorläufige Antworten zu finden. Daß wir keine letzten Begründungen auf diese Warum-Fragen geben können (vgl. Stegmüller 1974) hängt mit grundlegenden Voraussetzungen menschlicher Erkenntnis zusammen und sollte uns nicht entmutigen. Es ist sicher einiges gewonnen, wenn man Antworten auf Warum-Fragen auf einem zumindest groben Auflösungsniveau formulieren kann.

Die Frage einer theoretischen versus technologischen Fundierung der Verhaltenstherapie hängt allerdings auch eng mit dem sogenannten Theorie-Praxis-Problem zusammen (vgl. Abschnitt 1.2.4) und wird nur aus systematischen und didaktischen Gründen davon getrennt behandelt.

Zusammenfassung: Unter einem technologischen Standpunkt in der Verhaltenstherapie versteht man die Auffassung, daß für die Fundierung unseres praktischen Handelns ein Bezug zu technologischen Modellen (kennzeichnend: Effektivitätswerte) ausreichend ist. Ein theoretischer Standpunkt hingegen betont, daß ein Bezug zu theoretischen Aussagen unverzichtbar ist, weil nur in Theorien (vorläufige) Antworten auf Warum-Fragen geliefert werden können. Für einen wissenschaftlichen Standpunkt ist deshalb eine theoretische Orientierung unumgänglich.

Weiterführende Literatur: Westmeyer, H., und Hoffmann N. (Hg.): Verhaltenstherapie: Grundlegende Texte. Hamburg: Hoffmann & Campe 1977. (Kapitel 6)

1.2.3 Theorien als Grundlage der Verhaltenstherapie

Theoretische Aussagen aus verschiedenen Bereichen der Psychologie lassen sich offensichtlich nicht direkt zur Erklärung von Verhalten im Alltag (beziehungsweise in Therapien) heranziehen. Der Hauptgrund liegt darin, daß sich die in der Theorie enthaltenen Begriffe nicht auf konkrete Ereignisse beziehen lassen, sondern nur auf Idealisierungen dieser Ereignisse. Außerdem gelten die theoretischen Aussagen nur für diejenigen Bedingungen, unter denen sie gewonnen und getestet worden sind.

Obwohl eine Anwendungsbeziehung im engeren Sinne zwischen Theorie, Technologie und Praxis nicht mehr angenommen werden kann, gibt es mehrere Möglichkeiten, wie Theorien für praktisches Handeln fruchtbar werden können. Zwei dieser Möglichkeiten scheinen besonders zielführend und werden im folgenden näher ausgeführt.

a) Theorien als Problemlöse-Strategien:
Hier wird der Begriff der Anwendung von Theorien so interpretiert, daß Theorien als heuristische Mittel praktischer Probleme herangezogen werden. Diese Auffassung des „Problemlösecharakters" wissenschaftlicher Theorien (siehe auch Dörner 1979;

Newell und Simon 1972) erfreut sich gerade in der klinischen Psychologie großer Beliebtheit (D'Zurilla und Goldfried 1971; D'Zurilla und Nezu 1982; Goldfried und Goldfried 1975; König 1979).

Hier soll allerdings weniger vom „Problemlösen" als therapeutischer Strategie die Rede sein; im Zentrum der Überlegungen steht vielmehr die Frage, zu welchen Sachverhalten Theorien *„passen"*, damit sie auf konkrete Ereignisse angewendet werden können. Vorausgesetzt wird dabei eine Kompatibilität von theoretischen Begriffen und Beobachtungsbegriffen: Erklären kann man somit nicht konkrete Ereignisse, erklären kann man nur Beschreibungen von Ereignissen im Lichte bestimmter Theorien (vgl. Bunge 1967; Popper 1969). Das Ziel unserer Bemühungen kann also weniger darin bestehen, eine Theorie *so* umzuformulieren, daß sie für bestimmte Ereignisse besser „paßt". Wir müssen vielmehr lernen, konkrete Ereignisse, die eine gewisse alltagssprachliche „Kleidung" tragen, *so* zu formulieren, daß sie mit der Sprache bestimmter in Frage kommender Theorien kompatibel werden. Dies verlangt ein klares Verständnis des Begriffes der *Beschreibung:* Wir treffen Aussagen nicht über Alltagsereignisse, sondern versuchen eine Beschreibung von Alltagsereignissen unter einem speziellen theoretischen Aspekt.

Wenn man Theorien also eine Chance zur Formulierung und eventuellen Lösung konkreter Probleme zuerkennt (vorausgesetzt wird die angesprochene Form einer Beschreibung), so scheint es wiederum sinnvoll, zwischen zwei Bereichen zu unterscheiden (Herrmann 1976, 1984):

– *Forschungsprobleme vom Typ a):* Herrmann (1976) bezeichnet dies als „Domain"-Forschung. Theorien werden in diesem Sinne dazu herangezogen, zumindest vorläufige Antworten auf bestimmte *Problembereiche* zu liefern. Für die Verhaltenstherapie wären hier zu nennen: Theoretische Überlegungen zur Angst- und Schizophrenie-Forschung; ein spezifisches Interesse an einer Theorienbildung im Bereich von Eßstörungen (zum Beispiel Anorexien, Bulimie, Adipositas und andere). Kennzeichnend für diesen Theorien- und Forschungstyp ist, daß ein Forscher einen bestimmten *inhaltlichen* Bereich auswählt, zu dessen Bearbeitung verschiedene theoretische Konzeptionen herangezogen werden.
Von diesem Forschungstypus zu unterscheiden sind die

– *Forschungsprobleme vom Typ b):* Herrmann (1976) spricht hier von *„Paradigmenanwendung«;* es geht dabei um die Anwendung bestimmter theoretischer und methodologischer Konzeptionen auf unterschiedliche Bereiche. Dies kann man sich auch als eine Anwendung von Werkzeugen vorstellen, was einer instrumentalistischen Auffassung von wissenschaftlichen Theorien sehr nahekommt.
Beispiel: Anwendung eines psychophysiologischen Forschungsinstrumentariums zur Analyse menschlicher Emotionen; Einsatz eines einzelfallanalytischen Ansatzes zur differentiellen Verlaufsanalyse usw.
Spricht man in diesem Sinne von einer *„Anwendung von Theorien"*, so heißt dies, daß man sich eines Werkzeugs bedient; man verwendet ein Instrument, das unter bestimmten Gesichtspunkten entwickelt wurde und das zur Bearbeitung verschiedener Problemstellungen mehr oder weniger gut geeignet sein kann. Die Qualität einer Anwendung eines Werkzeuges hängt zum einen von der Güte des Werkzeu-

ges selbst ab, zum anderen aber auch von der Fähigkeit des Forschers, den Problembereich so aufzubereiten (siehe oben, „Beschreibung"), daß das Werkzeug auch „greifen" kann: Eine Theorie kann zur Lösung von Problemen nur dann beitragen, wenn diese Probleme auch entsprechend sprachlich formuliert sind. Deshalb ist die Problemlösekapazität nicht unabhängig von der Geschicklichkeit desjenigen zu beurteilen, der ein Ereignis beschreibt und ein Werkzeug zur Problemlösung auswählt.

b) Relativ rationale Begründung durch Theorien:
Grundwissenschaftliche Theorien, technologische Regeln, methodische Kriterien und einzelne Befunde können nach dieser Auffassung eine teilweise Fundierung praktischen Handelns darstellen. Wir müssen uns allerdings von der Auffassung trennen, Theorien könnten eine Art letzte Begründung für konkretes Handeln liefern (Stegmüller 1974). Begründungen sind jeweils vorläufig, kritisierbar und möglicherweise sogar falsch. In einer konkreten Situation ist es allerdings vernünftig, sich zur Begründung seines Handelns auf theoretische Aussagen, methodische Kriterien und auf Einzelbefunde zu berufen. In dieser Hinsicht können Theorien die Funktion einer *relativ rationalen Begründung* (Rechtfertigung) praktischen Handelns übernehmen (Westmeyer 1979a, 1981a).

In seinem „Dialogmodell" geht Westmeyer (1979a) nicht von einem eindimensionalen Rationalitätsbegriff aus: Konkrete Entscheidungen sind nach *mehreren* Rationalitäts-Kriterien zu beurteilen, und unsere Aufgabe ist es, eine bestimmte Entscheidung (zum Beispiel in der differentiellen Indikation) möglichst gut zu *begründen*. Da sich die Güte einer Entscheidung nach einer Reihe unterschiedlicher Kriterien eventuell unterschiedlich begründen läßt, sollten die Standpunkte der einzelnen Kriterien im Idealfall auch von verschiedenen Personen dargestellt und vertreten werden.

Solche Kriterien sind etwa der Bezug zu einer technologischen Regel (Effektivitätswerte); Hinweise auf die Güte einer grundwissenschaftlichen Theorie; Gesichtspunkte der internen und externen Validität bisheriger Befunde; ein Vergleich mit Alternativen, Präferenzen und Fähigkeiten (auch Werturteile) des einzelnen Praktikers etc. Die einzelnen Gesichtspunkte können unter Umständen in einem Dialog vorgebracht werden, wie es Westmeyer (1979a) in folgendem Modell vorschlägt:

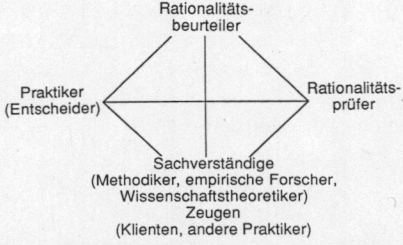

Abb. 1.1: Dialog- beziehungsweise Verhandlungsmodell zur Begründung von praktischen Entscheidungen nach Westmeyer 1979a.

In der Praxis hieße dies, daß Entscheidungen nach Möglichkeit in einem inter- und multidisziplinären Team relativ rational begründet werden sollten. Diese Forderung ist gewiß in vielen Bereichen der psychosozialen Versorgung nur schwer einzulösen; allerdings bildet auch das Dialogmodell eine Art Ideal, dem man in der Praxis nur nahezukommen versucht. So könnte man sich etwa vorstellen, daß in einer Beratungsstelle oder einer Klinik in den einzelnen Besprechungen die einzelnen Handlungen diskutiert und unter Bezug auf theoretische, methodische und empirische Aspekte relativ rational begründet werden.

Westmeyer (1979a) bezeichnet seinen Vorschlag des Dialog-Modells als einen „heuristischen Zugang" zum Theorie-Praxis-Problem; es handelt sich aber dabei um eine Heuristik, die bereits gewisse Qualitätsmerkmale aufweist, weil sie sich nicht im Bereiche der Beliebigkeit bewegt (was für Heuristik durchaus möglich und sinnvoll sein kann), sondern weil für das Vorgehen bereits bestimmte *Kriterien* angelegt werden. Der Versuch einer laufend besseren rationalen Begründung unseres Handelns befreit den Wissenschaftler auch aus dem Dilemma des logischen Empirismus: Es zeigt sich nämlich, daß die Frage „Was können wir *wissen?" so* gestellt, nicht schlüssig zu beantworten ist (Stegmüller 1971). Das Problem wird allerdings durch eine adäquatere Frage lösbar, nämlich: „Wie sollen wir *handeln?"*. Zur *Begründung* unseres Handelns in konkreten Situationen (etwa bei der differentiellen Indikationsstellung oder bei der klinischen Urteilsbildung) lassen sich eben relativ rationale Rechtfertigungen anführen (beispielsweise Rechtfertigung vor dem Hintergrund von theoretischen und technologischen Aussagen, methodologischen Standards und empirischen Befunden der Psychologie).

Zusammenfassung: Praktisch-therapeutisches Handeln läßt sich unter Bezug auf Theorien, auf die wissenschaftliche Methodologie und auf empirische Befunde folgendermaßen fundieren: Zum einen können die angeführten Bereiche als heuristischer Hintergrund zur Problemlösung herangezogen werden und zum anderen läßt sich konkretes therapeutisches Handeln relativ rational rechtfertigen. Bei dieser relativ rationalen Begründung werden die Standpunkte für ein bestimmtes therapeutisches Vorgehen optimalerweise von verschiedenen Personen vorgetragen (Dialog- beziehungsweise Verhandlungsmodell).

Weiterführende Literatur: Westmeyer, H.: Die rationale Rekonstruktion einiger Aspekte psychologischer Praxis. In: Albert, H., und Stapf, K. H. (Hg.): Theorie und Erfahrung. Beiträge zur Grundlagenproblematik in den Sozialwissenschaften. Stuttgart: Klett 1979a.

1.2.4 Zum Verhältnis von Theorie und Praxis in der Verhaltenstherapie

Im vorangegangenen Abschnitt wurde für die Verhaltenstherapie a) eine theoretische Ebene, b) eine technologische und c) eine Handlungsebene unterschieden. Die Frage der *Beziehungen* zwischen theoretischen und technologischen Aussagen einerseits und der Handlungsebene andererseits wird als das „Theorie-Praxis-Problem" bezeichnet. Es handelt sich dabei im Kern um die Frage, ob sich aus theoretischen Aussagen konkrete Hinweise für das praktische Handeln *ableiten* lassen. Diese Frage schien eine gewisse Zeit lang trivial positiv beantwortet, hatte doch Eysenck (1959, 1960) die Verhaltenstherapie gerade als „Anwendung von Lerntheorien" definiert. (Ein früherer detaillierter Beitrag zu diesem Problem von Postman (1947) wurde in diesem Zusammenhang offensichtlich nie berücksichtigt.)

Mitte der 60er Jahre haben Breger und McGaugh (1965, 1966) den Anspruch auf Anwendung von Lerntheorien durch die Verhaltenstherapie scharf kritisiert; für die Frage der *Ableitung* von Handlungsanweisungen vor einem lerntheoretischen Hintergrund hat Westmeyer (1973) in einer formalen Analyse gezeigt, daß von einer solchen „Ableitung" nicht gesprochen werden kann. Dabei hatte man gerade in der funktionalen Verhaltensanalyse ein solches Bindeglied zwischen Theorie und Praxis (das heißt Therapie) gesehen (Schulte 1974, 1976): Im hypothetischen Bedingungsmodell wird ja einerseits auf theoretische Sätze Bezug genommen und andererseits bilden die konkreten Randbedingungen (zum Beispiel Merkmale der Störung und der Bedingungen des Problems) Einsetzungsinstanzen für die theoretischen Aussagen. In diesem Sinne, so Schulte (1976), stelle Therapie auch eine Bewährungsinstanz für die entsprechenden theoretischen Aussagen dar.

Dabei sind zwei wichtige Punkte übersehen worden:
1. Die für das hypothetische Bedingungsmodell herangezogenen theoretischen Aussagen enthalten *Idealisierungen,* die in der Praxis nicht gegeben sind (oder zumindest nicht geprüft sind), so daß von einer „Anwendung" oder Ableitung konkreter Handlungsanweisungen aus diesen theoretischen Aussagen nicht gesprochen werden kann.
2. Therapie (also Praxis) kann keinesfalls eine Bewährungsinstanz für diejenigen theoretischen Aussagen darstellen, aufgrund deren der Therapieplan erstellt wurde: Eine Therapie kann auch dann zum Erfolg führen, wenn die eine oder andere der Voraussetzungen *falsch* sind (formal gesehen: Eine Implikation – und die Erklärungen im hypothetischen Bedingungsmodell haben implikative Form – kann auch dann wahr sein, wenn verschiedene Antezedensbedingungen falsch sind, siehe Suppes 1957).
Der Fall liegt insofern noch etwas komplizierter, als sich auch die Richtigkeit der *Randbedingungen* nicht nachweisen läßt: Westmeyer (1973) zeigt, daß ein hypothetisches Bedingungsmodell die Struktur einer „Wie-es-möglich-war, daß-Erklärung" besitzt; dies heißt, daß ein konkretes Bedingungsmodell eine *mögliche,* aber nicht unbedingt die *richtige* Erklärung bildet.

Mit diesen Überlegungen muß auch der Vorschlag, Verhaltensdiagnostik als Bindeglied zwischen Theorie, Technologie und Praxis anzusehen, fallengelassen werden. Diese Feststellung gilt zumindest für die Behauptung, daß sich aus theoretischen beziehungsweise technologischen Aussagen konkrete Handlungsanleitungen für die Praxis *ableiten* ließen.

Diese Situation mag – speziell für den Praktiker – unbefriedigend klingen; dabei wurde in Abschnitt 1.2.2 die Auffassung vertreten, daß sogar *Theorien* und nicht nur Technologien zur *Fundierung* der verhaltenstherapeutischen Praxis herangezogen werden sollten. Eine solche Fundierung – allerdings nicht im Sinne einer logisch-systematischen Anwendung von Theorien – muß sicherlich möglich sein, sonst hätte es vermutlich wenig Sinn, theoretische und technologische Überlegungen überhaupt zu formulieren. Offen ist allerdings die Frage, wie diese Fundierung aussehen kann und sollte. Einige zentrale Überlegungen zu diesem Punkt (also auch zu einem haltbaren Verständnis von Theorie und Praxis), wurden in Abschnitt 1.2.3 veranschaulicht.

Zusammenfassung: Verhaltenstherapeutische Praxis kann nicht als direkte Anwendung von Theorien verstanden werden. Zum einen sind die in den Theorien enthaltenen Idealisierungen in der Praxis nicht gegeben, und zum anderen bildet auch die Verhaltensdiagnostik ein in formaler Hinsicht untaugliches Bindeglied zwischen Theorie und Praxis.

Weiterführende Literatur: Gottwald, P., und Kraiker, Ch. (Hg.): Zum Verhältnis von Theorie und Praxis in der Psychologie. Sonderheft I/1976 der Mitteilungen der DGVT, München: Steinbauer und Rau 1976.

1.3 Modellvorstellungen psychischer Störungen

In der obigen Charakterisierung von „Verhaltenstherapie" wurde davon gesprochen, daß verschiedene Prinzipien der Psychologie zur Beschreibung, Erklärung und Veränderung menschlichen Leidens herangezogen werden; dies setzt voraus, daß *psychologische* Aussagen zur Beschreibung und damit zur Erklärung psychischer Störungen überhaupt tauglich sind. Aber selbst in der Psychologie bezog man sich zur Beschreibung und Erklärung von Verhaltensstörungen lange Zeit auf das sogenannte „medizinische Modell psychischer Störungen"; nach diesem Modell sind psychische Probleme in Analogie zu (Infektions-)Krankheiten zu sehen. Wenn hier das sogenannte medizinische Modell charakterisiert wird, so sollten einige Punkte klar sein: Zum einen ist *das* medizinische Modell in expliziter Form kaum zu finden, so daß hier lediglich gewisse *Rekonstruktionsversuche* vorgenommen werden können (vgl. Keupp 1972, 1974b, 1979). Zum anderen kann die Bedeutung des medizinischen Modells für verschiedene Bereiche der Medizin hier gar nicht Gegenstand der Debatte sein; im Zentrum der Überlegungen steht vielmehr die Frage, ob man das medizinische Modell auch zur Beschreibung und Erklärung psychischer Störungen heranziehen kann.

1.3.1 Medizinisches Modell psychischer Störungen

Wichtige Annahmen des medizinischen Modells – immer mit Bezug auf psychische Störungen – werden insbesondere von Ullman und Krasner (1965, 1969) sowie von Keupp (1972, 1974a, b, 1979) expliziert. Die folgende Darstellung hält sich stark an diese Beschreibung: Ein grundlegendes Merkmal für psychische Störungen besteht nach dem medizinischen Modell darin, daß die psychische Störung als *Symptom* für eine zugrundeliegende Störung betrachtet wird:

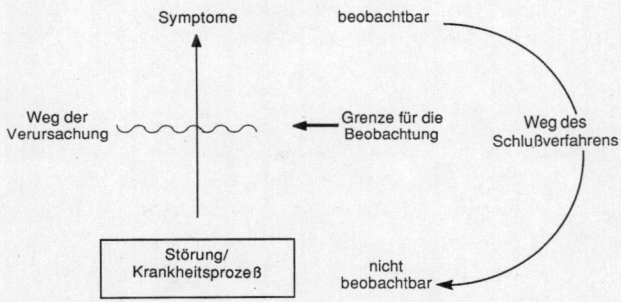

Abb. 1.2: Medizinisches Modell psychischer Störungen

Für diese Grundvorstellung lassen sich einige wichtige Merkmale des medizinischen Modells aufzeigen (siehe vor allem Keupp 1974b):

1. Eine Person mit einer Verhaltensabweichung wird als *„krank"* bezeichnet; die beobachtbaren Symptome weisen darauf hin, daß zentrale Prozesse innerhalb des Individuums vom normalen gesunden Zustand abweichen.
2. Wenn man „normales" und „psychisch gestörtes" Verhalten beobachtet, so handelt es sich dabei nicht um einen *kontinuierlichen* Übergang. Zwischen einer Person, die als „psychisch normal" und einer Person, die als „psychisch gestört" bezeichnet wird, besteht viel mehr ein *qualitativer* Unterschied.
3. Die *Krankheit* einer Person hat eine spezifische Ätiologie und einen eigendynamischen Verlauf. Der Verlauf ist nur durch Maßnahmen zu beeinflussen, die auf der Ebene der Krankheit ansetzen. Dies beinhaltet medizinische Eingriffe, Operationen, Therapie durch Pharmaka und dergleichen mehr.
4. Aufgrund der Beobachtung und Beschreibung abnormen Verhaltens (der Symptome) kann man zu einer *Klassifikation* der Störung gelangen; der soziale oder situationale Kontext des Problems ist für diese Klassifikation weitgehend ohne Bedeutung. Das beobachtbare Verhalten des Patienten deutet auf einen Krankheitsprozeß hin, der selbst nicht direkt beobachtbar ist.

5. Die Behandlung oder Beseitigung des Symptoms reicht für einen Heilungsprozeß nicht aus; für eine dauerhafte Veränderung müssen vielmehr *Ursachen* auf der Ebene des Krankheitsprozesses behandelt werden. Wird nur das Symptom behandelt, so bleibt die Krankheit weiterbestehen und äußert sich darüber hinaus in anderen Symptomen (= Annahme der sogenannten Symptomverschiebung).
6. Die Gesetze und Prinzipien, die zur Erklärung normalen und gestörten Verhaltens herangezogen werden, sind *qualitativ* unterschiedlich (siehe auch Punkt 2).
7. Da ein Individuum mit einer psychischen Störung „krank" ist, kann es für sein Problem nicht verantwortlich gemacht werden; es ist vielmehr angemessen, wenn die Person die *Rolle eines Kranken* übernimmt und wenn sie von der Gemeinschaft für ihre Krankheit bemitleidet wird.

Diese knappe und vielleicht pointierte Darstellung des Medizinischen Modells psychischer Störungen macht bereits einige Punkte deutlich, an denen sich deutliche Differenzen zu einem *psychologisch* fundierten Modell psychischer Störungen ergeben. Einige zentrale Implikationen des Modells und wichtige Kritikpunkte sollen jedoch näher dargestellt werden.

Zusammenfassung: Das „Medizinische Modell" psychischer Störungen geht davon aus, daß psychische Störungen in Analogie zur Medizin als Symptome eines zugrunde liegenden Krankheitsprozesses analysiert werden können. Eine Person mit einer psychischen Störung muß demnach als „krank" bezeichnet werden; eine Behandlung erfordert die Veränderung von Ursachen, die prinzipiell nicht beobachtbar, sondern nur über die Symptome erschließbar sind.

Weiterführende Literatur: Keupp, H.: Modellvorstellungen von Verhaltensstörungen: „Medizinisches Modell" und mögliche Alternativen. In: Kraiker, Ch. (Hg.): Handbuch der Verhaltenstherapie. München: Kindler 1974c.

1.3.2 Kritikpunkte am Medizinischen Modell psychischer Störungen

Das Medizinische Modell psychischer Störungen wurde insbesondere von einer Richtung aus massiv angegriffen, die sich grob als „Antipsychiatrie" charakterisieren läßt (insbesondere in den 60er Jahren, vgl. zum Beispiel Sarbin 1969; Scheff 1966, Szasz 1960). Man muß allerdings festhalten, daß das Medizinische Modell in seiner oben dargestellten Form neuerdings auch für einige Bereiche der Organmedizin kritisiert und relativiert wird. Hier sollen lediglich einige wichtige Aspekte und Implikationen des medizinischen Modells psychischer Störungen hervorgehoben werden, die bei der Betrachtung psychischer Störungen häufig implizit übernommen werden.

1. Das Modell unterstellt einen *Dualismus* zwischen psychischen Problemen einerseits und somatischen Ursachen andererseits. Eine solch dualistische Sichtweise ist durch neuere Fassungen des Leib-Seele-Problems (vgl. Bunge 1980) als völlig unhaltbar zu betrachten.

In engem sachlichen Zusammenhang mit diesem Dualismus steht das Argument der *„Symptomverschiebung"*: Hier wird geltend gemacht, daß eine Behandlung des beobachtbaren Verhaltens deshalb nicht zielführend sei, weil eine davon getrennte „Ursache" – und zwar auf einer anderen *Ebene* – behandelt werden muß, damit man die Krankheit in den Griff bekommt. Von verhaltenstherapeutischer Seite wurde die Argumentation bald als nicht zielführend kritisiert: Zum einen ist der Begriff des „Symptoms" in der Verhaltenstherapie unangemessen, weil er auf Ursachen auf einer anderen „Ebene" hinweist (siehe Dualismus). In der Verhaltenstherapie werden *Ursachen* demgegenüber in *funktionalen* (= auslösenden und aufrechterhaltenden) Bedingungen gesehen, analysiert und gegebenenfalls verändert. Zum anderen gibt es in der Klinischen Psychologie wenige Hypothesen oder Theorien, die durch gegenteilige empirische Befunde ähnlich widerlegt sind, wie die Annahme der Symptomverschiebung (siehe dazu auch Baker 1969; Bandura 1969; Buchwald und Young 1969; Cahoon 1968; Yates 1970; zusammenfassend bei Perrez und Otto 1978; Reinecker 1983, S. 222 ff.).

Nach wichtigen wissenschaftstheoretischen und empirischen Argumenten gegen die Hypothese der Symptomverschiebung ist es wohl an der Zeit, auch die Hintergrundtheorie eines Dualismus von Symptom und Krankheit kritischer zu betrachten.

2. Das medizinische Modell psychischer Störungen unterstellt eine Form der *Klassifikation,* wie sie in der Verhaltenstherapie als höchst problematisch angesehen wird: Die Bezeichnung von psychisch gestörten Personen als *„Kranke"* war zu einer Zeit sicherlich ein Fortschritt, als solche Personen noch als Hexen und Besessene verfolgt und verbrannt wurden (siehe auch Davison und Neale 1979). Die in der Psychiatrie gängigen Klassifikationssysteme (DSM = Diagnostic and Statistical Manual 1952; Neufassung DSM III 1980) fassen Symptome zu Syndromen zusammen und ordnen diese psychopathologischen Klassen zu. Es erfolgt somit im Prinzip ein Schritt von dem, was eine Person *tut* (bzw. was beobachtet werden kann) zu dem, was eine Person angeblich *hat* (nämlich eine Krankheit). Diese Form der Klassifikation vernachlässigt, daß eine Person nur unter Berücksichtigung a) seines Verhaltens, b) des situationalen und sozialen Kontexts und c) normativer Gesichtspunkte als „normal" beziehungsweise „gestört" bezeichnet werden kann (siehe auch Ullmann und Krasner, 1969). Einige dieser Gesichtspunkte sind erfreulicherweise in der neuen Version des Diagnostic and Statistical Manual (DSM III 1980) als *„Achsen"* berücksichtigt (vgl. American Psychiatric Association DSM III, 1980; Schmidt, L. 1984 b).

In der Verhaltenstherapie versucht man mit Klassifikationen möglichst *sparsam* umzugehen. Ein völliges Abgehen von Klassifikationen ist offensichtlich nicht möglich und sinnvoll: Verständigung unter Fachleuten und Forschung – etwa präventive Programme – verlangen eine zumindest vorläufige Klassifikation: Diagnostische Kategorien sollten zum einen möglichst klar und präzise umschrieben sein und zum anderen dient die Diagnostik *nicht* zur Charakterisierung eines Krankheitsprozesses, sondern lediglich als Form der Konvention („Kürzel").

3. Für die *Therapie* hätte ein medizinisches Modell psychischer Störungen Implika-

tionen, wie sie vor einem funktional-psychologischen Hintergrund nur schwer akzeptiert werden können: Für die Behandlung psychischer Störungen – nach dem medizinischen Modell – gehen situationale und gesellschaftliche Komponenten praktisch verloren: Nach verhaltenstherapeutischer Ansicht lassen sich eben psychische Probleme nicht behandeln, ohne den mikro- und makrosozialen situationalen Kontext zu berücksichtigen (Familie, Partnerschaft, Arbeitssituation usw.). In verhaltenstherapeutischen Ansätzen, die sich dem Prinzip des Selbstmanagement (vgl. Karoly und Kanfer 1982) verpflichtet fühlen, wird zudem der *Aktivität* einer Person hinsichtlich der Entstehung, Aufrechterhaltung und Therapie große Bedeutung zuerkannt.

Im Kontrast zum medizinischen Modell (siehe Annahme des medizinischen Modells unter Punkt 6) wird der Person für die Entwicklung einer bestimmten Problematik sehr wohl *Verantwortung* zugestanden: Durch Denk- und Bewertungsprozesse, durch spezifische Verhaltensweisen und Strategien hat die Person nach funktionaler Ansicht klarerweise die Entstehung und Aufrechterhaltung des Problems mit beeinflußt. Beteiligung und Mitverantwortung heißt jedoch *keinesfalls,* daß man die Person in *moralischer* Hinsicht auch als *schuldig* bezeichnet. Die Trennung in Verantwortung einerseits und Schuld andererseits muß man bei dieser Argumentation im Auge behalten.

Für die *Therapie* hat dies folgende Konsequenzen: Anders als im medizinischen Modell psychischer Störungen sollte die Person aktiv an der Verhaltensanalyse und Veränderung der Bedingungen eines Problems mitarbeiten; in Selbstmanagementansätzen wird der Patient dazu befähigt, als *sein eigener* Therapeut zu handeln.[1]

Die Kritik am medizinischen Modell psychischer Störungen läßt sich im folgenden Zitat sehr illustrativ zusammenfassen: Wenn es richtig wäre, „daß psychische Krankheit eine Entität ist wie eine Infektionskrankheit oder eine bösartige Geschwulst, ... könnte man seelische Krankheit sich holen oder bekommen, könnte man sie haben oder in sich tragen, könnte man sie schließlich auch übertragen und sie schließlich loswerden. Meiner Ansicht nach gibt es für diese Ansicht nicht den geringsten Beweis" (Szasz 1960, zit. n. Keupp 1972, S. 51–52).

---

[1] *Anmerkung:* Man kann heute von einem Verständnis somatischer und psychischer Störungen im Sinne eines Kontinuums ausgehen, wie dies in der *Verhaltensmedizin* vermehrt geschieht. Hier werden *Verhaltensanteile* an bestimmten Krankheiten und Störungen identifiziert und Möglichkeiten bereitgestellt, durch verändertes Verhalten (Stichwort: Lebensstil) zur Aufrechterhaltung der Gesundheit – (im präventiven Sinne) beziehungsweise zur effektiveren Behandlung beizutragen (im kurativen Sinne). (Basler und Florin 1985; Gentry 1984b; Miltner, Birbaumer und Gerber 1986; Pomerleau und Brady 1979; Prokop und Bradley 1981; Williams und Gentry 1977). Insofern hat eine Veränderung des Krankheitsbegriffes weg von einem eng medizinischen Verständnis hin zu einem sozialwissenschaftlich-multifaktoriellen Modell zu verbesserten Analyse- und Interventionsmöglichkeiten beigetragen.

Zusammenfassung: Das Medizinische Modell psychischer Störungen ist in mehrerer Hinsicht zu kritisieren:

1. Eine Unterscheidung in Symptome und Ursachen unterstellt einen Dualismus, der aufgrund erkenntnis- und wissenschaftstheoretischer Überlegungen nicht mehr vertretbar ist.
2. Im Medizinischen Modell psychischer Störungen gehen funktionale Beziehungen eines Problems verloren.
3. In Abhebung zum Medizinischen Modell setzt die Therapie psychischer Störungen Aktivität und Eigenverantwortung des Patienten voraus.

Sogenannte somatische und sogenannte psychische Störungen sind heute eher auf einem Kontinuum zu sehen, weil weder die Störungen selbst, noch ihre Bedingungen (Ursachen) rein dem medizinischen oder rein dem psychischen Bereich zugeordnet werden können (s. dazu den Standpunkt der Verhaltensmedizin).

Weiterführende Literatur: Keupp, H. (Hg.): Der Krankheitsmythos in der Psychopathologie. München: Urban & Schwarzenberg 1972.

1.3.3 Gesichtspunkte für Alternativmodelle

Die einzelnen Alternativen zum Medizinischen Modell psychischer Störungen sind ebensowenig expliziert und klar ausgearbeitet, wie das Medizinische Modell selbst; es gibt allerdings einige psychologische Ansätze, die heute als Grundlage von Modellvorstellungen psychischer Störungen dienen können. Zuvor sollen jedoch zwei Gesichtspunkte genannt werden, die als mehr oder weniger direkte Reaktionen auf das medizinische Modell vorgebracht wurden.

Vor einer *sozialpsychologischen* Perspektive bildet ein prozessualer Ansatz eine wichtige Alternative zum medizinischen Modell psychischer Störungen. In diesem Modell – als dessen Hauptvertreter man Scheff (1966) ansehen kann – werden insbesondere *soziale* Mechanismen für die Entstehung und Aufrechterhaltung psychischer Probleme verantwortlich gemacht. Scheff (1966) selbst hat die wichtigsten Annahmen in folgenden Punkten zusammengefaßt:

1. Abweichendes Verhalten (eine „residuale", das heißt zufällige Abweichung) kann genetische, biochemische oder physiologische Ursachen haben; auch die Erziehung oder spezielle Belastungen können dazu beitragen.
2. Abweichendes Verhalten fällt in den meisten Fällen nicht unter soziale Kontrolle, das heißt die sogenannte „Dunkelziffer" residualer Abweichungen ist im Vergleich zu entdeckten und beibehaltenen Abweichungen sehr hoch.
3. Verschiedene Abweichungen sind vorübergehender Natur; „residuale Abweichung" verfestigt sich insbesondere dann, wenn sie als Hinweis auf eine psychische Störung gedeutet wird.

4. Bereits in der Kindheit lernen wir bestimmte typische Muster von Abweichungen als „verrückt" oder „irre" anzusehen (siehe dazu Meinungen von Erwachsenen über psychische Störungen).

5. Diese Stereotypien über abweichendes Verhalten werden in der Erziehung und sozialen Interaktion laufend verstärkt (Beispiel: Vermeintliche Gefährlichkeit ehemaliger psychiatrischer Patienten oder Witze über „Irre" und dergleichen mehr).

6. Hat ein Individuum das Etikett einer psychischen Störung erhalten, wird es von seiner Umgebung in eine entsprechende *Rolle* gedrängt (siehe dazu die Bedeutung von sich selbst erfüllenden Prophezeiungen).

7. Wenn Personen versuchen, aus dieser Rolle auszubrechen, werden sie bestraft; ein Patient wird etwa als besonders „sprunghaft", „uneinsichtig" usw. bezeichnet.

8. Der Zeitpunkt für die Übernahme der Rolle eines psychisch Gestörten ist von großer Bedeutung: Zumeist handelt es sich um Zeitpunkte, in denen eine Person durch eine bestimmte Umweltkonstellation besonders sensibel, verwundbar und beeinflußbar ist. Die Übernahme einer stabilen Rolle – und sei es die einer psychischen Störung – bietet zumindest eine gewisse Sicherheit und Stabilität.

9. Die *Etikettierung* ist die wichtigste Ursache für die Übernahme einer Rolle für den Verlauf einer psychischen Störung (Scheff 1966, bezeichnet dies auch als „kausale Hypothese").

Solche sozialpsychologischen Gesichtspunkte haben dazu beigetragen, sozialen Faktoren bei der Entstehung und Aufrechterhaltung psychischer Störungen große Bedeutung zuzuerkennen. Dabei fällt auf, daß diese sozialpsychologischen Gesichtspunkte zum Teil recht vage und unpräzise formuliert sind, so daß man ihnen lediglich eine Art *Rahmenvorstellung* zuerkennen muß.

Als zweiter wichtiger Gesichtspunkt der Alternativen zum medizinischen Modell psychologischer Störungen werden *lerntheoretische* Überlegungen herangezogen; dabei ist zu berücksichtigen, daß es „*die* Lerntheorie" nicht gibt, sondern daß man von einer heterogenen Menge mehr oder weniger kompatibler Theorien ausgehen muß. In neueren Theorienbildungen werden insbesondere soziale und kognitive Aspekte berücksichtigt, so daß von „sozial-kognitiven Lerntheorien" gesprochen wird (Bandura 1977a; Mischel 1973). Wenn man „gestörtes" oder „abweichendes" Verhalten in diesem Kontext zu fassen versucht, so sind dafür folgende Gesichtspunkte wichtig:

1. Die Prinzipien, mit deren Hilfe menschliches Verhalten beschrieben und erklärt wird, sind als *universell* anzusehen; dies bedeutet, daß normales und abnormes Verhalten nicht qualitativ verschieden sind (zum Beispiel ängstliches Verhalten). Die Entstehung und Aufrechterhaltung kann vielmehr mit denselben Lernprinzipien beschrieben und erklärt werden.

2. Da es keine eindeutigen Kriterien dafür gibt, wann Verhalten als „normal" bzw. als „abnorm" zu *beurteilen* ist, kann man sich die verschiedenen Verhaltensweisen als auf einem Kontinuum angeordnet vorstellen. Ob das Verhalten als normal oder abnorm angesehen wird, entscheidet sich anhand der *Häufigkeit* oder Intensität des Verhaltens (zum Beispiel zwanghaftes Grübeln; Selbstmordgedanken usw.), an-

hand des sozialen *Kontextes* des Verhaltens (Weinen beim Tod eines Freundes; Tagträumen im Urlaub oder während der Arbeit; etc.), sowie durch den *Beurteiler* (etwa Äußerungen gegenüber einem Lehrer oder gegenüber einem Freund) (vgl. dazu auch Ullmann und Krasner 1969).

3. Für die Ausformung und für die Aufrechterhaltung („normalen" sowie „abweichenden") Verhaltens sind *situative Bedingungen* von großer Bedeutung. Zu unterscheiden sind dabei grob die auslösenden (das heißt dem Verhalten vorausgehenden), sowie aufrechterhaltenden (dem Verhalten nachfolgenden) Situationen. Da das menschliche Verhalten mit situativen Bedingungen *funktional* verknüpft ist (Holland und Skinner 1961), muß für eine *Änderung* des Verhaltens an diesen funktionalen Bedingungen angesetzt werden.

4. In verschiedenen lerntheoretischen Modellen werden für die Ausführung (Performanz) des Verhaltens *Lernmechanismen* als entscheidend erachtet. Dennoch wird die Bedeutung von biologischen und genetischen Faktoren für das menschliche Verhalten sehr wohl gesehen (vgl. Schwartz 1978). Neuere Lernmodelle (s. auch Abschnitt 3.1.7) zeichnen sich dadurch aus, daß man Faktoren auf verschiedenen *Ebenen* gebührend Beachtung schenkt (siehe dazu auch Gesichtspunkte einer Interaktion verschiedener Ebenen, vgl. Abschnitt 1.3.4).

5. Für die Lerntheorien wird die *Verhaltensebene* als wichtigster Zugang und als Kriterium für Veränderungen angesehen: Probleme einer Person sind nicht „Symptome" einer zugrunde liegenden Krankheit, sondern die Probleme, die eine Person einem Therapeuten gegenüber schildert beziehungsweise zeigt, gelten als *Stichprobe* (= Kriterium) für seine Probleme im Alltagsverhalten. Aufgabe des Therapeuten ist es, die Probleme des Patienten zunächst konkret zu beschreiben, so daß über das Auftreten bzw. über Veränderungen prinzipiell Übereinkunft erzielt werden kann (vgl. dazu Überlegungen zum methodologischen Behaviorismus, Kantor 1968; Mahoney 1974; Rachlin 1976; Westmeyer 1981 b; vgl. dazu auch Abschnitt 4.1).

6. Das Ziel einer verhaltenstherapeutischen Intervention besteht primär in einer Veränderung des Verhaltens. Daraus resultiert zwar eine Veränderung der Persönlichkeit (wenn Persönlichkeit als System von Verhaltensweisen in verschiedenen Situationen aufgefaßt wird). Therapie setzt jedoch an konkreten Verhaltensweisen an und nicht am theoretischen Konstrukt Persönlichkeit (Herrmann und Lantermann 1985).

7. Für die Entstehung von Verhalten und Verhaltensstörungen waren vergangene Situationen und Lebensumstände entscheidend; Therapie kann nur an denjenigen Bedingungen ansetzen, die mit dem Verhalten gegenwärtig funktional verknüpft sind. Veränderungen sind somit jeweils zukunftsorientiert, auf ein Ziel gerichtet, das es mit Hilfe therapeutischer Unterstützung zu erreichen gilt. Die Analyse der problematischen Situationen, die zu einer Störung geführt haben, kann für den Zugang zum Problem und für das Problemverständnis von seiten des Therapeuten und des Patienten ausgesprochen hilfreich sein (siehe dazu auch Abschnitt 2.2.2). Aus wissenschaftslogischen Gründen ist die Kenntnis der Entstehungsbedingungen einer Störung jedoch weder eine notwendige, noch eine hinreichende Bedin-

gung für die Durchführung einer Intervention. Dies hängt damit zusammen, daß sich die *Richtigkeit* der Antezedensbedingungen nicht mehr beweisen läßt (vgl. Westmeyer 1973, „Wie-es-möglich-war, daß-Erklärungen").

8. Zur Veränderung von Verhalten durch eine Beeinflussung der Bedingungen dieses Verhaltens sind Personen aus der sogenannten natürlichen Umgebung eines Patienten im Prinzip besser geeignet als ein Fachmann. Der Therapeut verfügt zwar unter Umständen über das entsprechende *Wissen* zur Veränderung, er ist aufgrund begrenzter Einflußmöglichkeiten jedoch kaum in der Lage, die für das Problemverhalten entscheidenden Kontingenzen zu verändern. Eine wichtige Konsequenz daraus sind Therapieansätze in der natürlichen Umgebung eines Patienten (Kanfer und Phillips, 1966; Tharp und Wetzel, 1975; siehe auch gemeindepsychologische Bestrebungen, Abschnitt 1.4.4).

9. Menschliche Probleme treten üblicherweise nicht nur auf der Ebene *beobachtbaren* Verhaltens auf, sondern ebenso in anderen Modalitäten (problematische Denkmuster, Grübeln, Selbstmordgedanken usw. als Beispiele für die kognitive Ebene; Schwitzen, Erröten, Übelkeit, Schmerzen, Zittern, als Beispiele für die physiologische Ebene).

Nach lerntheoretischer Auffassung sind bei der Behandlung auch diese Ebenen zu berücksichtigen (Fahrenberg 1984; Lang 1971, 1977 und Abschnitt 2.1.3). Für die Veränderung der einzelnen Modalitäten werden lerntheoretische Prinzipien als Grundlage herangezogen (siehe dazu die Kontinuitätsannahme vgl. Homme 1965; Mahoney 1974; Premack 1965).

Sozialpsychologische Gesichtspunkte ebenso wie verschiedene lerntheoretische Annahmen bilden einen *Rahmen* für die Entwicklung von Alternativmodellen über die Entstehung und Aufrechterhaltung psychischer Störungen; damit sind unter anderem auch therapeutische Implikationen sowie Folgerungen für die Verhaltensdiagnostik verbunden (vgl. Kap. 2). Die *psychologischen* Gesichtspunkte des Modells psychischer Störungen waren mehrfach Gegenstand von Überlegungen; eine vom heutigen Standpunkt aus wichtige Perspektive wird im folgenden Abschnitt dargestellt.

Zusammenfassung: Als Alternativen zum Medizinischen Modell psychischer Störungen werden vor allem sozialpsychologische und lerntheoretische Modelle angesehen. Sozialpsychologische Ansätze sehen in der Etikettierung und Rollenübernahme wichtige Merkmale psychischer Störungen. In verschiedenen Lerntheorien wird abweichendes Verhalten als ebenso erworben (das heißt erlernt) angesehen wie normales Verhalten. Für den Erwerb, die Aufrechterhaltung und für die Veränderung von psychischen Störungen werden deshalb die funktionalen Bedingungen als entscheidend angesehen.

Weiterführende Literatur: Keupp, H.: Normalität und Abweichung. Fortsetzung einer notwendigen Kontroverse. München: Urban & Schwarzenberg 1979.

1.3.4 System-Modell psychischer Störungen

In der Verhaltenstherapie diente das S-O-R-K-Modell (Kanfer und Phillips 1970) lange Zeit als heuristisches Modell für das Verständnis und für die Analyse des Verhaltens und seiner Bedingungen. Dieses Modell ist im Prinzip *linear* angelegt und sieht eine Analyse in Verhaltensketten vor. So kann eine Reaktion (R) als diskriminativer Hinweis (S^D) für eine nächste Reaktion gelten usw.

Beispiel: S (= Nahrung) bei vorliegenden O-Variablen (= Hunger) führt zur Eßreaktion (R). Die Konsequenz des Essens (= C, zum Beispiel Sattheit) ist ein diskriminativer Hinweisreiz (S^D, internal) für das Verlangen (= O) nach einer Zigarette und das entsprechende Rauchverhalten (R) usw.

In diesem *linearen Modell* sind allerdings verschiedene *Ebenen* des Verhaltens und ihre möglichen Interaktionen nur schwer (wenn überhaupt!) zu berücksichtigen. Im obigen Beispiel etwa handelt es sich um eine Interaktion des somatisch-biologischen Zustandes von Hunger und Sättigung mit kognitiven Aktivitäten der Wahrnehmung des Essens und Standards über Essen, Rauchen etc. sowie mit konkreten Verhaltensabläufen der Zubereitung und Konsumation von Nahrung usw. Auch die Analyse der Selbstregulation und Selbstkontrolle des Verhaltens (mit seinen komplexen Interaktionen auf der Verhaltens-, der kognitiven und der somatisch-physiologischen Ebene) erfordert eine Ausweitung dieses linearen Modells.

Verschiedene Überlegungen im Rahmen der Verhaltenstherapie führten zu einem *System-Modell* menschlichen Verhaltens, in dem auch (siehe die obigen Annahmen des lerntheoretischen Modells) *Störungen* konzipierbar und analysierbar sind. Diese *systemische* Perspektive in der Verhaltenstherapie wurde von verschiedenen Autoren mehr oder weniger unabhängig entwickelt (Kanfer 1986; Lang 1979; G. E. Schwartz 1978, 1982). Ein Zweig davon führte direkt zu der sogenannten *Verhaltensmedizin* (Schwartz und Weiss 1978), das heißt zur Systemanalyse verschiedener Krankheiten und ihrer Bedingungen. Andere Überlegungen (Lang 1979) gingen von informationstheoretischen Aspekten menschlicher Vorstellungen aus, während etwa Kanfer (1986) weiterhin das funktionale Konzept als Grund-Modell benutzt, es allerdings durch die Betrachtung verschiedener *Ebenen* und des Aspekts der Selbstregulation zu einem System-Modell ausweitet.

In dem Modell bedeuten α, β, und γ die verschiedenen *Ebenen* menschlicher Reaktionen bzw. externer Bedingungen (α: Variable der Umgebung, situative Bedingungen; β: selbsterzeugte Stimuli, Gedanken, Kognitionen, Standards usw.; γ: biologisch-somatische Variable; siehe Kanfer und Karoly 1972). An den einzelnen Bestimmungsstücken des funktionalen Modells sind die jeweiligen Komponenten (Ebenen) zu unterscheiden; der Ablauf des Verhaltens kann als komplexes *System* interagierender Mechanismen analysiert und verstanden werden.

Wenn man ein *System-Modell* menschlichen Verhaltens zugrunde legt, so hat dies auch klare Implikationen für Diagnostik und Therapie: Weder bei der Analyse, noch bei der Intervention darf man sich auf eine spezielle Ebene beschränken, weil dies eine Verkürzung der Komplexität menschlichen Handelns darstellt. Am folgenden Beispiel von G. Schwartz (1982, S. 131–132) läßt sich dies verdeutlichen:

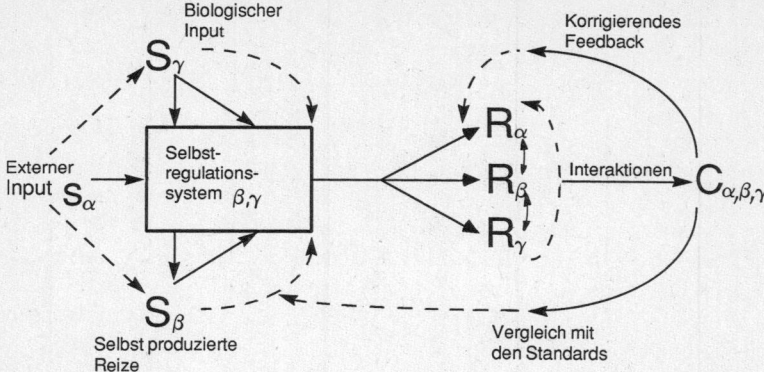

Abb. 1.3: System-Modell der Regulation menschlichen Verhaltens nach Kanfer 1986.

Anm.: Selbstregulationssystem:
  – Standards, Erwartungen;
  – Kognitive Verarbeitungsmechanismen;
  – Lebens- und Lerngeschichte.

Eine Person geht wegen verschiedener Schmerzen im Kieferbereich zum Zahnarzt; es stellt sich zusätzlich heraus, daß die Person auch schlecht schläft und unter Bluthochdruck leidet. Diese letzteren Aspekte (= Modalitäten, Ebenen im Sinne des Systems) werden jedoch vernachlässigt (sowohl vom Patienten, als auch vom Zahnarzt), und es erfolgt eine Kieferbehandlung.

Eine andere Person geht zum Psychologen und klagt über Schlafstörungen; es stellt sich zusätzlich heraus, daß die Person auch Schmerzen im Kieferbereich hat und unter Bluthochdruck leidet. Diese letzteren Beschwerden werden (sowohl von der Person als auch vom Psychologen) als sekundär angesehen, und der Psychologe unternimmt eine Intervention durch Relaxationstraining und Stimuluskontrolle.

Eine dritte Person geht zum Internisten und klagt über Bluthochdruck; es stellt sich zusätzlich heraus, daß die Person auch unter Schmerzen im Kieferbereich leidet und daß sie schlecht schläft. Diese Beschwerden werden (sowohl von der Person als auch vom Internisten) als sekundär angesehen, und der Arzt schlägt zur Behandlung blutdrucksenkende Mittel und körperliche Bewegung vor.

Alle angeführten Beschwerden in dem konstruierten Beispiel könnten auch von *einer* Person geäußert werden; wenn man die einzelnen Probleme nur unter einem Gesichtspunkt betrachtet, so werden wichtige Aspekte vernachlässigt. Die Betrachtung einer Person unter dem Gesichtspunkt eines *Systems* verschiedener interagierender Subsysteme wird den Menschen sicherlich eher gerecht – Schwartz (1982) spricht in diesem Zusammenhang von einer »biopsychosozialen« Perspektive, die wir für Diagnostik und Therapie erreichen sollten (siehe auch Leigh und Reiser 1980).

Die *Systemperspektive* in der Verhaltenstherapie bildet eine Art Meta-Modell für die Betrachtung von psychischen Störungen. Die Tatsache der *Vernetztheit* (Dörner 1981; Dörner et al., 1983) menschlichen Verhaltens bildet eine Art theoretischen Hintergrund bei der konkreten Analyse des Verhaltens. Die Komplexität menschlicher Probleme schließt nicht aus, daß an einem speziellen Punkt dieses Systems ein

Ansatzpunkt für diagnostische und therapeutische Bemühungen gesetzt wird. Es wäre eine problematische Form systemischen Denkens, wenn man betont, daß »alles mit allem zusammenhängt«, weil hierbei Präzisierungen und Interventionen nicht mehr möglich wären.

Für einzelne Subsysteme des menschlichen Verhaltens gibt es theoretische Modelle (zum Beispiel Modelle des Gedächtnisses; Modelle hormonaler Regulation; Modelle zur Selbstregulation des Verhaltens; Modelle über situative und transsituationale Bedingungen des Verhaltens und andere); eine gewisse Schwierigkeit für therapeutisches Handeln besteht aber darin, daß diese Modelle eher unverknüpft nebeneinander stehen und daß sie keine *direkte* Handlungsanweisung abgeben (siehe dazu auch Theorie-Praxis-Problem, Abschnitt 1.2.4). Diese Schwierigkeiten dürfen uns jedoch nicht davon abhalten, bei der Betrachtung von psychischen Störungen eine solche systemische Perspektive zugrunde zu legen und bei der relativ rationalen Begründung unseres Handelns auf Modelle aus unterschiedlichen Bereichen (= Ebenen) zurückzugreifen.

Zusammenfassung: Im System-Modell menschlichen Handelns werden zum einen mehrere Ebenen des Verhaltens unterschieden (kognitive, physiologische und die Verhaltens-Ebene). Zum anderen wird von einer komplexen Interaktion innerhalb und zwischen den einzelnen Ebenen ausgegangen. Überlagerungen der einzelnen Ebenen, Möglichkeiten der Antizipation und Rückkoppelung machen diese systemische Perspektive ausgesprochen komplex. Als Therapeut sollte man diese Komplexität menschlichen Verhaltens und psychischer Störungen vor Augen haben, wenn man der Vernetztheit menschlichen Handelns und seiner Bedingungen gerecht werden will.

Weiterführende Literatur: Schwartz, G. E.: Integrating psychobiology and behavior therapy: A systems perspective. In: Wilson, G. T., und Franks, C. M. (Eds.): Contemporary behavior therapy. Conceptual and empirical foundations. New York: Guilford Press 1982.

1.4 Zum gegenwärtigen Stand der Verhaltenstherapie

Wenn man den Zeitpunkt für den Beginn einer *kontinuierlichen* Entwicklung der Verhaltenstherapie etwa Mitte der 50er Jahre sieht, so muß man in den nunmehr drei Jahrzehnten von einer lawinenartigen Zunahme theoretischer, technologischer und praktischer Arbeiten sprechen. Mitte der 60er Jahre war diese Entwicklung noch in etwa überschaubar: Die beiden Bücher von Ullmann und Krasner („Case Studies in Behavior Modification", 1965) beziehungsweise Krasner und Ullmann („Research in Behavior Modification", 1965) enthielten wichtige Beispiele für Anwendungsfelder der damals noch jungen Verhaltenstherapie. Wenn man dazu noch die Bücher von

Wolpe (1958), Eysenck (1960, 1964), wichtige Artikel von Grossberg 1964, Kanfer und Phillips 1966, Lazarus 1961, 1963, Lovibond 1966, Meyer und Crisp 1966, Meyer und Gelder 1963, Rachmann 1965 und einige andere mehr rezipiert hatte, konnte man wohl behaupten, daß man den damaligen Stand der Verhaltenstherapie überblickte. Dazu kam, daß im Jahre 1963 die erste verhaltenstherapeutische Zeitschrift („Behaviour Research and Therapy", von Eysenck und Rachman) gegründet wurde, deren Lektüre wohl eine laufende Information zum Stand der Dinge versprach.

Wenige Jahre später hatte sich die Situation bereits grundlegend geändert: Dabei war die Verhaltenstherapie im deutschen Sprachraum erst Ende der 60er Jahre rezipiert worden; bis zur Etablierung und zu eigenständigen Beiträgen dauerte es dann noch einige Jahre. Aber auch hier lagen noch Standardwerke vor, die eine gute Orientierung vermittelten (Bandura 1969; Blöschl 1969; Franks 1969; Kanfer und Phillips 1970; Wolpe 1969; Yates 1970).

Wenn man die Situation heute, gegen Ende der 80er Jahre, betrachtet, so könnte man angesichts der Literaturflut mutlos und verzagt werden. Auch als Hochschullehrer hat man große Schwierigkeiten, wichtige Arbeiten aus der Verhaltenstherapie einigermaßen zu rezipieren (siehe dazu Hinweise auf Zeitschriften und Serien in der Verhaltenstherapie am Ende des Buches im Anhang). Selbst der Versuch, die „Entwicklungstrends der Verhaltenstherapie" (Reinecker, 1985 a) zu Beginn der 80er Jahre darzustellen, stützte sich auf einige wichtige Lehrbücher und mußte somit selektiv und lückenhaft bleiben. Wenn man sich diese Breite in Forschung und Praxis der heutigen Verhaltenstherapie vor Augen hält, wundert man sich einigermaßen, wenn kritische Stimmen meinen, *„nur"* Verhaltenstherapie zu betreiben sei wohl zu wenig und zu schmal. Verhaltenstherapie ist inzwischen zu *einem* Kernbereich der Klinischen Psychologie geworden, und es scheint sinnvoll und legitim, sich hierauf besonders zu konzentrieren.

Zur angesprochenen Mutlosigkeit bzw. Verzagtheit besteht allerdings auch nicht unbedingt Anlaß: Die meisten Wissenschaftszweige (nicht nur in der Psychologie) sind inzwischen so entwickelt, differenziert und verzweigt, daß ein Überblick oder gar eine Kenntnis des gesamten Forschungsstandes nicht mehr möglich ist. Zwei Gesichtspunkte scheinen mir wichtig, wenn man eine *gewisse* Orientierung behalten will: Zum einen eine fundierte Kenntnis *psychologischer* Ansätze aus verschiedenen Bereichen; dies betrifft nicht nur neue und neueste Entwicklungen, im Gegenteil: Wenn man *ältere* Ansätze aus der Psychologie (etwa zu Beginn des Jahrhunderts oder aus den 20er oder 30er Jahren) kritisch liest, so fällt meines Erachtens auf, daß vieles von dem, was heute als brandneu verkauft wird, zumindest gewisse Wurzeln oder Vorläufer in älteren Ansätzen hat. Eine wissenschaftshistorische Perspektive hilft zumindest bei der *Einordnung* neuer Ansätze und liefert eine gewisse Orientierungshilfe.

Ein zweites wichtiges Orientierungsinstrument bildet eine fundierte *methodologische* Ausbildung. Damit ist in erster Linie eine Kenntnis forschungslogischer und wissenschaftstheoretischer Aspekte gemeint (wichtigste Literatur: Bunge 1967; Cook und Campbell 1976, 1979; Essler 1970, 1971, 1973; Groeben und Westmeyer 1975; Hübner 1980; Menne 1980; Möller 1976; Sidman 1960; Weingartner 1971). Mit Hilfe einer methodologischen Orientierung kann man den Stellenwert einzelner Ansätze besser und kritischer beurteilen, Wichtiges von weniger Wichtigem oder gar Bedeutungslosem unterscheiden, so daß der Literaturdschungel zumindest gewisse Konturen bekommt.

Wenn man heute versucht, angesichts einer mehrjährigen Kenntnis von Theorie und Praxis der Verhaltenstherapie gewisse der angesprochenen *Konturen* zu sehen, so wären dies (ohne Anspruch auf Vollständigkeit) einige der Gesichtspunkte, die in den nächsten Unterkapiteln angeführt werden.

1.4.1 Psychologische Fundierung der Verhaltenstherapie

Bereits bei der „Charakterisierung von Verhaltenstherapie" (siehe Abschnitt 1.2) waren diese *psychologischen* Gesichtspunkte betont worden. Die früher vertretene rein lerntheoretische Fundierung der Verhaltenstherapie (vor allem bei Eysenck 1959, 1960, 1964; Eysenck und Rachman 1967) muß heute als eindeutig zu eng angesehen werden. Dabei muß man sagen, daß die verschiedenen Lerntheorien weiterhin *eine* wichtige Säule der Verhaltenstherapie darstellen (siehe auch Wilson und Franks 1982): Die Veränderung menschlichen Erlebens und Verhaltens erfordert weiterhin eine Betrachtung unter lerntheoretischer Perspektive. Daneben müssen auch eine Reihe von anderen psychologischen Ansätzen ihre Berücksichtigung finden; einige davon werden in den folgenden Kapiteln (insbesondere aber in Kapitel 3) näher besprochen.

Als Psychologe und Verhaltenstherapeut tut man gut daran, über die *Grenzen* der eigenen Disziplin hinauszublicken. Eine sensible Betrachtung menschlicher Probleme (etwa in einer funktionalen Analyse, siehe Schulte 1986) erfordert eine multidisziplinäre Sichtweise, wie sie durch unsere rein psychologische Ausbildung sicher zu kurz kommt. Dazu gehört etwa, daß man verschiedene Beiträge aus der Medizin, der Psychophysiologie, der Biologie, der Biochemie, der Sozialwissenschaften etc. zur Kenntnis nimmt und für sein Handeln nutzbar macht. Dies weist in Richtung auf einen *interdisziplinären Ansatz,* der wohl nicht von heute auf morgen zu verwirklichen sein wird, für den wir aber im Interesse unserer Patienten offen sein sollten.

Diese interdisziplinäre Betrachtungsweise von Störungen läßt sich etwa bei einem speziellen Störungsbild verdeutlichen: Bei der Vorstellung eigener Forschungsarbeiten und therapeutischer Arbeiten zu *Herzphobien* auf einem interdisziplinären Symposium (vgl. Nutzinger et al. 1986) wurden neben einer Reihe psychologischer Aspekte (etwa aus der Lerngeschichte der Patienten) eine Reihe von Aspekten aufgezeigt, die unbedingt zu beachten sind: Besonders eindrucksvoll waren internistische Gesichtspunkte; darüber hinaus haben uns jedoch auch Betrachtungen seitens Neurologen, Orthopäden und Psychiatern deutlich vor Augen geführt, daß eine ausschließlich psychologisch-verhaltenstherapeutische Betrachtungsweise wohl zu kurz greift. Mit diesen zusätzlichen medizinischen Überlegungen hielten wir unsere psychologische Sichtweise (Reinecker, Eisenack und Hartmann 1985; Reinecker, Hartmann und Eisenack 1985; Reinecker 1986b) zwar nicht für unwichtig, die einzelnen von medizinischer Seite verdeutlichten Aspekte haben jedoch unsere Sichtweise dieses Störungsbildes deutlich erweitert.

Ich bleibe weiterhin dabei, daß Verhaltenstherapie eine im Kern *psychologisch* fundierte Disziplin darstellt (siehe dazu auch die historische Entwicklung der Verhaltenstherapie und die Forschung, die vorwiegend an psychologischen Institutionen und von Psychologen betrieben wird). Eine Kenntnis anderer, zum Beispiel *medizinischer* Aspekte – zumindest im Sinne einer Zusammenarbeit und Kooperation (Rachman 1980; Rachman und Phillips 1975) – wäre zumindest wünschenswert. Vielleicht gelingt dies im Zusammenhang mit der sogenannten verhaltensmedizinischen Perspektive (siehe Abschnitt 1.4.4).

Zusammenfassung: Verhaltenstherapie erfordert eine fundierte Kenntnis der verschiedenen Teilbereiche der Psychologie; daneben sollten unbedingt Probleme und Ergebnisse verwandter Wissenschaftszweige (insbesondere Physiologie, Biologie, Sozialwissenschaften) berücksichtigt werden, um eine entsprechende Basis für eine interdisziplinäre Zusammenarbeit zu schaffen. Eine solche Kooperation kommt dem Fortschritt der Disziplin ebenso zugute wie dem praktischen Umgang mit dem einzelnen Patienten.

Weiterführende Literatur: Wilson, G. T., und Franks, C. M. (Eds.): Contemporary behavior therapy. Conceptual and empirical foundations. New York: Guilford Press 1982.

1.4.2 Funktionale Betrachtungsweise

Ein Kernstück verhaltenstherapeutischen Denkens und Handelns bildet die sogenannte *funktionale Analyse*. Gemeint ist damit, daß die Entstehung und Aufrechterhaltung eines *Problems* von bestimmten *Bedingungen* abhängt, die es zu analysieren und im Falle einer Intervention auch zu verändern gilt (vgl. Baer, Wolf und Risley 1968; Holland 1978; Holland und Skinner 1961; Skinner 1953).

Eine konsequente funktionale Analyse eines Problems zeigt uns, unter welchen Bedingungen *(auf mehreren Ebenen)* ein Problem entsteht und welche dieser Bedingungen verändert werden müssen, will man ein Problem in den Griff bekommen. Holland (1978) zeigt beispielsweise ganz klar auf, daß das Problem des *Alkoholismus* unter multipler Kontingenzkontrolle steht (Arbeitsbedingungen, soziale Situation, ökonomische Situation, Werbung, mangelnde Kompetenzen usw.). Im Sinne einer funktionalen Betrachtungsweise müssen eben diese *Bedingungen* des Alkoholismus untersucht werden, um das Problem zu behandeln. Das Denkmodell der funktionalen Analyse führt uns in diesem Falle auch ganz deutlich vor Augen, daß man eine Veränderung des Problems nicht erwarten kann, wenn man nicht bereit oder in der Lage ist, die *Bedingungen* dieses Problems zu verändern.

Die funktionale Betrachtungsweise ist ein Merkmal der Verhaltenstherapie, das sich im Verlaufe ihrer Entwicklung wie ein „roter Faden" durchzieht; dieses Merkmal ist auch insofern wichtig, als es uns hilft, Möglichkeiten und Grenzen von verhaltenstherapeutischen Interventionen realistisch einzuschätzen. Einen kritischen Punkt bei der funktionalen Analyse bildet sicherlich die Frage, *welche* Bedingungen zum Gegenstand der Analyse gemacht werden. Neben situativen, das heißt beobachtbaren mikro- und makrosozialen Aspekten werden vermehrt *kognitive* Komponenten als Bedingungen diverser Störungen geltend gemacht (zum Beispiel Selbstverbalisationen, problematische Denkmuster, Attributionen). Die Frage, welche Bedingungen als funktional bedeutsam anzusehen sind, ist allerdings keine Frage des Geschmacks oder eines theoretischen Modells („Kognitivismus", siehe Ledwidge, 1978), sondern läßt sich zumindest prinzipiell empirisch entscheiden. Wenn das Problem (als abhängige Variable, AV) mit der Einführung beziehungsweise Abwesenheit von bestimmten Bedingungen (= unabhängige Variable, UV, situationale Merkmale, andere Personen, Kognitionen und anderes) kovariiert, so stellen diese Bedingungen eben *funktionale Ursachen* des Problems dar. Die Frage einer solchen Kovariation läßt sich idealerweise durch eine genaue diagnostische Untersuchung eines Patienten oder in Einzelfalluntersuchungen prüfen beziehungsweise nachweisen (vgl. Baer, Wolf und Risley 1968; Hersen und Barlow 1976; Kazdin 1982; Kratochwill 1978; Sidman 1960). Daß der Nachweis der Kovariation eines (kognitiven) *Problems* mit kognitiven Bedingungen schwer zu führen ist, sollte uns keineswegs dazu verleiten, solch kognitive Bedingungen als irrelevant zu betrachten. Umgekehrt darf auch fehlerhafte oder ungenaue Beobachtung von externen Bedingungen eines Problems uns nicht dazu verleiten, unbedingt „kognitive" Faktoren im Sinne eines Postulates geltend zu machen. Zur Bedeutung kognitiver versus situationaler Faktoren gibt es inzwischen reichlich Literatur (vgl. Foreyt und Rathjen 1979; Kendall und Hollon 1979; Mahoney 1974, 1980; vgl. dazu auch die Zeitschrift „Cognitive Therapy and Research"; Greenspoon und Lamal 1978; Ledwidge 1978; Wolpe 1976a, b, 1978).

Zusammenfassung: Funktionale Analyse geht davon aus, daß die Ursachen einer Störung in den vorausgehenden und nachfolgenden Bedingungen eines Verhaltens gesucht werden. Eine Veränderung des Verhaltens läßt sich durch eine Veränderung dieser Bedingungen erreichen. Der Bereich dieser Bedingungen schließt soziale und physikalische Ereignisse ebenso ein wie biologisch-physiologische und kognitive, das heißt geistige Prozesse.

Weiterführende Literatur: Skinner, B. F.: Science and human behavior. New York: Macmillan 1953. (dt.: Wissenschaft und menschliches Verhalten. München: Kindler 1973).

1.4.3 Verhaltensmedizin

Die Verhaltensmedizin bildet in mehrfacher Hinsicht eine wichtige Weiterentwicklung der Verhaltenstherapie in den vergangenen zehn Jahren. Der Begriff selbst wurde im Jahre 1973 zum erstenmal verwendet (Birk 1973). Als historische und wissenschaftliche Wurzeln lassen sich verschiedene Punkte anführen: Die Bemühungen im Rahmen des Biofeedback (Legewie und Nusselt 1975; Yates 1980), neue Überlegungen zu sogenannten psychosomatischen oder besser: psychophysiologischen Störungen (vgl. Birbaumer 1977, 1980; Ferstl 1980) sowie ganz generell der Versuch, durch Erkenntnisse aus den Verhaltenswissenschaften zur Prävention und Behandlung von Krankheiten im engeren Sinne beizutragen.

Nach einer Übereinkunft auf zwei Konferenzen über „Behavioral Medicine" versteht man unter Verhaltensmedizin „einen interdisziplinären Ansatz, in dem man sich um die Entwicklung und Integration des Wissens und von Verfahren bemüht, die von seiten der verhaltens- und biomedizinischen Wissenschaften für Probleme der Gesundheit und Krankheit bedeutsam sind. Dieses Wissen und diese Verfahren werden zur Prävention, zur Diagnose, zur Behandlung und zur Rehabilitation eingesetzt" (Schwartz und Weiss 1978, S. 50, Übersetzung durch den Verfasser).

Der wichtigste Gesichtspunkt für den Verhaltenstherapeuten besteht darin, daß man für Gesundheit und Krankheit von einer Interaktion *verschiedener* Prozesse auszugehen hat: Neben physiologischen, biologischen, biochemischen und anderen Aspekten spielen für Gesundheit und Krankheit subjektive Gesichtspunkte und Verhaltensaspekte eine entscheidende Rolle. Dies kommt unter anderem auch in der Gesundheitsdefinition der WHO (World Health Organization) zum Ausdruck: „Gesundheit ist ein Zustand vollkommenen körperlichen, geistigen und sozialen Wohlbefindens und nicht nur das Fehlen von Krankheiten und Gebrechen" (Schmidt 1984 b, S. 70).

Wenn man anerkennt, daß für das Wohlbefinden des Einzelnen psychische ebenso wie physische Komponenten in einer komplexen Interaktion von Bedeutung sind, so weicht möglicherweise auch der Streit um das „richtige" Gesundheits- und Krankheitsmodell einer interdisziplinären Kooperation zugunsten der Betroffenen. Diese Zusammenarbeit ist in der Verhaltensmedizin wohl in einmaliger und vorbildlicher Weise zum Teil bereits realisiert (vgl. Basler und Florin 1985; Doleys, Meredith und Ciminero 1982; Gentry 1984 b; Miltner, Birbaumer und Gerber 1986; Pinkerton, Hughes und Wenrich 1982; Pommerleau und Brady 1979; Prokop und Bradley 1981).

Das Ineinandergreifen von biologischen Prozessen einerseits und von Verhaltenskomponenten andererseits wird an einer Reihe von Beispielen deutlich: An unserem Eßverhalten, an den allgemeinen Ernährungsgewohnheiten ebenso, wie an Rauchverhalten, an unserem Alkoholkonsum und an unserer Fähigkeit, berufliche und private Belastungen (Streß) zu verarbeiten und zu bewältigen. Auch bei weitgehend somatisch bedingten Störungen beeinflußt unsere Bereitschaft zur Mitarbeit an der Genesung, die Compliance (Leventhal, Zimmerman und Guttman 1984), unsere Chance auf Besserung beziehungsweise Heilung. In vielen Fällen läßt sich weder vom Patienten noch vom Arzt eine klare Trennung in Verhalten einerseits und Krankheit andererseits durchführen (Agras 1984). Der Einsatzbereich für verhaltensmedizinische Interventionen ist fast unbegrenzt und reicht von kindlicher Adipositas über präventive Maßnahmen in der Zahnheilkunde bis hin zur Intervention bei chronischen Schmerzpatienten, bei Dialysepatienten usw.

Bevor eines der Beispiele näher ausgeführt wird, muß jedoch ein Wort der Vorsicht und Bescheidenheit angebracht werden: Die Kontamination der beiden Begriffe „Verhalten" und „Medizin" beinhaltet die Gefahr einer Grenzüberschreitung (Brownell 1985). Wenn man sich als Psychologe mit Verhaltensmedizin beschäftigt, so beinhaltet dies keineswegs, daß damit auch Kompetenzen für den *medizinischen* Bereich beansprucht werden. Der Begriff beinhaltet allerdings, daß man als Verhaltenswissenschaftler mit dem entsprechenden Methoden-Inventar versucht, Verhaltenskomponenten an diversen Störungen zu beobachten und zu analysieren, um so in *Kooperation* mit dem medizinischen Personal zu einer Verbesserung der Situation beizutragen. Man sollte allerdings *nicht* meinen, daß mit einer verhaltensmedizinischen Perspektive nunmehr *alle* hartnäckigen Probleme im Gesundheitswesen lösbar wären.

Ein bereits *klassisches* Beispiel für die verhaltensmedizinische Perspektive bilden Ansätze zur Kontrolle des Übergewichts durch verschiedene verhaltenstherapeutische Verfahren. Übergewicht – oder besser: Unser Eßverhalten und die damit verbundene mangelnde Bewegung – in Interaktion mit biologischen und somatischen Prozessen bildet neben anderen Faktoren (zum Beispiel Rauchen, Bluthochdruck, Streß, vgl. Herd 1981) *einen* wichtigen Risikofaktor für koronare Herzerkrankungen. Starkes Übergewicht bildet insgesamt eine große Belastung für die Gesundheit und für das Wohlbefinden des einzelnen und strapaziert durch Begleit- und Folgeerkrankungen auch das Gesundheits- und Sozialbudget. Es ist heute klar, daß Übergewicht *allein* nicht für das Auftreten eines Herzinfarktes verantwortlich ist. Außerdem bildet Adipositas in Ätiologie und Aufrechterhaltung ein äußerst heterogenes Erscheinungsbild, so daß man dieses Problem sehr differenziert behandeln muß: Eine individuelle Analyse und eine sensible Identifikation der entsprechenden Bedingungen ist dabei unumgänglich (Agras 1984; Koch 1982; Pudel 1978).

Der Hauptansatzpunkt für verhaltensmedizinische Änderungsansätze der Adipositas richtet sich auf eine Veränderung von Merkmalen des *Eßverhaltens;* die wichtigsten Gesichtspunkte dazu stammen bereits aus älteren Überlegungen (vgl. Ferster, Nurnberger und Levitt 1962; Stuart 1967):

– Selbstbeobachtung und Selbstaufzeichnungen von Merkmalen des Essens und Eßverhaltens;
– Stimuluskontrolle (das heißt zum Beispiel Einschränkung der Situationen, unter denen gegessen wird);
– Veränderung des Eßstils (etwa kleine Bissen, Gabel weglegen usw.);
– Veränderung der Kalorienzufuhr;
– systematische Ernährungslehre (Wissen um richtige und gesunde Ernährung);
– Zunahme von Bewegung;
– systematische Verstärkung all dieser Ansätze.

Die einzelnen verhaltenstherapeutischen Verfahren bringen in den meisten Fällen zu *Beginn* keine drastischen Gewichtsverluste; dies wäre allerdings auch gar nicht günstig. Bei entsprechender *Motivation* des Patienten zur Veränderung seines Eß- und Lebensstils erweisen sich aber gerade Selbstkontrollverfahren als langfristig durchaus effektiv (Ferstl, DeJong und Brengelmann 1978). Wichtig daran ist aber die *Eigenaktivität* des Patienten, der sich Erfolge selber zuschreiben soll (siehe Attribution), damit eine Gewichtsreduktion auch stabil bleibt (siehe auch Agras 1984).

Wenn man die *Kosten* in Relation zum *Nutzen* einer Behandlung betrachtet, so erweisen sich – trotz mancher Probleme und bei Heterogenität der Befunde – verhaltenstherapeutische Behandlungsansätze als ausgesprochen erfolgversprechend (Ferstl et al. 1977; Kahlke et al. 1978; zusammenfassend bei Bühringer und Hahlweg 1986). Die Ergebnisse der Kosten-Nutzen-Überlegungen fallen dann besonders deutlich aus, wenn man verhaltenstherapeutische Verfahren in Kontrast zu diversen chirurgischen Maßnahmen zur Gewichtsreduktion stellt (wobei sich beispielsweise weder die Kosten, der Zeitaufwand, physische Belastung, noch der Nutzen etwa gesund zu leben etc., allein in monetären Einheiten fassen läßt): Eine Magen-Darm-Operation (Bypass) ist zwar zur Reduktion von starkem Übergewicht durchaus effektiv, weist allerdings eine nachgewiesene Mortalitätsrate von 2–19% (je nach Studie) auf. In 21–58% werden lebensbedrohliche Komplikationen berichtet (Störungen der Elektrolyt-Balance, chronischer Durchfall und anderes). Im Kontrast dazu ist die *subjektive* Zufriedenheit der Patienten nach solchen Operationen ausgesprochen hoch: Nach drei Jahren meinen immerhin 80% der Patienten, daß sie die Operation wieder durchführen lassen würden. Dies weist wohl auf einen starken Rechtfertigungsdruck und auf eine hohe physische und psychische Belastung durch das Übergewicht hin, wenn man bereit ist, ein so hohes Risiko auf sich zu nehmen (Stuart, Mitchell und Jensen 1981).

Auch für eine Reihe anderer Störungen und Krankheiten liegen durchaus ermutigende Berichte über den Einsatz von Verhaltensmedizin vor. Verhaltensmedizin stellt wohl aus verschiedenen Gründen eine wichtige Entwicklung dar: Eine verhaltensmedizinische Perspektive ist im Interesse der Betroffenen, und damit sind nicht nur Kranke gemeint, sondern wir alle, die wir von Krankheit selbst betroffen sein könnten beziehungsweise von der Krankheit anderer berührt sind. Optimale präventive Maßnahmen und eine optimale Behandlung stellen eine Verbesserung unserer Lebensqualität dar. Verhaltenstherapeuten leisten dann einen wichtigen Beitrag zur Aufrechterhaltung beziehungsweise Wiederherstellung der Gesundheit, wenn Verhaltensaspekte von Krankheiten identifiziert werden; in einem zweiten Schritt sind Verfahren bereitzustellen, diese Verhaltenskomponenten in Richtung der Gesundheit des einzelnen und der Gemeinschaft zu beeinflussen. Man sollte aber bei Betrachtung der verhaltensmedizinischen Perspektive nicht aus den Augen verlieren, daß es sich hierbei um ein differenziertes und komplexes Unterfangen handelt. Auch über die Umsetzbarkeit eines verhaltensmedizinischen Standpunktes im Rahmen des heutigen Gesundheitssystems sollte man sich wohl keinen zeitlichen Illusionen hingeben.

Zusammenfassung: Verhaltensmedizin geht von einem Kontinuum psychischer und somatischer Störungen aus und versucht eine Analyse der multiplen Bedingungen dieser Störungen unter interdisziplinärem Aspekt. Damit trägt man der Tatsache Rechnung, daß für das Auftreten, die Verteilung, den Verlauf und für die Veränderung verschiedener Störungen Verhaltensanteile (im weitesten Sinne) eine entscheidende Rolle spielen (zum Beispiel Compliance; Ernährungsverhalten; Schmerz).

Weiterführende Literatur: Miltner, W., Birbaumer, N., und Gerber, W. D.: Verhaltensmedizin. Berlin: Springer 1986.

1.4.4 Verhaltenstherapie und psychosoziale Versorgung

Verhaltenstherapie hatte sich vom Beginn ihrer Entwicklung an als effektives Verfahren zur Behandlung einer enormen Breite unterschiedlicher Störungen präsentiert (siehe etwa Ullmann und Krasner 1965 bis hin zu Turner, Calhoun und Adams 1981). Mit diesen unterschiedlichen Effektivitätsnachweisen war in gewisser Weise auch der Anspruch verknüpft, einen wichtigen Beitrag im Rahmen der psychosozialen Versorgung leisten zu können.

a) Probleme der Versorgung

Es fällt zunächst auf, daß der Begriff der *Versorgung* ausgesprochen problematisch ist: Versorgung suggeriert, daß nicht unbedingt von den Bedürfnissen der Patienten, sondern von verfügbaren therapeutischen Möglichkeiten ausgegangen wird. Mit anderen Worten: Geholfen wird nicht denjenigen Patienten, die den größten Belastungen ausgesetzt sind, sondern denjenigen, die eine vorherige *Schwelle* zur Behandlung zu überschreiten in der Lage sind. Außerdem besteht die Gefahr, daß Probleme eines Patienten vor dem Hintergrund eigener und institutioneller therapeutischer Möglichkeiten „gefiltert" werden (Keupp 1978).

Ein weiterer kritischer Punkt: *Versorgung* impliziert, daß *mit* einer Person etwas unternommen wird, daß ein Therapeut aktiv und handelnd agiert, während der Patient unselbständig und passiv bleibt (ähnlich wie im medizinischen Modell, Abschnitt 1.3.1). Mit dem Anspruch auf professionelle Tätigkeit geht unter Umständen eine Zerstörung von sogenannten Selbsthilfekompetenzen einher (Keupp 1978). Gerade nach verhaltenstherapeutischer Auffassung aber sollte Therapie nicht passive Versorgung, sondern Hilfe zur *Selbsthilfe* darstellen.

Auch im verhaltenstherapeutischen Prozeßmodell (Kanfer und Grimm 1981; Reinecker 1984b; Schmelzer 1986) wird dieser *Eigenaktivität* des Patienten – und zwar schon von Beginn an – größte Bedeutung zuerkannt. Dies verhindert eine Abhängigkeitsbeziehung, die dem Patienten eben nicht hilft, seine konkreten Lebensprobleme zu bewältigen.

Die angesprochenen Probleme weisen auf die *Rechtfertigung* einer therapeutischen Intervention hin. Diese Rechtfertigung muß auf ethische ebenso wie auf empirische Aspekte Bezug nehmen:

Für die ethische Rechtfertigung müssen normative Prinzipien herangezogen werden (vgl. Morscher 1974; Wipplinger 1986; siehe dazu auch Probleme der Zielbestimmung, siehe Abschnitt 2.2.2). Für die *empirische* Rechtfertigung muß eine relativ rationale Begründung des eigenen Handelns vor dem Hintergrund von zu erwartenden Effektivitätswerten eine Intervention vorgelegt werden (siehe dazu das Problem der differentiellen Indikation, vgl. Baumann 1981). Eine solche Reflexion von therapeutischen Strategien verhindert eine voreilige therapeutische Intervention im Sinne einer „Versorgung", das heißt aber auch Entmündigung des Patienten.

b) Versorgung und Prävention

Psychosoziale Versorgung sollte optimalerweise nicht erst dann einsetzen, wenn Störungen bereits aufgetreten sind; mit dem Begriff der Versorgung wird auch der Anspruch an eine effiziente Prävention von (psychischen) Störungen verbunden. Caplan (1964) unterscheidet zwischen primärer, sekundärer und tertiärer Prävention. *Primäre Prävention* beinhaltet den Versuch, das Auftreten psychischer Störungen im Vorfeld der Entstehung zu verhindern. Von *sekundärer Prävention* spricht man, wenn effiziente Maßnahmen getroffen werden, um die Dauer und den Ausprägungsgrad einer Störung zu verringern. *Tertiäre Prävention* hat zum Ziel, die Auswirkungen einer Störung für den Betroffenen und dessen Bezugspersonen möglichst gering zu halten. (Hier gibt es starke Überschneidungen mit dem Anliegen der Rehabilitation). Eine strikte Trennung der drei Schritte der Prävention wird heute kaum noch als sinnvoll erachtet; dennoch ist es nützlich, die unterschiedlichen Schwerpunkte im Auge zu behalten. Wenn man primäre Prävention als Programm ernst nimmt, so gibt es für die Verhaltenstherapie mehrere Ansatzpunkte:

– Reduzierung krankmachender (funktionaler) *Bedingungen:* Hier zeigen sich unter anderem auch Grenzen eines *psychologischen* Ansatzes, weil die *Bedingungen* von Störungen eben *nicht nur* psychologischer Natur sind. An welchem Punkt diese Grenze psychologischer Tätigkeit zu sehen ist, wo politisches Engagement anfängt und wie weit dies gehen soll, bildet den Gegenstand heftiger Kontroversen (man muß allerdings geltend machen, daß sich politische Tätigkeit und therapeutische Verpflichtung keineswegs ausschließen!).

– Befähigung zur *Bewältigung* komplexer Situation: Viele der angesprochenen krankmachenden Bedingungen lassen sich weder vorhersehen noch kontrollieren (Beispiel: Kritische Lebensereignisse wie Tod, Krankheit, Unfälle usw. siehe Filipp 1981; Katschnig 1980). Ein wichtiger Schwerpunkt psychologisch-verhaltenstherapeutischen Handelns könnte darin bestehen, Personen im Umgang mit solch problematischen Situationen zu befähigen. Dies stellt eine Erweiterung der Kompetenz des einzelnen dar und bildet einen wichtigen Beitrag zur Prävention psychischer Störungen.

Das größte Problem präventiver Ansätze bildet wohl die empirische Beurteilung der Effektivität: *Wirksam,* das heißt effektiv ist eine präventive Maßnahme ja gerade dann, wenn ein bestimmtes Problem *nicht* auftritt (zum Beispiel Alkoholkonsum, Suizid). Es ist daher aus forschungslogischen Gründen sehr schwierig, nachzuweisen, daß ein Ereignis (etwa eben Suizid) eingetreten wäre, hätte man *nicht* präventiv interveniert.

c) Gemeindepsychologie

Gemeindepsychologische Ansätze bilden eine wichtige Entwicklungslinie der Verhaltenstherapie. Gemeindepsychologie bedeutet, daß psychische Probleme der Betroffenen vor dem Hintergrund ihrer sozialen und ökonomischen Situation gesehen und behandelt werden. Verhaltenstherapeutisch orientierte Gemeindepsychologie bedeutet vor allem für die *Intervention* ein Abgehen von „klassischen Versorgungsmodellen": Nach gemeindepsychologischer Vorstellung sollte eine Person mit einem Problem bevorzugt in seiner natürlichen Lebenssituation verbleiben (zum Beispiel, indem ambulante Hilfe angeboten wird). Dazu kommt die oben angesprochene präventive Orientierung, zum Beispiel Arbeit mit Mediatoren, Öffentlichkeitsarbeit, sowie ein Verständnis von Therapie als Hilfe zur Selbsthilfe (Franks et al. 1985; Heyden 1986; Jason und Glenwick 1984; Keupp 1982; Nietzel 1983; Sommer und Ernst 1977).

Gemeindepsychologie ist auch eine konsequente Weiterentwicklung des Mediatorenmodells von Tharp und Wetzel (1975): Nach diesem Modell sind insbesondere die Personen der *natürlichen Umgebung* eines Patienten dazu geeignet, die funktionalen Bedingungen eines Problemverhaltens zu verändern. Ein *mittelbarer* Therapeut (Psychologe zum Beispiel) stellt nur eine *beratende* Person für den *unmittelbaren* Therapeuten (Person aus der natürlichen Umgebung) dar. Die Veränderung des Problems geschieht nach diesem Modell in erster Linie durch die Intervention des unmittelbaren Therapeuten mit der Zielperson.

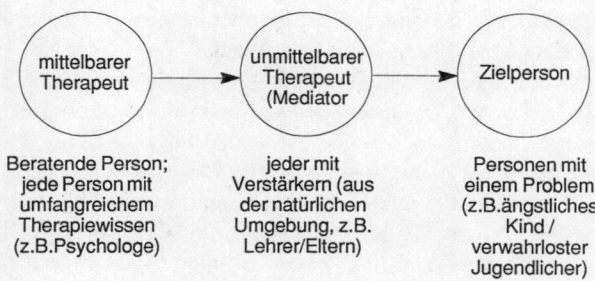

Abb. 1.4: Mediatorenmodell, vgl. Reinecker 1985b, S. 309

Die großen Vorzüge des Modells liegen darin, daß eine Person aus der natürlichen Umgebung des Patienten durch die kontinuierliche Interaktion bedeutend bessere und direktere Zugangsmöglichkeiten besitzt (Beobachtung des Problemverhaltens, Verfügen über Verstärker usw.), während ein professioneller Therapeut den Patienten üblicherweise außerhalb des natürlichen Settings behandelt (und dies im allgemeinen nur wenige Stunden). Unter einer gemeindepsychologischen Perspektive besteht die Aufgabe des Verhaltenstherapeuten vor allem darin, zur *Analyse* menschlicher Probleme unter *natürlichen* Bedingungen beizutragen. Dieses *Wissen* sollte in didaktisch günstiger Form aufbereitet werden, so daß es von breiten Bevölkerungsgruppen

35

verstanden und aufgenommen werden kann. In einem dritten Schritt sollten in einer sensiblen Lebenswelt-Analyse realisierbare *Veränderungsstrategien* entwickelt werden, die gerade unter natürlichen Bedingungen (beispielsweise Schule, Familie) umsetzbar sind. Gemeindepsychologie ist somit weniger eine „neue" Psychologie oder eine „neue" Interventionsform, sondern ein Versuch der Umsetzung verhaltenstherapeutischer Prinzipien mit dem Anliegen einer adäquaten psychosozialen Versorgung.

d) Kurztherapie als Beitrag zur psychosozialen Versorgung

Vor dem Hintergrund von Selbstkontroll- und Selbstmanagementansätzen besteht ein wichtiges Ziel verhaltenstherapeutischer Interventionen darin, den Patienten wieder zu einem selbständigen und eigengesteuerten Leben zu befähigen. Über den Zeitraum und die zeitliche Verteilung einer therapeutischen Intervention zur Erreichung dieses Zieles gibt es jedoch unterschiedliche Ansichten. Zugunsten einer *längeren Dauer* (was nicht unbedingt *mehr* Interventionszeitpunkte, etwa Therapiesitzungen bedeuten muß) spricht unter anderem die Überlegung, daß für das *Erlernen* neuen Verhaltens auch entsprechende Zeit eingeräumt werden sollte.

Beispiel: Wenn ein Patient über mehrere Jahre hinweg mit starken Schmerzen gelebt hat, so bedarf es unter Umständen einer gewissen Zeit, bis der Patient von seinem bisherigen *Schmerzverhalten* (Medikamentenkonsum, Klagen, Arztbesuche usw.) abgehen kann und sich neue Verhaltensstrategien stabilisieren lassen (zum Beispiel aktives Freizeitverhalten, Sozialverhalten etc.).

Zugunsten einer *kürzeren* Dauer der Intervention sprechen mehrere Argumente: Zum einen das Prinzip, daß Therapie nur soweit in das Leben einer Person eingreifen sollte, wie dies unbedingt notwendig erscheint („Principle of minimal intervention" siehe Kanfer 1979; Kanfer und Gaelick 1986; Kanfer und Schefft 1986). Therapie sollte vielmehr dazu beitragen, *Anstöße* zur selbständigen Veränderung zu geben („instigation therapy", Kanfer und Phillips 1966; Wilson 1981).

Zum anderen sprechen für eine *kürzere* Therapie empirische Argumente und Kosten-Nutzen-Überlegungen: Es zeigt sich nämlich, daß die *Dauer* der Intervention keineswegs positiv mit den erzielten Effekten korreliert (vgl. Garfield 1982). Diese statistischen (auf Mittelwerte von Veränderungen bezogenen) Hinweise schließen natürlich keinesfalls aus, daß Therapie in einem speziellen Fall über einen längeren Zeitraum dauern kann und muß. Dies ist jedoch – ähnlich wie oben argumentiert wurde – jeweils relativ rational zu begründen.

Abschließend wird die Argumentation zugunsten eines Kurzpsychotherapieansatzes in folgenden Punkten zusammengefaßt (Garfield 1982; Phillips 1985):

1. Die Effektivität eines Kurzpsychotherapieansatzes findet insgesamt breite *empirische* Stützung (vgl. Smith, Glass und Miller 1980). Schon dies sollte ein Grund sein, ihm im Rahmen psychosozialer Versorgung wegen des damit verbundenen *Nutzens* einen breiten Platz einzuräumen. Wenn sich Therapie auch ohne großen zeitlichen Aufwand durchführen läßt, so könnte psychotherapeutische Intervention auch potentiell mehr Personen mit Problemen zugute kommen.
2. Das Interesse und die Wünsche der Patienten zeigen, daß sie an einer sehr lange

dauernden Intervention kaum interessiert sind (vgl. Preuss 1986). Personen, die sich wegen therapeutischer Hilfestellungen an einen Fachmann wenden, erwarten vielmehr eine konkrete und wenig aufwendige Hilfestellung für anstehende Probleme. Man kann sich gewiß fragen, ob es unbedingt notwendig ist, diesen Wünschen der Patienten in jedem Fall nachzukommen, berücksichtigenswert sind diese *Erwartungen* aber in jedem Fall (vgl. Halder 1977).

3. Dier Verpflichtung zur Kurztherapie beinhaltet sowohl für den Therapeuten, als auch für den Patienten einen gewissen Druck zur Aktivität und zu *zielgerichtetem Handeln*. So erscheint es kaum legitimierbar, mit dem Patienten über Wochen hinweg „zu arbeiten", ohne daß konkret festgelegt wird, welche Ziele angestrebt werden sollen (beziehungsweise, ob diese Ziele erreicht werden). Durch eine sensible therapiebegleitende Diagnostik erhält man als Therapeut und als Patient relativ rasch Rückmeldung, ob das eigene Handeln zielführend war oder nicht.

4. Auch ethische *Gesichtspunkte* sprechen für einen Kurzpsychotherapieansatz. Über die ethische Legitimierbarkeit therapeutischer Intervention (Stichworte: Manipulation, Macht, Kontrolle etc.) gibt es seit längerer Zeit differenzierte Überlegungen (vgl. Keupp und Bergold 1972; Reiter 1975; Stuart 1981). Neben der Förderung von Eigenaktivität und Selbstkontrolle des Patienten stellt eine zeitlich begrenzte Therapie eine wohl optimale Möglichkeit dar, um therapeutische Abhängigkeiten auf seiten des Patienten gar nicht erst aufkommen zu lassen.

Zusammenfassung: Verhaltenstherapie vertritt den Anspruch, einen Beitrag zur psychosozialen Versorgung zu leisten. Die dafür sinnvollen und notwendigen präventiven Programme werden aus verschiedenen Gründen bisher kaum realisiert.
Die Umsetzung eines adäquaten Versorgungsmodells erfordert Interventionsansätze in der natürlichen Umgebung und die Mobilisierung von Selbsthilfekompetenzen der Patienten. Auch ein Kurzpsychotherapieansatz stellt sich aufgrund mehrerer Argumente als brauchbar heraus.

Weiterführende Literatur: Keupp, H., und Rerrich, D. (Hg.): Psychosoziale Praxis. Ein Handbuch in Schlüsselbegriffen. München, Urban & Schwarzenberg 1982.

2 Das funktionale Modell der Verhaltenstherapie: Verhaltensdiagnostik und Verhaltensanalyse

Im Laufe der Problemgeschichte der Psychologie sind recht heterogene diagnostische Ansätze vertreten worden; *gemeinsam* scheint ihnen allerdings zu sein, daß mit der Diagnostik ein Anspruch auf *Erklärung* eines (psychologischen) Sachverhaltes verbunden war. Dieser Anspruch gilt auch für die sogenannte Verhaltensdiagnostik (Schulte 1976; Westmeyer 1972).

In formaler Hinsicht kann Diagnostik als Sonderform einer wissenschaftlichen Erklärung angesehen werden (Westmeyer 1972, 1973). Unter einer Erklärung versteht man den Versuch, ein zu erklärendes Ereignis (= Explanandum) in ein System von allgemeinen Sätzen und speziellen Randbedingungen (= Explanans) einzuordnen:

$$\textit{Explanans} \left\{ \begin{array}{l} A_1, \ldots\ldots, A_n \quad \text{(Sätze, welche die Antezedensbedingungen beschreiben)} \\[2mm] G_1, \ldots\ldots, G_r \quad \text{(allgemeine Gesetzmäßigkeiten)} \end{array} \right.$$

Explanandum   E   (Beschreibung des zu erklärenden Ereignisses)

(Stegmüller 1974, S. 86).

Dieses Schema einer wissenschaftlichen Erklärung folgt dem Modell, das Hempel und Oppenheim (1948) als Schema für naturwissenschaftliche Erklärungen entwickelt hatten; es wird deshalb auch als »H-O-Schema« bezeichnet. Das Prinzip einer Erklärung – und damit auch Diagnostik – besteht also darin, daß ein zu erklärendes Ereignis (E) auf allgemeine Gesetzmäßigkeiten ($G_1 \ldots G_r$) und spezifische Antezedensbedingungen ($A_1 \ldots A_n$) zurückgeführt wird.

Für dieses Modell wurden bereits von Hempel und Oppenheim (1948) Bedingungen formuliert, die aus dem Schema eine adäquate Erklärung entstehen lassen (sogenannte Adäquatheitsbedingungen). In der Formulierung von Stegmüller (1974, S. 86) lauten diese *Adäquatheitsbedingungen* folgendermaßen:

„B_1:   Das Argument, welches vom Explanans zum Explanandum führt, muß *korrekt* sein.

B_2:   Das Explanans muß *mindestens ein allgemeines Gesetz* enthalten (oder einen Satz, aus dem ein allgemeines Gesetz logisch folgt).

B_3:   Das Explanans muß einen *empirischen Gehalt* besitzen.

B_4:   Die Sätze, aus denen das Explanans besteht, müssen *wahr* sein.“

Während die Bedingungen B_1, B_2 und B_3 vom Standpunkt der empirischen Wissenschaften aus kaum Probleme enthalten (in der Analytischen Wissenschaftstheorie wird dies durchaus anders gesehen), wird B_4 etwa in der Psychologie wohl kaum jemals erfüllt sein. Gefordert wäre ja hier, daß sowohl die *Gesetzesbedingungen* (zum Beispiel Theorien und Hypothesen über die Entstehung und Aufrechterhaltung von Verhaltensweisen), als auch die *Randbedingungen* (zum Beispiel Beschreibungen raum-zeitlicher Bedingungen) *wahr* sein müssen. Für die empirischen Wissenschaften – und insbesondere für die Psychologie – wurden deshalb gewisse *Liberalisierungen* der Adäquatheitsbedingungen vorgenommen; darauf wird später noch zurückzukommen sein.

Beispiel: Das sozial ängstliche und zurückgezogene Verhalten einer Person soll erklärt werden, bildet also das *Explanandum* (etwa: Angst, den Sozialpartnern gegenüber Wünsche zu äußern und diese durchzusetzen und dergleichen mehr). Die Diagnose besteht darin, daß für diese zu erklärenden Ereignisse nach Bedingungen gesucht wird, in die sich das Explanandum einordnen läßt. Hinsichtlich der allgemeinen *Gesetzmäßigkeiten* könnte man geltend machen, daß die operante Verstärkung selbstsicherer Äußerungen deren Auftrittswahrscheinlichkeit erhöht, daß Kritik als Form der Bestrafung zu einer Vermeidung sozialer Kontakte und somit zu einem Verlernen selbstsicheren Verhaltens führt usw. Um nun zu erklären, warum gerade eine bestimmte Person die geschilderten Probleme aufweist, wird auf spezielle *Randbedingungen* verwiesen, denen die Person ausgesetzt war beziehungsweise ist (etwa: Gelegentliche selbstsichere Äußerungen wurden nicht belohnt, sondern kritisiert; die Person hat sich vom sozialen Kontakt zurückgezogen usw.). Bei einzelnen Erklärungen (Diagnosen) in der Verhaltenstherapie werden üblicherweise nicht *alle* Gesetzes- und Randbedingungen angeführt, die aufgrund formaler Überlegungen erforderlich wären. Im geschilderten Beispiel müßten etwa Annahmen getroffen werden über die Kritik als Form der Bestrafung etc.; bei den Randbedingungen müßte geklärt sein, welchen Bestrafungs- bzw. Verstärkungskontingenzen die Person in der Vergangenheit ausgesetzt war und dergleichen mehr. Solche Annahmen bilden in der Diagnostik häufig eine Art *Hintergrundwissen,* das nicht explizit angeführt wird, das jedoch für die Adäquatheit der Erklärung von höchster Bedeutung ist (siehe auch Kaminski 1970).

Einzelne diagnostische Systeme unterscheiden sich nicht in ihrem Anspruch auf *Erklärung* eines bestimmten Sachverhaltes, der in psychologischer Sprache beschrieben ist; große Unterschiede ergeben sich jedoch, wenn man die einzelnen Gesetzmäßigkeiten (Theorien) betrachtet, die zur Erklärung des Ereignisses herangezogen werden. In der Verhaltenstherapie bezieht man sich vorwiegend auf Theorien des Lernens von Verhaltensweisen, auf Theorien aus der Allgemeinen Psychologie, der Sozialpsychologie etc. (vgl. dazu auch die Charakterisierung der Verhaltenstherapie bei Wilson und Franks 1982 und im ersten Kapitel dieses Buches). Eine gewisse *Begründung* für dieses Vorgehen bilden *inhaltliche* Abhebungen der Verhaltensdiagnostik von der sogenannten klassischen Diagnostik.

2.1 „Klassische" Diagnostik und Verhaltensdiagnostik

Mit der Entwicklung verhaltenstherapeutischer Verfahren Ende der 50er und Anfang der 60er Jahre erwiesen sich herkömmliche diagnostische Ansätze als nicht mehr zielführend. Diese sogenannten „klassischen" Verfahren waren im Prinzip dem „Trait-Ansatz" in der Persönlichkeitstheorie verpflichtet: Nach Auffassung dieses Ansatzes stellt das beobachtbare Verhalten einer Person eine Funktion allgemeiner Persönlichkeitscharakteristika dar. Diese Persönlichkeitszüge („Traits") determinieren unser Verhalten (beispielsweise „Antriebe", „Bedürfnisse"). Die zentralen Voraussetzungen des Trait-Ansatzes für die psychologische Diagnostik wurden von der Verhaltenstheorie nicht übernommen (Goldfried und Kent 1972, Kanfer und Saslow 1965).

In der Verhaltensdiagnostik werden die Reaktionen einer Person nicht mehr als Ausdruck der Persönlichkeit aufgefaßt; wichtige Gesichtspunkte der Erklärung bilden vielmehr situationale Merkmale, in die das Verhalten eingebettet ist. Die Position, wie sie unter anderem von Mischel (1968) vertreten wird, kann als *„Situationismus"* bezeichnet werden. Nach dieser Auffassung hat es wenig Sinn, eine Person anhand allgemeiner Persönlichkeismerkmale zu beschreiben (zum Beispiel „ängstlich"); eine adäquate Beschreibung und Erklärung muß vielmehr neben dem prinzipiell beobachtbaren Verhalten der Person auch die situationalen Merkmale berücksichtigen, in denen sich das Verhalten zeigt (zum Beispiel: „Person a zeigt in sozialen Situationen Zittern, Vermeidung, schildert sich selbst als unsicher").

Ein gewisser pragmatischer Kontrast zwischen „klassischer" Diagnostik und Verhaltensdiagnostik ist auch in folgendem Punkt zu sehen: Diagnostik bildete über Jahrzehnte hinweg ein wichtiges Tätigkeitsfeld für Psychologen (Forscher und Praktiker). Diagnostik wurde häufig mit großem zeitlichen und technischen Aufwand durchgeführt, ohne daß dies differentielle Handlungskonsequenzen gehabt hätte. In dieser Tatsache sieht Yates (1970) auch ein Problem für die Identität von Psychologen, die zwar ausgebildet wurden, Diagnosen zu erstellen, die jedoch selbst nicht in der Lage waren, die Folgerungen aus den Diagnosen zu ziehen (etwa in Richtung einer Veränderung, Therapie etc.). Aufgabe der Ausbildung in Klinischer Psychologie sollte es nach Yates (1970) sein, dem Studierenden Fähigkeiten zur *Erfassung*, aber auch zur *Veränderung* von Problemen im *Einzelfall* zu vermitteln. Dafür bilden methodologische ebenso wie inhaltlich-theoretische Aspekte der Psychologie das entscheidende Hintergrundwissen. Diagnose und Therapie sind in diesem Ansatz prinzipiell nicht mehr zu trennen, sondern sie gehen nahtlos ineinander über.

Mit der Entwicklung effizienter *therapeutischer* Verfahren in der Verhaltenstherapie war allerdings auch eine Gefahr verbunden: Die Vernachlässigung der Diagnostik, weil die einzelnen Therapieverfahren offensichtlich auch ohne großen diagnostischen Aufwand effektiv sind. Diese Entwicklung wurde unter anderem von Bayer (1974) als höchst problematisch angesehen. Inzwischen wurde allerdings das Diagnostikdefizit der Verhaltenstherapie wohl weitgehend aufgeholt.

2.1.1 Zeichen- versus Stichprobenansatz

Zur Charakterisierung von „klassischen" gegenüber verhaltenstherapeutischen Diagnosen wird häufig auf die Unterscheidung von Goodenough (1949) verwiesen:

Der *„Zeichenansatz"* nimmt an, daß die in einer Testsituation gezeigten Verhaltensweisen als *Zeichen* beziehungsweise als indirekter Hinweis auf ein Persönlichkeitsmerkmal angesehen werden können. *Beispiel:* Die Zeichnung eines Baumes oder Menschen in einem entsprechenden Test wird als Hinweis, als indirektes Zeichen oder auch als Ausdruck der Persönlichkeit angesehen, etwa der Aggression, der Gehemmtheit usw. Aus diesem Grunde werden „klassische" Tests weitgehend dem Zeichenansatz zugeordnet; wichtig ist daran auch, daß die Schlußfolgerungen von den Testantworten auf das Persönlichkeitsmerkmal jeweils nur auf den Weg über eine spezielle Persönlichkeitstheorie erfolgen können.

Im *„Stichprobenansatz"* nimmt man an, daß die beobachteten Verhaltensweisen (etwa bei der Exploration) eine *Stichprobe* des Verhaltens der Person darstellen. Das zur Debatte stehende Problem bildet das sogenannte *Kriteriumsverhalten* (zum Beispiel ängstliche Verhaltensweisen in verschiedenen Situationen). Auch dem Verhaltenstherapeuten ist es natürlich nicht möglich, alle ängstlichen Reaktionen einer Person zu erfassen; deshalb wird die diagnostische Situation *so* strukturiert, daß der Patient hier eine Stichprobe seines Verhaltens zeigt (zu den Erfassungsebenen und Methoden siehe unten). Ideal wäre natürlich die Beobachtung des Verhaltens einer Person in der natürlichen Umgebung, da dies aber nur mit Einschränkungen (praktischer, ethischer und methodischer Art) möglich ist, behilft man sich in der Verhaltenstherapie damit, eine möglichst repräsentative Stichprobe des Kriteriumsverhaltens zu erfassen.

Auch der Begriff des *Symptoms* – dem medizinischen Denken entlehnt – ist dem Zeichenansatz zuzuordnen: Wenn man von Symptomen spricht, so meint man damit, daß die beobachtbaren Beschwerden des Patienten als indirekter Hinweis auf eine zugrunde liegende Störung angesehen werden müssen (Ullmann und Krasner 1965, 1969). Im Wege über eine entsprechende Persönlichkeits- und Ätiologietheorie werden dann aus den Symptomen Schlüsse über die entsprechende Krankheit gezogen.

Die Berechtigung dieser medizinischen Modellvorstellung für die Medizin selbst kann hier nicht Gegenstand der Diskussion sein; in der Verhaltenstherapie wird allerdings die *Übertragung* der Modellvorstellungen über somatische Störungen (vorwiegend der Infektionskrankheiten) auf psychische Störungen massiv in Frage gestellt (Keupp 1972, 1974b; Ullmann und Krasner 1965, 1975; vgl. auch die Diskussion um das „Krankheitsmodell" in Abschnitt 1.3.2). In der Verhaltenstherapie werden die Beschwerden eines Patienten nicht als Symptome einer zugrunde liegenden Krankheit (oder Störung) angesehen, die *Beschwerden* werden vielmehr selbst als *Problem* aufgefaßt, das unter verschiedenen Bedingungen steht. Schulte (1986) hat diesen Sachverhalt in folgendem Schema verdeutlicht:

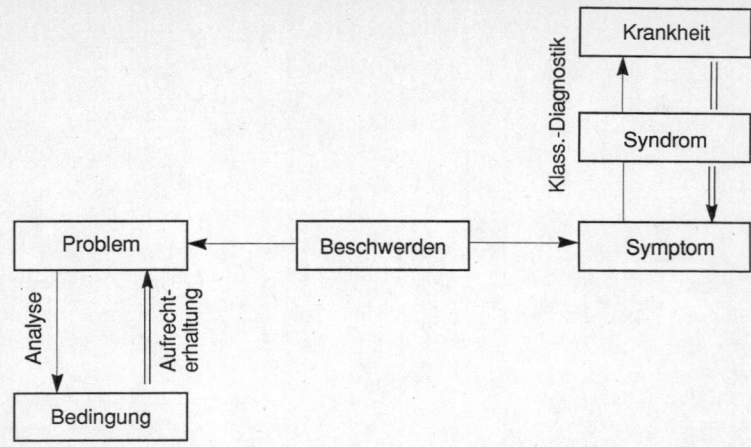

Abb. 2.1: Beschwerden eines Patienten als Symptome vs. Probleme (aus: Schulte 1986, S. 4).

In der Verhaltensdiagnostik geht es darum, eine möglichst präzise Beschreibung der Probleme zu leisten und in der Folge eine Analyse der *Bedingungen* dieser Probleme anzustellen. Welcher Art diese Bedingungen sind, wird im nächsten Punkt zu erörtern sein.

Für die Beurteilung der Beschwerden einer Person als „abnorm" oder „behandlungsbedürftig" müssen folgende Gesichtspunkte herangezogen werden:
1. Merkmale des *Verhaltens* selbst (zum Beispiel Frequenz, Intensität, Topologie des Verhaltens);
2. Merkmale der *Situation,* in der ein Verhalten auftritt (beispielsweise Beruf, Freizeit, im Rahmen von sozialen Aktivitäten);
3. *Normative* Charakteristika, die durch einen Beobachter beziehungsweise durch die Beurteilung eines Diagnostikers bedeutsam werden (zum Beispiel Beurteilung aggressiven oder sexuellen Verhaltens).

Ein wichtiges Merkmal des Zeichenansatzes wird auch in der Position gegenüber der klinisch-psychologischen *Klassifikation* deutlich: Die vom Patienten geschilderten Beschwerden werden als Hinweis darauf gesehen, daß eine Person einer gewissen diagnostischen Klasse zugeordnet werden kann (zum Beispiel: Äußerungen über rituelle Verhaltensweisen, zu denen sich die Person durch einen inneren Drang gezwungen sieht und denen sie nicht widerstehen kann, die sie jedoch als sinnlos erkennt, rechtfertigen die Zuordnung zur Klasse der „Zwangsneurosen").

In der Verhaltensdiagnostik ist man in dieser Hinsicht vorsichtiger: Die vom Patienten geschilderten Beschwerden werden als Stichprobe seines Kriteriumsverhaltens angesehen; dabei muß klarerweise auch angenommen werden, daß der Patient die problematischen (siehe oben) Verhaltensweisen auch dann zeigt, wenn die Beobachtung nicht vorgenommen wird. Über die Existenz der nosologischen Kategorie „Zwangsneurose" werden vom Verhaltenstherapeuten keinerlei (ontologische) Annahmen getroffen; dafür lassen sich wissenschaftslogische ebenso wie pragmatische Gründe anführen: In praktischer Hinsicht liefert die diagnostische Klassifikation kaum Hinweise, die auch therapeutisch relevant wären; von wissenschaftslogischer Seite aus fühlt man sich in der Verhaltenstherapie dem Prinzip der Sparsamkeit bei den theoretischen Grundannahmen verpflichtet (siehe zur Nominalismusdebatte etwa: Bochenski, Church und Goodman 1956; Quine 1953).

Wenn in der Verhaltensdiagnostik und Verhaltenstherapie Begriffe aus der nosologischen Klassifikation verwendet werden – und dies ist bereits aus Gründen der Kommunikation unumgänglich –, so werden diese Begriffe als *Konventionen* über die Verwendung eines Begriffes aufgefaßt und keineswegs als Hinweise über eine existierende nosologische Kategorie (das heißt Verwendung als „Kürzel").

Zusammenfassung: Im *Zeichenansatz* der Diagnostik werden die Äußerungen des Patienten (ähnlich wie im Medizinischen Modell) als Hinweise auf eine zugrunde liegende Störung angesehen. Die Klassifikation erfolgt durch die Zusammenfassung von Symptomen zu Syndromen vor dem Hintergrund einer speziellen Störungstheorie.

Im *Stichprobenansatz* der Diagnostik werden die Äußerungen eines Patienten als Ausschnitt eines Kriteriumsverhaltens angesehen. Die Aufgabe des Diagnostikers besteht darin, möglichst präzise und unverfälschte Stichproben des Kriteriumsverhaltens zu erfassen.

Weiterführende Literatur: Goldfried, M. R., und Kent, R. N.: Herkömmliche gegenüber verhaltenstheoretischer Persönlichkeitsdiagnostik: Ein Vergleich methodischer und theoretischer Voraussetzungen. In: Schulte, D. (Hg.): Diagnostik in der Verhaltenstherapie. München, Urban & Schwarzenberg 1974.

2.1.2 Funktionale Analyse

Die von einem Patienten geschilderten Beschwerden sind üblicherweise in der Alltagssprache formuliert; die *funktionale Analyse* besteht in dem Versuch, diese Beschwerden präzise zu erfassen, sie in *psychologischer Sprache* zu beschreiben und die aufrechterhaltenden Bedingungen der Probleme zu identifizieren. Ohne eine vorausgehende psychologische Beschreibung kann ein „Problem" nicht zum Gegenstand einer psychologischen Erklärung und damit Diagnose werden.

In der funktionalen Analyse ergibt sich eine Erklärung für ein Problem durch eine möglichst präzise Identifikation derjenigen *Bedingungen,* die eine *„Ursache"* für das Problem bilden. Verhaltenstherapie besteht im Kern darin, diese Bedingungen zu verändern (oder verändern zu helfen), die (im Sinne der Aufrechterhaltung) die *Ursache* für das Problem bilden. Zum Begriff der *„Ursache"* ist eine kurze Anmerkung notwendig: In der Analytischen Wissenschaftstheorie wird der Begriff folgendermaßen präzisiert (Stegmüller 1974): „Als Ursachen eines Ereignisses müßten *sämtliche relevante Bedingungen* dieses Ereignisses angesehen werden. Dazu gehören nicht nur die sich gerade ändernden Bedingungen, welche gerade ins Auge fallen, sondern auch die *konstanten* Bedingungen oder Prozesse, ohne die das fragliche Ereignis nicht stattfinden könnte" (S. 433).

Wenn man sich in der Psychologie weiterhin auf den Begriff der Ursache beziehen will, so ist eine Einschränkung unumgänglich: Es ist im Rahmen einer Verhaltensanalyse aus prinzipiellen und pragmatischen Gründen niemals möglich, *sämtliche* relevante Bedingungen eines Ereignisses anzugeben. In der funktionalen Analyse begnügt man sich üblicherweise damit, diejenigen Bedingungen zu identifizieren (beziehungsweise im Rahmen der Therapie zu verändern), deren Veränderung eben zu einer Veränderung des Problems führt.

Beispiel: Nach einer genauen Beschreibung des Problems „Bettnässen" bei einem Schulkind könnte sich die funktionale Analyse auf die Erfassung verschiedener Bedingungen beziehen: a) ein Bereich von Bedingungen könnte ein problematischer Erziehungs- und Interaktionsstil der Eltern bilden; b) eine Bedingung des Problems könnte darin bestehen, daß das Kind wegen mangelnder Hilfestellung die Blasenkontrolle bisher nicht erlernen konnte; c) das Problemverhalten kann unter Umständen als operantes Verhalten aufgefaßt werden, durch das das Kind im Sinne der Zuwendung seine Umgebung kontrolliert; d) das Problem kann eine wichtige Rolle zur Stabilisierung einer gestörten familiären Interaktion spielen und dergleichen mehr. – Die Auflistung verschiedener *möglicher* Ursachen (beziehungsweise von Kombinationen derselben) zeigt, daß sich für das Problem „Bettnässen" unterschiedliche Bedingungskomplexe angeben lassen.

Die Aufgabe des Diagnostikers besteht darin, aus diesem Bereich möglicher Bedingungen denjenigen (oder diejenigen) auszuwählen, deren Veränderung zu einer Veränderung des Problems führt. Dies ist ein Vorgang, der sich nur durch die empirische Prüfung der diagnostischen Hypothese(n) entscheiden läßt. Aus diesem Grunde spricht man auch bei dem Ergebnis einer Verhaltensdiagnostik von einem *„hypothetischen Bedingungsmodell":* Darunter versteht man die zu einem bestimmten Zeitpunkt für ein Problem geltend gemachten Bedingungen. Diese Bedingungen sind jeweils hypothetisch, weil sie erst zu *prüfen* sind; ein wichtiger Aspekt eines solchen hypothetischen Bedingungsmodells besteht darin, daß es für konkrete Handlungen des Diagnostikers beziehungsweise Therapeuten eine wichtige Grundlage darstellt. Aus formal-wissenschaftstheoretischer Sicht ist darauf hinzuweisen, daß das Modell in jedem Fall *hypothetisch* bleibt: Auch eine erfolgreiche Therapie (das heißt eine Veränderung des Problems durch die Veränderung der Bedingungen) bildet keinen hinreichenden Grund, das hypothetische Modell als „zutreffend" oder „wahr" zu bezeichnen. Dies hängt damit zusammen, daß zwischen Diagnostik und Therapie kein klarer (formaler) Ableitungszusammenhang besteht: Therapie kann nicht als Bewährungs- oder Falsifikationsinstanz der Diagnostik aufgefaßt werden (siehe Abschnitt 2.4.8).

Diese Überlegungen bedeuten keinesfalls, daß zur Erstellung eines Bedingungsmodells nicht die am besten fundierten Theorien beziehungsweise abgesicherten Beobachtungen herangezogen werden sollten, im Gegenteil: Zur *relativ rationalen*

Rechtfertigung (Westmeyer, 1979 a, 1981 a) bilden brauchbare theoretische Modelle und gute Beobachtungen eine wichtige Voraussetzung (vgl. dazu auch die Überlegungen zur „Differentiellen Indikation").

In der funktionalen Analyse (vgl. auch Scheerer 1983; Skinner 1953, 1969) wird die Frage nach dem *„Warum?"* für ein Problem mit dem Hinweis auf diejenigen Bedingungen beantwortet, deren Veränderung eine Veränderung des Problems nach sich zieht. Diese Bedingungen lassen sich nur für jedes einzelne Individuum angeben: Erst aus einer genauen Analyse eines Einzelfalles ergibt sich ein hypothetisches Bedingungsmodell für ein geschildertes Problem. Aus diesem Grunde besteht in der funktionalen Analyse ein enges Verhältnis zur sogenannten *Einzelfalltradition* (Sidman 1960; Skinner 1953). Diese Tradition der Einzelfallanalyse bedeutet zugleich eine theoretische Offenheit gegenüber einzelnen Ansätzen, mit anderen Worten: *Welche* Bedingungen als zentral für ein bestimmtes Problem angesehen werden, wird nicht durch eine theoretische Perspektive bestimmt, sondern dies ergibt sich erst aus einer präzisen Erfassung des Verhaltens und einer Beobachtung derjenigen Bedingungen, mit denen sich das Verhalten verändert (Baer, Wolf und Risley 1968).

Verhaltensdiagnostik und Verhaltenstherapie werden häufig als kontinuierlicher Prozeß des Aufstellens und Prüfens von Hypothesen gekennzeichnet (Schmelzer 1986); daß man sich bei der Formulierung von Hypothesen zunächst von fundierten Ansätzen aus der Psychologie (siehe dazu Kapitel 3) leiten läßt, liegt nahe. Dies schränkt jedoch den sogenannten Zugriffsbereich für die Bildung von Hypothesen keineswegs ein. Es ist nur relativ ökonomisch, wenn auf Hypothesen zurückgegriffen wird, die sich in der Vergangenheit bereits als heuristisch brauchbar herausgestellt hatten. Im Prinzip jedoch müssen auch ungewöhnliche Hypothesen die Chance einer empirischen Prüfung erhalten, so daß sich Verhaltensdiagnostik und Verhaltenstherapie zumindest im Grenzfall als *Einzelfallexperimente* auffassen lassen (Yates 1970, 1975, 1980).

Die Feststellung, daß man trotz gewissenhafter Diagnostik lediglich *hypothetische Bedingungsmodelle* als Ergebnisse der Bemühungen vor sich hat, mag entmutigend klingen. Dies hängt jedoch mit einigen Überlegungen zusammen, die kurz „angerissen" werden sollen. Diagnostik wurde als der Versuch einer Erklärung bezeichnet. In diese Erklärung gehen neben dem zu erklärenden Satz (Explanandum) auch Bestandteile ein, deren *Wahrheit* bzw. Richtigkeit nicht als gegeben angesehen werden kann. Nach den Adäquatheitsbedingungen für wissenschaftliche Erklärungen stellt die Wahrheit der allgemeinen Gesetzmäßigkeiten sowie der Randbedingungen jedoch eine Voraussetzung dar. Die Wahrheit der *Gesetzmäßigkeiten* ist deshalb nicht gegeben, weil Gesetze und Theorien aus den empirischen Wissenschaften prinzipiell nicht *wahr,* sondern nur mehr oder weniger *bewährt* sein können (Popper 1969; Weingartner 1971). Selbst einzelne Theorien, die in Kapitel 3 (Lerntheorien, . . .) angeführt werden, sind nicht wahr, sondern sie haben sich bewährt, als vorläufig brauchbar erwiesen. Dies schließt nicht aus, daß sie revidiert, verändert oder sogar fallengelassen werden können.

Ähnlich problematisch steht es um die sogenannten Randbedingungen: In der funktionalen Analyse wird mit Hilfe verschiedener diagnostischer Schemata (siehe unten) in einem Einzelfall nach Gegebenheiten geforscht, die im Leben des Individuums vorgelegen haben (bzw. vorliegen) und die eine Erklärung für die gegenwärtige Problematik sein könnten. Im angeführten Beispiel des „Bettnässens" sollte die damit verbundene Schwierigkeit bereits im Ansatz deutlich geworden sein: Für die Entstehung und für die Aufrechterhaltung eines Problems lassen sich im Rahmen einer funktionalen Analyse *mehrere mögliche Antezedensbedingungen* anführen, die eine Erklärung für das Problem abgeben. Für das Problem „Bettnässen" lassen sich auch in einem Einzelfall mehrere Bedingungen anführen; eine Entscheidung zwischen diesen rivalisierenden Bedingungen stellt sich deshalb als unmöglich heraus, weil die Bedingungen in der *Vergangenheit* liegen. Die einzelnen Bedingungen aus der Vergangenheit lassen sich aus methodischen Gründen nicht mehr so präzise und unfehlbar erfassen, daß man sie als *wahr* bezeichnen könnte (zum Beispiel Fehler in der Beobachtung; Fehler in der Erinnerung; Probleme der Auswahl einer adäquaten Stichprobe des Verhaltens usw.). Die Erklärungen, in die solche möglichen Randbedingungen eingehen, wurden von Westmeyer (1973) als „Wie-es-möglich-war, daß-Erklärungen" bezeichnet. Mit dieser etwas umständlichen Bezeichnung trägt man der Tatsache Rechnung, daß funktionale Analysen nicht wahre, sondern mögliche Erklärungen der Problematik sind.

Offene Probleme der funktionalen Analyse:
Die massive Kritik an der „klassischen" Diagnostik hat mit zu einer Entwicklung der Verhaltensdiagnostik beigetragen; die Kritik bezog sich in erster Linie auf die mangelnde Objektivität, Reliabilität und Validität diagnostischer Modelle, die sich auf Trait-Theorien stützten. Mit der Entwicklung der Verhaltensdiagnostik stellt sich die Frage der *Gütekriterien* zwar nicht mehr in derselben Form, dennoch sollte nicht übersehen werden, daß eine Reihe von Problemen alles andere als gelöst sind.

Wenn in der Verhaltensdiagnostik die Beschwerden eines Patienten als *Stichprobe* seiner Probleme aufgefaßt werden, so muß die Frage nach der Güte dieser Stichprobe für das Kriteriumsverhalten ebenso gestellt werden, wie dies für die Validität in der klassischen Diagnostik der Fall ist. In der Verhaltensdiagnostik wird außerdem häufig auf *Berichte* eines Patienten *über* sein *Problem* Bezug genommen; diese Berichte stellen eine unter Umständen stark verzerrte Stichprobe des Verhaltens dar, weil die Berichte üblicherweise unter anderen Kontingenzen stehen als das Kriteriumsverhalten (siehe auch Kanfer, 1985a). Diese Frage der *Repräsentativität* der diagnostischen Verfahren (siehe unten) für ein Kriteriumsverhalten ist weitgehend ungelöst.

Ungelöst sind auch grundlegende Fragen der Objektivität und Reliabilität verhaltensdiagnostischer Schemata: Für solch unterschiedliche Analyseverfahren werden zwar jeweils (theoretische) Begründungen geliefert; die *Brauchbarkeit* einzelner Verfahren entscheidet sich jedoch letztlich anhand sachlich-empirischer Kriterien (zum Beispiel Lehrbarkeit; Transparenz; Kosten-Nutzen-Gesichtspunkte etc.). Während einzelne Ansätze die Überlegenheit in diesen Kriterien zwar in Anspruch nehmen, steht der empirische Nachweis dafür noch aus.

Zusammenfassung: Das Ergebnis einer funktionalen Analyse bildet ein sogenanntes hypothetisches Bedingungsmodell. Dieses Modell enthält vorläufige, das heißt mehr oder weniger gut gestützte Annahmen über den Zusammenhang eines (Problem-)Verhaltens mit vorausgehenden oder nachfolgenden Bedingungen. Die im hypothetischen Bedingungsmodell angeführten Faktoren bilden für den Verhaltenstherapeuten mögliche Ursachen eines Problems, die im Laufe einer Intervention im Einzelfall zu verändern sind.

Weiterführende Literatur: Scheerer, E.: Die Verhaltensanalyse. Berlin: Springer 1983.

2.1.3 Mehr-Ebenen-Ansatz in der Verhaltensdiagnostik

Verhaltensdiagnostik besteht in einer präzisen Beschreibung des *Problems* einer Person und in der Erfassung der *Bedingungen,* die für die Entstehung und Aufrechterhaltung der Beschwerden verantwortlich sind (vgl. Schulte 1986). Für die Erfassung des *Problems* hat sich eine Differenzierung in mehrere *Ebenen* durchgesetzt, wie sie von P. Lang (1968, 1971) vorgeschlagen und später ausdifferenziert wurde (Lang 1977a, b; 1979; 1985). Demnach sollten bei der Beschreibung des *Problems* folgende Ebenen unterschieden werden:

1. *Subjektiv-kognitive Ebene:* Darunter versteht man das subjektive Erleben und vorwiegend verbale Äußern von Beschwerden.
   Beispiel: „Ich fühle mich traurig" . . . „Ich bin mit meiner Leistung unzufrieden" . . . „Ich traue mich nicht, eine Situation zu bewältigen" . . . „Ich fürchte mich vor einer Situation" . . . etc. Diese *subjektive* Ebene wird als wichtige Komponente emotionaler Probleme angesehen.
2. *Verhaltensebene:* Damit sind alle jene prinzipiell beobachtbaren Reaktionen einer Person gemeint, in denen sich das Problem zeigt.
   Beispiel: Vermeiden von Prüfungssituationen; Flucht aus unangenehmen Situationen; spezielle Bewegungen wie Abwenden des Blicks, Zittern usw. Auch das nicht-verbale Ausdrucksverhalten wird üblicherweise der Verhaltensebene zugeordnet.
3. *Physiologische Ebene:* Eine wichtige Komponente des Problems bilden auch physiologische Begleiterscheinungen einer bestimmten Störung (man müßte vielleicht von einer „psychobiologischen" Ebene sprechen, vgl. Schwartz 1982). Es ist auch kaum korrekt, von *„der"* physiologischen Ebene zu sprechen, weil sich dahinter eine Reihe von Parametern verbergen, die kaum auf einen Nenner zu bringen sind (vgl. Fahrenberg 1984).
   Beispiele: Veränderung der Atem- und Herzfrequenz, Veränderung der muskulären Spannung; Adrenalin-Ausschüttung unter Streßbedingungen etc.

Die Analyse eines Problems (zum Beispiel der Angst eines Patienten, vgl. etwa Strian 1983) anhand dieser drei Ebenen ist keineswegs so unproblematisch, wie sie auf den ersten Blick erscheinen mag. Die Unterscheidung in mehrere Ebenen und damit

Aspekte eines Problems bildet zwar eine wichtige Orientierungshilfe, gewisse Schwierigkeiten ergeben sich allerdings daraus, daß die Probleme auf den drei Ebenen *asynchron* verlaufen. Darunter versteht man die Tatsache, daß die Erfassung des Problems anhand der drei Ebenen kein einheitliches Bild ergibt; dazu kommt noch, daß die Ausprägung der Probleme im Verlaufe der Entwicklung gewissen Schwankungen unterliegt, so daß eine einheitliche Darstellung eines Problems kaum möglich scheint (vgl. Fahrenberg 1984). Anhand eines sehr einfachen Falles läßt sich diese Schwierigkeit folgendermaßen darstellen: Nimmt man an, daß jede der drei Ebenen „vorhanden" (= „+") bzw. „nicht vorhanden" (= „−") sein kann, so ergibt sich bereits ein Muster von acht Möglichkeiten (Hodgson und Rachman 1974; Rachman und Hodgson 1974):

Möglichkeiten	subjektive/kognitive Ebene	Verhaltens- ebene	physiologische Ebene
1	+	+	+
2	+	+	−
3	+	−	+
4	+	−	−
5	−	+	+
6	−	+	−
7	−	−	+
8	−	−	−

Abb. 2.2: Kombinationsmöglichkeiten der Ausprägungen von 3 Ebenen eines Problems.

Das Schema verdeutlicht, daß lediglich für Fall eins (Problem auf allen Ebenen vorhanden) und acht (Problem auf keiner Ebene vorhanden) Synchronizität vorliegt. In allen anderen Fällen sind die Probleme auf den einzelnen Ebenen vorhanden beziehungsweise nicht vorhanden.

In der Praxis stellt sich die Situation so dar, daß die einzelnen Ebenen zwar korrelieren, diese Korrelationen sind jedoch üblicherweise recht niedrig. Aus diesem Grunde ist es unerläßlich, bei der Diagnose eines Problems die einzelnen Ebenen *getrennt* zu erfassen (und nicht etwa von den Kognitionen eines Patienten auf sein Verhalten und auf die physiologische Ebene zu schließen). Daß sich mit dieser getrennten Erfassung eines Problems auch Schwierigkeiten für die *einheitlichen* Kennzeichnungen ergeben, liegt auf der Hand. Auf der anderen Seite bietet nur eine differentielle Erfassung eines Problems die Gewähr dafür, daß die Beschwerden des Patienten adäquat erfaßt werden. Gerade im Rahmen der Differentiellen Indikation zeigt sich, wie wichtig die diagnostische Erfassung eines Problems auf den entsprechenden Ebenen wird: Untersuchungen zur Entstehung und zum Verlauf diverser Angststörungen zeigen, daß die genaue Erfassung der Ebenen eines Problems von großer Bedeutung für die Therapie wird. Nach Befunden von Öst und anderen (1982, 1984) und Michelson (1986) sollte die Intervention auf derjenigen *Ebene* ansetzen, die sich bei der diagnostischen Untersuchung als funktional grundlegend und am deutlichsten ausgeprägt herausstellt. Dies ist nur dann gewährleistet, wenn die Ebenen unterschieden und im konkreten Einzelfall präzise erfaßt werden.

Zur Darstellung der *Komplexität* der Probleme auf einzelnen Ebenen und ihrer Interaktionen greift man auf den Begriff des *Systems* zurück (vgl. Schwartz 1982): Mit dieser Betrachtungsweise wird die Komplexität handhabbar und zum anderen werden Diskussionen und die Priorität beziehungsweise Bedeutsamkeit einzelner System-Ebenen überflüssig (Evans 1985).

Verhaltensdiagnostik besteht, wie bereits festgehalten wurde, in der Erfassung eines *Problems* auf mehreren Ebenen und in der Erfassung der *Bedingungen* dieses Problems. Auch bei der Suche nach *Bedingungen* lassen sich die einzelnen *Ebenen* angeben; damit trägt man der Tatsache Rechnung, daß Probleme eines Patienten (ebenso wie Verhalten in Alltagssituationen) *multipel determiniert* sind. Als *Modellvorstellung* für die Suche nach Determinanten von Problemen kann auf die Unterscheidung von Kanfer (1977a; Kanfer und Karoly, 1972) hingewiesen werden. Demnach lassen sich drei Bereiche von Variablen unterscheiden, die bei der Analyse eines Problems als Bedingungen berücksichtigt werden müssen:

1. *α-Variable:*
   Darunter versteht man Variablen, die sich aus der Erfassung der unmittelbaren *Situation* ergeben (etwa: auslösende und aufrechterhaltende Bedingungen im Sinne von Umgebungsreizen oder Konsequenzen des Verhaltens).

2. *β-Variable:*
   In diesen Bereichen fallen Variable, die den menschlichen Kognitionen und der Selbstorganisation des Verhaltens zuzuordnen sind (etwa: Selbstbewertungen eines Verhaltens; Selbstinstruktionen; Standards für bestimmte Leistungen; selbstgesteckte Ziele und Erwartungen usw.).

3. *γ-Variable:*
   Biologische Ausstattung einer Person, und zwar sowohl im Sinne von phylogenetischen und ontogenetischen Rahmenbedingungen, als auch im Sinne von aktuellen Schwankungen des biologischen Zustandes (etwa: humorale Regulation des Verhaltens; aktuelle Deprivationsbedingungen; Medikamenten- und Drogeneinflüsse etc.).

Die komplexe Interaktion der *Determinanten* von Verhalten im Sinne aufrechterhaltender *Bedingungen* wird von Kanfer und Karoly (1972) anhand folgenden Beispiels erläutert:

„Ein Junge muß in der Bäckerei Brot holen. Der Duft frischen Schokoladekuchens schlägt ihm entgegen, doch hat er von der Mutter nur Geld für das Brot mitbekommen. α-Variablen wie der Kuchenduft, die Anwesenheit des Bedienungspersonals und gleichzeitig die Auftürmung der Kuchen in Reichweite werden das Verhalten des Jungen mitbestimmen. Daneben wirken β-Variablen (selbsterzeugte Hinweisreize) im Sinne internalisierter elterlicher Einstellung zu Ehrlichkeit und der Erfahrung von Schuldgefühlen. Die γ-Variablen betreffen u. a. Hungergefühle und Deprivation (besonders etwa bei einem zuckerkranken Kind, das nie Schokolade zu essen bekommt). Obwohl hier einige Variablen als bekannt angenommen werden, läßt sich keine sichere Vorhersage des Verhaltens treffen, weil die genaue Konstellation zum Zeitpunkt X nicht vorhersagbar ist (wie verhält sich das Personal, was nimmt der Junge wahr etc.)" (zit. nach Hecht 1984, S. 423).

Die drei Variablen-Bereiche geben lediglich den *Rahmen* für die Suche nach den *Bedingungen* eines Problems ab. Welche Bedingungen in einem konkreten Einzelfall vorliegen, bedarf der genauen Untersuchung und Prüfung. Wichtig ist der Hinweis, daß keine der Ebenen vernachlässigt werden darf, sondern daß das *Problem* eines Patienten als mehrfach determiniert angesehen wird. Eine rein *situationale* Analyse wäre ebenso problematisch und verkürzend wie eine Reduktion von Bedingungen auf kognitive oder biologische Variable.

Ein illustratives Beispiel für die Betrachtung menschlicher Probleme als eines *Systems* bildet die sogenannte *Verhaltensmedizin.* Hier trägt man der Tatsache Rechnung, daß für Gesundheit und Krankheit unterschiedliche *Bedingungen* aus mehreren Bereichen verantwortlich sind (vgl. Delprato und McGlynn, 1986; Gentry 1984a; Miltner, Birbaumer und Gerber 1986; Pomerleau und Brady 1979; Schwartz und Weiss 1978). Zum einen lassen sich an einer Reihe von Krankheiten *Verhaltens-*Anteile identifizieren, (wiederum auf kognitiver, Verhaltens- und physiologischer Ebene) und zum anderen zeigt sich, daß unterschiedliche Krankheiten durch unterschiedliche Bedingungen verursacht und aufrechterhalten werden. Deutlich wird dies unter anderem am Beispiel der sogenannten *Compliance,* das heißt beim Befolgen medizinischer Anweisungen (vgl. Leventhal, Zimmerman und Guttman 1984): Kognitive, Verhaltens- und physiologische Bedingungen müssen als entscheidend für die Compliance angesehen werden (Beispiel: Wissen um die Gefahr einer Störung; Vermittlung von Fertigkeiten im Umgang mit einer Störung; sensible Erfassung somatischer Veränderungen). Eine verhaltensmedizinische Perspektive kann uns sowohl bei der *Prävention* einzelner Störungen, als auch beim *Umgang* mit Krankheiten wichtige Hinweise und Hilfestellungen liefern, auch wenn beispielsweise für die beiden „Spitzenreiter" bei Todesursachen, nämlich Herz-Kreislauf-Erkrankungen und Krebs von rein medizinischer Seite eine Heilung im engeren Sinne derzeit nicht möglich ist (vgl. Thomas 1977).

Zusammenfassung: Bei der funktionalen Analyse des Verhaltens müssen mehrere Ebenen berücksichtigt werden: Am Verhalten selbst kann man eine subjektiv-kognitive, eine Verhaltens-, und eine somatisch-physiologische Ebene unterscheiden. Auch bei den Bedingungen des Verhaltens müssen mehrere Einflüsse als bedeutsam angesehen werden: Externe Bedingungen (α-Variable), kognitive Verarbeitungsmechanismen (β-Variable) und biologisch-somatische Bedingungen (γ-Variable). Das Zusammenspiel von mehreren Ebenen des Verhaltens mit mehreren Ebenen von Bedingungen bei psychischen Störungen erfordert eine komplexe System-Analyse.

Weiterführende Literatur: Kanfer, F. H., und Schefft, B. K.: Self-management therapy in clinical practice. New York: Gilford Press 1987 (in press).

2.2 Verhaltens-Analyse, Zielbestimmung, Therapieplanung

Die von Kanfer und Saslow (1965, 1969) vorgesehenen Schritte sind für die Verhaltensdiagnostik auch heute noch maßgeblich; die Erhebung von Informationen zu allen folgenden drei Fragekomplexen ist eine unabdingbare Voraussetzung für die Durchführung von Verhaltenstherapie:

1. „Unter welchen Bedingungen wurde das Verhalten erworben und welche Faktoren erhalten es momentan aufrecht?"

2. „Welche spezifischen Verhaltensmuster bedürfen einer Veränderung in ihrer Auftrittshäufigkeit, ihrer Intensität, ihrer Dauer oder hinsichtlich der Bedingungen, unter denen sie auftreten?"

3. „Welches sind geeignete praktische Methoden, um angestrebte Veränderungen bei einer Person zu erzielen?"

(Kanfer und Saslow 1969, übersetzt und in der Reihenfolge verändert).

Diese drei Fragen nach 1. der *Verhaltensanalyse*, 2. der *Zielbestimmung* und 3. der *Therapieplanung* sind nicht unabhängig voneinander zu beantworten. Besonders deutlich wird dies, wenn man die drei Fragen in den Rahmen des Problemlöseansatzes stellt: Die vom Patienten geschilderten Beschwerden lassen sich in der Verhaltenstherapie ja als *Probleme* verstehen, zu deren Lösung der Therapeut einen gewissen Beitrag leisten sollte. Schematisch läßt sich dies folgendermaßen verdeutlichen:

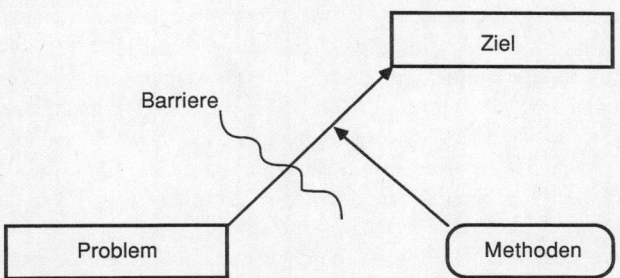

Abb. 2.3: Schematische Darstellung von Problemanalyse, Zielbestimmung und Therapieplanung im Problemlösemodell.

Die Vernetztheit der einzelnen Fragen zeigt sich daran, daß sich die Formulierung eines *Problems* erst aus der Wahrnehmung einer Diskrepanz zu einem *Zielzustand* ergibt (*Beispiel:* Prüfungsangst wird erst dann zu einem Problem, wenn man ein Ziel – etwa einen Studienabschluß – erreichen will etc.). Gewisse Beschwerden eines Patienten werden eventuell erst dann zu einem psychischen Problem, wenn sich der Patient eine Veränderung mit Hilfe psychologischer Methoden erhofft. (*Beispiel:* Schlafstörungen werden für eine Person zum psychischen Problem, wenn sie „psychologische" Änderungsmöglichkeiten wahrnimmt). Aus systematischen und didaktischen Gründen werden die einzelnen Fragen jedoch getrennt behandelt (Kanfer und

Busemeyer 1982; Kanfer und Grimm 1977; Kazdin 1985; Schulte 1974, 1986). Dabei werden zur Beantwortung der einzelnen Fragen von verschiedenen Autoren durchaus unterschiedliche Bestimmungsstücke herangezogen. Während sich Schulte (1974) eng an das verhaltensanalytische Schema von Kanfer und Saslow (1969) anlehnt, streben Bartling und andere (1980) zusätzlich eine Erfassung der *Erwartungen* eines Patienten an. Caspar und Grawe (1982) hingegen erachten eine Analyse der *Regeln und Pläne* als wichtige Voraussetzung für eine Intervention, und Schiepek (1984, 1986) versucht eine Analyse verschiedener Ebenen eines Problems in *System*-Zusammenhängen.

Es ist wichtig, darauf hinzuweisen, daß bereits im Vorfeld der eigentlichen Verhaltensanalyse Faktoren auf der sogenannten *Makro-Ebene* berücksichtigt werden sollten. Baumann (1984) versteht darunter Gesichtspunkte der Epidemiologie psychischer Störungen, Merkmale des Filtercharakters psychosozialer Einrichtungen, Aspekte der rechtlichen und finanziellen Absicherung von Psychotherapie und dergleichen mehr. So entscheidet etwa die Erreichbarkeit und Finanzierbarkeit psychotherapeutischer Hilfestellung in hohem Maße darüber, ob Psychotherapie in Erwägung gezogen werden kann. Eine Reihe wichtiger Entscheidungen ist bereits getroffen worden, wenn eine Person mit einer bestimmten Beschwerde psychologische Hilfe in Anspruch nimmt (vgl. Siegrist 1975).

Nach dem „Bericht über die Lage der Psychiatrie in der Bundesrepublik Deutschland" aus dem Jahr 1975 bildet das medizinische Versorgungssystem den entscheidenden Filter für die Zuweisung einer Person zur Psychotherapie: Demnach wenden sich jährlich von 1000 Einwohnern der BRD circa 150 wegen psychischer Störungen an einen Arzt – 140 davon wählen den Hausarzt und nur 10 den Psychiater als Ansprechpartner (einige wenige, circa 3,5 von 1000, wenden sich direkt an psychiatrische Krankenhäuser; vgl. Baumann 1984, S. 72). In dieser Rechnung blieben kaum noch Freiräume für psychologisch-psychotherapeutisch tätige Personen; dies steht etwas in Kontrast zu den Erhebungen von Wittchen und Fichter (1980), wonach in der BRD etwa 6000 Psychologen beratend beziehungsweise psychotherapeutisch tätig sind.

Im folgenden wird versucht, die aus heutiger Sicht wichtigen Elemente für eine Verhaltensanalyse anzuführen. Dabei wird ohne weiteres gesehen, daß Perspektiven und Bestandteile aus anderen verhaltensdiagnostischen Schemata wichtige Ergänzungen darstellen können.

Schema für Verhaltensanalyse, Zielbestimmung und Therapieplanung:

Verhaltensanalyse:
1. Präzise Beschreibung des Problems
2. Erfassung und Beschreibung situationaler Bedingungen des Verhaltens
3. Bisheriger Umgang mit dem Problem und Grad der Beeinträchtigung
4. Genese und Entwicklung des Problems
5. Erstellung eines hypothetischen Bedingungsmodells für das Problem
6. Erfassung des Health-Belief-Model (HBM) und der Attributionen des Patienten

Zielbestimmung:
1. Analyse der sozialen Rahmenbedingungen
2. Klärung motivationaler Aspekte
3. Festlegen der Ziele der Behandlung

Therapieplanung:
1. Planung des Therapieverlaufs
2. Vermittlung eines plausiblen Ätiologie- und Therapiemodells (PM)
3. Therapiebegleitende Diagnostik
4. Verfahren zur Veränderungsmessung und Follow-Up

2.2.1 Verhaltens-Analyse

Im Laufe der Arbeit und Interaktion mit einem Patienten erfolgt eine zunächst grobe, aber dann zunehmend feinere, präzisere Beschreibung der Beschwerden. Das Ziel der Verhaltensanalyse besteht in einer Problemstrukturierung, die die Grundlage für weitere Entscheidungen bilden kann (zum Beispiel weitere diagnostische Schritte; zusätzliche Informationserhebungen; erste therapeutische Schritte; Überweisung eines Patienten; Verzicht auf eine Intervention etc.).

Zur Beantwortung der von Kanfer und Saslow (1969) formulierten ersten Frage nach der Verhaltens- beziehungsweise Bedingungs-Analyse müssen Informationen zu folgenden Punkten erhoben werden (siehe auch Schulte 1974):

1. Präzise Beschreibung des Problems
Dies erfordert eine gewisse willkürliche Segmentierung des Verhaltensablaufs und eine Festlegung der geschilderten Beschwerden als „Probleme". Diese Festlegung, was als Problem ausgewählt wird, ist alles andere als trivial. *Beispiel:* Wenn ein Patient zu Beginn des Kontaktes mit einem Therapeuten diverse Schmerzzustände schildert, für die sich offensichtlich keine somatische Grundlage finden ließ, so kann die Auswahl des *Problems* sehr unterschiedlich erfolgen: Zum einen können die Schmerzen selbst als Problem aufgefaßt werden; eine andere Sichtweise faßt die mangelnden Fertigkeiten im Umgang mit den Schmerzen als Problem auf; die Schmerzen können auch einen Teil einer sozialen, partnerschaftlichen Interaktionsstörung bilden usw.

Die Beschreibung dessen, was als Problem aufzufassen ist, hat nach den obigen Ausführungen (Punkt 2.1.3) auf mehreren Ebenen zu erfolgen (Verhaltensebene, kognitive Ebene, physiologische Ebene). Diese zumindest vorläufige Beschreibung, die im Laufe einer Intervention präzisiert und detailliert werden muß, bildet eine unabdingbare Voraussetzung für eine verhaltenstherapeutische Intervention. In der Präzisierung des Problems sollten Angaben über die *Art* des Problems gemacht werden (Verhaltensexzeß, Verhaltensdefizit, unangemessenes Verhalten); auch Angaben über die *Häufigkeit, Schwankungen* und *Intensität* gehören zur Problemanalyse (Schulte 1974). Die Präzisierung des Problems nach diesen Gesichtspunkten erfolgt in erster Linie mit Hilfe der Verfahren, die in Abschnitt 2.4 näher ausgeführt werden.

Diese Forderung an eine präzise (qualitative und quantitative) Problembeschreibung unterscheidet auch das verhaltenstherapeutische Vorgehen von einer Reihe anderer therapeutischer Ansätze (siehe auch Punkt 1.2 zur Charakterisierung von Verhaltenstherapie).

2. *Erfassung und Beschreibung situationaler Bedingungen des Verhaltens*
Gerade die funktionale Analyse betont die situationale Abhängigkeit menschlichen Verhaltens; die Kenntnis der Situation, in der ein Verhalten auftritt, liefert wichtige Hinweise für das Verständnis (= Erklärung) eines Problems und somit für die Intervention.

Der *Bereich* der Bedingungen ist wiederum auf mehreren Ebenen zu erfassen (siehe Abschnitt 2.1.3): Gedankliche Prozesse (zum Beispiel Erwartungen, Befürchtungen), physiologische Prozesse und Verhaltensabläufe können ebenso vorausgehende wie nachfolgende situative Bedingungen eines Verhaltens bilden und müssen zur Identifikation von situationalen Bedingungen herangezogen werden. Von besonderer Bedeutung für die funktionale Analyse sind diejenigen situativen Bedingungen, die im hypothetischen Bedingungsmodell (siehe unten) als *Auslöser* (im Sinne des Klassischen Konditionierens) beziehungsweise als *Verstärker* (im Sinne des Operanten Konditionierens) für ein Problemverhalten identifiziert werden können.

3. *Bisheriger Umgang mit dem Problem und Grad der Beeinträchtigung*
Hierbei sollte erfaßt werden, wie ein Patient mit seinen Problemen zu Rande gekommen ist; dazu gehören eigene gelungene oder mißlungene Bewältigungsversuche (Selbstkontrolle im Sinne von Schulte 1974), ebenso wie Versuche von anderen Personen, zur Bewältigung des Problems beizutragen (Bekannte aus der sozialen Umgebung; bisherige professionelle oder nicht professionelle Hilfestellungen etc.). Die Erfassung des bisherigen Umgangs mit einem Problem liefert für Therapeuten und Patienten gleichermaßen wichtige Informationen über mögliche Strategien in der Therapieplanung. So kann unter Umständen auf Selbsthilfemöglichkeiten des Patienten oder seiner näheren Umgebung zurückgegriffen werden, wenn einzelne bisherige Versuche zum Umgang mit einem Problem eine leichte Korrektur erfordern; auf der anderen Seite sollte man zu Therapiebeginn auf eine Intervention in einem Bereich verzichten, in dem der Patient bereits viele Mißerfolge und Rückschläge erlebt hat.

Aus den Informationen über den Grad der Beeinträchtigung durch ein Problem ergeben sich wichtige Hinweise für die Therapieplanung: Dies betrifft die zeitliche Planung ebenso wie den Ansatzpunkt für eine eventuelle Behandlung (*Beispiel:* Hinweise auf einen eventuellen Verlust einer Arbeitsstelle oder die Gefahr für eine Partnerschaft oder Familie sind wichtig für die Dringlichkeit beziehungsweise die Art einer Behandlung).

Bei der Erfassung des Grades der Beeinträchtigung sollten auch diejenigen Fertigkeiten, Kompetenzen und Fähigkeiten eines Patienten erfaßt werden, die er selbst und seine Umgebung beziehungsweise der Therapeut als unproblematisch beurteilen. Für die *Relativierung* eines Problems und für den Ausbau solcher Fertigkeiten sind diese Informationen von großem Wert (*Beispiel:* Ein Patient mit einer schweren depressiven Verstimmung kann feststellen, daß er eine Reihe von Fertigkeiten und Kompetenzen besitzt, die er fördern und ausbauen kann; ein Ausbau dieser Fertigkeiten – und weniger eine Fixierung auf seine Probleme – trägt unter Umständen zu einer indirekten Besserung seines Problems bei).

4. Genese und Entwicklung des Problems
Die *Entstehung* einer Störung läßt sich aus prinzipiellen Gründen nicht mehr einwandfrei nachverfolgen; diese Entstehung und häufig auch die *Entwicklung* einer komplexen Problematik stand üblicherweise unter Bedingungen, die nur mehr *retrospektiv* erfaßt werden können. Die damit verbundenen Probleme und Verfälschungsmöglichkeiten (etwa durch die momentane Problematik) liegen auf der Hand und werden in der Psychologie ausführlich behandelt.

Aus diesen *prinzipiellen* Gründen kann eine exakte und zutreffende Feststellung der Antezedensbedingungen für die Ätiologie einer Störung nicht mehr erfolgen (vgl. auch Abschnitt 2). Die retrospektive Erhebung (zumeist in der Exploration) der Genese eines Problems ist dennoch aus mehreren Gründen wichtig:
– Informationen über die *Dauer* einer Störung liefern dem Patienten und dem Therapeuten Hinweise über die Verankerung im sozialen Lebenskontext des Patienten (der Patient hat unter Umständen gelernt, mit seinem Problem zu „leben").
– Informationen über die *Entwicklung* einer Störung liefern Hinweise über Schwankungen und Oszillationen des Problems, die für eine Behandlung wichtig sein können (beispielsweise Informationen auch über Schwankungen, die dann im Rahmen der Behandlung auftreten können etc.).
– Das ursprüngliche Problem und dessen Bedingungen können sich im Laufe der Zeit stark verändert haben; es ist wichtig, daß dem Patienten während der Behandlung klar wird, daß das *gegenwärtige* Problem und dessen *Bedingungen* den Gegenstand der Therapie darstellen.
– In der Genese und Entwicklung des Problems sollten auch *organismische* Variable (zeitlich stabil oder situational schwankend) erfaßt werden, die mit dem Verlauf des Problems zu tun haben; soweit diese Variablen nicht selbst Bestandteile der physiologisch-organismischen Ebene des *Problems* sind, liefern sie wichtige Hinweise auf therapeutische *Rahmenbedingungen*.

5. Erstellung eines hypothetischen Bedingungsmodells für das Problem
Bisherige Informationen über das Problem (1), seine Bedingungen (2), den bisherigen Umgang (3) und die Genese und Entwicklung (4) bilden zusammen mit dem theoretischen Hintergrundwissen des Therapeuten den Rahmen für die *Erstellung von Hypothesen* über die Aufrechterhaltung des Problems. Verhaltenstherapie läßt sich selbst bis zu einem gewissen Grad als Prozeß des Aufstellens und Prüfens von Hypothesen bezeichnen (das Wissen aus dem Bereich der Psychologie bildet die *Gesetzeshypothesen*, die Informationen aus der Problemanalyse stellen die *Antezedensbedingungen* dar; beide zusammen bilden das Explanans für die Beschreibung des Problems, das heißt für das Explanandum).

55

Das Erstellen des hypothetischen Bedingungsmodells kann unter Umständen implizit und sehr rasch erfolgen; wichtig ist der Hinweis, daß

a) das Bedingungsmodell immer *vorläufig,* das heißt hypothetisch und der Revision zugänglich bleiben wird und muß und

b) das Bedingungsmodell *expliziert* werden soll, weil sich nur auf diese Weise Mängel des Modells feststellen und beheben lassen. Diese Forderung, das hypothetische Bedingungsmodell zu explizieren, ist auch eine wichtige Voraussetzung für die Transparenz des therapeutischen Vorgehens, für die Lehrbarkeit des therapeutischen Handelns und für die Optimierung des praktischen Vorgehens (im Sinne kontrollierter Praxis).

Die Frage, zu welchem Zeitpunkt ein hypothetisches Bedingungsmodell ausreichend präzise und fundiert ist, um als Grundlage für die Therapieplanung zu dienen, ist nicht eindeutig zu beantworten. Gerade das Explizieren eines hypothetischen Bedingungsmodells zeigt dem Praktiker jedoch auf, an welchen Stellen Lücken vorhanden und weitere diagnostische Informationen einzuholen sind (*Beispiel:* Informationen über zusätzliche *Situationen,* in denen sich eine eventuell problematische Angstreaktion eines Patienten zeigt etc.).

Das Explizieren des hypothetischen Bedingungsmodells erfolgt zumeist anhand von Symbolen und von grafischen Schemata, die hypothetische Zusammenhänge zwischen dem Problemverhalten (auf mehreren Ebenen, als Abhängige Variable) einerseits und einzelnen Bedingungen des Problems (auf mehreren Ebenen, als Unabhängige Variable) andererseits verdeutlichen können. Hier wird nicht nur klar, welche Information unter Umständen noch einzuholen ist, sondern auch, an welchen Stellen des Modells die entsprechenden Hypothesen (das heißt theoretischen Vermutungen) über das Gefüge des Verhaltens und seine Bedingungen ansetzen. Zur Illustration sei auf das unten angeführte Beispiel für die Verhaltensanalyse, Zielbestimmung und Therapieplanung hingewiesen (siehe Abschnitt 2.3).

Besonders wichtig wird diese schematische Darstellung auch für *Zusammenhänge* und zeitliche Relationen zwischen einzelnen Problemen und Bedingungsebenen sowie für Beziehungen zwischen einzelnen *Teilproblemen.* Üblicherweise schildert ein Patient nicht eine einzelne, isolierte Beschwerde, die dann als Problem analysiert wird, sondern zumeist müssen heterogene Beschwerden in unterschiedliche Problemgruppen gegliedert werden (*Beispiel:* Ein Patient mit schweren Wasch- und Kontrollzwängen entwickelt mit der Zeit eine depressive Verstimmung; diese depressive Verstimmung bildet wiederum einen auslösenden Faktor für Kontroll- und Waschrituale; dazu kommen Sorgen und Bedenken über den Verlauf dieser Störung usw.).

Aus dieser Analyse der Zusammenhänge zwischen einzelnen Teilproblemen ergeben sich auch wichtige Hinweise für den Ansatzpunkt der Therapie: Im geschilderten Beispiel wäre es kaum sinnvoll, allein an der depressiven Verstimmung anzusetzen, weil die Beeinträchtigung durch die Zwänge wohl die Ursache für die depressive Verstimmung bildet. Das Prinzip sollte darin bestehen, mit der Behandlung des funktional grundlegenden Problems zu beginnen.

6. Erfassung des Health-Belief-Model (HBM) und der Attributionen des Patienten
Im Laufe der Exploration und der Schilderung eines Problems liefert der Patient üblicherweise auch gewisse Vermutungen über die Entstehung und Aufrechterhaltung seines Problems. Diese Vermutungen über Ursachen eines Problems werden als *Attributionen* bezeichnet (vgl. Debler 1984; Försterling 1986). Dabei unterscheidet man grob zwischen *Kausal-* und *Kontrollattributionen:* Kausalattributionen sind Vermutungen über *Ursachen* eines Ereignisses (zum Beispiel Hypothesen über die Ursache von Schlafstörungen); Kontrollattributionen sind Vermutungen über Möglichkeiten der *Kontrolle* beziehungsweise Beeinflussung (etwa Hypothesen über Maßnahmen, die die Schlafstörungen beeinflussen oder verändern könnten).

Es gibt eine Reihe von Hinweisen aus der Literatur zur Psychotherapieforschung und der Sozialpsychologie, daß die Art der Vermutungen über die Entstehung und die Aufrechterhaltungen einer psychischen Störung (auch als Health-Belief-Model bezeichnet, vgl. Becker 1974; diMatteo und diNiccola 1982; Farina und Fisher 1982) von großer Bedeutung ist. Diese Bedeutung erstreckt sich sowohl auf die Problematik selbst (Frank 1985, spricht von „Demoralisierung") als auch auf die Chancen und Möglichkeiten einer psychologischen Behandlung. Aus diesem Grunde sollte das sogenannte Health-Belief-Model eines Patienten erfaßt werden, weil so die Vermutungen des Patienten über sein Problem mitberücksichtigt werden können (siehe auch unten: Therapieplanung und Vermittlung eines plausiblen Ätiologie- und Änderungsmodells).

Beispiel: Bei der Behandlung eines Patienten mit Eßstörungen, etwa der Adipositas, ist es wichtig zu wissen, ob der Patient sein Problem auf konstitutionelle Bedingungen zurückführt, ob er hormonelle oder andere biologische Faktoren dafür verantwortlich macht, ob er genetische Faktoren anführt oder seine „Willensschwäche" beklagt und dergleichen mehr. Dieses Wissen um die Attributionen des Patienten ist deshalb von besonderem Wert, weil der Patient im Laufe der Intervention mit einem *psychologisch* orientierten Denkmodell vertraut gemacht werden soll. Solange der Patient jedoch an seinem Modell festhält, bildet die Vermittlung eines neuen Modells (Plausibles Modell, PM) und die Therapie selbst große Schwierigkeiten.

Das Health-Belief-Model des Patienten wird im Laufe der Exploration erhoben und stellt auch ein wichtiges Moment für die Rollenstrukturierung und den Aufbau einer guten therapeutischen Beziehung dar (vgl. Goldstein 1975; Kanfer und Grimm 1981; Schmelzer 1986; Zimmer 1983). Man kann sich berechtigterweise fragen, warum das Health-Belief-Model nicht *vor* dem hypothetischen Bedingungsmodell des Therapeuten expliziert werden sollte; als Begründung dafür können kaum prinzipielle Argumente geliefert werden. In praktischer Hinsicht sollte die explizite Formulierung des Health-Belief-Model des Patienten deshalb erst *nach* der Ausformulierung eines vorläufigen hypothetischen Modells des Therapeuten erfolgen, weil die *Vermutungen* des Patienten unter Umständen den Blick auf die *Ursachen* (im Sinne von Unabhängigen Variablen) für das Problemverhalten verstellen. Die vom Patienten angegebenen Vermutungen über sein Problem stellen aber keine *Ursachen* im Sinne einer Erklärung dar, sondern sind eben Attributionen im Sinne von Kognitionen über Ursachen.

Zusammenfassung: In der Verhaltensanalyse müssen Angaben zur Präzisierung des Problems und seiner funktionalen Bedingungen erhoben werden. Das Ziel der Verhaltensanalyse besteht in der Erstellung eines hypothetischen Bedingungsmodells als Grundlage für das therapeutische Handeln.

Weiterführende Literatur: Schmelzer, D.: Problem- und zielorientierte Verhaltenstherapie. Teil II: Das „Optimize"-Prozeßmodell als Orientierungsrahmen für die Praxis. Verhaltensmodifikation 7 (1986) 3–110.

2.2.2 Zielbestimmung

Die Festlegung der *Ziele* für eine therapeutische Intervention ergibt sich keinesfalls *allein* aus der Problemanalyse; die Beschreibung von Zielen enthält *immer normative* Setzungen, die sich nicht aus deskriptiven Sätzen (wie sie für die Problembeschreibung charakteristisch sind) ableiten lassen (vgl. Morscher 1974; Weingartner 1971). Zur Bestimmung des Zieles müssen somit *normative* Gesichtspunkte (im Sinne von gesellschaftlichen und individuellen Wertungen, Standards und Normen) als Grundlagen herangezogen werden.

Beispiel: Aus der präzisen Beschreibung eines Problemverhaltens – wie etwa ängstliches Verhalten vor sozialen Kontakten – und der Analyse der Bedingungen des Problems läßt sich noch keinesfalls das Therapieziel ableiten, die Person *sollte* lernen, die soziale Angst abzubauen und *sollte* gleichzeitig Fertigkeiten für adäquate soziale Kontakte erlernen. Die Beschreibung des *Ist*-Zustandes (Problems) bildet zwar den sachlichen Hintergrund für die Zielbestimmung, die Festlegung des *Soll*-Zustandes bedarf jedoch *normativer* Gesichtspunkte.

Im verhaltenstherapeutischen Vorgehen legt man großen Wert darauf, daß die Ziele einer Intervention

a) *expliziert,* das heißt offen und klar angegeben werden und
b) *konkretisiert* werden;

beides bildet die *Voraussetzung* für einen Konsens zwischen Therapeut und Patient und für die Entscheidung, ob (beziehungsweise inwieweit) ein Ziel durch eine Intervention erreicht wurde.

Der normative Hintergrund, der für die Zielbestimmung in der Verhaltenstherapie entscheidend ist, sollte sich bereits im Begriff ausdrücken: Es handelt sich dabei weniger um sachliche und rein empirisch begründbare Entscheidungen, sondern um Festlegungen und Entscheidungen (Urteile), die normativ begründet werden müssen. Diese Urteile sind keinesfalls als willkürlich oder beliebig anzusehen: Es gibt einige wichtige Grundlagen für die Zielbestimmung, die im folgenden angeführt werden und die quasi den *Rahmen* dafür bilden.

1. Analyse der sozialen Rahmenbedingungen

Während bei der Verhaltensanalyse eher mikro-soziale und situative Bedingungen des Problemverhaltens analysiert werden, sollten zur Zielbestimmung eher makrosoziale Bedingungen des Problemverhaltens herangezogen werden. Dabei ist der Abstraktions- beziehungsweise Differenzierungsgrad der Analyse kaum eindeutig festzulegen. Die Analyse des sozialen Milieus, deren Normen und Werte von Bezugsgruppen, liefert wichtige Hinweise für die Klärung von übergeordneten Zielen und Werteinstellungen des Patienten. Hierbei ist es wichtig zu erfassen, welches Verhalten von den Bezugsgruppen besonders hoch gewertet und geschätzt wird. Es mag sein, daß der Patient mit seinem Problem deshalb zum Therapeuten kommt, weil er in einer bestimmten Bezugsgruppe Schwierigkeiten bekommen hat, während eine andere sein Problemverhalten toleriert oder sogar fördert (etwa normative Standards bei Trinksitten: Aufgrund seines Trinkverhaltens bekommt eine Person Schwierigkeiten im Beruf und eventuell mit dem Partner; das Trinkverhalten wird in seiner *sozialen Bezugsgruppe,* etwa von Kollegen, allerdings vielleicht sehr positiv eingeschätzt).

Diese Analyse sozialer Beziehungen dient auch zur Erfassung von sozialen, emotionalen, ökonomischen Abhängigkeiten, die eine Intervention beeinflussen: Dies trifft insbesondere für Interventionen bei Kindern zu, wenn etwa die Ziele der Eltern diskrepant zu denen der Schule und diese wiederum verschieden zu denen einer Gruppe Gleichaltriger sind. Eine sensible Festlegung der Ziele einer Therapie muß berücksichtigen, daß man mit einer bestimmten Strategie (*etwa:* Förderung aktiven, selbstgesteuerten Verhaltens eines Kindes mit dem Ziel der Selbständigkeit) im familiären oder makro-sozialen Rahmen auf große Schwierigkeiten stoßen kann. Das Wissen um diese Schwierigkeiten beseitigt solche Probleme zwar nicht automatisch, damit aber wird gewissermaßen ein *Rahmen* für eine Intervention abgesteckt (ein Rahmen, der selbstverständlich flexibel sein soll und selbst zum Gegenstand einer verhaltenstherapeutischen Intervention werden kann, vgl. Holland 1978).

Die Analyse sozialer Rahmenbedingungen sollte auch klären, ob und welche Personen aus der Umgebung des Patienten in die Therapie mit einbezogen werden sollen (etwa im Sinne des Mediatoren-Modells von Tharp und Wetzel 1975).

Ein Problem hat üblicherweise nicht *nur* Nachteile für einen Patienten, deshalb sollte auch erfaßt werden, unter welchen multiplen – zumeist konflikthaften – Kontingenzen ein Problemverhalten steht; dabei können unterschiedliche *Ebenen* von Kontingenzen, Plänen, Regeln und Erwartungen (vgl. Bartling et al. 1980; Caspar und Grawe 1982) zur Steuerung eines Verhaltens beitragen. Eine Klärung der mikro- und makro-sozialen Einbindung eines Problems hilft auch bei der Identifikation von Ziel- und Wertkonflikten (*Beispiel:* Eine agoraphobe Patientin mag zwar in ihren Selbständigkeitsbestrebungen unter ihrem Problem massiv leiden; das Problem bildet auf einer anderen Ebene jedoch eine Chance zur Kontrolle ihrer sozialen Umgebung oder ihres Partners).

2. Klärung motivationaler Aspekte

Die Motivation zur Veränderung stellt eine wichtige – wenn auch nicht hinreichende – Voraussetzung für eine erfolgreiche Therapie dar. Die Motivation, eine Therapie aufzusuchen (Bereitschaft, die einzelnen, oft mühsamen und lästigen Schritte einer Behandlung durchzuführen), kann dabei recht unterschiedlich sein. Die Motivation eines Patienten, einen bestimmten Zielzustand anzustreben, steht in engem Zusammenhang mit den Zielen und Werten in seinem Leben (vgl. dazu das Konzept der „current concerns" bei Klinger 1977, 1982).

Aus der schillernden Bedeutungsvielfalt des Motivationsbegriffes in der Psychologie (vgl. Heckhausen 1980) kann für unsere Zwecke auf einen Teilaspekt verwiesen werden: Unter Motivation zur Veränderung soll hier konkretes *Verhalten* (im weiten Sinne des Wortes) verstanden werden, das in Richtung eines vom Patienten und Therapeuten festgelegten Zieles führt. Die folgende Skizze und das untenstehende Beispiel sollen dies verdeutlichen:

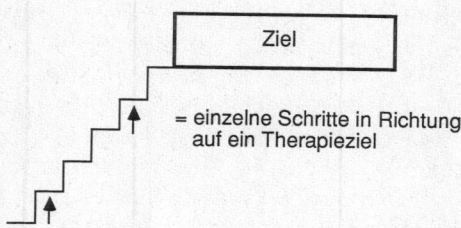

Abb. 2.4: Skizze zur Motivation und Bezug zum Therapieziel

Beispiel: Mit einem zurückgezogenen, sozial unsicheren und leicht depressiven Patienten werden folgende (Zwischen-)Ziele vereinbart: Erhöhung der Rate sozialer Kontakte, Erlernen von sozialen Fertigkeiten und Erhöhung des Aktivitätsniveaus. Wenn der Patient im Verlauf der Behandlung eine Reihe von Verhaltensweisen zeigt, die in *Richtung* der entsprechenden Ziele verlaufen, so kann man davon sprechen, daß er *motiviert* ist, diese Ziele zu erreichen (etwa: Einholen von Informationen über Veranstaltungen, bei denen soziale Kontakte möglich sind; Üben sozialer Fertigkeiten im Rollenspiel und in der Realität; Aufnahme aktiven Verhaltens in der Freizeit etc.). Hat der Patient zwar die angegebenen Ziele formuliert, zeigt aber über einen gewissen Zeitraum hinweg keinerlei Verhaltensweisen in Richtung auf die Erreichung dieser Ziele, so muß man wohl sagen, daß er *nicht* motiviert ist, *diese* Ziele zu erreichen (er zeigt anderes, durchaus planvolles Verhalten, das aber nicht zur Erreichung der von ihm formulierten Ziele führt).

Zur Klärung der Motivation eines Patienten ist es günstig zu erfassen, welche *Erwartungen* der Patient mit der Erreichung eines Zieles verbindet; besonderer Wert sollte darauf gelegt werden, ob die Zielerreichung für ihn auch mit *positiven* Verstärkern verbunden ist. Zur *Erhöhung* und *Aufrechterhaltung* der Motivation im gesamten Therapieprozeß sollten ihm die Veränderungen vor Augen geführt werden, die sich aus einer eventuellen Therapie ergeben. Damit sollte beim Patienten auch die Bereitschaft gefördert werden, zumindest kurzfristig die unangenehmen Aspekte in Kauf zu nehmen, die mit einer Veränderung immer verbunden sind.

3. Festlegen der Ziele der Behandlung

Dem Therapeuten und Patienten sollte zunächst gleichermaßen klar sein, daß eine therapeutische Intervention von begrenzter Dauer ist; dies beinhaltet auch, daß die Veränderung nur begrenzte Bereiche betrifft.

Das Festlegen der *Ziele* stellt einen Kommunikations- und Interaktionsprozeß zwischen Therapeut und Patient dar; das „Aushandeln" der Ziele sollte dabei nicht bei globalen Begriffen stehenbleiben („Selbstverwirklichung"; „Angstfreiheit" und ähnliches), sondern es sollten *möglichst konkrete* Ziele angegeben werden, über deren Erreichung auch intersubjektive Übereinstimmung erzielt werden kann (zum Beispiel „eine Prüfung in einem bestimmten Gegenstand machen"; „allein in eine Stadt einkaufen fahren können" etc.). Zum Erreichen eines (vorläufigen) Konsenses zwischen Therapeut und Patient ist es unter Umständen günstig, die Ziele *zunächst* eher grob zu formulieren und erst im Laufe der Intervention immer weiter zu konkretisieren; zu Beginn einer Therapie reicht es vielleicht aus, Einigkeit über das Ziel „Selbstsicherheit" zu erreichen – wobei Therapeut und Patient vielleicht recht unterschiedliche Vorstellungen davon haben – während die einzelnen Ziele und Schritte zur Erreichung dieses Grobzieles in einem späteren Stadium der Therapie präzisiert werden müssen (siehe auch Kanfer 1985c).

Das Festlegen der *Ziele* erfordert *normative* Aspekte, wie oben betont wurde; neben diesen Aspekten bilden eine Reihe von Informationsquellen wichtige Determinanten für diese Festlegung:

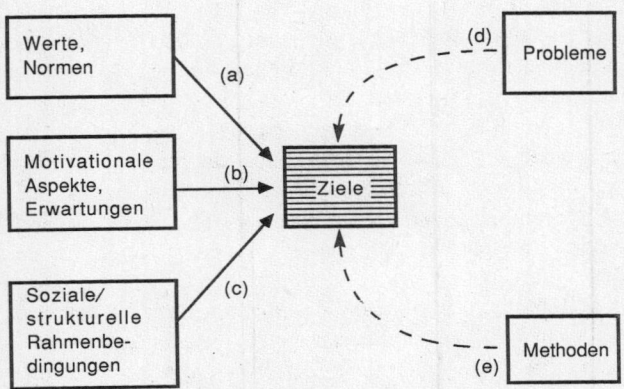

Abb. 2.5: Determinanten für das Festlegen von Zielen der Therapie.

Das Schema soll verdeutlichen, daß das Festlegen der Ziele für eine Behandlung keine einfache Aufgabe darstellt. Die Liste von Zielen wird vielmehr ein Resultat aus einem komplexen Geflecht von Einflußgrößen:

a) Die Bedeutung von *Normen* und *Wertvorstellungen* des Patienten und Therapeuten für die Festlegung der Ziele wurde bereits betont; Hinweise zur *Klärung* der Werte und Ziele finden sich bei Schmelzer (1983, 1986).

b) Die Rolle motivationaler Faktoren für die Festlegung von Zielen wurde im obigen Punkt besprochen; sehr wichtig ist es, zusammen mit dem Patienten auch mögliche (positive und negative) *Folgen* und Konsequenzen einer *Veränderung* der Problematik zu bedenken. *Beispiel:* Die Veränderung einer funktionellen Sexualstörung eines Partners hat massive Konsequenzen für die zukünftige Interaktion; diese Folgen sollten bei der Motivation zu einer Veränderung berücksichtigt werden und Bestandteil der Zielfestlegung sein.

c) Soziale und strukturelle Rahmenbedingungen von seiten des Patienten wurden zum Teil erörtert; dazu kommen Rahmenbedingungen der psychosozialen Versorgung (vgl. Cooper und Bickel 1984; Heyden 1986), die Erreichbarkeit und Finanzierbarkeit von Therapie etc. Gerade solche Rahmenbedingungen werden selten *explizit* angeführt; um so wichtiger ist wohl ihre implizite Rolle für die Zielbestimmung.

d) Der Einfluß des Problems selbst für die Festlegung eines Zieles liegt auf der Hand; die Feststellung eines bestimmten Zustandes in Relation zu einem diskrepanten Ziel (siehe obiges Schema, Abbildung 2.3) lassen den Patienten seine *Zustände* als *Beschwerden* wahrnehmen und den Weg zur Beratung oder Therapie aufsuchen (welche Vorstellungen immer damit verbunden gewesen sein mögen).

Für den Patienten selbst ergibt sich die Zielfestlegung häufig fast trivial aus der Schilderung seiner Beschwerden. Besonders deutlich wird dies wohl daran, daß die meisten Patienten nach der Schilderung ihres Problems auf die Frage nach dem *Ziel* einer evtl. Behandlung sehr erstaunt und häufig verdutzt reagieren (sinngemäß quasi: „Ich habe Ihnen meine Beschwerden geschildert, da ist es doch klar, was ich will: meine Beschwerden loswerden!"). Diese verständliche Auffassung von Patienten zu Beginn der Behandlung hängt eng zusammen mit den Vorstellungen über ihre Beschwerden und ihre Behandlung (Health-Belief-Model, HBM); zentrale Aufgabe des Therapeuten ist es, dem Patienten eine gewissermaßen „neue" Sicht des Problems zu vermitteln (vgl. den Abschnitt: Therapieplanung). Einen Beginn beziehungsweise Teil der Vermittlung eines „neuen Modells" bildet die Klärung der Ziele zusammen mit dem Patienten. Dennoch bildet die Sicht des Problems durch den Patienten und Therapeuten eine wichtige Determinante für die Festlegung des Zieles; der Zusammenhang wurde in unterbrochenen Linien angegeben, um damit zu verdeutlichen, daß die Relation wohl nicht als zu eng oder unproblematisch aufgefaßt werden darf.

e) Es mag befremdlich klingen, daß die *Methoden* der Verhaltenstherapie eine Rolle beim Festlegen der Ziele für einen speziellen Patienten mit einem individuellen Problem spielen. Ihre Rolle sollte nicht überschätzt werden, und sie ist auch alles andere als unproblematisch – daher die unterbrochenen Linien.

Eine gewisse Schwierigkeit ergibt sich daraus, daß Ziele für eine Therapie keinesfalls nur unter dem Blickwinkel der methodischen Möglichkeiten ausgewählt und festgelegt werden sollten (*Beispiel:* aus einer breiten Palette von Beschwerden wird das Problem der Selbstsicherheit zum Gegenstand der Behandlung und erhöhte Selbstsicherheit als Ziel festgelegt, weil man in diesem Bereich eventuell effiziente Verfahren zur Verfügung hat und diese besonders gut kennt). Diese Auswahl von Problemen und Zielen der Behandlung auch unter dem Aspekt der eigenen therapeutischen Fertigkeiten ist gewiß ein verführerisches Moment für den Therapeuten; an dieser Stelle hat wohl therapeutische Selbsterfahrung und ständige Supervision ihren Platz.

Auf der anderen Seite muß man wohl sehen, daß es wenig Sinn macht, lediglich Ziele auszuwählen und festzulegen, zu deren Realisierung man *keine* praktischen Möglichkeiten hat; dem Therapeuten sollte allerdings klar sein, daß der Bereich der Ziele umfangreicher ist als der Bereich der technisch erreichbaren Ziele.

Zusammenfassung: Zur Zielbestimmung müssen neben den Angaben aus der Verhaltensanalyse auch normative Gesichtspunkte herangezogen werden. Das Festlegen und Begründen der Therapieziele ist deshalb auch als Prozeß der Übereinkunft zwischen Patient und Therapeut zu sehen.

Weiterführende Literatur: Schmelzer, D.: Problem- und zielorientierte Therapie: Ansätze zur Klärung der Ziele und Werte von Klienten. Verhaltensmodifikation 4 (1983), 130–156.

2.2.3 Therapieplanung

Nach zumindest vorläufiger Verhaltensanalyse (hypothetisches Bedingungsmodell) und erfolgter Zielbestimmung besteht die Aufgabe des Therapeuten darin, gemeinsam mit dem Patienten die Schritte vom Problemzustand zum Zielzustand zu entwickeln. Dabei reicht es keineswegs aus, für einen bestimmten Problemzustand lediglich ein *Standardverfahren* zu benennen. G. Kaminski (1970) unterscheidet in diesem Zusammenhang zwischen a) „strategischer Planung" und b) „taktischer Planung".

1. Planung des Therapieverlaufs
a) Unter *„strategischer Planung"* ist zu verstehen, daß aufgrund der Problemanalyse und der Zielbestimmung die *Richtung* der Veränderung und das *Veränderungsprinzip* ausgewählt werden.

Beispiel: Bei der Feststellung eines Verhaltensdefizits im sozialen Bereich könnte man die *Richtung* der Veränderung mit dem Erlernen sozial adäquaten Verhaltens und als *Änderungsprinzip* Modellernen, soziales Kompetenztraining und eventuell die Veränderung von Kognitionen (Selbstinstruktionen) angeben.

b) Die *„taktische Planung"* besteht in der konkreten Ausgestaltung der einzelnen therapeutischen Schritte. Hier geht es darum, ein individuelles Behandlungskonzept zu entwickeln; dabei sind sowohl die Richtlinien des Änderungsmodells (zum Beispiel positive Verstärkung von Annäherungsverhalten), als auch die individuellen Möglichkeiten und Grenzen des Patienten und Therapeuten zu berücksichtigen.

Beispiel: Für den obigen Fall wäre anzugeben, *welche* Bereiche sozial adäquaten Verhaltens den Gegenstand der Behandlung bilden sollten (siehe auch Zielbestimmung). Es ist ferner genau zu planen, wie das Modellernen konkret gehandhabt werden soll (zum Beispiel Therapeut als Modell; Modelle in einer Gruppe; Film-

Modell usw.), wie das soziale Kompetenztraining durchgeführt wird (individuell, in Gruppen etc.) und wie bei der Veränderung der Kognitionen vorgegangen wird.

Sowohl die strategische als auch die taktische Planung müssen als Schritte in einem kontinuierlichen Problemlösungsprozeß aufgefaßt werden. Die *Entscheidung* für oder gegen ein bestimmtes Verfahren oder einen einzelnen Schritt kann als Beispiel für die sogenannte *„Urteilsbildung"* (Blaser 1977; Kahneman, Slovic und Tversky 1982; Kanfer und Nay 1982; Wiggins 1973) verstanden werden. Im deutschen Sprachraum wird hierfür der Begriff der *Indikation* verwendet (vgl. Baumann 1981). Dieses Konzept ist insofern mißverständlich, als Indikation in der Psychotherapie nicht wie in der Medizin (aus der der Begriff entlehnt ist) die gegenseitige Zuordnung von Problemen einerseits und die Interventionsverfahren andererseits meinen kann. Differentielle Indikation ist vielmehr ein kontinuierlicher Prozeß der Urteilsbildung (mit einer Reihe von Entscheidungen), dessen Berechtigung beziehungsweise Rationalität sich erst im nachhinein relativ rational begründen läßt (vgl. Westmeyer 1979 a, 1981 a).

Beim klinischen Urteil handelt es sich um einen komplexen kognitiven Prozeß, bei dem laufend *Entscheidungen* getroffen werden müssen (zum Beispiel: Welche Information ist noch einzuholen?; Welchen Stellenwert besitzt eine Information? usw.). Die Literatur zur klinischen Urteilsbildung (Blaser 1977; Turk und Salovey 1985; Wiggins 1973) zeigt recht klar, welche Bedeutung der kognitiven *Kanalkapazität* (beziehungsweise deren Beschränkung), der Aufnahme und Verarbeitung komplexer Information beim Zustandekommen eines Urteils zukommt.

Als wichtige Komponente der Entscheidung gehen implizite *Persönlichkeitsstereotypen* in die klinische Urteilsbildung ein. Aufgrund solcher Stereotype bilden wir auch Hypothesen, die unsere Wahrnehmung strukturieren (Bruner 1951, 1957). Bereits wenige wahrgenommene Merkmale an einem Patienten werden in unserem kognitiven System verarbeitet (Sarbin, Taft und Bailey 1960), wobei der *Zuschreibung* von Eigenschaften große Bedeutung zukommt. Selbst wenn wir meinen, daß wir für die klinische Urteilsbildung qualitativ und quantitativ sehr viele Informationen benötigen, gelangen wir zu einem relativ stabilen Urteil ziemlich schnell und aufgrund weniger Informationen („Wartezimmerdiagnose"). Über einen Patienten haben wir uns eventuell schon ein vorläufiges Urteil gebildet, wenn er uns von einem Kollegen überwiesen wird und wir einige grobe Informationen am Telefon eingeholt haben.

Die *Zuverlässigkeit* des klinischen Urteils wird von Blaser (1977) ausgesprochen pessimistisch beurteilt: Er führt eine Reihe von Untersuchungen zu dieser Frage auf. Diese belegen „in einheitlicher und beeindruckender Weise, daß erstens das klinische Urteil (auch im Bereich der Körpermedizin) ziemlich unzuverlässig ist, zweitens, daß es nur geringfügig mit der Erfahrung und dem Selbstvertrauen des Klinikers zu tun hat und drittens, daß die Validität des Urteils, absolut gemessen, ziemlich gering ist" (Blaser 1977, S. 51). Auch in der Verhaltensdiagnostik sollte man keinesfalls meinen, die Gesichtspunkte der Objektivität, der Reliabilität oder Validität vernachlässigen zu können, weil diese Gesichtspunkte aus der klassischen Diagnostik stammen und weil man immer mehrere Variablen berücksichtigt.

Die Planung des therapeutischen Vorgehens läßt sich nicht streng von der Problemanalyse und Zielbestimmung trennen: So geschieht etwa die Sammlung von Informationen bereits unter dem Gesichtspunkt, den Patienten zu einer Veränderung zu motivieren (etwa im Rahmen von Selbstbeobachtung und von Selbstaufzeichnungen). Erste diagnostische Schritte und die Klärung von Werten und Zielen des Patienten haben zumeist bereits therapeutische (das heißt verändernde Funktion). Es gibt allerdings einige Aspekte und Bereiche, die bei der Planung der Therapie explizit berücksichtigt werden sollten. Diese Punkte werden im folgenden näher besprochen.

2. Vermittlung eines plausiblen Ätiologie- und Therapie-Modells (PM)
Bei der Problemanalyse wird das bereits erwähnte Health-Belief-Model (HBM) des Patienten erfaßt; Patienten kommen zumeist nicht deshalb zu einem Therapeuten, weil sie konkrete Dinge in ihrem Leben zu verändern wünschen. Dem Patienten ist es zumindest ebenso wichtig, ein gewisses *Verständnis* für seine Probleme vermittelt zu bekommen, damit er sie in seinen Lebenskontext einordnen kann. Dieser Wunsch des Patienten nach einer *plausiblen Erklärung seiner Probleme* (was er bisher nur unbefriedigend mit seinem HBM geleistet hat) drückt sich häufig in Fragen aus wie: „Bin ich verrückt?"; „Warum habe ich solche Ängste?"; „Warum passiert gerade mir dies?" und ähnliches mehr.

Ein Therapeut sollte dieses *Bedürfnis nach Erklärung* ernst nehmen und bei der Therapieplanung sensibel berücksichtigen; dieser Suche eines Patienten nach Erklärungen wird auch in der Forschung breiter Raum gewidmet (etwa im Rahmen von Motivations- und Attributionstheorien sowie kognitiven Theorien). Für die Vermittlung eines plausiblen Ätiologie- und Therapiemodells an den Patienten lassen sich eine Reihe von Argumenten anführen, von denen hier nur wenige herausgegriffen werden sollen:
– Man kann die Vermittlung eines plausiblen Ätiologie- und Therapie-Modells als eine Intervention auf kognitiver Ebene auffassen, die *zusätzlich* zur verhaltenstherapeutischen Behandlung zu einer Beschleunigung und Stabilisierung der therapeutischen Veränderung führt (vgl. Eisenack 1983; Hartmann 1985; Münzel und Tunner 1983; Tunner 1976, 1980). Die Berücksichtigung des Vorfeldes der Therapie wird auch von Wilson und Evans (1977); Wilson (1980) sowie von Kanfer und Grimm (1981) explizit betont.
– Die Vermittlung eines plausiblen Ätiologie- und Therapie-Modells an den Patienten stellt eine Möglichkeit zur Strukturierung und Transparenz des Therapieprozesses dar. Nach Frank (1973) beendet eine solche Strukturierung und plausible Erklärung die hilflose Situation des Patienten. Wenn der Patient wieder eine Perspektive für seine Veränderung sieht (plausibles Änderungsmodell), so führt dies zugleich zu einer Erhöhung der Motivation und zur Arbeit an einem konkreten Problem.
– Die Vermittlung eines plausiblen Ätiologie- und Therapie-Modells beteiligt den Patienten am Therapieprozeß im Sinne der Transparenz des therapeutischen Vorgehens; der Patient ist nicht das Objekt der Behandlung, sondern er wird selbst

in die Lage versetzt, mit seinen Problemen besser zurechtzukommen („personal scientist" im Sinne von Mahoney 1976). Gerade Ansätze der Selbstkontrolle und des Selbstmanagements betonen, wie wichtig diese Transparenz und die Übernahme von Eigenverantwortung durch den Patienten für das Gelingen und vor allem für die Aufrechterhaltung der Behandlung ist (vgl. Goldstein und Kanfer 1979; Kanfer und Gaelick 1986; Karoly und Kanfer 1982).

Wenn man dem Bedürfnis nach *Erklärung,* das vom Patienten zumeist implizit vorgebracht wird, nachkommt, so lassen sich grob zwei Bereiche unterscheiden:

a) *Plausibles Ätiologiemodell:* Damit ist gemeint, daß dem Patienten das vom Therapeuten entwickelte hypothetische Bedingungsmodell für die Entstehung und Aufrechterhaltung seiner Problematik *in dessen eigener* Sprache vermittelt wird. Für das hypothetische Bedingungsmodell läßt sich – wie oben dargestellt wurde – nun keinesfalls Richtigkeit beanspruchen; die Plausibilität eines bestimmten Modells hängt stark davon ab, ob es vom Patienten akzeptiert wird. Dabei stellt es sich als wichtig heraus, ihm im Sinne einer Übereinstimmung mit bevorzugten Denkmustern in sehr sensibler Weise entgegenzukommen (vgl. Johnson und Matross 1977).

Beispiel: Die Erklärung und Entstehung von Emotionen vor dem Hintergrund des Zwei-Faktoren-Modells (siehe Abschnitt 3.3.1) oder der Emotionstheorie von Stanley Schachter (Schachter und Singer 1962) ist für sehr viele Patienten ausgesprochen befriedigend und plausibel. Dabei steht völlig außer Frage, daß diese beiden Modelle hypothetischen Charakter besitzen und in wissenschaftlicher Hinsicht alles andere als unumstritten angesehen werden.

b) *Plausibles Therapiemodell:* Hierbei ist es erforderlich, dem Patienten detailliert sowohl das Therapieprinzip als auch dessen konkrete Umsetzung für sein Problem zu schildern. Das Verständnis des Patienten für diese einzelnen Schritte stellt in einem Ansatz, der sich dem Selbstmanagement verpflichtet fühlt, eine unabdingbare Voraussetzung dar.

Die Plausibilität des Therapiemodells läßt sich – im Gegensatz zum Ätiologiemodell – für den Patienten im Laufe der Therapie konkret erleben. Dies stellt eine Chance für ein veränderungsorientiertes, optimistisches und motiviertes Verhalten des Patienten dar. *Beispiel:* Wenn mit einem Angstpatienten ein Expositionstraining vorgesehen ist, so kann man ihm das Vorgehen anhand einer Skizze erklären (siehe dazu auch das Beispiel im folgenden Abschnitt und Abbildung 2.6).

In diesem Falle erlebt der Patient die „Richtigkeit" des vermittelten plausiblen Therapiemodells direkt. Die Information über das Ansteigen und über die Dauer von Angst hilft ihm auch, diese zu überstehen und von seinen bisherigen Vermeidungspraktiken abzugehen. (Weitere Beispiele für plausible Modelle bei Herzphobikern finden sich bei Reinecker, Eisenack und Hartmann 1985, sowie bei Reinecker, Hartmann und Eisenack 1985).

Es sollte klar sein, daß die Vermittlung des plausiblen Modells nicht mit dem Ende der Problemanalyse oder erst zu Beginn der Therapieplanung einsetzen kann; hier ist jedoch der *späteste* Punkt, an dem es explizit berücksichtigt werden muß. Der Prozeß der Vermittlung und die Übernahme eines plausiblen Modells ist vermutlich für den Erfolg der Therapie von ausschlaggebender Bedeutung. Daß dieses plausible Modell nur mit großem Aufwand konkret zu fassen ist, mag ein Grund für die bisher erst partielle empirische Absicherung sein.

3. Therapiebegleitende Diagnostik

Der Begriff „therapiebegleitend" soll bereits verdeutlichen, welche Rolle Diagnostik in der Verhaltenstherapie übernimmt. Die diagnostischen Bemühungen sind keineswegs *dann* abgeschlossen, wenn die Problemanalyse, die Zielbestimmung und Therapieplanung erfolgt sind. Ein wichtiger Bestandteil der Therapieplanung ist vielmehr, zugleich mit dem Festlegen einzelner Therapieschritte auch die Verfahren zur Erfassung möglicher Veränderungen zu planen. Zur kontinuierlichen Erfassung von Veränderungen lassen sich alle jene Verfahren einsetzen, die in einem eigenen Punkt (Kapitel 2.4) besprochen werden.

Die therapiebegleitende Diagnostik hat jedoch eine wichtige Funktion für Therapeuten und Patienten (vgl. dazu auch Lutz und Windheuser 1974):

a) Sie liefert *Informationen* zur Grob- und Feinsteuerung des therapeutischen Vorgehens: Fortschritte, Stagnationen oder Rückschläge im angestrebten Bereich lassen sich so frühzeitig erfassen. Dies ist eine Voraussetzung, um rechtzeitig korrigierend eingreifen zu können (Veränderung der therapeutischen Strategie; Verlangsamen oder Beschleunigen des Vorgehens usw.).

Durch diverse Verfahren in der therapiebegleitenden Diagnostik läßt sich unter Umständen auch die Wirkung solcher Ereignisse erfassen, die außerhalb des Einflusses des Therapeuten (und häufig auch des Patienten) liegen; zu denken ist hier etwa an die Wirkung sogenannter kritischer Lebensereignisse (vgl. Filipp 1981; Katschnig 1980).

b) Therapiebegleitende Diagnostik ist eine Voraussetzung für die *Transparenz* des Therapieverlaufes nach „außen"; nur über relativ klare Beobachtungen der Veränderungen erhält der Therapeut Informationen über die Effektivität seines Vorgehens. Die angesprochene Transparenz bildet auch eine Grundlage für die sogenannte kontrollierte Praxis (Petermann 1982), der man sich als Therapeut verpflichtet fühlen sollte.

c) Der angesprochene Punkt der Transparenz besitzt auch für den *Patienten* große Bedeutung: Wenn er anhand von Aufzeichnungen (siehe unten) feststellen kann, daß seine Bemühungen zu gewissen Anfangserfolgen geführt haben, bildet dies eine direkte Verstärkung für seinen Aufwand. Die Auswirkungen auf die Motivation, in der angestrebten Richtung fortzufahren, liegen auf der Hand. Bei der Beteiligung des Patienten an der Therapie und an der begleitenden Diagnostik (etwa durch Selbstbeobachtung und Selbstaufzeichnungen) ist auch die Voraussetzung dafür geschaffen, daß der Patient Schritte der Therapie selbständig übernehmen kann (Ziel: Selbstkontrolle des Patienten).

Therapiebegleitende Diagnostik ist also alles andere als ein „Luxus", auf den man meint, in der Praxis verzichten zu können. Dabei sollte man eher auf einfache, *kontinuierliche* diagnostische Verfahren zurückgreifen, als sich auf eine 2-Punkt-Messung zu verlassen, die uns praktisch keine Hinweise auf den wichtigen therapeutischen *Prozeß* liefert (siehe auch die Argumentation bei Petermann 1982).

Diagramme beziehungsweise graphische Aufzeichnungen

Diagramme bilden eine für Therapeut und Patient gleichermaßen transparente Form der Aufzeichnung derjenigen Daten, die im Verlaufe der Informationsgewinnung (siehe Punkt 2.4) erhoben werden. In einem Diagramm wird Häufigkeit und Ausprägungsgrad eines Problem-Aspektes durch eine Markierung auf der Ordinate gekennzeichnet; auf der Abszisse wird der Zeitverlauf beziehungsweise bestimmte situative Bedingungen oder therapeutische Maßnahmen eingetragen oder markiert.

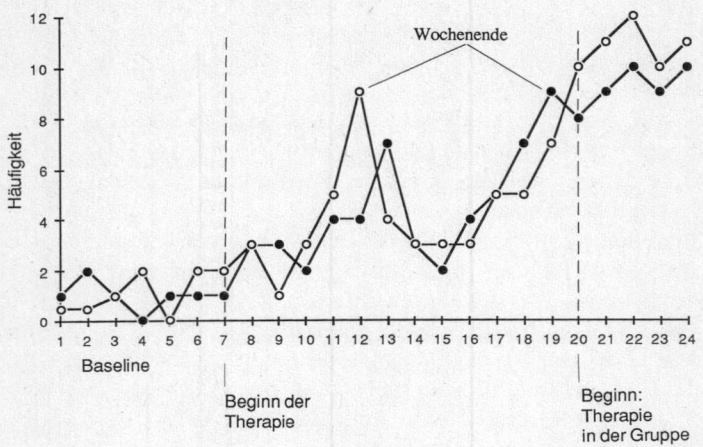

Abb. 2.6: Häufigkeiten der aktiven (●) und passiven (○) Kontaktaufnahme eines selbstunsicheren Patienten vor und im Verlaufe eines Selbstsicherheitstrainings.

Eine graphische Aufzeichnung eines Problems setzt voraus, daß klare Anweisungen über Beobachtung und Registrierung vorliegen (speziell dann, wenn der Patient selbst das Diagramm führen soll). Dazu ist es erforderlich, daß die Verhaltensaspekte und Situationsbedingungen, die registriert werden sollen, klar und eindeutig festgelegt werden.

Bei der Benutzung eines Diagramms zur Therapiekontrolle beginnt man üblicherweise mit der Datenerhebung *vor* Beginn der Therapie, um die Grundrate („baseline") des Problems zu bestimmen. Nur vor dem Hintergrund einer solchen Baseline läßt sich ein therapeutischer Effekt nachweisen; über die *Dauer* der Baseline gibt es unterschiedliche Angaben: Günstig ist es jedoch, mehrere (zumindest 3–5) Beobachtungszeitpunkte vorliegen zu haben, damit über Stabilität beziehungsweise Schwankungen des Problems einigermaßen zuverlässige Annahmen getroffen werden können.

Daten des Diagramms *während* der Intervention geben Hinweise auf mögliche Effekte der Therapie, so daß das Diagramm eine wertvolle Hilfe bei der *Feinsteuerung* der Therapie darstellt. In diesem Sinne bilden graphische Darstellungen eines

Problemverlaufs eine günstige Form der Erfolgskontrolle im Einzelfall. Nicht zu unterschätzen ist auch, daß durch eine kontinuierliche Aufzeichnung eines Problems eventuell Hinweise auf Ereignisse geliefert werden, die mit der Therapie wenig zu tun haben, die das Problem aber massiv beeinflussen können (*Beispiel:* Berufliche Veränderungen, Trennung von Freund/Freundin etc.).

Die Aufzeichnung über die Veränderung eines Problems hat insofern therapeutische Funktion, als sie den Patienten effektiv an einer Intervention beteiligt; durch das Diagramm erhält er außerdem eine sofortige und kontinuierliche Rückmeldung über etwaige Veränderungen als Folge seiner Bemühungen, so daß man gerade die *motivierende Funktion* von Diagrammen keinesfalls unterschätzen sollte. Im Gegensatz zu 2-Punkt-Messungen (das heißt Erhebungen eines Problems *vor* und *nach* einer Intervention) liefern Diagramme wertvolle Hinweise auf den Mikroprozeß der Therapie. Die Aufzeichnungen sollten üblicherweise auch bei Abschluß der Therapie (etwa in größeren Abständen bis hin zum Follow-Up) weitergeführt werden, damit auch über die Stabilisierung der therapeutischen Effekte Informationen vorliegen.

Ein wichtiger praktischer Hinweis:
Die Anleitung eines Patienten zur Selbstbeobachtung und zum Führen eines Diagramms muß unbedingt dessen Fähigkeiten und Lebenskontext berücksichtigen. Dies bedeutet, daß Aufzeichnungen keinesfalls zu kompliziert angelegt sein dürfen (ein häufiger Fehler von therapeutischen Anfängern). Es ist wichtiger, weniger, aber dafür einigermaßen *vollständige* Aufzeichnungen zur Verfügung zu haben, als daß sie umfassend geplant, aber lückenhaft sind, weil der Patient überfordert ist. Bei der Aufzeichnung kann man auch auf einfache Verfahren zurückgreifen, wie beispielsweise das Zählen von destruktiven Selbstverbalisationen anhand von kleinen Strichen auf einer Zigarettenschachtel, einfachen Notizen auf einem Block in der Küche usw.

Die Auswertung von *Diagrammen* erfolgt zumeist durch bloße Inspektion; dies steht ganz in der Tradition der einzelfallanalytischen Betrachtungsweise (vgl. Baer, Wolf und Risley 1968), wonach sich eindeutige Veränderungen deutlich zeigen, während man für kleine Veränderungen statistische Verfahren benötigt. Zur Analyse von Therapieeffekten im Einzelfall reicht diese visuelle Analyse zumeist aus (vgl. Parsonson und Baer 1978). Dies ist auch der Bereich, in dem Diagramme und Einzelfallanalysen für den Praktiker relevant sind. Die Tradition der Einzelfallanalyse und Erforschung von Zeitreihen hat im Rahmen der Verhaltenstherapie jedoch eine neue Blüte erlebt; dies zeigt sich unter anderem in der Entwicklung von Auswertungsverfahren, von nonparametrischen Verfahren über Markoff-Analysen bis hin zu Zeitreihen-Analysen. Details zu diesen statistischen Auswertungen und deren Grundsatzproblemen sind keineswegs unumstritten. Zur grundsätzlichen Argumentation hinsichtlich der Planung und Auswertung von Einzelfallanalysen siehe Kapitel 4.3.

4. Verfahren zur Veränderungsmessung und Follow-Up
Die Verfahren zur Veränderungsmessung ergeben sich weitgehend aus der therapiebegleitenden Diagnostik; zur Bestimmung der Effektivität in einem Einzelfall werden

üblicherweise diejenigen *Kriterien herangezogen, die als Grob- und Feinziele in die Zielbestimmung eingegangen sind.*

Bei der *Verhaltensanalyse* wurde betont, daß sich ein Problem üblicherweise auf mehreren *Ebenen* zeigt und daß auch die *Bedingungen* des Problems vielschichtig sind; diesem Aspekt gilt es auch in der Veränderungsmessung Rechnung zu tragen. So reicht es etwa nicht aus, allein die Selbstberichte des Patienten als Grundlage für die Beurteilung von Erfolg oder Mißerfolg einer Therapie heranzuziehen. Dies gilt für die anderen Ebenen und Bedingungen in ähnlicher Weise.

Beispiel: Wenn bei einem schwer depressiven Patienten das *Ziel* einer Intervention in einer Erhöhung der Aktivitätsrate, im Erlernen von Fertigkeiten zur Selbstverstärkung, in der Verbesserung der Stimmung in gewissen Situationen und in der Veränderung somatischer Aspekte depressiven Verhaltens bestand, so müssen zur Beurteilung einer Veränderung auch Verfahren herangezogen werden, die eine Einschätzung auf diesen unterschiedlichen Ebenen erlauben.

An dieser Stelle muß auch auf das Problem einer Festlegung adäquater *Kriterien* für eine Veränderung (individuell und allgemein, also auf die Psychotherapieforschung bezogen) hingewiesen werden. Die Wahl unterschiedlicher Kriterien einerseits und die Frage, wie die Kriterien operationalisiert werden sollen andererseits, macht eine vergleichende Psychotherapieforschung zu einem höchst schwierigen Unterfangen (vgl. Kazdin und Wilson 1978 a, b; Rachman und Wilson 1980 und Kapitel 4.4). Das Ziel der Veränderungsmessung sollte es sein, Veränderungen (positive und negative) auch in Bereichen zu erfassen, die nicht direkt Gegenstand einer Therapie waren (zum Beispiel Einflüsse auf die Partnerschaft, Familie, Beruf, Gesundheitsverhalten etc.).

Zur Therapieplanung und zur Erfassung von Veränderung gehört auch, daß der Zustand des Patienten nicht nur am *Ende* der Intervention erfaßt und beurteilt wird, sondern daß eine Nachkontrolle (Follow-Up, FU) geplant wird. In welchem zeitlichen Abstand vom Therapieende dieses Follow-Up durchzuführen ist, läßt sich nicht *allgemein* für jeden Fall in gleicher Weise festlegen. Für Belange der Psychotherapieforschung hat sich ein Follow-Up von circa zwei Jahren als sinnvoll herausgestellt. Forschungsarbeiten (Diplomarbeiten, Dissertationen etc.) werden aus organisatorischen Gründen häufig mit einem kürzeren Nachkontrollzeitraum auskommen müssen (zumeist sechs Wochen bis ein halbes Jahr).

Für viele Störungsbereiche ist auch der Follow-Up-Zeitraum von zwei Jahren noch kurz bemessen (Beispiel: Abhängigkeiten). Eine Forderung nach längerer Follow-Up-Zeit stößt allerdings an praktisch-organisatorische (Erreichbarkeit der Patienten) und prinzipielle Grenzen: Diese prinzipiellen Grenzen hängen mit der Logik experimenteller beziehungsweise quasi-experimenteller Designs zusammen (vgl. Cook und Campbell 1976, 1979). Bei immer länger werdenden Follow-Up-Zeiträumen erhöht sich die Wahrscheinlichkeit, daß die abhängigen Variablen durch Faktoren beeinflußt oder verursacht werden, die mit den therapeutischen Faktoren wenig oder nichts zu tun haben (zwischenzeitliches Geschehen etc.). In *therapeutischer* Hinsicht sollte jedoch der Patient die Fähigkeit vermittelt bekommen, die Faktoren außerhalb des Therapiegeschehens *so* in den Griff zu bekommen, daß ein Therapieerfolg aufrechterhalten oder zumindest ein Rückfall unwahrscheinlich wird (vgl. Fiedler 1981:

„Therapieziel Selbstbehandlung" beziehungsweise Bemühungen im Rahmen des Selbstkontroll- und Selbstmanagement-Ansatzes).

Zusammenfassung: Die Therapieplanung verlangt eine sensible Abstimmung von prinzipiellen Änderungsmethoden auf Ziele und Bedürfnisse des Patienten. In inhaltlicher Hinsicht wird diesem Ziel durch möglichst hohe Transparenz des Vorgehens und durch das Prinzip des Selbstmanagement Rechnung getragen. Zur Kontrolle des Therapieverlaufs, die für Patient und Therapeut gleichermaßen bedeutsam ist, sollen therapiebegleitende Diagnostik und Verfahren zur Veränderungsmessung ins Auge gefaßt werden.

Weiterführende Literatur: Schulte, D.: Problemanalyse. In: Deutsche Gesellschaft für Verhaltenstherapie (Hg.), unter Mitarbeit von T. Heyden, H. Reinecker, D. Schulte, H. Sorgatz: Verhaltenstherapie: Theorien und Methoden. Tübingen: DGVT-Verlag 1986 (insbesondere Kapitel 2.4: Therapieplanung).

2.3 Ein Beispiel für Verhaltensanalyse, Zielbestimmung und Therapieplanung

Zur Illustration des diagnostischen Vorgehens wird im folgenden das Beispiel einer Patientin geschildert; dabei werden Informationen speziell zu jenen Bereichen geliefert, die als wichtige Punkte für Verhaltensanalyse, Zielbestimmung und Therapieplanung angesehen werden. Die schriftliche Darstellungsform und der begrenzte Raum bringen es mit sich, daß eine Falldarstellung kein direktes „Abbild" der Diagnostik, Zielbestimmung und Therapieplanung sein kann, genausowenig wie eine Verhaltensanalyse *alle* Informationen aus einer komplexen Lebenssituation eines Patienten berücksichtigen kann. Eine solche Darstellung sollte also eher einen didaktischen Zweck erfüllen.

Einige wenige, für die Therapie kaum relevante Daten wurden so verändert, daß die Anonymität der Patientin gewährleistet bleibt.

2.3.1 Verhaltensanalyse

Allgemeine Informationen:
Frau T. ist 36 Jahre alt; sie ist Sekretärin in einem größeren Betrieb, lebt in einer Kleinstadt; sie ist alleinstehend und hat eine Tochter von acht Jahren, die bei ihren Eltern lebt; ihre Eltern leben ebenfalls in derselben Stadt. Die Informationen über Möglichkeiten zur Therapie hat sie von einem Arzt erhalten.

1. Präzise Beschreibung des Problems
Subjektive Ebene: Frau T. berichtet über massive Angstgefühle in verschiedenen Situationen, sie hat Angst umzufallen, ohnmächtig zu werden, sie berichtet über Angstträume und dergleichen mehr.

Auf der *physiologischen* Ebene berichtet sie von Schwindelgefühlen, Übelkeit, Brennen im Nacken, Druck im Magen, Herzklopfen, Verdauungsstörungen und dergleichen mehr.

Verhaltensebene: Vermeiden „gefährlicher" Situationen (siehe unten), Suche nach einem Ausgang; geht auf der Straße am Rande der Häuser entlang, geht nicht über freie Plätze, vermeidet einsame Spazierwege; vermeidet Einkaufen in belebten Geschäften.

Die Probleme überfallen sie in bestimmten Situationen „wie ein Blitz aus heiterem Himmel". Dauer: meist 15–20 Minuten, dann vorbei, sie fühlt sich nach einer solchen Panikattacke jedoch sehr erschöpft.

2. Erfassung und Beschreibung situativer Bedingungen des Problems
Kognitiv-gedanklich: Wahrnehmung bestimmter Situationen: „Mir wird schlecht!" „Was könnten die Leute denken, wenn ich umfalle . . ." „Ich darf mir nichts anmerken lassen, alle schauen auf mich . . ." „Ich könnte sterben . . ."

Physiologisch-somatische Ebene: Brennen im Nacken als Alarmsignal; Druck auf den Schläfen; häufig: massive Belastungssituation und Erschöpfungsgefühl durch Beruf, Reisen, Hitze usw.

Situationen: Volle, belebte Geschäfte, insbesondere wenn der Ausgang weit entfernt ist; große unübersichtliche Veranstaltungen (speziell bei schlechter Luft in Räumen; besser: im Freien); in der Schlange stehen; bei Streß (zum Beispiel bei einem Diktat); häufig in der Nacht beim Aufwachen (speziell, wenn es heiß ist); allein im Wald spazierengehen . . .

3. Bisheriger Umgang mit der Problematik und Grad der Beeinträchtigung
Die Problematik ist insofern unter Kontrolle, als die Patientin weiterhin zur Arbeit geht; sie bleibt aber häufig ein paar Tage zu Hause, wenn sie sich schlecht fühlt.

In kritischen Situationen versucht sie, sich „zusammenzureißen" und die Situation auszuhalten.

Selbstkontrollversuche: Patientin reibt sich in kritischen Situationen mit Franzbranntwein ein;

dies hilft ihr subjektiv ein wenig; Kontrolle der Problematik durch Medikamente (beispielsweise Limbidrol) bezeichnet sie selbst als erfolglos.

Die Problematik wird deshalb als besonders beeinträchtigend erlebt, weil die Gefahr besteht, daß sie ihren Beruf aufgeben müßte (Versorgung ihrer Tochter). Frau T. hat auch Angst vor einer unheilbaren Krankheit, die der Arzt unter Umständen nicht erkannt hat; Angst vor dem Tod.

Erleichternd ist, wenn eine Person dabei ist, die sie gut kennt und die ihr eventuell helfen könnte (Abgeben von Kontrolle . . .).

4. Genese und Entwicklung des Problems

Frau T. berichtet über folgende problematische Bedingungskonstellationen:

– Vor zweieinhalb Jahren kam sie von einem langen (privaten) Flug zurück; sie rief ihre Freundin an, damit sie abgeholt werde; in der Telefonzelle war es heiß und stickig, sie war vom Flug, Zeit- und Temperaturumstellung geschwächt. In der Telefonzelle glaubte sie, plötzlich zu ersticken, umzufallen und bekam panische Angst (dauerte insgesamt nur circa drei Minuten). Sie erholte sich davon aber offenbar relativ schnell.

– Wenige Wochen später saß sie allein zu Hause beim Fernsehen; sie war vorher bei einer Betriebsfeier gewesen und hatte dort viel gegessen und getrunken. Beim Fernsehen schlief sie ein und wachte auf, als der Fernseher nur mehr flimmerte. Sie legte sich dann ins Schlafzimmer. Dort wachte sie bei großer Hitze auf, es war ihr sehr übel, und sie wollte zum Fenster, um es zu öffnen. Dies gelang ihr noch, dann aber fiel sie ohnmächtig hin. Am Morgen wachte sie mit Kopfschmerzen auf, sie blieb circa 14 Tage zu Hause, ihre Mutter kümmerte sich um sie. Die medizinische Versorgung erfolgte durch den Hausarzt. Seit dieser Zeit berichtet sie von massiven und zunehmenden Angstgefühlen (siehe obige Situation).
Die Patientin berichtet von einer ähnlichen Situation ein paar Wochen später: Sie wacht in der Nacht mit „Schüttelfrost" auf, ihr ist übel, sie bekommt plötzlich Angst, wird von einem Weinkrampf geschüttelt. Der Arzt stellt am nächsten Tag den Befund „vegetative Dystonie" und verschreibt Valium. Sie bleibt ein paar Tage – bis zur Besserung – von der Arbeit zu Hause.

– Nach einer gewissen Erholungsphase der Patientin (Schonung) berichtet sie über eine hektische, anstrengende Zeit im Betrieb. Dazu kommen gravierende familiäre Belastungen (zum Teil auch schon vorher, werden aber jetzt als besonders belastend erlebt): Bei den laufenden Streitigkeiten und Auseinandersetzungen der Eltern wurde Frau T. von jedem Elternteil als „Hilfe" herangezogen. Wegen ihres Kindes, das sich bei den Eltern befand, konnte sie sich der belastenden Situation nicht entziehen. In dieser Konfliktsituation kam sie sich vor „wie ein Prellbock".

– Nach einer auch familiär belastenden Zeit kam es zu einer deutlichen Besserung ihrer Problematik: Die Patientin wurde von verschiedenen Ärzten im Krankenhaus untersucht, die medizinischen Befunde waren durchwegs negativ. Zur Verbesserung der Situation trug nach Ansicht der Patientin auch ein Skiurlaub mit ihrer Tochter und einem Freund bei, den sie sehr genossen hat. Diese Verbesserung der Situation und ihrer Problematik dauerte circa eineinhalb Jahre.

– Circa fünf Monate vor der Behandlung kamen alle Beschwerden „wie mit einem Schlag" wieder. Dazu kamen insbesondere Alpträume (betreffend ihre Tochter und ihre Familie), unruhiger Schlaf und diverse Gedanken und Grübeleien über ihre Situation.
Frau T. vermied nun immer mehr problematische Situationen; als ihr auch der Hausarzt in keiner Weise mehr weiterhelfen konnte und die Situation ausweglos schien, wurde eine psychologische Behandlung angeraten und von der Patientin auch sofort in Angriff genommen. Insgesamt berichtet die Patientin über circa 40 bis 50 panische Angsterlebnisse in den vergangenen zweieinhalb Jahren.

5. Hypothetisches Bedingungsmodell

In *ätiologischer* Hinsicht kann auf das Modell des Klassischen Konditionierens zurückgegriffen werden: Sowohl in der Telefonzelle nach dem Flug, als auch in der Situation zu Hause nach dem Fernsehen befand sich die Patientin in einem labilen somatischen Zustand; die mit der problematischen Situation (Hitze, Alkoholgenuß, ...) verbundenen Stimuli (enge Räume, Übelkeit...) wurden zu Hinweisreizen für die Problematik:

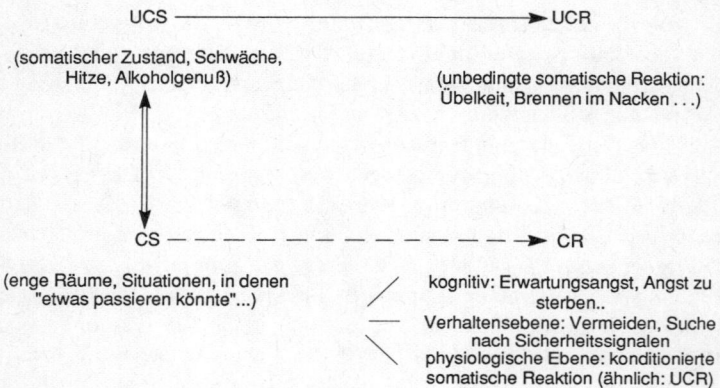

Für die *Aufrechterhaltung* der Problematik beziehungsweise für diverse Schwankungen und das neuerliche Auftreten müssen ein System, bestehend aus kognitiven Bedingungen (Angst vor der Angst), Modellernfaktoren (Patientin hatte eine Arbeitskollegin, die unter diversen Ängsten litt und auch häufig darüber berichtete), eine ausweglose Konfliktsituation (Eltern), als auch situative Bedingungen und Aspekte einer operanten Aufrechterhaltung durch Vermeidung geltend gemacht werden:

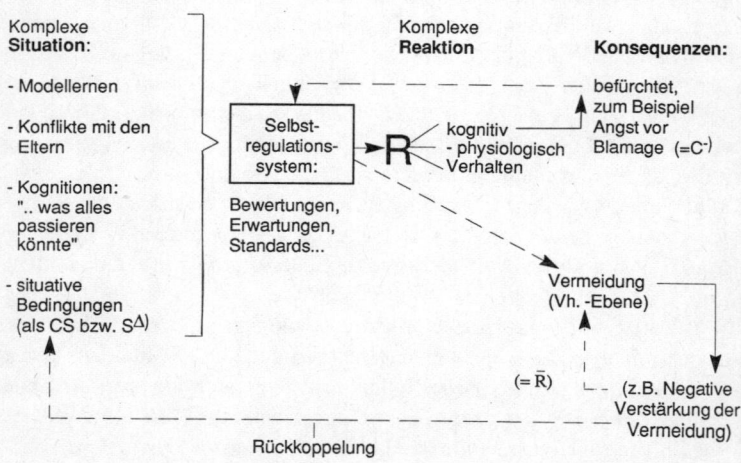

Hypothesen:
- In verschiedenen *Situationen* (siehe oben) hat die Patientin verminderte Kontrolle über ihr Verhaltensrepertoire; dieser Kontrollverlust wird durch eine somatische Prädisposition, durch familiäre Konflikte und durch berufliche Belastung noch begünstigt.
- Die subjektiven, verhaltensmäßigen und physiologischen Reaktionen der Patientin stellen verschiedene *Ebenen* eines erlernten (konditionierten) Verhaltensmusters dar.
- Ein Hauptelement der Aufrechterhaltung bildet die *Vermeidung* gefürchteter (vorgestellter) unangenehmer Situationen. Diese *Antizipation* von Angst (Tod, Umfallen, Blamage . . .) begünstigt, daß andere Ebenen der Angst in Gang gesetzt werden usw.
- Die Vermeidung von diversen Angstsituationen begünstigt zum einen die Ausweitung ihrer Befürchtungen auf immer mehr Gelegenheiten (Generalisation) und verhindert eine Auseinandersetzung und aktive Bewältigung gefürchteter Situationen.
- Das Selbstregulations-System (Bewertungen, Standards . . .) trägt zur Aufrechterhaltung der Problematik bei: Situative Bedingungen, eigene Reaktionen und diverse Konsequenzen des Umgangs mit der eigenen Angst werden im Lichte dieser Bewältigung selegiert und bewertet.

6. Erfassung des Health-Belief-Model und der Attributionen der Patientin

Die Patientin erlebt ihre Problematik als völlig unkontrollierbar; im Verlaufe der Problematik hat sie vor allem durch Klärung medizinischer Details versucht, zu einer Klärung und Erklärung zu gelangen (zum Beispiel Untersuchung der Leberfunktion; EKG; . . .). Insgesamt hält die Patientin *somatische* Bedingungen für ihre Schwierigkeiten für verantwortlich ("Der Arzt hat noch nichts gefunden . . .").

Frau T. ist bisher noch unklar, ob und inwiefern sie durch eine Veränderung eigenen Verhaltens (auf mehreren Ebenen) zu einer Veränderung ihres Problems beitragen kann. Zu Beginn der verhaltenstherapeutischen Intervention (Rollenstrukturierung, Klärung der Motivation, Verhaltensanalyse) äußert die Patientin noch stark explizite Erwartungen an den Therapeuten, der "irgend etwas mit ihr tun sollte". Die Tatsache, daß sich Frau T. keinerlei Erklärung für ihre Problematik zurechtlegen kann und daß sie ihren Schwierigkeiten völlig ausgeliefert ist, stellt einen Faktor großer Verunsicherung und Hilflosigkeit dar.

2.3.2 Zielbestimmung

1. Analyse der sozialen Rahmenbedingungen

Frau T. lebt zwar allein, ist aber für ihre uneheliche Tochter verantwortlich; die familiäre Situation ist für sie ausgesprochen belastend und konflikthaft (ihre Geschwister sind räumlich weit entfernt, so daß sie sich *allein* für die Problematik der Eltern verantwortlich fühlt).

Ihre Probleme verschlimmern die Situation noch, weil sie dadurch vermehrt auf ihre Mutter angewiesen ist; ihr *Plan* zur Selbständigkeit und zur *eigenen* Bewältigung aller Probleme gerät damit stark ins Wanken.

Die Patientin hat seit mehreren Jahren eine Beziehung zu einem Mann; für diese Beziehung sieht sie jedoch keine langfristige Zukunft. Die Zeit des Zusammenseins mit diesem Freund ist für sie sehr angenehm, beschränkt sich aber auf Urlaube und gelegentliche Wochenendbesuche. Er weiß zwar von der Problematik von Frau T., schätzt sie aber nicht so gravierend ein wie die Patientin selbst, weil sie in seiner Gegenwart auch bedeutend weniger stark auftritt.

2. Klärung motivationaler Aspekte
Die Patientin nimmt eine wöchentliche längere Anreise zur Therapie in Kauf und bezahlt für die Therapie selbst; sie erwartet zunächst passiv Hilfe vom Therapeuten, ist aber sehr bald auch dazu bereit, eigene konkrete Schritte zur Veränderung zu unternehmen.

An die Erreichung des Zieles einer Besserung knüpft die Patientin auch die Erwartung an eine leichtere *Bewältigung* privater und beruflicher Belastungen. Eine Verbesserung des Zustandes der Patientin könnte unter Umständen „problematische" Auswirkungen auf ihr bisheriges Engagement für die Partnerschaft ihrer Eltern haben. Auch ein Einfluß auf den Umgang mit ihrer derzeitigen Beziehung ist keineswegs auszuschließen.

3. Festlegen der Ziele der Behandlung
– Vermittlung eines Plausiblen Modells, Transparenz, Erklärung der Problematik.
– Aufbau von Eigenverantwortung der Patientin für ihr Problem.
– Bewältigung der *Angst;* Lernen mit physiologischen und somatischen Begleiterscheinungen der Angst umzugehen.
– Lernen eines selbständigen Umgangs mit Belastungssituationen; Lernen, Konflikte sensibel wahrzunehmen und damit umzugehen.
– Abbau des Vermeidungsverhaltens; Konfrontation mit problematischen Situationen zur Prüfung ihrer Erwartungen.
– Veränderung von problematischen Kognitionen (zum Beispiel Perfektion, Blamage usw.); Besprechen der dysfunktionalen Einstellungen und Bewertungen.

2.3.3 Therapieplanung

1. Planung des Therapieverlaufes
Änderungsprinzip: Graduierte Löschung, schrittweise Konfrontation mit gefürchteten Situationen und Lernen der Bewältigung. Dazu: Streß-Impfungs-Training (SIT) speziell gerichtet auf die kognitiven Aspekte der Angst. Die Patientin sollte diejenigen Situationen aufsuchen, die sie a) als besonders relevant und b) als bewältigbar ansieht. *Zunächst:* Konfrontation in Gegenwart des Therapeuten, der sich schrittweise entfernt (Zunahme von Selbstkontrolle, Notwendigkeit von Selbstattribution der Patientin).

Streß-Impfungs-Training (SIT): Anhand von phobischen Streß-Situationen kann die Patientin *üben,* wie sie durch die Veränderung der „Privatsprache" die Bewältigung von Situationen beeinflussen kann. Zu Beginn der Therapie führte Frau T. einen Notizzettel mit wichtigen Statements innerhalb des Streß-Impfungs-Trainings mit sich.

Begründung für das Änderungsprinzip:
Graduierte Löschung bildet ein effizientes Verfahren zur Bewältigung von Angstsituationen; der Patientin wird hier rasch ein Gefühl des *Erfolgs* vermittelt, den sie sich selbst zuschreiben kann. Graduierte Löschung ist wenig belastend, schafft für den Patienten aber die Chance einer konkreten Prüfung seiner problematischen *Erwartungen* (Umfallen, Blamage etc.).

Streß-Impfungs-Training wird als sinnvoll erachtet, weil Kognitionen und Selbstverbalisationen wichtige Auslöser, begleitende Komponenten und aufrechterhaltende Bedingungen der Angst darstellen.

Zum verbesserten Umgang mit *zukünftigen* Problemen und Konfliktsituationen (siehe Familie, Beruf) wird eine Durchführung der Therapie im Rahmen eines Problemlösemodells geplant (*aktive* Beteiligung der Patientin).

Diskussion und Erweiterung problematischer *Standards,* dysfunktionaler Einstellungen und Bewertungen sind weitere wichtige Aspekte.

2. Vermittlung eines plausiblen Ätiologie- und Therapiemodells (PM)

Die plausible Erklärung über die mögliche Genese und den Verlauf der Problematik wurde Frau T. schrittweise im Rahmen der Verhaltensanalyse und Therapieplanung vermittelt. Besonders wichtig war es dabei, die Einwände und Annahmen der Patientin bezüglich ihrer medizinischen Modellvorstellungen zwar ernst zu nehmen, ihr aber den *Nutzen* eines psychologischen *Modells* nahezubringen.

Die Glaubwürdigkeit des psychologischen Modells erhielt in der *Therapie* durch die konkrete *Erfahrung* der Patientin (auf der Verhaltensebene, emotionalen Ebene usw.) deutliche Unterstützung. Konkret wurden mit der Patientin einzelne Teile (beziehungsweise Vorstufen) der oben angeführten Modelle erarbeitet. Auch der *Verlauf* der Bewältigung von Angst im Verlauf der graduierten Löschung wurde Frau T. anhand einer Skizze vor Augen geführt:

Der Patientin wurde auch erklärt, daß die verschiedenen Aspekte der Angst im Verlaufe vermehrter *Übung* immer geringer ausgeprägt sein werden, daß sie aber nicht *synchron* verlaufen. So *denkt* man beispielsweise in verschiedenen früher angstbesetzten Situationen zwar häufig noch an die Angst, spürt aber kaum noch unangenehme physiologische Begleiterscheinungen beziehungsweise den Wunsch zur Vermeidung.

Die Patientin war anfangs den Erklärungen des Therapeuten gegenüber ausgesprochen skeptisch und reserviert – sie hatte ja verschiedene Situationen bereits versucht „durchzustehen", und dennoch war es zu keiner Bewältigung (= Senkung) der Angst gekommen. Dies wurde aufgegriffen, und der Patientin wurde mitgeteilt, daß dies vermutlich deshalb nicht funktioniert hatte, weil immer noch der *Wunsch* nach

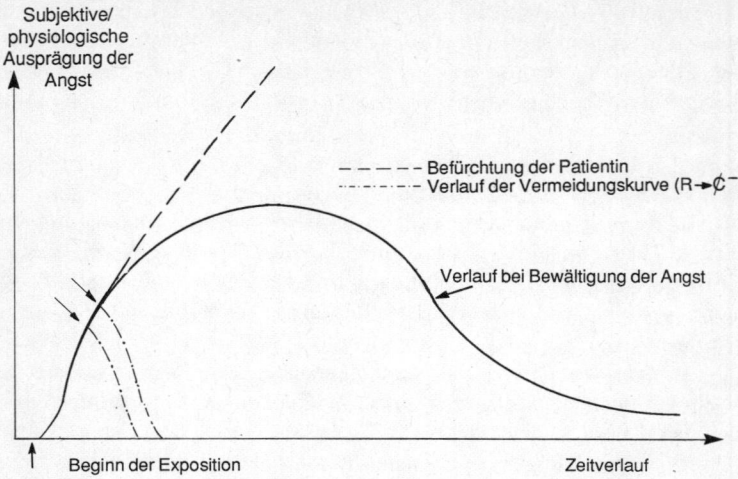

Abb. 2.7: Skizze über den Verlauf der Angst bei Vermeidung beziehungsweise Exposition.

Vermeidung (beziehungsweise Aspekte der *kognitiven* Vermeidung) eine massive Rolle spielten. Mit den ersten positiven Erfahrungen, mehr oder weniger auf Anleitung des Therapeuten hin, war die Patientin rasch von der Notwendigkeit zur Konfrontation und Bewältigung überzeugt.

3. Therapiebegleitende Diagnostik
– Kontinuierliche Erhebung der subjektiv empfundenen Angst in verschiedenen Situationen (zum Beispiel auch Berichte der Patientin über ihre Angstträume und angstbesetzten Vorstellungen)
– Kontinuierliche Erhebung der physiologischen, somatischen Beschwerden durch Selbstbeobachtung und Selbstaufzeichnung; zu diesem Zweck hatte die Patientin auch eine Situations-Verhaltens-Liste zu führen („Verhaltenstagebuch")
– FSS III (Fragebogen über Situationen, in denen Angst auftritt, Wolpe und Lang 1964)
– Kontrolle des Medikamentenverbrauchs
– Einstufung der gefürchteten Situationen auf einer Skala von 0–100
– Mehrfache Kontaktaufnahme mit dem Hausarzt über seine Einschätzung der Befindlichkeit und des Zustandes der Patientin.
– Beobachtung der Patientin im Verlauf der therapeutischen Sitzungen.
– Beobachtung des Vermeidungsverhaltens und der Bewältigung einzelner Situationen im Verlauf der jeweiligen Interventionsschritte.
– Selbstberichte der Patientin über eventuelle kritische (belastende oder erfreuliche) Situationen im zeitlichen Verlauf der Therapie.

4. Veränderungsmessung und Follow-Up
Siehe oben: Therapiebegleitende Diagnostik.
Die Patientin berichtete über eine Bewältigung von Situationen, die sie seit circa zweieinhalb Jahren (Beginn der Problematik) nicht mehr tun konnte. Zum Registrieren der Veränderung hielt die Patientin die in Angriff genommenen Situationen in Stichworten fest, ebenso vorausgehende und nachfolgende situative, kognitive, Verhaltens- und physiologische Komponenten (Verhaltenstagebuch). Eine Besprechung erfolgte in den wöchentlichen Therapiesitzungen (circa eineinhalb Stunden, wegen der weiten Anreise der Patientin).

Beendigung der Therapie:
Nach 12 Sitzungen, als die Patientin berichtet, daß sie in der Lage ist, ihre Angst selbständig zu bewältigen. Sie ist erfreut und erleichtert, daß sie ihren Verhaltensspielraum so deutlich erweitern konnte.

Nachkontrolle; Follow-Up
Nach einem halben Jahr ist die Besserung weiterhin stabil (Besprechung mit der Patientin, Telefonat mit dem Hausarzt).
Eine Veränderung der familiären Belastung ist *nicht* eingetreten, aufgrund ihres stabilen Zustandes läßt sich Frau T. jedoch davon nicht mehr so sehr beeinträchtigen.

Anmerkungen zur Therapie:
Therapeut: 30 Jahre, männlich, circa sechs Jahre Verhaltenstherapie-Erfahrung. Ein wichtiger Aspekt der Therapie war die Vermittlung eines *realistischen* Umgangs mit der Angst (zum Beispiel Angst vor dem Tod, die durchaus sinnvoll ist). Die Intervention war insofern „leicht" durchzuführen, als die Patientin eine hohe Bereitschaft zur Mitarbeit an den Tag legte. Sie hatte auch wenig Scheu, unangenehme Situationen in Angriff zu nehmen (sie wollte sich sozusagen „durchbeißen" . . .).
Nach circa zwei Jahren schreibt Frau T. noch eine Karte von einem Urlaub an den Therapeuten, in dem sie von ihrem ausgesprochen problemlosen Befinden berichtet und sich für die Therapie nochmals bedankt.
Wichtiger Hinweis zur Durchführung der graduierten Löschung: Die Patientin sollte solange in der problematischen Situation bleiben, bis sie eine deutliche Abnahme der verschiedenen Komponenten der Angst erlebte (also nicht unbedingt eine bestimmte vorher festgelegte Zeit). Neben den therapeutischen Übungen – weitgehend auch außerhalb des Therapieraumes – sollte die Patientin in den einzelnen Wochen eine Reihe von vorher besprochenen und später von ihr selbst geplanten Situationen *üben*. Die Durchführung der gesamten Therapie war vom Ziel aktiver und eigenständiger Problemlösung und vom Selbstmanagement der Patientin her konzipiert; die anfänglich vorhandene starke Beteiligung des Therapeuten wurde schrittweise ausgeblendet, so daß die Verantwortung (siehe auch Attribution) schließlich vollständig auf Frau T. überging.

2.4 Verfahren zur Informationsgewinnung in der Verhaltensdiagnostik

Bei den bisherigen Ausführungen über Verhaltensanalyse, Zielbestimmung und Therapieplanung wurden die Verfahren zur Informationserhebung praktisch vorausgesetzt; mit der Distanz zur klassischen Diagnostik und ihren persönlichkeitstheoretischen Grundlagen kann man allerdings nicht auf normorientierte Testverfahren zurückgreifen.

In der englischsprachigen Literatur zeigt sich der Unterschied zwischen klassischer Diagnostik und Verhaltensanalyse bereits im Begriff: Während für die klassische Diagnostik weiterhin von *„diagnosis"* gesprochen wird, wird für die Verhaltensdiagnostik weitgehend der Begriff des *„assessment"* verwendet. Darin kommt zum Ausdruck, daß es sich in der Verhaltensanalyse weniger um einen Prozeß der *Erkenntnis* handelt, sondern um die Beobachtung und Beurteilung eines Verhaltensausschnittes unter einer bestimmten Perspektive (zum Beispiel einer Veränderung).

Für die Verhaltensdiagnostik sind eigene Ansätze zu entwickeln, die bereits in der Phase der Informations*gewinnung* mit den theoretischen Grundlagen konsistent sind. In der Verhaltenstherapie greift man üblicherweise auf eine Reihe von Verfahren zurück, um Informationen für die Verhaltensanalyse, Zielbestimmung und Therapieplanung zu erhalten (vgl. Ciminero, Calhoun und Adams 1977; Cone und Hawkins 1977; Goldfried 1976; Haynes 1978; Hersen Bellack 1976; Lutz 1978).

Die grundsätzlichen *Strategien* dieser Informationsgewinnung sollen in den folgenden Kapiteln dargestellt werden.

2.4.1 Exploration; Interview

Das Gespräch ist üblicherweise das erste und bevorzugte Kommunikationsmedium zwischen Therapeut und Patient. Hier formuliert der Patient seine *Beschwerden,* und der Therapeut versucht, diese unter einer psychologischen Perspektive – als zu lösendes *Problem* – zu sehen (Schulte, 1986).

Die Exploration über ein bestimmtes Problem hat *immer* ziel-orientiert zu erfolgen, das heißt unter der Perspektive einer funktionalen Analyse und der Entwicklung effizienter *Behandlungsverfahren*. Aufgabe des Therapeuten ist es, vom Patienten Informationen einzuholen, die diesen Zielen dienen (siehe oben: Informationen für die einzelnen Schritte in der Verhaltensanalyse, Zielbestimmung und Therapieplanung). Bei der Besprechung von Exploration beziehungsweise Interview sollten zwei *Ebenen* unterschieden werden (wobei diese Ebenen sicherlich interagieren):

1. Die Fähigkeit des Therapeuten zu sensiblem und zielführendem *Gesprächsverhalten:* Fiedler (1974) nennt hierbei folgende Forderungen an das Interview-Verhalten des Therapeuten:

a) Vom Patienten sollten möglichst *konkrete* und *detaillierte* Informationen erhoben werden (zu Beginn eines Gesprächs etwa nicht „Wie geht es Ihnen?" sondern: „Wir haben zum Abschluß der vergangenen Sitzung vereinbart, daß Sie x tun sollten;

wie ist dies verlaufen?...") Wichtig ist es allerdings, darauf hinzuweisen, daß die Fragen zunächst ohne weiteres *offen* formuliert sein können (beispielsweise der Therapeut: „Sie haben vorige Woche angerufen und um einen Termin gebeten; können Sie mir Ihre Beschwerden schildern?...") In einem späteren Stadium der Verhaltensanalyse werden die Fragen konkret und spezifisch (etwa der Therapeut: „Können Sie mir sagen, ob die subjektive Angst in der Situation A oder Situation B bedrohlicher ist?").

b) Die Informationen sollten nicht beliebig oder unzusammenhängend abgefragt, sondern bereits unter dem Aspekt einer *funktionalen* Analyse erhoben werden. Dies bedeutet, daß der Therapeut bei seinem Gesprächsverhalten bereits das Modell der Verhaltensanalyse (mit einzelnen angeführten Aspekten) vor Augen hat und versucht, zu den einzelnen Bestimmungsstücken Informationen zu erhalten.

c) Der Therapeut sollte danach streben, zutreffende, das heißt *gültige* Informationen über das Problem des Patienten (und dessen funktionale Bedingungen) zu erhalten. Hier liegt auch eine *Grenze* des diagnostischen Gesprächs, speziell, wenn man sich auf vergangene Ereignisse bezieht (Verzerren der Erinnerung; selektive Wahrnehmung usw.). Aus diesem Grunde muß die Exploration über ein Problem durch andere Verfahren ergänzt werden.

d) Die Einzelinformationen müssen zu einem „stimmigen" *Gesamtbild* zusammengefaßt werden; das Ziel der Bemühungen besteht im Erstellen eines hypothetischen Bedingungsmodells für die Probleme des Patienten. Bei dieser Erstellung eines Modells (zumeist zusammen mit dem Patienten) kommt dem Aspekt der kritischen Prüfung vorläufiger Hypothesen große Bedeutung zu: Die vom Patienten erhobenen Informationen müssen daraufhin gesichtet werden, ob sie mit dem bisherigen Modell stimmig sind (so daß das Modell beibehalten werden kann) oder, ob sie gegen das Modell sprechen (so daß das hypothetische Bedingungsmodell eventuell sogar aufgegeben werden muß). Auf die Gefahr, beim Erstellen eines Modells immer nur sogenannte *bestätigende* Informationen zu sammeln (und diskrepante Informationen abzuwerten oder auszusondern) muß in diesem Zusammenhang explizit hingewiesen werden.

2. Neben diesen Forderungen an das Interviewverhalten muß das Gesprächsverhalten zwischen Therapeuten und Klienten auch als Prozeß der *Informationsverarbeitung* angesehen werden (vgl. Kanfer 1985a). Dies bedeutet, daß für die Gesprächsführung Modelle aus der kognitiven und allgemeinen Psychologie von großer Bedeutung sind (vgl. Kanfer 1985a, Kanfer und Busemeyer 1982). Ein *Beispiel* dafür bildet die Unterscheidung in „automatische versus kontrollierte Verarbeitung" (vgl. Kanfer 1985a, S. 8ff.): Viele menschliche Verhaltensweisen, allerdings auch Gedanken und verbale Äußerungen stehen unter der Kontrolle spezifischer Ereignisse, sie sind stabil und gut gelernt. Bei der Exploration wird der Therapeut beim Patienten zunächst auf solch *automatisierte* Verarbeitungsmuster stoßen; dies sind im wesentlichen Muster, die der Patient gelernt hat, um mit konkreten Situationen (im Verlaufe der Entwicklung seines Problems) umzugehen und Krisen zu bewältigen. Diese kognitiven Muster behindern aber auch häufig eine effiziente (alternative) Lösung eines Problems, dessentwegen der Patient zum Therapeuten kommt (etwa beim

Auftreten einer Situation wird diese „automatisch" als „gefährlich" klassifiziert –
ebenso schnell und automatisiert verläuft der Gedanke an eine Abwehr oder Vermeidung).

Die Aufgabe des Therapeuten besteht nun darin, solch automatisierte Muster zu
erfassen (weil sie zum Teil selbst zum Gegenstand der Therapie werden können, vgl.
Beck 1976; Beck et al. 1981); die Analyse des Problems sollte aber keinesfalls bei
diesen Stufen der Informationsverarbeitung stehenbleiben. Anstelle der stereotypen,
automatisierten Denkmuster und Äußerungen („Es geht mir so schlecht, und ich kann
gar nichts ändern") sollte eine *kontrollierte* Informationsverarbeitung treten: Dies
bedeutet das Erlernen neuer, flexibler Denkmuster und Verhaltensweisen, die zur
Lösung eines Problems einen effizienten Beitrag leisten können (Fähigkeit zur
Selbstregulation etc.). Im Rahmen der Exploration erfordert die Analyse kontrollierter Informationsverarbeitung sowohl vom Patienten als auch von seiten des Therapeuten große Anstrengung und Konzentration. Wenn man als Therapeut jedoch bereits in
der Exploration von automatisierten Aussagen des Patienten weg und hin zu potentiell
hilfreichen (und beim Patienten im Ansatz vielleicht vorhandenen) Strategien gelangen will, sollte man diese kontrollierte Informationsverarbeitung im Auge behalten.
Daß auch andere Aspekte und Modelle der kognitiven und allgemeinen Psychologie
von Bedeutung für Informationserhebung und Therapieplanung sind, liegt auf der
Hand (vgl. Tunner und Birbaumer 1986).

Zusammenfassung: Eine fundierte Schulung in sensibler und zielführender
Gesprächsführung ist für das verhaltensdiagnostische Interview unabdingbar.
Das Ziel der Exploration besteht darin, möglichst konkrete und therapierele-
vante Information zu erheben. Dabei erweist es sich als notwendig, auf
spezifische Mechanismen der Informationsaufnahme und Informationsverarbeitung zu achten; diese Mechanismen moderieren den Informationsfluß
zwischen Patient und Therapeut.

Weiterführende Literatur: Kanfer, F. H.: Die Bedeutung von Informationsverarbeitungsmodellen für das diagnostisch-therapeutische Gespräch. Verhaltensmodifikation 6 (1985 a), 3–19.

2.4.2 Systematische Verhaltensbeobachtung

Die systematische Beobachtung des Verhaltens stellt für die Verhaltenstherapie
gewissermaßen die *„via regia"* zur Gewinnung von Informationen dar. Nach den
grundlegenden Annahmen der Verhaltenstherapie steht das Problemverhalten unter
gewissen Bedingungen, die es in der Verhaltensanalyse zu erfassen gilt. Der *Bericht*
über das Verhalten und dessen Bedingungen durch den Patienten selbst (wie er in der
Exploration erhoben wird) kann eine *direkte Beobachtung* in konkreten Situationen
keinesfalls ersetzen (Cone und Foster 1982).

Eine Vorstufe der systematischen Beobachtung stellt die freie, unsystematische

Beobachtung des Verhaltens dar (siehe Schulte und Kemmler 1974). Bereits diese Form der Beobachtung liefert häufig wertvolle Informationen für die Analyse des Verhaltens. Den Übergang zur systematischen Verhaltensbeobachtung bildet die Gliederung und Strukturierung des Verhaltensstroms in einzelne Einheiten (Segmente), die vom Beobachter möglichst konkret erfaßt und festgehalten (registriert) werden. Eine erste große Schwierigkeit bildet bereits die *sprachliche* Fassung des beobachteten Gegenstandes, weil in einer noch so beobachtungsnahen Sprache theoretische Perspektiven zum Tragen kommen (vgl. dazu etwa die Bemühungen im Rahmen des sogenannten Wiener Kreises, das Geschehen möglichst konkret in sogenannten *„Protokollsätzen"* zu fassen, vgl. Schlick 1925).

In der Verhaltensdiagnostik behilft man sich in zumeist pragmatischer Weise damit, daß Konstrukte *operationalisiert* werden und über das Auftreten eines konkreten Ereignisses (Verhaltens) auf möglichst geringem Abstraktionsniveau eine Übereinkunft getroffen wird (Beispiel: Training von Beobachtern, vgl. Mees und Selg 1977).

Bei der systematischen Verhaltensbeobachtung erfolgt eine Beschreibung des Verhaltens in sogenannten *Kodiersystemen,* die sich wiederum unterscheiden lassen in

a) Zeichen-Systeme,
b) Kategorien-Systeme und
c) Rating-Verfahren (Schätz-Skalen)
(Medley und Mitzel 1963; Schulte und Kemmler 1974; Wiggins 1973).

a) Zeichen-Systeme
Erfolgt die Verhaltensbeobachtung mittels eines Zeichen-Systems, so hat der Beobachter die Aufgabe, das Auftreten eines explizit festgelegten Verhaltens zu registrieren (kodieren). In einem Zeichen-System werden also nur jene Verhaltensweisen erfaßt, an deren Auftreten Therapeut beziehungsweise Patient interessiert sind.

Beispiel: In der diagnostischen und therapeutischen Phase bei der Behandlung von Sprechangst sollen Beobachter folgende Verhaltensweisen registrieren: Sprech-Pausen von mehr als drei Sekunden Dauer; Versprechen; Wort- und Buchstabenwiederholungen; Füllwörter wie „ah", „äh", „mhm" etc. Die Anzahl dieser Verhaltensweisen kann in *verschiedenen* Beobachtungssituationen registriert und eventuell graphisch dargestellt werden. So erfüllt diese Beobachtung mittels eines Zeichen-Systems gleichzeitig die Funktion therapiebegleitender Diagnostik und der Therapieevaluation.

In Zeichen-Systemen ist die Beobachtung natürlich nicht nur auf das Verhalten beschränkt, es können vielmehr auch Situations-Verhaltens-Einheiten erfaßt werden (Beispiel: Mutter-Kind-Interaktionen). Für solche Sequenzanalysen stellt eine möglichst saubere Beobachtung mittels Zeichen-Systemen eine wichtige Voraussetzung und Grundlage dar.

b) Kategorien-Systeme
In Kategorien-Systemen wird versucht, prinzipiell den gesamten Verhaltensablauf in der Beobachtungsphase zu erfassen, zu registrieren und ihn nach Möglichkeit

einzelnen Kategorien des Verhaltens zuzuordnen. Das Kategorien-System für einen bestimmten Verhaltensablauf kann unter Umständen erst *nach* dem Vorliegen eines bestimmten Beobachtungsmaterials entwickelt werden (zum Beispiel Entwicklung eines Kategoriensystems zur Analyse einer Video-Aufzeichnung der Interaktion in einer therapeutischen Gruppe).

Durch die *Begrenzung* der Anzahl der Kategorien erfolgt selbstverständlich wiederum eine Reduktion der Verhaltensvielfalt; es wäre sicherlich möglich, diese Anzahl der Kategorien stark zu erhöhen, was das Kategorien-System für den Beobachter jedoch nur mehr schwer handhabbar macht. Bekannte Kategorien-Systeme wie das von Bales (1956) zur Analyse der Interaktion von Kleingruppen haben etwa 12 Kategorien, das System von Patterson und anderen (1969) zur Analyse von Verhaltens-Sequenzen im pädagogischen Bereich weist 28 Kategorien auf. Andere Beispiele aus dem deutschen Sprachraum sind das Kategorien-System aus dem Berliner Beobachtungsprojekt („Beobachtungsverfahren und Therapietheorie", Eller et al. 1975), das Beobachtungsprojekt aus der Gruppe in Fribourg (Perrez und Ischi 1983), sowie das Beobachtungssystem aus dem Max-Planck-Institut (vgl. Schindler et al. 1984).

Zur Analyse therapeutischer Interaktionen stellen Kategorien-Systeme eine wertvolle Hilfe dar; hier lassen sich Äußerungen und Verhaltensweisen des Therapeuten und Klienten auf eine begrenzte Anzahl von Verhaltensmöglichkeiten und Situationen begrenzen und analysieren. Dabei zeigt sich jedoch, daß für die Prüfung einer bestimmten Frage ein jeweils *neues* Kategoriensystem entwickelt werden muß, was einen hohen Forschungsaufwand bereits im Vorfeld der Untersuchung darstellt.

c) Rating-Verfahren

Bei Rating-Verfahren hat der Beobachter die Aufgabe, den Ausprägungsgrad eines bestimmten Ereignisses (beispielsweise Verhalten oder eine Situation), im nachhinein anzugeben.

Beispiel: Der Patient soll während der Therapiesitzung den Ausprägungsgrad seiner subjektiven Angst angesichts einer bestimmten Therapie-Situation einschätzen.

Oder: Ein Patient soll die subjektive Gefährlichkeit verschiedener sozialer Situationen beurteilen.

Oder: Ein Patient soll das Verhalten des Therapeuten in Anschluß an die Therapiesitzung anhand verschiedener Dimensionen (Verständnis, Kompetenz und ähnliches) einschätzen.

Diese *Einschätzung* kann anhand verschiedener Verfahren erfolgen, von denen die Angabe einer Zahl in einem bestimmten Bereich (= numerische Schätz-Skalen) oder die grafische Darstellung breite Verwendung finden. Im Vergleich zu Zeichen- und Kategorien-Systemen stellen Schätz-Skalen eine relativ grobe und subjektiv gefärbte Form der systematischen Verhaltensbeobachtung dar (und unterliegen auch einer Reihe von Verfälschungsmöglichkeiten). In vielen Situationen aber kann gerade dieser *subjektive* Eindruck gefragt sein (zumindest bildet er *eine* Ebene der Verhaltensänderung).

Beispiel: Beurteilung des Verhaltens (Compliance, Angst usw.) vom Patienten durch Ärzte und medizinisch-technisches Personal bei unterschiedlichen Verfahren der verhaltensmedizinischen Operationsvorbereitung (Kendall et al. 1979). Hier liefern „blinde" Einschätzungen kritischer Verhaltensweisen von Patienten aus verschiedenen Behandlungsgruppen wichtige – wenn nicht sogar die entscheidenden – Kriterien zur Beurteilung eines Therapieprogramms (zum Beispiel einer kognitiven verhaltenstherapeutischen Intervention versus Spitalroutine).

Zusammenfassung: Die systematische Verhaltensbeobachtung versucht eine möglichst datennahe Erfassung von Merkmalen des Verhaltens. Diese Merkmale können verschieden kodiert werden. *Zeichensysteme* erfassen vorher festgelegte Verhaltens- oder Situationsmerkmale; *Kategoriensysteme* gliedern den Strom des Verhaltens in einzelne Abschnitte; in *Rating-Verfahren* erfolgt eine Beurteilung von (Verhaltens-)Ereignissen durch den Beobachter.

Weiterführende Literatur: Schulte, D. und Kemmler, L.: Systematische Beobachtung in der Verhaltenstherapie. In: Schulte, D. (Hg.): Diagnostik in der Verhaltenstherapie. München: Urban & Schwarzenberg 1974.

2.4.3 Selbstbeobachtung und Selbstregistrierung

Selbstbeobachtung unterscheidet sich von den subjektiven Berichten eines Patienten in der Exploration dadurch, daß in der Explorations*situation* ein fast ausschließlich *verbaler* Bericht über Verhaltensweisen und Situationen geliefert wird, die bereits längere Zeit zurückliegen können. Außerdem steht der verbale Bericht unter großteils anderen Kontingenzen als das entsprechende Kriteriumsverhalten. Bei der Selbstbeobachtung hingegen wird der Patient dazu angehalten, das Kriteriumsverhalten und die situativen Bedingungen zeitlich möglichst unmittelbar festzuhalten (schriftlich, graphisch, . . .). Diese Unmittelbarkeit sollte auch eine möglichst hohe Genauigkeit der erhobenen Daten garantieren.

Der zumeist ergänzende Einsatz von Selbstbeobachtungsverfahren ist in der Verhaltensdiagnostik insbesondere unter folgenden Gesichtspunkten angezeigt:

1. Das Problemverhalten tritt zumeist nicht im therapeutischen Setting auf, sondern in sogenannten „natürlichen Situationen"; für den Therapeuten ist es aus zumeist *praktischen* Gründen hier kaum möglich, eine Verhaltensbeobachtung anzustellen. Verfahren der Selbstbeobachtung bieten eine optimale Möglichkeit zur Erfassung des Verhaltens unter „natürlichen" Bedingungen (andere Zugangsmöglichkeiten bilden etwa Situationstests oder Rollenspiele). Ein Beispiel für *praktisch* schwer beobachtbare Reaktionen wären sexuelle Verhaltensweisen oder andere „intime" Reaktionen.

2. Eine Reihe von Verhaltensweisen, die Teil des Problems oder der aufrechterhaltenden Bedingungen sein können, sind von einem externen Beobachter *prinzipiell*

nicht erfaßbar. Mit der Entwicklung der kognitiven Verhaltensmodifikation (vgl. Bandura 1969; Kanfer und Phillips 1970; Kendall und Hollon 1979; Mahoney 1974; und viele andere mehr) rückt die funktionale Bedeutung solcher *„kognitiven"* Variablen vermehrt in den Mittelpunkt des Interesses. Diese Kognitionen (Präferenzen für bestimmte Stimuli; Selbstverbalisationen; Denkmuster; selbstverstärkende beziehungsweise selbstbestrafende Gedanken usw.) sind nur vom Individuum selbst beobachtbar und erfaßbar. Die Anleitung des Patienten zur Selbstbeobachtung von Kognitionen schafft auch einen methodischen Zugang zu dieser wichtigen Ebene menschlichen Verhaltens.

3. Die Fähigkeit des Patienten zur Selbstbeobachtung des eigenen Problemverhaltens (oder von Aspekten desselben) ist sowohl ein Bestandteil zur Schaffung von Selbstverantwortung (Motivation) für die Arbeit an einem konkreten Problem, als auch eine Möglichkeit zur beginnenden Selbstkontrolle und Selbstregulation (vgl. Karoly und Kanfer 1982 – siehe dazu auch die Stufen der Selbstregulation bei Kanfer 1970a, b).

In diesem Punkt kann man sich außerdem ein Merkmal der Selbstbeobachtung zunutze machen: Selbstbeobachtung stellt eine zumeist neu eingeführte Reaktion im Repertoire einer Person dar (beobachten, zählen, registrieren). In der Literatur zur Selbstbeobachtung (zusammenfassend bei Hecht 1979; Nelson 1977; Stern 1986) wird übereinstimmend auf den Gesichtspunkt der *Reaktivität* der Selbstbeobachtung hingewiesen. Diese Veränderung des Problems in Richtung auf das Therapieziel kann man unter Umständen als einen ersten Schritt einer therapeutischen Veränderung planen (Beispiel: Selbstbeobachtung als Voraussetzung für Selbstkontrollprogramme, vgl. Bellack und Schwartz 1976).

Vom *methodischen* Standpunkt aus wird die Qualität von Daten aus den verschiedenen Quellen der Selbstbeobachtung häufig massiver Kritik unterzogen. So sind etwa die Gütekriterien, die für die externe Beobachtung selbstverständlich gelten (Objektivität, Reliabilität, Validität) bei der Selbstbeobachtung kaum einzuhalten beziehungsweise zu prüfen. Die bereits angesprochene Reaktivität der Selbstbeobachtung stellt ein weiteres methodisches Problem dar. Während Reaktivität (Veränderung des Problems bereits in der Beobachtungsphase) in therapeutischer Hinsicht äußerst wünschenswert ist, stellt sie für die methodische Qualität der erhobenen Daten einen deutlichen Störfaktor dar.

Die Forderung nach methodischer Qualität einerseits und nach diagnostisch-therapeutisch sensiblen Informationen andererseits stellen offenbar zwei Kriterien dar, die von unterschiedlichen Gesichtspunkten aus sinnvoll und vertretbar sind. Die Tatsache, daß beide Gütekriterien anscheinend nicht gleichzeitig einlösbar sind, macht keines von beiden hinfällig oder überflüssig.

In der Literatur zur Reaktivität der Selbstbeobachtung (vgl. das Modell zur Selbstregulation von Hecht 1979; Kanfer 1970b; Mace und Kratochwill 1985; siehe auch verschiedene Erklärungsansätze zur Reaktivität) besteht in folgenden Gesichtspunkten weitgehend Übereinstimmung:

– Selbstbeobachtung und Selbstaufzeichnungen zeitlich *vor* einem Problemverhalten führen meist zu einem (zumindest kurzfristigen) Unterbrechen der Verhaltenskette, weil durch die Selbstbeobachtung eine neue Reaktion eingeführt wird. (*Beispiel:* Die Beobachtung und das frühzeitige Registrieren des Rauchens unterbricht diese Verhaltenskette).

– Die Selbstbeobachtung und Selbstaufzeichnung *während* eines Problemverhaltens steht praktisch in zeitlicher und topologischer Konkurrenz zum Problemverhalten und besitzt somit die Funktion der *Kontrolle* über das Problem (*Beispiel:* Das Beobachten und Registrieren der Kalorien während des Essens konkurriert mit dem Eßverhalten selbst und stellt eine neueingeführte und unter Umständen zusätzliche Kontrollmöglichkeit dar).

– Wird die Selbstbeobachtung und Selbstaufzeichnung zeitlich *nach* einem Kriteriumsverhalten durchgeführt, so bildet die Selbstaufzeichnungsreaktion eine Art *Rückmeldung* für das Verhalten; wegen der Reaktivität kommt der Selbstaufzeichnung zumeist verstärkende Funktion zu (*Beispiel:* Die Aufzeichnung beziehungsweise das Registrieren gesundheitsorientierten Verhaltens – etwa einer sportlichen Aktivität – bildet eine Art Selbstverstärkung für dieses Verhalten).

Die angesprochenen Vorteile machen Selbstbeobachtung und Selbstaufzeichnung zu *einer* wichtigen Datenquelle in der Verhaltensdiagnostik; dabei sollten auch die angesprochenen Probleme im Auge behalten werden. Viele dieser Probleme wurden in den vergangenen Jahren durch Forschungsarbeit einer gewissen Klärung zumindest nähergebracht (Mace und Kratochwill 1985). Die prinzipielle Schwierigkeit der Verzahnung von diagnostischer und therapeutischer Funktion der Selbstbeobachtung bleibt wohl weiterhin bestehen. Es sollte zwar selbstverständlich sein, daß die Daten aus der Selbstbeobachtung *allein* kaum eine hinreichende Basis für eine verhaltenstherapeutische Intervention darstellen können, darauf zu verzichten, wäre aber ebenso problematisch.

Zusammenfassung. Die Beobachtung und Aufzeichnung von Verhalten und situativen Aspekten durch den Patienten selbst bildet eine wichtige Ergänzung der direkten Beobachtung, speziell in „natürlichen" Situationen, sowie für kognitive Aspekte des Verhaltens. Durch die Reaktivität der Selbstbeobachtung (das heißt Veränderung des Verhaltens durch die Beobachtung) ergeben sich Probleme einer Beeinträchtigung der Datenqualität. Die Reaktivität ergibt allerdings in den meisten Fällen eine erste Veränderung des Verhaltens in Richtung auf das Therapieziel und ist deshalb mit Änderungsstrategien eng verknüpft.

Weiterführende Literatur: Mace, F. C., und Kratochwill, T. R.: Theories of reactivity in self-monitoring. A comparison of cognitive-behavioral and operant models. Behavior Modification 9 (1985), 323–343.

2.4.4 Fremdberichte und externe Datenquellen

Die Berichte von Personen aus der sozialen Umgebung eines Patienten finden in der Verhaltensdiagnostik wenig gezielte Beachtung; dieser Mangel an theoretischen und methodologischen Überlegungen steht etwas im Kontrast zur Praxis der Verhaltenstherapie: Die Fremdberichte liefern in vielen Fällen wertvolle Informationen über Aspekte eines Problems und bilden somit einer *Ergänzung* für die Verhaltensanalyse, Zielbestimmung und Therapieplanung.

Die Berichte nahestehender Personen über ein Problem und dessen Bedingungen werden zumeist in eher *unsystematischer* Form erhoben (vgl. Exploration). Das Befragen von Personen, die über eine Person mit einem bestimmten Problem Bescheid wissen, scheint aus mehreren Gründen wichtig:

a) Über Angaben fremder („dritter") Personen kann eine Art Validierung der Berichte des Patienten erfolgen (Prüfung von Hypothesen). Lücken in den Angaben des Patienten erfahren damit eine wichtige Ergänzung (*Beispiel:* Angaben der Eltern über Zeiträume und Situationen, über die der Patient selbst kaum noch Erinnerung besitzt; Angaben objektiver Art, etwa über schulische Karriere eines Patienten, Krankheiten, Unfälle und dergleichen; Angaben über Zeitpunkt und Verlauf eines Klinikaufenthaltes etc.). Daß ein Befragen externer Personen (Quellen) aus ethischen Gründen der *Einwilligung* des Patienten bedarf, steht außer Frage.

b) Nahestehende Personen sind häufig in ein Problem involviert (im Sinne der Entstehung und Aufrechterhaltung). Aus diesem Grunde ist die *subjektive* Perspektive dieser Personen unter Umständen ein wichtiger Gesichtspunkt für die Bedingungsanalyse (*Beispiel:* Art und Form der Rücksichtnahme auf einen Patienten mit seinem Problem; Patient kann beispielsweise die Funktion der Entlastung, des Sündenbocks ... übernommen haben). Eine Intervention, die solch mikro- und makrosoziale Perspektiven nicht berücksichtigt, übersieht einen wichtigen Bereich aufrechterhaltender Faktoren; häufig liefern Fremdberichte Informationen über die Ebene der Intervention (Partnertherapie, Familientherapie, Elterntraining usw.).

c) Die beabsichtigte Veränderung eines Problemverhaltens eines Patienten hat Konsequenzen nicht nur für den Patienten selbst, sondern auch für sein soziales System. Dies ist ein wichtiger Grund, nahestehende Personen in den Prozeß der *Zielbestimmung* mit einzubeziehen.

Beispiel: Die Veränderung der sozialen Angst und Unsicherheit einer Frau im Rahmen einer Therapie führt manchmal zu einer Destabilisierung des familiären, partnerschaftlichen Systems, wenn die Frau aufgrund der neuerworbenen Fertigkeiten eine Berufstätigkeit anstrebt und soziale Kontakte außerhalb des engen familiären Bereiches sucht.

Oder: Die Veränderung einer funktionellen Sexualstörung eines Patienten stellt für den Partner unter Umständen eine Bedrohung dar, weil die Sexualstörung den Partner früher in der Beziehung gehalten hat. Durch die Therapie ist dies eventuell nicht mehr der Fall.

Diese Gesichtspunkte verdeutlichen auch, daß die Daten in der Verhaltens- und

Problemanalyse weniger einer *Beschreibung* eines bestimmten Zustandes dienen, sondern daß ein Schritt in Richtung der Therapieplanung gesetzt wird. Dies unterscheidet die Verhaltensdiagnostik, um es nochmals zu betonen, vor allem in pragmatischer Hinsicht von der sogenannten klassischen Diagnostik.

Etwas unbefriedigend bleibt für die Erhebung von Daten durch Fremdberichte, daß es weder für die Art noch für die Breite der Daten klare Richtlinien gibt (mit anderen Worten: *Welche* Informationen werden vom Partner des Patienten erfragt beziehungsweise ist es notwendig, auch die Eltern, Geschwister, Freunde, Kinder etc. zu befragen?). Einen wichtigen Gesichtspunkt (vielleicht sogar eine Richtlinie) bildet vermutlich der Aspekt der diagnostischen Entscheidung und Urteilsbildung (vgl. Blaser 1977; Kanfer und Nay 1982; Wiggins 1973): Informationen von externen Personen sollen speziell dann erhoben (beziehungsweise nicht mehr erhoben werden), wenn sie zur Prüfung von Vermutungen (Hypothesen) beitragen. Einem inflationistischen diagnostischen Vorgehen sollte durch das „principle of minimal intervention" (Kanfer und Gaelick 1986; Kanfer und Schefft 1986) eine deutliche Grenze gesetzt sein (vgl. auch Schmelzer 1986).

Zusammenfassung: Berichte und Angaben von Personen der sozialen Umgebung des Patienten bilden eine externe Datenquelle für Bedingungen eines Problems. Wenn diese Hinweise in der Verhaltensdiagnostik auch wenig systematische Beachtung finden, kommt ihnen für den praktischen Umgang mit einem Problem eine gewisse Bedeutung zu (Ergänzung von Informationen; Hinweise für die Zielbestimmung).

Weiterführende Literatur: Kanfer, F. H., und Nay, W. R.: Behavioral assessment. In: Wilson, G. T., und Franks, C. M. (Eds.): Contemporary behavior therapy. Conceptual and empirical foundations. New York: Guilford Press 1982.

2.4.5 Situations-Verhaltens-Test

Situations-Verhaltens-Tests versuchen im Prinzip eine möglichst präzise Erfassung der kritischen Reaktion in einer mehr oder weniger komplexen Situation. Im Unterschied zur Verhaltensbeobachtung sind bei Situationstests die jeweiligen Situationen zumeist „künstlich" so hergestellt, daß optimale Beobachtungs- und Meßvoraussetzungen gegeben sind (zu den meßtheoretischen Problemen und Voraussetzungen vgl. O. Huber 1979).

Beispiele: Im sogenannten *„Behavioral Avoidance Test"* (BAT) (vgl. Lang und Lazovik 1963) wird die Annäherung an ein problematisches Objekt (etwa an eine Schlange in einem Käfig) als *ein* Kriterium des Verhaltensaspektes von Angst erfaßt. Mit Hilfe verschiedener technischer Verfahren (Rasterung des Fußbodens, Video-Aufzeichnung usw.) lassen sich einzelne Aspekte der Annäherung beziehungsweise Vermeidung recht präzise erfassen. Die Erfassung des Verhaltens im Behavioral

Avoidance Test läßt sich auch als *ein* Veränderungsmaß für die Effektivität einer speziellen Behandlung heranziehen. Die Annäherung an eine problematische Situation – erfaßt in einem Distanzmaß – gilt als Kriterium für die Bewältigung der jeweiligen Situation.

G. Paul (1966) verwendete den Behavioral Avoidance Test als eine Möglichkeit zur Erfassung der Verhaltensebene bei rede- und prüfungsängstlichen Studenten: Die Studenten hatten die Aufgabe, vor einem bestimmten Publikum eine Test-Rede zu halten; die verschiedenen Reaktionen der prüfungsängstlichen Studenten in diesen standardisierten Situationen konnte von Beobachtern in verschiedenen Kategorien erfaßt und registriert werden (etwa Veränderung des Blickkontakts; Unterbrechungen; Wiederholungen; und anderes).

Aus beiden Beispielen werden zum Teil bereits gewisse *Probleme* von Behavioral Avoidance Tests deutlich: Es ist in der Praxis häufig sehr schwierig, eine isolierte (soziale/physikalische) Situation zu bestimmen und so zu realisieren, daß eine entsprechende kritische Reaktion erfaßbar wird. Die Herstellung der Situation, ebenso wie die exakte Beobachtung der Reaktion, erfordern einen Aufwand, der sich in der Praxis häufig nicht realisieren läßt. Für Forschungszwecke sind allerdings Behavioral Avoidance Tests von großem Wert.

Ein anderes Problem bildet die sogenannte *Reaktivität* des Meßverfahrens: Die Konfrontation des Patienten mit einer für ihn kritischen Situation wird unter anderem von Faktoren mitbeeinflußt, die eine Verletzung der internen Validität (und damit natürlich auch der externen Validität) darstellen. Dazu gehören etwa Aufforderungscharakteristika und dergleichen mehr. Im Behavioral Avoidance Test lassen sich zudem diagnostische kaum noch klar von therapeutischen Aspekten trennen: Die Konfrontation eines Patienten mit einer Situation – etwa eine Rede vor einem großen Auditorium – hat zwar die Absicht, problematische Reaktionen diagnostisch zu erfassen und zu beurteilen, auf der anderen Seite hat diese Konfrontation unweigerlich *therapeutische* Effekte (etwa: Veränderung des Vermeidungsverhaltens aufgrund einer Instruktion des Diagnostikers; Neueinschätzung der Gefährlichkeit der Situation aufgrund des konkreten Erlebens der Situation usw.).

Der soeben angesprochene Aspekt der *Reaktivität* des Verfahrens läßt sich zum Teil durch eine Erfassung von psychophysiologischen Reaktionen auf die standardisierten Situationen etwas reduzieren (siehe dazu in Abschnitt 2.4.7, psychophysiologische Verfahren): Zusätzlich zu Verhaltensaspekten des Problems (vgl. Bergold 1974a) werden ebenfalls psychophysiologische Parameter miterfaßt (vgl. Birbaumer 1974, 1977). Beispiele dafür bilden Verfahren, die zum Teil bei der Therapie sexueller Störungen Verwendung finden (vgl. Kockott 1977): Dabei lassen sich Aspekte sexueller Reaktionen auf kontrolliertes Stimulusmaterial (etwa durch Dias dargeboten) als Veränderungsmaße erfassen (*Beispiel:* Penis-Plethysmographie, das heißt Erfassung der Erektionsstärke durch eine Manschette; Kolpographie, das heißt Erfassung der vaginalen Durchblutung auf fotoelektrischem Weg etc.).

Ein bedeutender Vorzug von Verfahren, die den standardisierten Situations-Verhaltens-Tests zuzuordnen sind, liegt darin, daß ihre theoretischen Grundlagen sehr eng und explizit mit Grundannahmen der Verhaltenstherapie und Verhaltensdiagnostik verbunden sind: Verhalten läßt sich demzufolge nicht losgelöst von seiner Interaktion mit situativen Aspekten erfassen und beurteilen (vgl. Mischel 1968, 1973).

Ein großes und wohl kaum einheitlich lösbares *Problem* von standardisierten Situations-Verhaltens-Tests bildet die Schwierigkeit für konkrete Probleme und Fragestellungen jeweils neue Situationen und Kriterien des zu erfassenden Verhaltens entwickeln zu müssen. Damit täuscht die Bezeichnung dieser Verfahren als *„standardisiert"* lediglich eine Standardisierung nach *„innen"* vor – das heißt für eine ausgewählte Situation und verschiedene Reaktionen. Inwieweit jedoch die Situationen und Reaktionen eine adäquate Stichprobe des entsprechenden *Kriteriumsverhaltens* darstellen, ist durch die Wahl eines standardisierten Situations-Verhaltens-Tests keinesfalls entschieden. Diese Schwierigkeit wird in der Verhaltensdiagnostik auch als *Repräsentationsproblem* bezeichnet und ist das Gegenstück zum Problem der Validität in der klassischen Diagnostik (vgl. Schulte 1986).

Zusammenfassung: In Situations-Verhaltens-Tests wird eine Situation so hergestellt oder aufgesucht, daß damit das Problemverhalten auftritt und beobachtet werden kann. Ein Problem dieser Verfahren bildet die Tatsache, daß diagnostische und therapeutische Intentionen konkurrieren können: Das Aufsuchen einer Situation ist zwar diagnostisch gesehen wichtig, hat aber zumeist auch therapeutische Effekte.

Weiterführende Literatur: Bernstein, D. A., und Nietzel, M. T.: Behavioral avoidance tests: The effects of demand characteristics and repeated measures on two types of subjects. Behavior Therapy 5 (1974), 183–192.

2.4.6 Rollenspiel

Neben seinem Einsatz als therapeutische Standardmethode (vgl. Fliegel et al. 1981) wird das Rollenspiel auch als Verfahren zur Gewinnung von Informationen eingesetzt, die auf anderem Wege nur schwer oder mit großem Aufwand bereitzustellen wären. Insbesondere bei der Exploration eines bestimmten Problems gibt es Momente, in denen eine Klärung nur schwer gelingt – sei es, daß sich der Patient eine Situation oder Reaktion nur schwer vorstellen und darüber berichten kann, sei es, daß der Therapeut eine konkretere und stärker auf das Verhalten bezogene Information erhalten möchte. In solchen Momenten bildet das Rollenspiel zwischen Therapeut und Patient einen ausgesprochen ökonomischen Weg zur Gewinnung weiterer diagnostischer Informationen.

Rollenspiel als diagnostische Methode setzt voraus, daß Therapeut und Patient zunächst zumindest für eine kurze Zeit in der Lage sind, sich in die Rolle einer anderen Person oder der eigenen Person zu einem anderen Zeitpunkt hineinzuversetzen, dementsprechend zu denken und zu handeln. Daß dies prinzipiell möglich ist, zeigen Hinweise aus der einschlägigen sozialpsychologischen Literatur (vgl. Keller 1976, 1980). Diese prinzipielle Fähigkeit machen sich Therapeut und Patient in der diagnostischen Phase zunutze, wenn der Patient instruiert wird, die Rolle einer Person seiner sozialen Umgebung einzunehmen, und der Therapeut die Rolle des Patienten spielt (ebenso könnte natürlich der Therapeut die Rolle einer anderen Person übernehmen, und der Patient spielt seine eigenen Reaktionen auf das Verhalten dieser Person zu einem anderen Zeitpunkt in einer bestimmten Situation). Das Rollenspiel wird besonders häufig zur Klärung von Reaktionen oder Verhaltensweisen in *sozialen* Situationen herangezogen (vgl. Hinsch und Pfingsten 1983). Die Anwendung ist aber darauf keineswegs begrenzt.

Beispiel: Im Falle einer Bulimie (das heißt einer Eßstörung mit anfallsweisem Überessen und anschließendem Erbrechen) möchte der Therapeut erfahren, wie sich eine Essenssituation zu Hause bei einem Patienten abspielt. Der Patient schildert verschiedene mögliche Verhaltensweisen der Mutter, etwa Aufforderungen zum Essen, Hinweise auf Diät, Kritik des Übergewichts der Patientin etc. Aufgrund dieser Schilderung kann der Therapeut für das Rollenspiel einer Interaktion zwischen Mutter und Tochter bei der Essenssituation die Rolle der Mutter übernehmen, während sich die Patientin genau vergegenwärtigt, wie sie in der Situation reagiert. Die Patientin kann sich auf diesem Wege ausschließlich auf ihre Rolle (Denken und Handeln in der entsprechenden Situation) konzentrieren und liefert auf diesem Wege wichtige diagnostische Informationen. Für die angesprochene Störung ist es von großer Bedeutung, sowohl auslösende Bedingungen und mögliche aufrechterhaltende Faktoren auf der Seite der *Situation* genau zu erfassen, als auch Hinweise auf die Kognitionen, physiologische und verhaltensmäßige Verarbeitung der problematischen Situation zu erhalten (etwa: Umgang mit der Kritik der Mutter; Stellenwert von Essen, Diät etc. in der Familie).

Das oben angesprochene *Repräsentationsproblem* bildet auch beim Rollenspiel als diagnostischer Methode eine zentrale Schwierigkeit: Das Verhalten im Rollenspiel läßt sich nur mit großen Einschränkungen als repräsentativer Hinweis für das Kriteriumsverhalten ansehen. Das diagnostische Urteil sollte sich deshalb in keinem Falle ausschließlich auf Informationen stützen, die im Rollenspiel (oder in der Exploration) gewonnen wurden. Auf der anderen Seite zeigt sich jedoch, daß die Einschätzung einer Situation beziehungsweise des eigenen Verhaltens durchaus einen brauchbaren Prädiktor des Kriteriumsverhaltens bilden kann (siehe „self-efficacy" im Sinne von Bandura 1977 a). Diese Überlegungen weisen den Informationen, die aus dem Rollenspiel gewonnen werden, durchaus einen wichtigen Stellenwert bei der Bildung diagnostischer Hypothesen zu (Heuristik). Dies impliziert aber auch, daß die Richtigkeit beziehungsweise Brauchbarkeit dieser diagnostischen Hypothesen zusätzlich durch andere Hinweise gestützt und abgesichert werden muß.

Zusammenfassung: Im Rollenspiel nehmen Therapeut und Patient für kurze Zeit die Rollen einer anderen Person oder des Patienten zu einem anderen Zeitpunkt ein. Das Ziel des Rollenspiels in der Diagnostik besteht darin, daß durch die Vergegenwärtigung einer anderen Situation oder von Reaktionen anderer Personen Zugang zu Informationen erschlossen wird, die durch andere Verfahren kaum erfaßbar wären. Das Rollenspiel wird bevorzugt zur Erfassung interpersonaler Aspekte des Verhaltens eingesetzt.

Weiterführende Literatur: Bellack, A. S., Hersen, M., und Lamparski, D.: Role play tests for assessing social skills: Are they valid? Are they useful? Journal of Consulting and Clinical Psychology 47 (1979), 335–342.

2.4.7 Psychophysiologische Verfahren

Zu Beginn dieses Kapitels wurden psychophysiologische Reaktionsmuster als *eine Ebene* des komplexen menschlichen Verhaltens-Repertoires charakterisiert (vgl. Lang 1968, 1971). Inzwischen hat sich auch die Auffassung durchgesetzt, daß bei der Erfassung (Diagnostik) menschlicher Probleme neben der Verhaltensebene und der kognitiven Ebene auch diese psychophysiologischen Aspekte berücksichtigt werden müssen, will man nicht einen wichtigen Erscheinungsmodus menschlicher Reaktionen und Emotionen ausklammern. Die Erfassung psychophysiologischer Variablen in Diagnostik und Therapieforschung erfordern eine fundierte Kenntnis der Grundlagen und praktischen Anwendungsmöglichkeiten, die hier nicht in der ganzen Breite vermittelt werden können (siehe dazu etwa Berman und Johnson 1985; Greenfield und Sternbach 1972; Katkin und Hastrup 1982; Schandry 1981; Sturgis und Arena 1984). In den folgenden Überlegungen wird lediglich auf einige zentrale Punkte hingewiesen, die bei der Datengewinnung auf der psychophysiologischen Ebene zu berücksichtigen sind.

1. Merkmale physiologischer Reaktionen
Physiologische Reaktionen besitzen einige Charakteristika, die es bei der Beobachtung, Registrierung und Interpretation zu berücksichtigen gilt (vgl. Epstein 1976). Bei der Beobachtung von physiologischen Reaktionen in bestimmten Situationen ist man mit dem Problem der *Ausgangswerte* konfrontiert: Dies bedeutet, daß die in einer Situation beobachtete Ausprägung einer Reaktion zu einem gewissen Grad eine Funktion des Ausgangswertes dieser Reaktion darstellt. Da sich eine physiologische Reaktion (zum Beispiel die Herzrate) nur in einem bestimmten Bereich bewegen kann, bildet der Ausgangswert gewissermaßen den *Rahmen* für eine mögliche Veränderung und Schwankung. *Beispiel:* Beim Ausgangswert einer Herzrate von 90 Schlägen pro Minute ist im Expositionstraining (Konfrontation) eine geringere Veränderung zu beobachten als bei einer Herzraten-Baseline von 70 Schlägen pro

Minute. Umgekehrt kann durch ein Entspannungs-Training bei einem Herzraten-Ausgangswert von 70 Schlägen nur eine geringere Veränderung erzielt werden als bei einem Ausgangswert von 90 Schlägen pro Minute.

Als weiteres Merkmal ist zu berücksichtigen, daß psychophysiologische Reaktionen unter *multipler Regulation* verschiedener körperlicher Systeme stehen (beispielsweise homöostatische Kontrolle). Als Beispiel dafür läßt sich ein Phänomen der *Adaptation* anführen: Die mehrfache Darbietung eines bestimmten Stimulus führt zu einem kontinuierlichen Rückgang der sogenannten Orientierungs-Reaktion. Bei der Erfassung physiologischer Reaktionen sollte dieses Phänomen der Adaptation (etwa an eine experimentelle Situation wie das Anlegen von Elektroden) unbedingt berücksichtigt werden, um nicht Artefakte einer homöostatischen Kontrolle als Effekte des experimentellen Verfahrens zu interpretieren.

Die Berücksichtigung der psychophysiologischen Ebene eröffnet einen breiten Bereich zur Auswahl (zum Auswahlproblem siehe unten) verschiedener physiologischer Reaktionen aus unterschiedlichen Systemen; fast alle einzelnen Reaktionen allerdings besitzen bestimmte *Eigencharakteristika* hinsichtlich *Dauer* und *Latenzzeit*. Dies ist für die Erfassung, für den Vergleich physiologischer Reaktionen untereinander und auch für die Relation physiologischer Reaktionen zu anderen Reaktionsebenen von größter Bedeutung.

Beispiele: Die Veränderung der Herzrate ist sehr rasch (das heißt im Bereich von wenigen Sekunden) nach einer Stimulation beobachtbar; dies gilt ähnlich für die Veränderung von Charakteristika der Atmung, wobei hier eine andere Dauer von einzelnen Reaktionen zugrunde gelegt werden muß (siehe Ausgangswerte, Adaptation). Andere physiologische Reaktionen (zum Beispiel hormonelle Veränderungen wie etwa eine Adrenalinausschüttung) besitzen eine vergleichsweise lange Latenzzeit und erstrecken sich über längere Zeit.

2. Auswahl charakteristischer Variablen

Die Entscheidung für die Erfassung einer bestimmten physiologischen Reaktion sollte weitgehend von der entsprechenden Störung (Problem) bestimmt sein. Deshalb sollte die Auswahl einer oder mehrerer physiologischer Reaktionen zur Diagnostik und Therapiekontrolle überlegt und sensibel erfolgen. Dies ist vor allem deshalb wichtig, weil die physiologische Ebene bei der Erfassung der Veränderung häufig eine Art Kontrollmaß bildet. *Beispiel:* Zur Erfassung der Veränderung der Migräne ist es sinnvoll, auf die Temperatur der Hand beziehungsweise der Stirn zurückzugreifen; beim Spannungskopfschmerz bildet die muskuläre Spannung/Entspannung (Elektromyogramm, EMG) ein entscheidendes Kriterium.

Die *Auswahl* physiologischer Reaktionen muß auch die Probleme gewisser *Reaktions-Stereotypien* und der *Reaktionsspezifität* berücksichtigen (siehe Epstein 1976). Mit Reaktions-Stereotypie ist gemeint, daß Personen in unterschiedlichen Situationen häufig ein ganz charakteristisches, wenig wandelbares Muster zeigen. Unter Reaktionsspezifität versteht man die Tatsache, daß häufig ein spezifisches System (etwa das Herz-Kreislauf-System oder das Gastro-Intestinale System) besonders stark und sensibel auf eine Stimulation reagieren (vgl. Engel 1972). Dies ist besonders dann zu berücksichtigen, wenn a) physiologische Reaktionen *einer* Person mit Reaktionen aus der subjektiven und Verhaltensebene verglichen werden müssen und b) physiologische Reaktionen mehrerer Personen (etwa mit einem vergleichbaren Problem) verglichen werden.

Die Kontroverse über die *Spezifität* physiologischer Reaktionen für bestimmte Emotionen besitzt eine lange Tradition (vgl. Reisenzein 1980, 1983). Auch in jüngerer Zeit wird das Problem noch ausgesprochen kontrovers diskutiert – etwa die Frage um die Priorität von Kognitionen und physiologisch-somatischen Prozessen bei der Entstehung von Emotionen (vgl. R. S. Lazarus 1982, 1984; Zajonc 1980, 1984).

Die Relevanz der Erfassung von Emotionen auf den von P. Lang (1971) vorgeschlagenen Ebenen der Kognitionen, des Verhaltens und der Physiologie wurde dabei interessanterweise kaum in Frage gestellt. Für die Evaluation von Behandlungseffekten bedeutet dies, daß insbesondere jene Systeme und jene Ebene sehr sensibel zu erfassen sind, auf denen sich ein Problem manifestiert (entsprechend sind auch Veränderungen einzuschätzen). Ein Vorgehen wird recht übereinstimmend kritisch beurteilt (vgl. Borkovec 1973): Jenes, das bei der Erfassung therapeutischer Veränderungen selektiv eine Modalität ausspart (etwa das Aussparen der physiologischen Ebene bei der Therapie massiver Angstreaktionen).

3. Indirekte Erfassung psychophysiologischer Reaktionen
Eine direkte Messung physiologischer Reaktionen stellt sich unter natürlichen Bedingungen zumeist als sehr schwierig heraus. In der Praxis behilft man sich dabei mit sogenannten *indirekten* Meßverfahren:

– *Externe Beobachtung* physiologischer Reaktionen: Manche physiologischen Reaktionen lassen sich auch direkt beobachten (also ohne großen aparativen Aufwand). Dies gilt allerdings nur für einige deutlich sichtbare Reaktionen, die sich auf diese Weise erfassen lassen (zum Beispiel Anfallsgeschehen, Tics, Erröten). Bei Beschwerden, die weitgehend *subjektiver* Natur sind, stößt eine direkte externe Beobachtung an klare Grenzen (Bluthochdruck, Migräne usw.). Aber auch hier können Verhaltenskorrelate der subjektiven Beschwerden erfaßt werden (etwa „Schmerzverhalten"...), wie dies speziell im Rahmen der Verhaltensmedizin geschieht (vgl. Basler und Florin 1985; Doleys, Meredith und Ciminero 1982; Gentry 1984; Miltner, Birbaumer und Gerber 1986).

– Ein weiteres indirektes Meßverfahren bildet die Erfassung von *Effekten physiologischer Veränderungen:* Ähnlich wie bei der Beobachtung physiologischer Reaktionen stehen auch hier eher *grobe* Auswirkungen im Vordergrund, zum Beispiel Medikamentenverbrauch oder bestimmte Leistungsparameter (etwa: Krankheitstage).

– Durch *gezielte Selbstbeobachtung* kann der Patient unter Umständen indirekt Auskunft über physiologische Veränderungen geben, die durch ein direktes Meßverfahren nur sehr aufwendig erfaßbar wären. Da man als Diagnostiker und Therapeut in vielen Bereichen auf die Angaben eines Patienten über seine subjektiven Beschwerden angewiesen ist, liegt es nahe, diese Fähigkeit der Person zur Selbstbeobachtung zu trainieren (vgl. Hecht 1979; Kazdin 1974; Nelson 1977).

Gerade in den Selbstkontroll- und Selbstmodifikationsansätzen spielt die gezielte Selbstbeobachtung des Patienten eine große Rolle. Unklar ist dabei allerdings, auf welche Ereignisebene eine Person ihre Aufmerksamkeit richtet (etwa: physiologische Reaktion selbst; eigene Reaktionen auf diese physiologische Modalität; Kognitionen und Bewertungen der physiologischen Reaktion; und andere). Aus diesem Grunde verschwimmen hier die Grenzen zwischen den Verfahren der Selbstbeobachtung und Selbstregistrierung (siehe Abschnitt 2.4.3) einerseits und psychophysiologischen Verfahren im engeren Sinne andererseits. Für die Erfassung von psychophysiologischen Parametern sind deshalb *direkte* Meßverfahren vorzuziehen.

Zusammenfassung: Die diagnostische Datengewinnung auf der psychophysiologischen Ebene erfordert zumeist apparative Verfahren. Als Hauptprobleme der Erfassung werden folgende angeführt:

1. Physiologische *Reaktionen* weisen spezifische *Charakteristika* auf, die zu berücksichtigen sind (Frage der Ausgangswerte; Phänomen der Adaptation; Dauer und Latenzzeit physiologischer Reaktionen).
2. Die *Auswahl* einer Reaktion zur Beobachtung und Messung hängt davon ab, inwieweit diese Reaktion als bedeutsam für eine Störung angesehen wird.
3. Eine *indirekte Erfassung* physiologischer Reaktionen (externe Beobachtung; Selbstbeobachtung; Beobachtung von Effekten) kann nur ein Hilfsmittel sein und eine direkte Erfassung nicht ersetzen.

Weiterführende Literatur: Sturgis, E. T., und Arena, J. G.; Psychophysiological assessment. In: Hersen, M., Eisler, R. M., und Miller, P. M. (Eds.): Progress in behavior modification. Vol. 17. New York; Academic Press 1984.

2.4.8 Verhaltensinventare und Skalen

Die Entwicklung standardisierter Instrumente zur Erfassung von Problemen erfolgt in der Verhaltenstherapie ausgesprochen zögernd und langsam. Dies hängt unter anderem mit den theoretischen Grundannahmen der Verhaltenstherapie zusammen, wonach weniger eine vergleichende *Klassifikation* von Beschwerden, sondern eine individuumsbezogene funktionale Analyse geleistet werden sollte. Auch eine bewußte Distanzierung von der „klassischen", normorientierten Diagnostik, deren Verfahren für die Verhaltenstherapie als nicht zielführend angesehen werden, mag zu einer reservierten Haltung gegenüber Verhaltensinventaren und Skalen beigetragen haben.

Die für die Verhaltensdiagnostik entwickelten Inventare und Skalen sind Hilfsmittel, um Informationen zu *sammeln,* sie zu *ordnen* und in einen *funktionalen Zusammenhang* einzuordnen. Insofern ist die Entwicklung entsprechender Verfahren durchaus sinnvoll und zielführend. Die Qualität der diagnostischen Informationen und die

Adäquatheit des hypothetischen Bedingungsmodells stellt eine wichtige Voraussetzung für die Therapieplanung (und die damit verbundenen Entscheidungen) und für die Therapiedurchführung dar.

Konsequenterweise zielen die Fragen und Items der einzelnen verhaltensdiagnostischen Inventare auch auf die Erfassung von Informationen ab, die für die funktionale Analyse und Therapieplanung wichtig sind. Keinesfalls ist damit jedoch eine Grundlage für eine normorientierte diagnostische Klassifikation geleistet (vgl. dazu etwa L. Schmidt 1984b).

Beispiel: Bei der Exploration mit einem Patienten stellt sich nach kurzer Zeit als *ein* Teilproblem heraus, daß er auf eine ganze Reihe von Situationen und Gegenständen mit massiver Angst und Vermeidung reagiert (große Höhen, Aufzüge etc.). Es ist in der Explorationssituation unökonomisch, alle *möglichen* Situationen, auf die sich die Angst ebenfalls erstreckt, mit dem Patienten durchzugehen (abgesehen davon, daß Therapeut und Patient viele Situationen gar nicht präsent haben). Zur Sammlung und Ordnung (siehe oben) der entsprechenden Informationen bildet ein Inventar, das viele mögliche „phobische" Situationen enthält, ein sehr brauchbares Hilfsmittel (vgl. etwa den FSS III, Wolpe und Lang 1964). Der Patient kann diesen Fragebogen zu Hause ausfüllen, und der Therapeut erhält auf diesem Wege relativ rasch Hinweise auf Situationen, die er im funktionalen Modell für die Therapieplanung berücksichtigen muß.

Für einzelne Fragestellungen werden laufend Verhaltensinventare und Skalen entwickelt. Ein vollständiger Überblick ist schon deshalb nicht mehr möglich, weil viele der Schemata entweder nicht publiziert sind oder für ein spezielles Problem in einem speziellen Kulturraum entwickelt wurden (eine einfache „Übersetzung" eines solchen Fragebogens bringt große Probleme). Es wäre allerdings ausgesprochen verdienstvoll, die vorliegenden Inventare unter bestimmten Gesichtspunkten zu sammeln und unter verhaltensdiagnostischer Perspektive (testtheoretisch) zu sichten.

Eine Reihe von Skalen und Inventaren, die in der Psychiatrie und in der Klinischen Psychologie angewendet werden, findet sich im Verzeichnis der „Internationalen Skalen für Psychiatrie" (CIPS 1981).

Zusammenfassung: Nach einer anfänglich reservierten Haltung gegenüber Verhaltensinventaren und Skalen wurden in der Verhaltenstherapie zur Erfassung spezieller Merkmale von Reaktionen und Situationen eine Reihe von Instrumenten entwickelt. Ein großes Problem dieser Verfahren ist darin zu sehen, daß sie für einzelne Bereiche jeweils neu zu entwickeln und zu validieren sind, so daß sie (von wenigen Ausnahmen abgesehen) kaum standardisiert angewendet werden können.

Weiterführende Literatur: Cautela, J. R., und Upper, D.: The behavioral inventory battery: The use of self-report measures in behavioral analysis and therapy. In: Hersen M., und Bellack, A. S. (Eds.): Behavioral assessment. A practical handbook. New York: Pergamon Press 1976.

2.4.8 Zur Frage der Validierung diagnostischer Information

Verhaltensdiagnostik ist neben anderem durch das Bemühen gekennzeichnet, möglichst *objektive* und *reliable* Informationen über das Verhalten und dessen aufrechterhaltende Bedingungen bereitzustellen. Bis zu einem gewissen Grad ist dieses Bemühen offensichtlich auch als erfolgreich anzusehen. Unbeantwortet ist aber weitgehend die Frage, inwieweit ein funktionales Bedingungsmodell auch als valide angesehen werden kann. Eine Antwort auf diese Frage ist wohl deshalb so schwierig, weil man in der Verhaltensdiagnostik

a) das sogenannte klassische Validitätskonzept als nicht brauchbar erachtet und

b) eine echte Alternative dazu bisher nicht entwickelt wurde.

In der Verhaltensdiagnostik und Verhaltenstherapie hat man sich lange Zeit mit der Feststellung zufriedengegeben, daß nicht so sehr *Richtigkeit,* sondern die *Brauchbarkeit* eines diagnostischen Modells ausschlaggebend sind. Nach Kanfer und Phillips (1970) etwa lassen sich Diagnostik und Therapie prinzipiell nicht streng voneinander trennen und nach Schulte (1974, 1976) stellt eine gelungene Therapie einen Hinweis auf die Richtigkeit der Diagnose dar. Dieses Argument wurde von Westmeyer (1975) und anderen grundlegender Kritik unterzogen. Bereits aufgrund formaler (aussagenlogischer) Überlegungen läßt sich zeigen, daß das Argument von einem Beleg der Diagnose durch die Therapie nicht haltbar ist:

Eine Therapie kann – formallogisch gesehen – durchaus effektiv und erfolgreich sein, ohne daß die Diagnose zutreffend war, wie ein Blick auf die Wahrheitstafel für die materiale Implikation zeigt:

	Diagnostik	Therapie	Argument
1	W	W	W
2	W	F	F
3	F	W	W
4	F	F	W

wobei: „W" = wahr, das heißt richtig
  „F" = falsch, das heißt unzutreffend

In Fall drei kann – wie man sieht – aus einer falschen Diagnose durchaus eine *richtige* Therapie abgeleitet werden, weil, wie schon in der Scholastik bekannt war: „. . . ex falso quodlibet", das heißt aus falschen Voraussetzungen *können* durchaus richtige Schlüsse gezogen werden.

Eine richtige, das heißt gelungene Therapie läßt sich deshalb keinesfalls als ein Nachweis der Richtigkeit der Diagnose interpretieren; wenn man ein falsifikationistisches Wissenschaftsverständnis zugrunde legt (vgl. Gadenne 1976; Popper 1969), so kann man die Hypothesen (also das hypothetische Bedingungsmodell) als *vorläufige* Vermutungen über bestimmte Zusammenhänge (etwa Probleme und Bedingungen) ansehen. Stellt sich eine Therapie, die vor dem Hintergrund des Bedingungsmodells und des ätiologisch-therapeutischen Hintergrundwissens formuliert wird, als *erfolgreich* heraus, so ist es sinnvoll, das Bedingungsmodell *vorläufig* beizubehalten (richtig, das heißt „wahr" ist es damit noch keineswegs).

Im anderen Falle, also bei *Mißerfolg* der Therapie, kann auch nicht einfach das hypothetische Bedingungsmodell (Diagnostik) als unzutreffend beziehungsweise falsch bezeichnet werden, weil die Therapie nicht allein aufgrund des Bedingungsmodells, sondern auch unter Berücksichtigung des ätiologischen und therapeutischen Hintergrundwissens formuliert wurde (vgl. dazu auch Westmeyer 1975). Außerdem können auch Mängel in der Durchführung der Therapie ein erfolgreiches Ergebnis verhindert haben.

Diese Überlegungen weisen darauf hin, daß es sinnvoll ist, bei der Erstellung eines Bedingungsmodells methodologische Aspekte zu berücksichtigen, weil dadurch ein laufender Ausschluß plausibler alternativer Hypothesen erleichtert wird (vgl. Cook und Campbell 1976, 1979; Popper 1969). Das hypothetische Modell (ebenso wie psychologische Theorien) wird immer vorläufig bleiben – und Therapie kann in formaler Hinsicht als Versuch aufgefaßt werden, plausible Alternativhypothesen auszuschließen.

Zusammenfassung: Für die Verhaltenstherapie wird häufig geltend gemacht, daß sich Diagnose und Therapie nicht streng voneinander trennen lassen. Für die praktische Handhabung ist dies sicher zutreffend, weil diagnostisches und therapeutisches Handeln eng verwoben sind. In formaler Hinsicht jedoch garantiert weder eine richtige Diagnose eine zutreffende Therapie, noch stellt eine gelungene Therapie einen Nachweis für die Richtigkeit der Diagnose dar.

Weiterführende Literatur: Westmeyer, H.: Zur Beziehung zwischen Verhaltensdiagnose und Verhaltenstherapie. Psychologische Rundschau 26 (1975), 282–288.

3 Psychologische Grundlagen der Verhaltenstherapie

Neuere Charakterisierungen von „Verhaltenstherapie" (Wilson und Franks 1982; siehe auch Kapitel 1.2) unterstellen einen engen *Bezug* der verhaltenstherapeutischen Forschung und Praxis zu grundwissenschaftlichen Theorien aus verschiedenen Bereichen der Psychologie und ihrer Nachbardisziplinen (zum Beispiel Biologie, Neurologie, Physiologie, Biochemie). Daß dieser *„Bezug"* nicht im Sinne einer formalen (algorithmischen) Ableitung von Hypothesen als Leitlinien für die Praxis aufgefaßt werden kann, wurde mehrfach gezeigt (Postman 1947; Westmeyer 1973 und auch Abschnitt 1.2.3). Den verschiedenen psychologischen Ansätzen kommt für die Fundierung verhaltenstherapeutischen Handelns dennoch eine äußerst wichtige Funktion zu:

a) Zum einen bilden verschiedene psychologische Ansätze einen *heuristischen* Hintergrund für die verhaltenstherapeutische Praxis: Eine Reihe von Modellvorstellungen und Behandlungsverfahren geht auf grundwissenschaftliche Überlegungen und Theorien zurück (vgl. dazu die Entwicklung der systematischen Desensibilisierung auf der Grundlage der Theorien von Iwan P. Pawlow, Clark Hull und der experimentellen Befunde von Joseph Wolpe).

Ein rein *heuristischer* Zusammenhang wäre vermutlich unbefiedigend, unterstellt doch Heuristik, daß für eine solche Relation so gut wie keine methodologischen Restriktionen gelten. Als anekdotisches Beispiel für Heuristik als ein Bedingungsrahmen für die *Entstehung* einer Theorie kann man auf Isaac Newton verweisen: Die Idee für seine Theorie der Gravitation – der Anziehungskraft zweier Körper – kam ihm nach verschiedenen Berichten, als er im Grase liegend den Fall eines Apfels auf die Erde beobachtete. Eine solche Konstellation ist durch verschiedene nicht wiederholbare Zufälle einerseits und durch die Genialität eines Mannes wie Newton andererseits gekennzeichnet, sie läßt sich deshalb vermutlich nicht wiederholen.

Die Heuristik läßt sich jedoch verbessern, wenn man bereits im Entstehungszusammenhang von Hypothesen und Theorien verschiedene methodologische Kriterien heranzieht; diese methodologischen Gesichtspunkte erlauben es bereits in einem frühen Stadium, Fehler und Irrtümer zu vermeiden. Ein Beispiel für eine methodologisch geleitete Heuristik bilden viele Einzelfallexperimente (Therapie): Die Durchführung einer Therapie war hier durch bestimmte theoretische Vorstellungen angeregt, zur empirischen Kontrolle des Vorgehens wurde jedoch auf ein einzelfallanalytisches Modell zurückgegriffen (Shapiro 1961; Sidman 1960; siehe auch Kapitel 4.3).

b) Neben dieser heuristischen Fundierung verhaltenstherapeutischen Handelns (Tunner und Birbaumer 1986) im *Entstehungszusammenhang* muß noch einmal (vgl. auch Abschnitt 1.2.4) auf den *Begründungszusammenhang* hingewiesen werden: Psychologische Theorien bilden dabei eine relativ rationale Begründung psychologischen Handelns (Stegmüller 1971, 1974; Westmeyer 1979a). Von einer „relativ rationalen Begründung" muß man deshalb sprechen, weil man in empirischen Wissenschaften eine Letzt-Begründung nicht erreichen kann.

Im Sinne dieser psychologischen Fundierung der Verhaltenstherapie kommt es der Praxis und damit dem einzelnen Patienten sehr zugute, wenn sich der Therapeut auf einen *breiten* Bereich psychologischer Theorien zu beziehen vermag. Eine Einschränkung auf *spezielle* theoretische Vorstellungen aufgrund bestimmter Präferenzen (zum Beispiel nur Lerntheorien klassischer Art oder nur kognitive Theorien) wird als nicht zielführend angesehen.

Wenn hier von psychologischen Grundlagen der Verhaltenstherapie gesprochen wird, so wird *explizit* davon ausgegangen, daß *alle* Bereiche psychologischer Theorienbildung ihre spezielle Bedeutung als Grundlagen der Verhaltenstherapie besitzen können. Eine prinzipielle Kenntnis der verschiedenen Grundlagen und Anwendungsfelder der Psychologie (Dörner und Selg 1985) oder – wie es Perrez (1982) ausdrückte – des „rationalen Corpus der Psychologie zu einem bestimmten Zeitpunkt" ist dabei unerläßlich.

Zu diesem rationalen Corpus der Psychologie gehören Bereiche der Entwicklungspsychologie, sowie ihre Bezüge zur Verhaltensänderung (Harter 1982; Bobbitt und Keating 1983) und wichtige Befunde aus der Persönlichkeitspsychologie. Für die Verhaltenstherapie etwa birgt die Kontroverse um die Bedeutung von Person versus Situation für die Kontrolle und Vorhersage menschlichen Verhaltens entscheidende Implikationen (siehe dazu die Debatte um Situation versus Interaktion beziehungsweise Transaktion (Endler und Magnusson 1976; Epstein und O'Brien 1985; Laux 1983; R. S. Lazarus 1981; Lazarus und Folkman 1984; Lazarus und Launier 1978; Magnusson 1982; Mischel 1968, 1973)). Eine grundlegende Kenntnis dieser Überlegungen wird ebenso vorausgesetzt wie auch die Beschäftigung mit den angesprochenen Nachbarwissenschaften der Psychologie (Psychopharmakologie, siehe Linden und Manns 1977; Biologie und Biochemie, siehe Fähndrich et al. 1979; Neuropsychologie siehe Pribram 1971; Psychophysiologie, siehe Schandry 1981).

Gerade wenn sich Verhaltenstherapie in den Bereich der Verhaltensmedizin hineinentwickelt und insbesondere unter einer interdisziplinären Perspektive ist auch die Berücksichtigung einiger Bereiche der Organ-Medizin von größtem Nutzen (man denke beispielsweise an die Probleme der Entwicklung somatischer Beschwerden – etwa Schmerzen – als Folge eines depressiven Zustandsbildes oder umgekehrt die Entwicklung psychologischer Beeinträchtigungen durch organische Zustandsbilder).

Als psychologische Grundlagen müssen auch verschiedene *Konzepte* angeführt werden, die insbesondere im Rahmen der *Klinischen Psychologie* große Bedeutung haben: Dazu gehören Forschungsstrategien und Befunde der psychologischen *Epidemiologie* ebenso wie die der Life-Event-Forschung, Gesichtspunkte der Prävention, Klassifikation und insbesondere klinisch-psychologische Störungstheorien (Ätiologiemodelle), (Bastine 1984; Baumann und Perrez 1987 (im Druck); Davison und Neale 1979; L. Schmidt 1984a).

Der Abschnitt zu den psychologischen Grundlagen der Verhaltenstherapie hat dennoch bestimmte Schwerpunkte, die etwas ausführlicher behandelt werden: Es handelt sich zum einen um lernpsychologische Grundlagen, die seit jeher einen zentralen Platz für die Fundierung der Verhaltenstherapie einnehmen. Auch wenn man Eysencks (1959, 1960) Definition von Verhaltenstherapie als Anwendung von Lerntheorien insbesondere wegen des Begriffs der Anwendung und des impliziten Ausschlusses anderer psychologischer Theorien für ausgesprochen problematisch hält, spielt der Begriff des *Lernens* eine zentrale Rolle für die Verhaltenstherapie (und wohl für jede Theorie menschlicher Verhaltensänderung, Bandura 1961):

„Lernen ist der Vorgang, durch den eine Aktivität im Gefolge von Reaktionen des Organismus auf eine Umweltsituation entsteht oder verändert wird. Dies gilt jedoch *nur,* wenn sich die Art der Aktivitätsänderung nicht auf der Grundlage angeborener Reaktionstendenzen, von Reifung oder von zeitweiligen organismischen Zuständen (zum Beispiel Ermüdung, Drogen) erklären läßt" (Hilgard und Bower 1975, S. 16).

Verhaltenstherapie beschäftigt sich mit menschlichen Verhaltensmustern (auf mehreren Ebenen, Schwartz 1982), ihren Entstehungsbedingungen, deren Erklärung und eventuellen Möglichkeiten zu ihrer Veränderung. Dabei wird *vorausgesetzt* (wobei einiges für diese Voraussetzung spricht), daß Komponenten des *Lernens* eine entscheidende Rolle spielen. Dies ist eine theoretische Voraussetzung – in Kontrast etwa zu einer direkten Beobachtung – weil Lernen selbst nicht direkt beobachtbar ist (Mednick, Pollio, Loftus 1975): Lernen ist ein prinzipiell unbeobachtbarer Prozeß, oder wie Bunge (1980) dies ausdrückte „. . . Lernen besteht im Erwerb neuraler Funktionen und setzt ein plastisches Nervensystem voraus" (Bunge 1980, S. 140). *„Lernen"* ist ein typisches Beispiel für einen theoretischen Begriff: Durch eine sogenannte *Operationalisierung* (siehe auch Kapitel 4) wird die Bedeutung des theoretischen Begriffes partiell festgelegt: So läßt sich etwa eine *Veränderung* der Leistung (= „performance") als Folge einer Veränderung von Umweltsituationen beobachten, was unter Umständen *einen* Aspekt des Lernens bildet.

Die Erforschung der Komplexität menschlicher Verhaltensabläufe und Verhaltensänderungen schließt eine Reihe von Merkmalen und Bedingungen ein, *zwei* dieser Aspekte, nämlich einige *kognitive Komponenten und ausgewählte sozialpsychologische* Determinanten, bilden den Gegenstand weiterer Kapitel. Dabei muß nochmals betont werden, daß die angeführten Punkte (zum Beispiel 3.2 „Kognitive Theorien" und 3.3 „Theorien der Sozialpsychologie") lediglich *einige Beispiele* für mögliche Grundlagen der Verhaltenstherapie enthalten. Besonders deutlich wird dies am Kapitel zu den sozialpsychologischen Grundlagen: Neben den angeführten theoretischen Überlegungen hätte man praktisch ebensogut andere wichtige Kapitel der Sozialpsychologe behandeln können (beispielsweise Rollentheorien; Theorien über Vorurteile; Reaktanztheorien).

Es ist sogar vermessen zu meinen, man könnte in einem einzigen Kapitel „die" sozialpsychologischen Grundlagen der Verhaltenstherapie darstellen (ebenso problematisch wäre es, als Leser zu meinen, man könne sie sich durch die Bearbeitung eines einzigen Kapitels aneignen). Selbst wichtige Beiträge über sozialpsychologische Grundlagen der Klinischen Psychologie und Verhaltenstherapie (Brehm 1980; Weary und Mirels 1982) können nur einen relativ schmalen Ausschnitt aus der Breite sozialpsychologischen Wissens darstellen. Mit den Überlegungen in diesem umfangreichen Abschnitt über einige inhaltliche psychologische Grundlagen der Verhaltenstherapie sollten zwar einige durchaus wichtige Bereiche vermittelt werden; neben diesen *inhaltlichen* Vermittlungsaspekten soll der Leser auch eine Art *Strategie der Problemlösung* erlernen: Als Verhaltenstherapeut sollte man sich der Mühe unterziehen, als aktiver, kreativer und durchaus kritischer Problemlöser den reichen Fundus psychologischer Theorien und Methoden zu nutzen. *Wie* dies *prinzipiell* geschehen kann, sollen die folgenden Kapitel vor Augen führen; daß dies nicht nur auf die angesprochenen Inhalte bezogen ist, sollte bei der weiteren Lektüre immer klar sein.

3.1 Klassische Lerntheorien

Eine Darstellung der sogenannten „klassischen Lerntheorien" findet sich in praktisch *allen* Einführungsbüchern zur Verhaltenstherapie (Agras 1978; Alberti 1975; Bandura 1969; Blöschl 1969; Feldman und Broadhurst 1976; Gambrill 1977; Kanfer und Phillips 1975; Meyer und Chesser 1970; Revenstorf 1982; Rimm und Masters 1974).

In dem Maße, wie die klassischen Konzepte des Lernens als Grundlage der Verhaltenstherapie in der Vergangenheit betont wurden, treten sie scheinbar immer mehr in den Hintergrund: Zur Erklärung von menschlichen Problemen und zu deren Veränderung werden eine Reihe zusätzlicher Variablen als zentral angesehen, die *außerhalb* des Geltungsbereiches der Lerntheorien liegen (zum Beispiel Kognitionen, sozialpsychologische Variablen). Mit dieser Entwicklung geht auch eine Ausweitung der psychologischen Basis der Verhaltenstherapie einher, die man als ausgesprochen wichtig und erfreulich ansehen muß. Daß man sich mit dieser Ausweitung der theoretischen Basis der Verhaltenstherapie eine ganze Reihe von ungelösten Problemen eingehandelt hat, sei hier nur erwähnt: So ersetzt etwa die bloße *Benennung* von „kognitiven" Faktoren noch keineswegs eine Klärung ihres theoretischen, methodologischen und empirischen Status (siehe dazu Eysenck 1982 und andere; Wolpe 1976a, b; 1978).

Klassische Lerntheorien werden zwar als Grundlagen der Verhaltenstherapie weniger *erwähnt,* ihre *Bedeutung* für Theorie und Praxis der Verhaltenstherapie ist damit jedoch in keiner Weise betroffen. Im Gegenteil: Klassische Lerntheorien haben einen Grad der empirischen Absicherung und theoretischen Fundierung erreicht, den man in anderen Bereichen psychologischer Theorienbildung sicherlich noch lange Zeit als höchst wünschenswert ansehen wird. Dieser Grad der Absicherung und Ausdifferenzierung mag ein Grund dafür sein, daß die *Beschäftigung* mit diesen Modellen etwas in den Hintergrund getreten ist. Dabei bieten inhaltliche Gesichtspunkte der angeführten „klassischen" Lerntheorien genügend Möglichkeiten für eine differenzierte Bearbeitung einzelner Fragestellungen, wie dies zum Teil in Abschnitt 3.1.7 (Neuere Entwicklungen) angesprochen wird. Zum Verständnis (das heißt Beschreibung und Erklärung) menschlichen Verhaltens – und damit auch zur Erklärung und Veränderung psychischer Störungen – werden gerade klassische Lerntheorien als *unverzichtbar* angesehen (vgl. auch Estes 1975a).

3.1.1 Die Entwicklung von Lerntheorien bei Edward Lee Thorndike

Den Ausgangspunkt der Überlegungen von Thorndike bildeten unterschiedliche Lernexperimente mit Tieren und Menschen: Die systematische Beobachtung des Verhaltens von Organismen in sogenannten Problemkäfigen (siehe Abbildung 3.1) sollte Aufschluß über die Fähigkeit zum Lernen geben. Zu diesem Zweck wurden die Tiere hungrig in einen kleinen Käfig gesperrt; die Tiere konnten sich selbst aus der Situation befreien, indem sie eine *vorher festgelegte* Reaktion zeigten (zum Beispiel Drücken eines Hebels; Ziehen an einer Schlinge; jedoch auch sogenannte natürliche Reaktionen, wie Sich-Lecken bei Katzen oder ähnliches). Mit dieser und ähnlichen Versuchsanordnungen ließen sich verschiedene Merkmale einzelner Reaktionen beobachten und registrieren (zum Beispiel die Zeit bis zur Lösung des Problems).

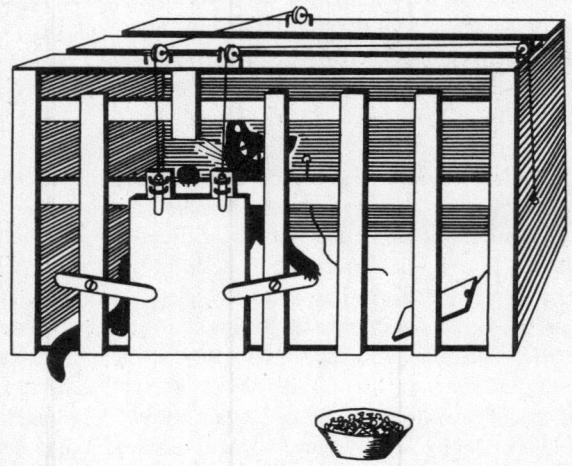

Abb. 3.1: Problemkäfig von E. L. Thorndike (aus: H. Zeier 1976, S. 95).

Das Verfahren dieser objektiven Untersuchung des Lernens von Organismen wurde in der Folge äußerst einflußreich. Thorndike hat seine zentralen Überlegungen zum ersten Male im Jahre 1898 publiziert, in den späteren Jahren jedoch weiter differenziert (Thorndike 1911; 1913a, b; 1932). Eine gewisse Berechtigung für die Untersuchung des Lernens bei verschiedenen Arten ergab sich für Thorndike aus der Überlegung, daß sich aus der Analyse der Stammesgeschichte ein Verständnis für (auch geistige) Funktionen des Menschen herleiten lasse. Thorndike zeigt sich hierin stark von Darwin (1859) beeinflußt. Ein Kernstück der theoretischen Überlegungen von Thorndike bildet die Charakterisierung des Lernprozesses: Lernen besteht für ihn in der Bildung von *Assoziationen* (Verknüpfungen) zwischen Situationen (S) und Reaktionen (R). Die Fähigkeit eines Organismus, unterschiedliche Assoziationen zu bilden (also zu lernen), befreit ihn aus vorhandenen biologisch-evolutionären Zwängen (also festgelegten Reaktionen). Diese Flexibilität des Menschen und auch die Tatsache, daß Assoziationen unter Umständen auch durch „Vorstellungen" gebildet werden können, macht nach Thorndike seine Stellung in der Stammesgeschichte aus.

Merkmale von Assoziationen:

Die physiologische Grundlage der Bildung von Assoziationen stellen Veränderungen in Neuronengruppen dar, die der Situation einerseits und der Reaktion andererseits entsprechen. Unter Assoziation versteht Thorndike (1911, 1913a) allerdings auch Verknüpfungen zwischen beobachtbaren Situationen und Reaktionen.

Mit den Begriffen „Situation" beziehungsweise „Reaktion" geht Thorndike (1935) ausgesprochen sorglos um: *Situationen* sind einfache Zustände in der Umgebung des Organismus (etwa Nadelstich, Blitz . . .) ebenso wie komplexe Gegebenheiten (zum Beispiel Arbeitsplatz). Ähnlich wird der Begriff der *Reaktion* für einfache motorische Aktivitäten (Beispiel: Zucken der Augenlider als Folge eines Blitzlichtes) bis hin zu komplexen Handlungsabfolgen (zum Beispiel Kochen eines Menüs) verwendet. Unter einer *Verknüpfung* (also der Bildung einer S-R-Verbindung) versteht Thorndike die Tatsache, daß auf eine bestimmte Situation S mit einer bestimmten (sich ändernden) Wahrscheinlichkeit eine Reaktion R erfolgt.

Thorndike (1935) hatte offensichtlich keine Bedenken, die Bildung von Assoziationen auch für den Bereich der *Vorstellungen* anzunehmen. Dieses Lernen spielt nach Thorndike – obwohl möglich – allerdings bei Tieren eine nur untergeordnete Rolle. Auch der Bildung von *Erwartungen* als Folge des Lernens widmete Thorndike (1935) einige Überlegungen: Solche Erwartungen beziehen sich auf sogenannte Nachwirkungen von Reaktionen (zum Beispiel Erwartungen über befriedigende Zustände als Folge von S-R-Verbindungen).

Für die Bildung von Assoziationen wurden von Thorndike (1898) einige Gesetzmäßigkeiten als wichtig erachtet, von denen das bekannteste das *„Effektgesetz"* darstellt. Dieses Gesetz bildet eine Art empirischer Generalisierung beobachteter Zusammenhänge und besagt, daß die Bildung von S-R-Verbindungen durch „befriedigende" Nachwirkungen gestärkt oder durch „unangenehme" Nachwirkungen abgeschwächt würde (Thorndike 1911). Die Operationalisierung von „befriedigenden" Nachwirkungen als Situationen, die ein Organismus häufig aufsuchte oder zumindest nicht zu vermeiden versuchte, hat viele Jahre später zu heftigen Kontroversen Anlaß gegeben (Kimble 1961; Postman 1947; Westmeyer 1973). Das von Thorndike (1911) später zum Teil revidierte (Thorndike 1935) Effektgesetz bildet allerdings eine zentrale Grundlage fast aller Lerntheorien.

Neben der Annahme zeitlicher und räumlicher Nähe von Situationen und Reaktionen als Voraussetzung für die Bildung von S-R-Verknüpfungen (später bei Guthrie 1935, 1959 als „Kontiguität" bezeichnet) hat Thorndike (1911) bereits ein Prinzip formuliert, dem auch heute wieder große Bedeutung zuerkannt wird: Thorndike verstand unter dem Prinzip der *Zusammengehörigkeit* die Tatsache, daß einige S-R-Verbindungen offensichtlich einfacher und schneller ausgeformt werden können als andere. Für diese Zusammengehörigkeit von Situationen und Reaktionen lassen sich kaum eindeutige Kriterien angeben. In neuerer Zeit wird dem Gesichtspunkt der Zusammengehörigkeit von Situationen und Reaktionen als Voraussetzung für die Bildung von S-R-Verbindungen wieder starkes Interesse entgegengebracht: Die Ausformung von Assoziationen folgt offensichtlich nicht einer beliebigen oder Gleichverteilung, sondern sie ist selektiv. Diese Selektion folgt offensichtlich einem evolutionären Prinzip, wonach S-R-Verbindungen sehr rasch und stabil ausgebildet werden, wenn dies für das Überleben des prä-technologischen Menschen bedeutsam ist (vgl. Seligman 1970; Seligman und Hager 1972). Auch für die Erklärung pathologischer Reaktionen, etwa für die Ausformung phobischer Störungen, greift man auf dieses Prinzip der Selektivität zurück (deSilva, Rachman und Seligman 1977), dessen Bedeutung bereits in sogenannten klassischen Lerntheorien erkannt worden war (siehe auch Tolman 1932).

Wichtige Rahmenbedingungen für das Lernen von Assoziationen bilden nach Thorndike (1913b; 1935) zusätzlich *motivationale* Faktoren. Solche motivationalen Faktoren werden eher als Voraussetzungen betrachtet, als daß sie differenziert als Variablen des Lernprozesses aufgeschlüsselt werden. Außerdem interagiert bei Thorndike (1935) der Aspekt der Motivation stark mit dem Gesichtspunkt der Befriedigung eines Bedürfnisses durch Verstärkung (nach einem Lerndurchgang). In anderen Lerntheorien (zum Beispiel bei C. Hull) wird die Rolle motivationaler Faktoren ausdifferenziert und als entscheidender Bestandteil der Theorie betrachtet.

Zusammenfassung: Thorndike versteht unter „Lernen" die Bildung von Assoziationen zwischen Situationen (S) und Reaktionen (R) durch einen Organismus. Verschiedene Merkmale solcher Verknüpfungen lassen sich in Problemsituationen beobachten, registrieren und analysieren. Wichtige Gesichtspunkte der Assoziationen sind
a) sie folgen dem Gesetz des Effekts;
b) zusammengehörige Verbindungen werden leichter gelernt;
c) die Bildung von Assoziationen führt zu Erwartungen über Effekte (Nachwirkungen) von Reaktionen.

Weiterführende Literatur: Hilgard, E. R., und Bower, G. H.: Theorien des Lernens I. Stuttgart: Klett, 4. Aufl. 1975 (Kapitel 2).

3.1.2 Iwan P. Pawlow: Klassisches Konditionieren

Die Arbeiten zum Klassischen Konditionieren machen nur einen Teil des umfangreichen wissenschaftlichen Werkes von Iwan Pawlow aus. Er war Physiologe und interessierte sich neben der Gehirnphysiologie auch für Aspekte der Physiologie des Verdauungstraktes. Die Auslösung von Sekreten durch bedingte Reize bezeichnete Pawlow als „psychische Sekretion" (weil sich dafür keine somatischen Auslöser angeben ließen).

Pawlow stand mit seinen Arbeiten in der Tradition der sogenannten russischen Reflexologie, als deren bedeutendste Vertreter Iwan M. Sečenow (1829–1905) und Vladimir M. Bekhterew (1857–1927) angesehen werden können. Während Sečenow jegliches Verhalten als eine Interaktion von Hemmung und Erregung kortikaler

Funktionen analysierte, stellte Bekhterew seine Studien zum Assoziationsreflex in ein psychologisches System. Die Arbeiten der beiden Pioniere wiesen enge Bezüge zur westeuropäischen physiologischen und psychologischen Tradition auf: Sečenow hatte in Berlin bei J. Müller studiert und arbeitete zeitweise mit Ludwig, Helmholtz, Bunsen und C. Bernard zusammen. Auch Bekhterew war mit der Psychologie vertraut, da er in Wilhelm Wundts Labor gearbeitet hatte.

Die von Pawlow entwickelten Versuchsanordnungen zur Untersuchung von Lernvorgängen waren damals neuartig; es dauerte allerdings ziemlich lange, bis dieser Ansatz von der amerikanischen Lernforschung rezipiert wurde: Krasnogorski, ein Student Pawlows, berichtete übert dessen Arbeiten vorwiegend in Deutschland (etwa um 1910); W. H. Burnham und F. Matteer (Clark University) griffen diese Studien auf. Die Übersetzung der Arbeit von Bekhterew („Objective Psychology", 1913) machte den Ansatz der Konditionierung einer wissenschaftlichen Gemeinde bekannt. Im Jahre 1904 hatte Pawlow den Nobelpreis für seine Arbeiten zu den Verdauungsdrüsen des Hundes verliehen bekommen; in den USA wurden die Untersuchungen von Pawlow lange Zeit als Spezialbeiträge zur Physiologie betrachtet. Erst die Übersetzung des Buches „Conditioned Reflexes" (1927) durch G. Anrep brachte hier eine grundlegende Änderung. In den 30er und 40er Jahren haben sich praktisch alle Lernforscher in den USA mit verschiedenen Detailaspekten von Pawlows Untersuchungen zum Konditionierten Reflex intensiv auseinandergesetzt. Zur weiteren Information über die Entwicklung der russischen Reflexologie und ihre Rezeption wird auf die einschlägige Literatur verwiesen (Buresova 1977; Kussmann 1974, 1977; Lauterbach 1978; Pickenhain 1959).

Ähnlich wie Edward Thorndike interessierte sich auch Iwan Pawlow für die Bildung von sogenannten *Assoziationen*. Ein grundlegender Unterschied in den Versuchsanordnungen sollte jedoch auch für die spätere Lernforschung entscheidend werden: Thorndike versuchte, Merkmale der Assoziationen von S-R-Verbindungen und der damit verbundenen Effekte („Nachwirkungen") zu analysieren. Pawlow hingegen untersuchte die Fähigkeit zur Assoziationsbildung bei verschiedenen Reizpaaren (zwischen UCS und CS). Dabei sollte erforscht werden, in welcher Weise ein bestimmter neutraler Reiz durch Koppelung mit einem unbedingten Reiz (UCS, unconditioned stimulus) selbst Auslöserfunktion für eine Reaktion (CR, conditioned reaction) übernehmen konnte. Pawlow bediente sich dabei folgender Standardversuchsanordnung:

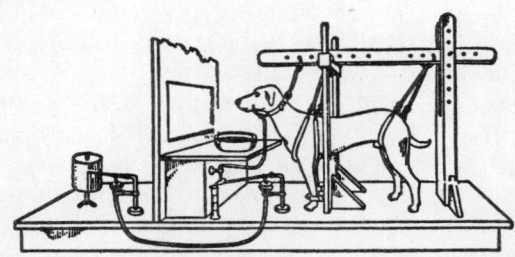

Abb. 3.2: Pawlows Versuchsanordnung (aus: G. A. Kimble 1961, S. 45).

Der Ablauf des Versuches läßt sich folgendermaßen beschreiben: Zuerst wurde ein bestimmter Reiz als *konditionierter* Stimulus ausgewählt (z. B. ein Glockenton oder Einschalten des Lichtes, das zunächst für den Hund einen neutralen Reiz darstellt) und dargeboten. Auf diesen Reiz hin zeigt der Hund keine Speichelabsonderung. Etwa eine Sekunde nach dem Einschalten des Lichtes wird dem Hund ein *unkonditionierter* Reiz (z. B. Fleischpulver) dargeboten, woraufhin das Tier zu fressen beginnt. Nach mehrfachen Koppelungen des vorher neutralen Reizes (Licht) mit dem unkonditionierten Reiz (Fleischpulver) sowie der unkonditionierten Reaktion (Speichelabsonderung und Fressen) löste bereits die Darbietung des Lichtes die Speichelabsonderung aus: Der vorher neutrale Reiz war zum konditionierten Reiz (CS) geworden. Die Erfassung der konditionierten Reaktion (Speichelabsonderung) erfolgte durch einen vorherigen operativen Eingriff, bei dem eine Kanüle an der Speicheldrüse angebracht wurde, so daß der Speichelfluß beobachtet und registriert werden konnte.

Der Prozeß der Konditionierung (Bildung einer Assoziation zwischen Reizen) läßt sich folgendermaßen schematisch verdeutlichen:

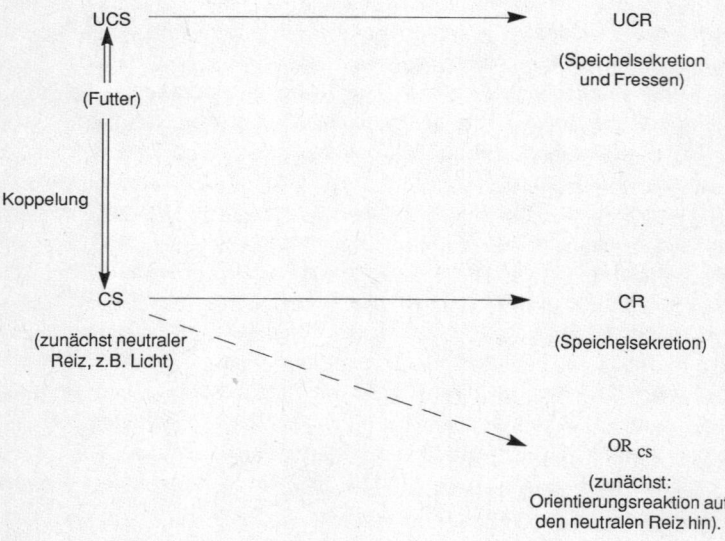

Die zentralen Begrifflichkeiten des Klassischen Konditionierens lassen sich folgendermaßen präzisieren (vgl. dazu Kimble 1961, S. 46 ff.):

Unkonditionierter Stimulus (UCS): Darunter ist ein Reiz zu verstehen, der üblicherweise eine ganz bestimmte und beobachtbare Reaktion beim Organismus auslöst.

Unkonditionierte Reaktion (UCR): Reaktion, die üblicherweise durch die Darbietung eines UCS beim Organismus ausgelöst wird (meistens eine nicht gelernte, reflexhafte Reaktion).

Konditionierter Stimulus (CS): Darunter ist ein Reiz zu verstehen, der die UCR ursprünglich nicht auslöst (in diesem Sinne ist der Reiz auch als „neutral" zu bezeichnen) und der erst durch eine Koppelung (Assoziation) mit dem UCS bedingte Auslöserfunktion übernimmt. Die Darbietung des CS allein löst beim Organismus üblicherweise eine *Orientierungsreaktion* aus; diese Reaktion (von Pawlow auch als „Suchreflex" bezeichnet) kann jedoch von der CR beziehungsweise UCR unterschieden werden.

Konditionierte Reaktion (CR): Eine Reaktion, die als ein Ergebnis der Verbindung von UCS und CS durch die alleinige Darbietung des CS ausgelöst wird, bezeichnet man als konditionierte Reaktion. Diese CR ist der UCR in vieler Hinsicht ähnlich, Unterschiede lassen sich vor allem in der Latenzzeit und Stärke der Reaktion finden.

Variablen für die Bildung von Assoziationen
Die Theorie konditionierter Reaktionen von Pawlow (1927, 1953, 1955) beruht auf Annahmen über die Interaktion kortikaler Erregung und Hemmung: Ein externer Reiz stellt eine Erregung in einem kortikalen Bereich dar, und wenn gleichzeitig ein zweiter Stimulus (zum Beispiel CS) dargeboten wird, so führt dies zu einer Erregung in einem anderen Bereich. Die mehrmalige gleichzeitige Erregung führt zu einer Bahnung und Überschneidung (Interaktion) im Sinne einer Verbindung auf neuraler Ebene. In der Folge ist bereits einer der beiden Reize (CS) in der Lage, die betreffende Erregung und die damit verbundene Reaktion (CR) auszulösen.

Für die Bildung von bedingten Reaktionen lassen sich drei Gruppen von Variablen anführen: a) Der somatische Zustand des Organismus, b) die zeitliche Beziehung zwischen UCS und CS und c) Merkmale der Reize selbst.

a): *Somatischer Zustand des Organismus:* Die Wirksamkeit eines Konditionierungsverfahrens ist unter anderem davon abhängig, ob beim betreffenden Organismus ein guter Gesundheitszustand vorliegt (andernfalls kommt es zur Störung durch pathologische Faktoren). Andere Aspekte, die Pawlow (1955) hier geltend macht, beziehen sich auf motivationale Bedingungen (Futter wirkt nur dann als UCS, wenn die Tiere hungrig sind) und die prinzipielle Ausstattung („Typus") des Nervensystems.

b): *Zeitliche Beziehung zwischen UCS und CS:* Für die Bildung konditionierter Reaktionen muß eine ganz bestimmte Beziehung zwischen UCS und CS vorliegen, damit der CS die Funktion eines bedingten Auslösers übernehmen kann. Optimale Voraussetzungen für die Assoziation sind bei sogenannten simultanen beziehungsweise verschiedenen Formen der verzögerten Konditionierung gegeben. Die verschiedenen Kombinationsmöglichkeiten sind in Abbildung 3.3 wiedergegeben (Kimble 1961, S. 48).

Die Frage des idealen Intervalls von CS und UCS wurde in der Lernforschung zum Gegenstand vieler Untersuchungen. Als günstig hat sich herausgestellt, den CS ein bis drei Sekunden vor dem Einsetzen des UCS darzubieten, damit eine optimale Assoziation zwischen CS und UCS erfolgen kann (Alberti 1975; Pickenhain 1959). Zwei Fragen zur zeitlichen Relation von CS und UCS haben in der Folge Bedeutung erlangt – allerdings unterschiedliche: Von eher theoretischem Interesse ist die Frage, ob sich Lerneffekte auch bei der sogenannten Rückwärtskonditionierung nachweisen lassen (in diesem Falle wird der CS *nach* dem Auftreten des UCS dargeboten).

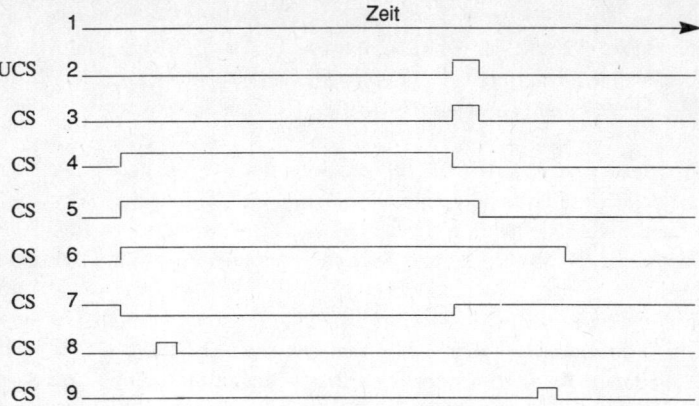

Abb. 3.3: Mögliche Relationen zwischen UCS und CS beim Klassischen Konditionieren: Linie 1 stellt den Zeitverlauf dar, Linie 2 den Beginn und das Ende der Darbietung des UCS. Linie 3 verdeutlicht den Fall der simultanen Konditionierung (gleichzeitige Darbietung von CS und UCS). Die Linien 4, 5, 6 und 7 sind Beispiele verzögerter Konditionierung. Linie 8 zeigt die Spurenkonditionierung. Linie 9 illustriert die sogenannte Rückwärtskonditionierung.

Während einige Forscher vehement an der Möglichkeit der Rückwärtskonditionierung festhalten, wird sie von anderen als Fall von „Pseudokonditionierung" betrachtet (der Organismus äußert eine Reaktion, die einer konditionierten Reaktion ähnelt, ohne daß vorher eine *Koppelung* mit dem konditionierten Stimulus stattgefunden hätte; vgl. dazu Harris 1941; Kimble 1961).

Die zweite Frage ist auch von erheblicher *praktischer* Bedeutung: Im Zentrum dieser Frage steht das Problem, ob sich Lernen auch dann nachweisen läßt, wenn der CS nicht im Bereich von Sekunden zusammen mit dem UCS dargeboten wird, sondern wenn dazwischen Minuten oder sogar Stunden liegen. Interessanterweise konnte Pawlow selbst Konditionierungseffekte bei Hunden mit einem Inter-Stimulus-Intervall von 30 Minuten nachweisen. Diese Frage einer zeitlichen Assoziation zwischen UCS und CS erlangte insbesondere in kognitiven Lerntheorien große Bedeutung (vgl. Mackintosh 1977): Für das Lernen ist die *Kontingenz* zwischen Reizen offenbar wichtiger als die bloße *Kontiguität*. Die Frage wird bei der Erörterung kognitiver Lerntheorien wieder aufgegriffen.

c): Merkmale der Reize selbst: Pawlow (1927) selbst hat darauf hingewiesen, daß im Prinzip zwar jeder „neutrale" Reiz zu einem bedingten Reiz gemacht werden könne, er war sich allerdings klar darüber, daß verschiedene Reize diese Funktion leichter übernehmen können als andere. (Siehe dazu auch das Prinzip der „Zusammengehörigkeit" von Reizen bei Thorndike 1911). Ein neutraler Reiz kann nur schwerlich eine Signalfunktion für einen UCS übernehmen, wenn er selbst bereits eine starke Orientierungsreaktion auslöst. Auch biologisch primär bedeutsame Reize sind als CS nur wenig geeignet. Wenn man außerdem einen UCS als CS zu konditionieren trachtet, so ist es wichtig, das Stärkeverhältnis der beiden Reize zu beachten: Die Funktion des konditionierten Stimulus kann nur vom schwächeren der beiden unkonditionierten Stimuli übernommen werden.

Eine Beachtung dieser Ausführungen über spezifische Reizeigenschaften beim Klassischen Konditionieren durch Pawlow (1927) beziehungsweise durch Thorndike (1911) hätte die Lernforschung in der Tradition von John B. Watson (1913, 1919) vermutlich vor einigen Irrwegen bewahrt.

Nach der Ansicht von Pawlow (1927, 1955) läßt sich auch das komplexe Verhalten höherer Organismen als Kette von bedingten und unbedingten Reaktionen auf Reize der inneren und äußeren Umgebung analysieren. Besonders kennzeichnend für den Menschen ist das Phänomen der Konditionierung höherer Ordnung und die damit verbundene Ausbildung eines „zweiten Signalsystems". Darunter ist folgendes zu verstehen: Wenn eine Klassische Konditionierung stattgefunden hat, so kann nach der stabilen Assoziation von CS und UCS der ursprüngliche CS die Funktion eines UCS für einen neuen CS übernehmen. Dieser neue CS ist beim Menschen häufig die Sprache. Der Sachverhalt läßt sich in folgendem Schema verdeutlichen:

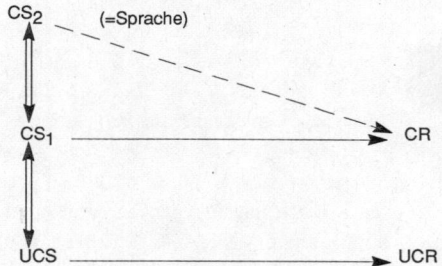

Bei der Konditionierung höherer Ordnung hat somit die *Sprache* (CS_2) die Funktion eines Hinweisreizes auf eine komplexe Verknüpfung (CS_1–UCS) übernommen. Beispiel: Bereits das Wort „Spinne" löst bei einem Phobiker eine konditionierte Reaktion aus, er braucht das Tier gar nicht zu sehen (= Konfrontation mit dem CS_1) geschweige denn, durch sie verletzt zu werden (= Konfrontation mit dem UCS).

Pawlow (1927) betrachtete die Fähigkeit zur Bildung dieses „zweiten Signalsystems" und den komplexen Umgang mit der Sprache als charakteristisch für menschliches Lernen. Diese Überlegungen wurden später auch von A. Staats (1972, 1975) unter der Bezeichnung „Language Behavior Therapy" aufgegriffen und ausgearbeitet.

Viele Aspekte neurotischer und psychosomatischer Störungen lassen sich durch Prinzipien des Klassischen Konditionierens beschreiben und erklären (vgl. etwa Basler et al. 1979; Birbaumer 1980; Ferstl 1980). Zur Illustration sei auf einige Beispiele hingewiesen, in denen Asthmaanfälle nicht nur durch Allergene, sondern durch zuvor neutrale Reize ausgelöst werden konnten (Dekker und Groen 1956; Groen 1976, 1979): Zur Bestimmung von Allergenen für asthmatische Reaktionen atmeten die Patienten gasförmige Allergene über ein Glasmundstück ein. Kurze Zeit später wurde der Asthmaanfall bereits durch das Glasmundstück hervorgerufen, selbst wenn es nicht einmal mit dem Behälter mit den Allergenen verbunden war. Dies läßt sich in folgendem Schema der Klassischen Konditionierung verdeutlichen:

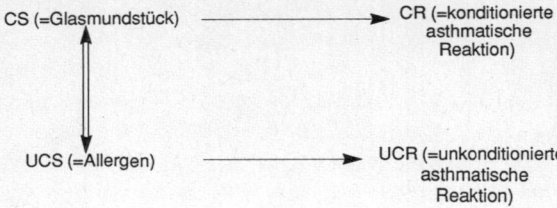

Bei anderen asthmatischen Patienten erfolgte die asthmatische Reaktion (CR) auf *außergewöhnliche* Reize hin; in solchen Fällen läßt sich die Lerngeschichte (= ursprüngliche Koppelung) zumeist nicht mehr aufklären. Einige Patienten reagierten etwa auf den Anblick von Goldfischen, andere auf das Bild eines springenden Pferdes, auf den Geruch eines Parfums usw.

Das Beispiel soll verdeutlichen, welche Rolle das Klassische Konditionieren im Rahmen komplexer Störungen spielen kann (siehe dazu auch Hinweise aus verschiedenen Neurosentheorien).

Zusammenfassung: Das Prinzip der Klassischen Konditionierung nach Pawlow besteht in einer Assoziation zwischen Reizen durch das lernende Individuum: Nach einem mehrfachen gemeinsamen Auftreten eines UCS (unkonditionierter Reiz), gemeinsam mit einem neutralen Reiz, lernt der Organismus, daß dieser neutrale Reiz als Hinweis auf den UCS dient. In der Folge ist bereits der vorher neutrale Reiz (nunmehr CS, konditionierter Reiz) in der Lage, die entsprechende Reaktion (nunmehr CR, konditionierte Reaktion) hervorzurufen. Voraussetzungen für die Ausbildung des Lernprozesses bilden a) Variable des lernenden Organismus, b) die zeitliche Relation von CS und UCS und c) Merkmale der Reize, wobei insbesondere der Frage, inwieweit der CS ursprünglich als „neutral" angesehen werden kann, große Beachtung zu schenken ist. Das Prinzip der Klassischen Konditionierung kann zur Beschreibung und Erklärung einer ganzen Reihe von Lernprozessen herangezogen werden.

Weiterführende Literatur: Kussmann, T.: Pawlow und das klassische Konditionieren. In: Zeier, H. (Hg.): Die Psychologie des 20. Jahrhunderts. Bd. IV.: Pawlow und die Folgen. Zürich: Kindler 1977.

3.1.3 Burrhus F. Skinner: Operantes Konditionieren

Burrhus Skinner begann seine außerordentlich einflußreiche Arbeit Ende der 20er Jahre vor allem unter dem Einfluß der Übersetzung von Pawlows „Conditioned Reflexes" (1927). Dazu kamen Einflüsse aus dem Bereich der vergleichenden Verhaltensforschung (Charles Darwin und J. Loeb). Den Gegenstand seiner Untersuchungen bildete das *Verhalten*. In einer ganzen Reihe von sehr genau kontrollierten

Experimenten versuchte er, diesen vagen Grundbegriff zu operationalisieren: Dazu gehörte eine genaue Beschreibung beobachtbarer Prozesse, ihrer Frequenz, Intensität und Oszillation.

Die wichtigste Methode zur Erforschung des Verhaltens besteht nach Skinner in der exakten und kontinuierlichen Beobachtung einzelner Merkmale des Verhaltens in kontrollierten Untersuchungssituationen. Zum Zwecke dieser Beobachtung von Tieren konstruierte er eine Versuchsanordnung, die auch nach ihm benannt wurde („Skinner-Box"):

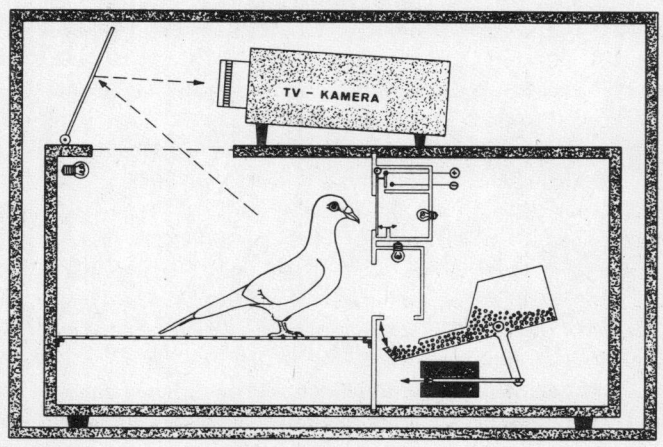

Abb. 3.4: Skinner-Box (aus: Zeier 1976, S. 116).

Die Skinner-Box besteht im Prinzip aus folgenden Bestandteilen: Einem einfachen Kasten, durch den das Versuchstier von Außenreizen möglichst abgeschirmt wird; einer Taste, einem Hebel oder einer Scheibe, auf denen eine bestimmte Form des Verhaltens (= Wirkreaktion) ermöglicht wird, durch die sich das Tier Futter verschaffen kann (Drücken der Taste, des Hebels, beziehungsweise Picken auf die Scheibe); Vorrichtung zur Abgabe von Futterkugeln; zumeist auch diverse Lämpchen, die später als diskriminative Hinweisreize ausgeformt wurden; Fernsehkamera, um die Reaktionen des Versuchstieres aufzuzeichnen.

In dieser Versuchsanordnung ließen sich die interessierenden Reaktionen der Versuchstiere sehr präzise beobachten und registrieren. Zur Aufzeichnung einzelner Reaktionen im zeitlichen Verlauf entwickelte Skinner kumulative Aufzeichnungsverfahren (vgl. Skinner 1959). Die genaue und vor allem kontinuierliche Beobachtung erbrachte eine Fülle empirischer Befunde, die Skinner in dem Buch „The Behavior of Organisms" (1938) zusammenfaßte. Die in diesem Werk deutliche wissenschaftstheoretische Haltung Skinners ist bemerkenswert, und sie kommt auch in dem Aufsatz „Are theories of learning necessary" (1950) zum Ausdruck: Gegenüber der Theorienbildung bleibt Skinner äußerst skeptisch, wobei er unter Theorien Erklärungen von Sachverhalten versteht, die sich auf Dinge auf einer anderen Beobachtungsebene beziehen und die in Begriffen erfolgen, wie sie für die Verhaltensebene nicht charakteristisch sind. Skinner ist sich klar darüber, daß auch seine empirischen Generalisierungen nicht „theoriefrei" in dem Sinne sind, als sie durch die Verallgemeinerung über das direkt Beobachtete hinausgehen. Er wendet sich jedoch strikt gegen den Versuch einer Erklärung von Verhalten durch Prinzipien, die auf anderen Ebenen gewonnen worden sind. Im Speziellen nennt er drei Theorienbereiche, die seiner Auffassung nach zur Beschreibung und Erklärung von *Verhalten* untauglich sind:

a) *Physiologische Theorien:* Theoretische Aussagen über Gesetzmäßigkeiten physiologischer Prozesse können nach Ansicht Skinners (1950) nicht zur Erklärung von Verhalten herangezogen werden, weil diese theoretischen Überlegungen auf nichtpsychologischen Methoden beruhen. Skinner zeigt sich hier als strikter Anti-Reduktionist, wenn er Erklärungen von Verhalten durch physiologische Gesetzmäßigkeiten ablehnt. Nach seiner Auffassung besteht zwischen Verhaltens- und physiologischen Theorien weder eine begriffliche, noch operationale Verknüpfung (Begriffe und Operationalisierungen bewegen sich „auf einer anderen Ebene").

b) *Mentalistische Theorien:* Auch hier handelt es sich nach Skinner (1950) um Gesetzmäßigkeiten auf einer anderen Ebene als der des Verhaltens: Mentalistische Theorien beabsichtigen Erklärungen von subjektiven Erfahrungen und verwenden vorwiegend Dispositionsbegriffe (zum Beispiel Erwartung, Furcht vor Mißerfolg), die sich nicht auf die Verhaltensebene beziehen. Sie können deshalb zur Erklärung des Verhaltens nichts beitragen.

c) *Kognitive Theorien:* Darunter versteht er theoretische Konstruktionen, deren erklärende Begriffe sich ebenfalls nicht auf beobachtbares Verhalten beziehen lassen. Die meisten dieser Begriffe enthalten hypothetische Komponenten, die Skinner (1938, 1950) in seinen Überlegungen nicht enthalten sehen will. Aus diesem Grunde stützt sich Skinner weder in seinen Versuchsanordnungen noch in seinen eigenen theoretischen Überlegungen auf Lerntheorien, in denen hypothetische Konstrukte eine wichtige Rolle spielen (zum Beispiel bei Thorndike 1911: „angenehme Zustände"; bei Pawlow 1927: „Hemmung und Erregung"; bei Hull 1952: „Gewohnheitsstärke" usw.).

Seine eigenen Überlegungen bezeichnet Skinner (1938, 1950) eher als „empirische Generalisierungen" denn als „Theorien". Kennzeichnend dafür ist, daß er versucht, sowohl mit dem Beschreibungs- als auch mit dem Erklärungsanspruch auf der Ebene *beobachtbaren* Verhaltens zu bleiben. Die Skepsis gegenüber der Theorienbildung hat Skinner unter anderem den Vorwurf des „Anti-Theoretikers" eingetragen; demgegenüber meint er im Vorwort zu „Contingencies of Reinforcement" (1969), für einen „Anti-Theoretiker" habe er wohl eine Menge an Theorien erstellt – Theorien allerdings, die sich auf beobachtbare Verhaltensmerkmale beziehen und die ohne Rückgriff auf Konstrukte aus anderen Bereichen auszukommen versuchen.

Zentrales Anliegen bei Skinner ist die *funktionale Analyse* des Verhaltens. Die von ihm dafür aufgestellten Prinzipien wurden in der Folge ausgesprochen einflußreich. Die funktionale Analyse beabsichtigt eine möglichst exakte Beobachtung und Beschreibung eines speziellen Verhaltenausschnittes (etwa hinsichtlich seiner Auftretenshäufigkeit). Dieses Merkmal des Verhaltens wird in Beziehung zu Variablen gesetzt, die mit dem Verhalten kovariieren (zum Beispiel Konsequenzen des Verhaltens). Charakteristisch für diese funktionale Analyse des Verhaltens ist unter anderem, daß das Verhalten eines Organismus üblicherweise über lange Zeiträume hinweg beobachtet und registriert wird. Durch Skinners (1938) Versuchsanordnung waren interindividuelle Variationen weitgehend in den Hintergrund gerückt, so daß sich aus der Beobachtung und Analyse des Verhaltens kaum allgemeine Aussagen treffen ließen. Die Überlegungen in „The Behavior of Organims" (Skinner 1938) beruhen etwa auf exakten und langzeitlichen Beobachtungen an lediglich vier Versuchstieren. Die funktionale Analyse des Verhaltens wurde damit zu einem wichtigen Wegbereiter der einzelfallanalytischen Betrachtungsweise (Sidman 1960).

Das Operante Konditionieren

Bei seinen eigenen Untersuchungen in Anlehnung an Pawlows (1927) Versuchsanordnung machte Skinner (1935, 1938) die Beobachtung, daß viele Reaktionen zwar von einem Reiz ausgelöst („elicited") werden, daß sich daneben aber auch Reaktionen finden, für die kein entsprechender auslösender Reiz beobachtet werden kann. Solche Reaktionen bezeichnet Skinner als operant („emitted"), sie werden vom Organismus ohne ersichtliche Auslöser produziert und entwickeln eine Wirkung auf einen Ausschnitt der Umgebung.

Nach einer Diskussion mit zwei polnischen Physiologen (J. Konorski und S. Miller) kam Skinner (1937) zu einer grundlegenden Unterscheidung in zwei Arten der Konditionierung: Für die von Pawlow (1927) beschriebene Form der Klassischen (respondenten) Konditionierung verwendete Skinner den Begriff „Konditionierung vom Typ S". Kennzeichnend für diese Form ist das Prinzip der Assoziation von Stimuli (häufig auch als „Stimulussubstitution" bezeichnet): Ein neutraler Reiz (S_0) übernimmt nach der Assoziation mit einem unbedingten Reiz (S_1) Auslöserfunktion für eine Reaktion (R_1):

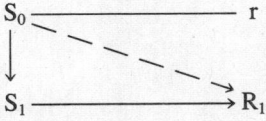

Von diesem ersten Typus unterschied Skinner (1937) die operante Konditionierung beziehungsweise „Konditionierung vom Typ R". Kennzeichnend dafür ist die funktionale Beziehung zwischen einer vom Organismus emittierten Reaktion (R_0) und einem auf diese Reaktion folgenden Reiz (S_1):

$$s \longrightarrow R_0 \longrightarrow S_1 \longrightarrow (R_1)$$

Diese Beschreibung der Konditionierung vom Typ R entstammt der endgültigen Fassung in „The Behavior of Organisms". Dabei bedeuten

s = einen Auslösereiz, der zwar angenommen werden muß, wegen seiner Unbeobachtbarkeit jedoch unwichtig bleibt;

R_0 = eine emittierte („operante") Reaktion, die bereits im Repertoire des Organismus war (zum Beispiel: Drücken auf einen Hebel; Picken auf eine Scheibe usw.);

S_1 = Veränderung der Umwelt; ein Reiz, der auf die Reaktion R_0 folgt (zum Beispiel Verstärkung durch Futter; entspricht dem unbedingten Reiz im obigen Schema).

R_1 = Reaktion auf die Umweltveränderung (beispielsweise Fressen des Futters, Speichelfluß, emotionale Reaktionen usw.).

Für Skinner (1937, 1938) stand die Bedeutung der Konditionierung nach Pawlow (1927) zwar außer Frage, in seiner eigenen Arbeit widmete er sich jedoch fast ausschließlich dem Operanten Konditionieren. Entscheidend war für ihn auch, daß sich die Prozesse des Klassischen und Operanten Konditionierens im Prinzip strikt trennen ließen; dieser Trennung galten eine Reihe von Abhandlungen Mitte der 30er Jahre.

Die zukünftige Auftrittswahrscheinlichkeit eines Verhaltens (R_0) hängt nun nicht von der Darbietung eines Stimulus (s) *vor* dem Verhalten, sondern von der Darbietung eines Stimulus (S_1) *nach* dem Verhalten ab. Die Relation eines Verhaltens zu einem nachfolgenden Reiz wurde als *Kontingenz* bezeichnet. Catania (1973) hat dieses Kontingenzverhältnis als Korrelation zwischen dem operanten Verhalten und der Konsequenz dieses Verhaltens interpretiert: Von Kontingenz spricht man allerdings nur dann, wenn der Reiz S_1 (= Konsequenz des Verhaltens) dem Verhalten nicht mit Notwendigkeit, sondern nur mit einer gewissen Wahrscheinlichkeit folgt.

Lernen wird allgemein als die Veränderung der Auftrittshäufigkeit eines Verhaltens charakterisiert (Hilgard und Bower 1975; Kimble 1961; Mednick, Pollio und Loftus 1975). Die nach Skinner (1938, 1953, 1969) *wichtigste* Bedingung für das Lernen bildet die *Konsequenz* eines Verhaltens. Diese Auffassung wird in praktisch allen Lerntheorien akzeptiert.

Ereignisse (im obigen Sinne: S_1), die die zukünftige Auftrittswahrscheinlichkeit des Verhaltens erhöhen, werden als „*Verstärker*" bezeichnet (Skinner 1938, 1953, 1969). Bei dieser Formulierung handelt es sich um eine leichte Modifikation des Gesetzes des Effekts, das bereits von Thorndike (1898) geltend gemacht wurde. Skinner (1938) lehnt die von Thorndike gegebene Erklärung ab, weil die Frage, ob Zustände (Verhaltenskonsequenzen) von einem Organismus als „angenehm" oder „befriedigend" erlebt werden, in einer Verhaltenstheorie nicht beantwortet werden kann.

Etwas präziser als oben ausgedrückt, läßt sich ein „positiver Verstärker" als ein Ereignis definieren, das die zukünftige Auftrittswahrscheinlichkeit von Reaktionen einer operanten Klasse erhöht, wenn es kontingent auf eine entsprechende Reaktion dargeboten wird (Skinner 1953; Holland und Skinner 1961). Diese Ausdrucksweise erscheint etwas umständlich, ist aber aus folgendem Grunde nötig: Genaugenommen ist es nicht möglich, die Auftrittswahrscheinlichkeit eines bestimmten Verhaltens zu erhöhen (das aufgetretene Verhalten hat die Wahrscheinlichkeit 1). Was man durch die Darbietung einer Konsequenz jedoch verändern kann, ist die Wahrscheinlichkeit, daß Verhalten derselben operanten Klasse wieder auftritt.

Aus dieser von Skinner (1938) vorgebrachten Definition von Verstärkung ergaben sich eine Reihe von Problemen und Kontroversen. Es macht etwa große Schwierigkeiten, genau den Bereich einer „operanten Klasse" anzugeben (vgl. Kimble 1961). Eine andere Kontroverse bildete sich um die Frage, ob das Effektgesetz empirischen Charakter besitze (und als solches widerlegbar sei), oder ob es sich als zirkulär beziehungsweise als Resultat der bedingten Definition des Verstärkerbegriffes erweise (s. Postman 1947; Westmeyer 1973). Ohne die Kontroverse hier aufzurollen muß man folgendes festhalten: Die Gefahr der Zirkularität ist auf alle Fälle dann gegeben, wenn man den Verstärkern einen triebreduzierenden Effekt zuschreibt (weil sich dann die Verstärkerwirksamkeit nur über die Triebreduktion erklären läßt, zur Erklärung der Triebreduktion jedoch wieder auf die Verstärkerwirksamkeit zurückgegriffen werden muß). Skinner (1953) selbst hat jedoch immer wieder betont, daß es ihm bei seinen Untersuchungen und empirischen Generalisierungen nie um die *Erklärung* des „Warum" der Verstärkerwirksamkeit gegangen ist, sondern lediglich um die *Beschreibung* eines Zusammenhanges von Reaktionen und Verhaltenskonsequenzen. Seiner Auffassung nach wird der Vorwurf der *Zirkularität* gegen das Effektgesetz zu Unrecht erhoben.

Nach Skinner (1953; Holland und Skinner 1961) ergeben sich nun folgende Möglichkeiten für die Darbietung von Verhaltenskonsequenzen beziehungsweise ihre Wirkung auf die zukünftige Auftrittswahrscheinlichkeit:

	Darbietung	Entfernung
Positiver Stimulus $(S_1 = C^+)$	Positive Verstärkung Folge: $R\uparrow$	Bestrafung/ Löschung Folge: $R\downarrow$
Aversiver Stimulus $(S_1 = C^-)$	Bestrafung Folge: $R\downarrow$	Negative Verstärkung Folge: $R\uparrow$

$R\uparrow$ bedeutet in diesem Schema, daß nach dem Effektgesetz eine Zunahme der Auftrittswahrscheinlichkeit zu erwarten ist, $R\downarrow$ bedeutet, daß eine Abnahme der Auftrittswahrscheinlichkeit die Folge der entsprechenden Operation ist.

Die Aufgabe einer funktionalen Verhaltensanalyse besteht in einem genauen Registrieren einzelner Reaktionen im zeitlichen Verlauf. Für Tierexperimente hat Skinner (1938) dafür ein kumulatives Aufzeichnungsverfahren entwickelt, an dem sich der Verlauf der einzelnen Reaktionen nachträglich genau ablesen läßt.

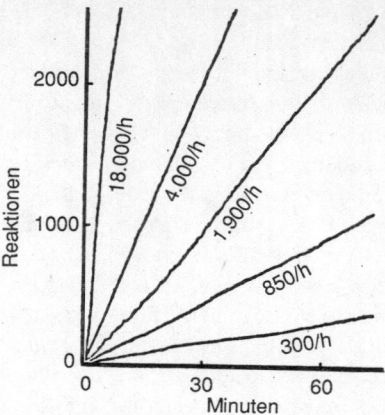

Abb. 3.5: Beispiel für eine kumulative Aufzeichnung von Reaktionen (aus: Holland und Skinner 1961

Auf der Ordinate wird die kumulierte Anzahl der Reaktionen dargestellt, die Abszisse bildet die kontinuierliche Aufzeichnung des Zeitverlaufes. Aus der Steigerung der kumulativen Aufzeichnungen läßt sich direkt die Reaktionsfrequenz ablesen: Steile Kurven bedeuten schnelle Abfolgen von Reaktionen.

Verstärkungspläne:
Skinner kam offensichtlich durch eher zufällige Umstände auf die Idee der *partiellen Verstärkung:* Als seine Futterpillen für eine kontinuierliche Verstärkung von Ratten nicht mehr ausreichten, verstärkte er die Tiere *intermittierend.* Darunter ist zu verstehen, daß nicht mehr jede Reaktion, sondern nur mehr eine ganz bestimmte *Quote* (daher: Quotenplan) beziehungsweise nach einem bestimmten *Zeitintervall* (daher: Intervallplan) der Reaktionen verstärkt wurde. Sowohl die Quote als auch das Intervall können *fixiert* (beispielsweise jede 50. Reaktion wird verstärkt beziehungsweise eine Verstärkung erfolgt erst nach 30 Sekunden auf eine Reaktion) oder *variabel* sein (zum Beispiel Verstärkung erfolgt durchschnittlich für jede 50. Reaktion oder nach durchschnittlich 30 Sekunden).

Neben den verschiedenen Kombinationsmöglichkeiten von fixierten versus variablen Quoten- beziehungsweise Intervallplänen ergaben sich eine Reihe von sogenannten gemischten Verstärkungsplänen, denen Skinner im Laufe seiner Untersuchungen große Aufmerksamkeit schenkte (Ferster und Skinner 1957; Holland und Skinner 1961). Je nach Verstärkungsplan ergaben sich unterschiedlich rasche beziehungsweise stabile Verhaltensraten. Einer der wichtigsten Befunde dazu ist die Tatsache, daß intermittierend verstärktes Verhalten besonders stabil, das heißt löschungsresistent ist.

Auch im Spektrum menschlicher Verhaltensweisen kann man die Auswirkungen unterschiedlicher Verstärkungspläne erkennen. Für die Praxis der funktionalen Verhaltensanalyse ergibt sich daraus die Schwierigkeit, daß sich Verstärker für ein durch partielle Verstärkung ausgeformtes Verhalten kaum noch eruieren lassen, obwohl das Verhalten im Repertoire der Person ausgesprochen stabil ist. Für eine Identifikation der entsprechenden Verstärker müßte man eine Person unter Umständen über sehr lange Zeiträume hinweg beobachten, was sowohl prinzipielle, als auch praktische Schwierigkeiten bildet. In der Praxis behilft man sich häufig damit, daß man eine Person über die Verstärkungskontingenzen befragt, was jedoch nach Skinner (1953) höchst problematisch ist, weil die Person selbst in den seltensten Fällen präzise Auskunft über die entscheidenden Kontingenzen geben kann (siehe auch Kanfer 1985 a). Der einzige Weg zur Erfassung von Verstärkern führt nach Skinner (1953) über die direkte Beobachtung und funktionale Analyse des Verhaltens.

Zur Weiterentwicklung operanter Verfahren

Skinner selbst hat in einer Reihe von Arbeiten Differenzierungen und Ausweitungen seiner konzueptuellen und methodologischen Überlegungen vorgenommen (Skinner 1957, 1963, 1966, 1971). Auch eine Reihe anderer Forscher ist der operanten Tradition gefolgt und hat zur Differenzierung und Ausbreitung des Ansatzes beigetragen (Estes 1975; Harzem und Miles 1978; Harzem und Zeiler 1981; Honig 1966; Honig und Staddon 1977; McGuigan und Lumsden 1975; Scheerer 1983). Operante Ansätze sind aus dem Bereich der Methoden der Verhaltenstherapie nicht mehr wegzudenken (Karoly und Harris 1986; Reinecker 1986 a). Da sich der Entwicklungsstrang in seiner gesamten Breite und Verzweigung hier nicht darstellen läßt, sei auf einige Schwerpunkte verwiesen, die für die Verhaltenstherapie größte Bedeutung erlangt haben.

Wie später noch zu zeigen sein wird, muß die von Skinner (1937; siehe auch Hilgard und Marquis 1940) vorgenommene Unterscheidung in zwei getrennte Konditionierungstypen relativiert werden. Sowohl zur Erklärung, als auch zur Behandlung (Modifikation) von Verhalten müssen deshalb operante Prinzipien Berücksichtigung finden. Als Beispiel kann auf die Entwicklung und Aufrechterhaltung vieler phobischer Störungen hingewiesen werden: Für die Genese lassen sich häufig Prozesse des Klassischen Konditionierens geltend machen, während die Aufrechterhaltung in den meisten Fällen auch durch operante Faktoren kontrolliert wird (sowohl im Sinne der Vermeidung erwarteter aversiver Zustände, als auch im Sinne einer sozialen Zuwendung, die man durch die Störung erzielt). Solche aufrechterhaltende Faktoren gilt es im Laufe der Verhaltensanalyse zu identifizieren und in einer eventuellen Therapie zu berücksichtigen.

Im Rahmen ihrer differenzierten Überlegungen zu diversen Störungen aus dem psychopathologischen Bereich haben Ullmann und Krasner (1969) die Bedeutung sozialer Verstärkungsmechanismen klar herausgestellt. In Neurosentheorien unterschiedlicher theoretischer Ausrichtung (vgl. dazu Sorgatz 1986) wird als *ein* ätiologischer Faktor immer wieder die Bedeutung sozialer Verstärkung für Genese und Aufrechterhaltung eines Problems angeführt.

Für die Therapie von schwer gestörten Patienten, etwa bei hospitalisierten Schizophrenen, autistischen Kindern etc. stellen operante Verfahren ein unschätzbares

119

Hilfsmittel dar. Dabei zeigt sich zwar, daß sich die Lernkurven von hospitalisierten Schizophrenen von denen normaler Kontrollpersonen deutlich unterschieden (Lindsley 1956), daß dies aber bei der Therapie berücksichtigt werden kann. Die operante Technologie erbrachte für Personen, die jahrzehntelang bloß „verwahrt" worden waren, bei sensibler Anwendung eine deutliche Verbesserung ihrer Situation (siehe Beispiele bei Ullmann und Krasner 1965). Ayllon und Azrin (1968) haben durch die Anwendung operanter Prinzipien ein für langzeithospitalisierte Patienten motivierendes Lernmilieu geschaffen, das einen wichtigen Schritt zur Wiederherstellung der Freiheit, Selbstbestimmung und Menschenwürde bildet. Weitere ermutigende Ansätze in dieser Richtung stammen von Paul und Lentz (1977).

Ein eigenes Kapitel bildet die Anwendung der funktionalen Analyse zur Erklärung der Entwicklung und Verwendung der *Sprache* (von Skinner in seinem Buch „Verbal Behavior" 1957 vorgeschlagen). Skinner hat sich mit dem Thema mehr als zehn Jahre lang beschäftigt; das Buch selbst wurde von linguistischer Seite scharf kritisiert (Chomsky 1959). Die Kontroverse – die sehr einseitig geführt wurde, denn Skinner hat die Kritik gar nicht zu Ende gelesen, geschweige denn darauf geantwortet – ist ausführlicher bei Reinecker (1983) dargestellt. Vom heutigen Standpunkt aus muß man sicher eingestehen, daß eine operante Erklärung der *Entstehung* der Sprache mit größten Schwierigkeiten verbunden ist, während Aspekte des *Sprachverhaltens* durchaus durch operante Prinzipien erfaßt werden können (MacCorquodale 1970; McLeish und Martin 1975).

In einem der wichtigsten Bücher von Skinner („Science and human behavior" 1953) findet sich interessanterweise ein Kapitel zur *„Selbstkontrolle"*. Es handelt sich dabei um ein Thema, das für die heutige Verhaltenstherapie von außerordentlicher Bedeutung ist. Bei der Analyse der Selbstkontrolle bleibt Skinner (1953) – ebenso wie übrigens bei der Analyse des „Problemlösens" (1966) – jedoch im Rahmen seines operanten Modells. Durch verschiedene Autoren (Goldfried und Merbaum 1973; Hartig 1973; Kanfer 1970a, 1977b; Mahoney und Thoresen 1974) erfolgte eine Einordnung der Selbstkontrolle in einen kognitiv-verhaltenstheoretischen Rahmen, was die Pionierleistung Skinners (1953) wohl kaum schmälert.

Aus der Frage, ob sich sogenannte klassisch konditionierte Reaktionen auch durch operante Verfahren (Verstärkung beziehungsweise Bestrafung) beeinflussen lassen, hat sich eine eigene Forschungsrichtung entwickelt. Die von Skinner (1938) vorgenommene Trennung in zwei Lernprinzipien wurde auch auf unterschiedliche Reaktionsbereiche angewendet (Hilgard und Marquis 1940; Schlosberg 1937). Demnach galt die Skelettmuskulatur (quergestreifte Muskeln) als der Bereich, in dem operante Konditionierung seine Bedeutung besitzt, während innere Organe, Blutgefäße, die Herztätigkeit, die Ausschüttung von Hormonen und dergleichen als durch klassisches Konditionieren gesteuert angesehen wurden. Diese Trennung wurde von N. Miller Ende der 60er Jahre grundsätzlich in Frage gestellt (zur Trennung von klassischem und operantem Konditionieren siehe unten). Miller (1969) wies nach, daß sich durch operantes Konditionieren auch Reaktionen beeinflussen lassen, die im Bereich des vegetativen Nervensystems liegen. Diese Entdeckung aus der Grundlagenforschung führte zur Auffassung, daß sich damit praktisch alle Verhaltensstörungen autonomer

Natur durch operantes Lernen beeinflussen lassen müßten (zum Beispiel Ängste, Hypertonie, Migräne, Asthma). Im Rahmen des *Biofeedback* (Rückmeldung von Biosignalen und Veränderung durch die Person selbst) lassen sich zwar gewisse Änderungen nachweisen, eine therapeutische Revolution war damit jedoch keineswegs verbunden (Legewie und Nusselt 1975; Wittling 1980; Yates 1980).

Die *Verhaltensmedizin* weist mit dem Biofeedback eine Reihe von theoretischen und wissenschaftshistorischen Gemeinsamkeiten auf (Birk 1973). Bei einer ganzen Reihe von somatischen Störungen spielen operante Mechanismen für die Genese, den Verlauf und vor allem für die Aufrechterhaltung eine bedeutende Rolle. Eine kurze Charakterisierung der Verhaltensmedizin wurde im Zusammenhang mit der Darstellung des gegenwärtigen Standes der Verhaltenstherapie (Abschnitt 1.4.3) geliefert.

Operante Ansätze werden vermehrt auch auf Bereiche bezogen, die man dem Gebiet „nichtklinischer Anwendungsfelder" zuordnen kann (Beispiele: Energieverbrauch; Umweltverschmutzung; Benutzung öffentlicher Einrichtungen usw.). Die Bedeutung des Ansatzes zeigt sich offenbar verstärkt mit der Brisanz der jeweiligen Themen für das menschliche Zusammenleben. Direkte Rückmeldung über den Energiekonsum, eine Erleichterung der Benutzung öffentlicher Verkehrsmittel usw. tragen dazu bei, daß Menschen das (zwar vorhandene) Bewußtsein über eine Veränderung unserer Gewohnheiten auch umsetzen (Kazdin 1977). Im „Journal of Applied Behavior Analysis" werden laufend Beiträge veröffentlicht, die die Bedeutung operanter Steuerung unseres Verhaltens drastisch unter Beweis stellen.

Zusammenfassung: Beim Operanten Konditionieren wird eine Reaktion nicht durch einen vorausgehenden Reiz ausgelöst oder kontrolliert. Die zukünftige Auftrittswahrscheinlichkeit von Reaktionen derselben operanten Klasse wird durch Ereignisse bestimmt, die der Reaktion kontingent nachfolgen. Der Organismus lernt somit einen Zusammenhang zwischen einer Reaktion (R_0) und einer dazugehörigen (das heißt kontingenten) Situation (S_1). Die funktionale Analyse des Verhaltens erfordert eine exakte Beobachtung und Registrierung von Merkmalen des Verhaltens (Häufigkeit, Topologie und Intensität der Reaktion). Diese Merkmale können mit Umweltereignissen (Verstärker, die nach bestimmten Plänen erfolgen) in Beziehung gesetzt werden. Die meisten Verhaltensweisen werden durch sogenannte irreguläre Verstärkerpläne kontrolliert. Die Weiterentwicklung der operanten Technologie besitzt große Bedeutung für mehrere Bereiche: Theorien abweichenden Verhaltens (Neurosentheorien); Aspekte des Sprachverhaltens; Entwicklung von Verfahren der Selbstkontrolle; Biofeedback und Verhaltensmedizin; nichtklinische Aspekte des menschlichen Zusammenlebens.

Weiterführende Literatur: Skinner, B. F.: Science and human behavior. New York: Macmillan 1953. (dt: Wissenschaft und menschliches Verhalten. München: Kindler 1973).

3.1.4 Clark L. Hull: Formale Lerntheorien und weitere Entwicklungen

Die frühen Arbeiten von Clark Hull (um 1930) sind inhaltlich von Iwan Pawlow und Edward Thorndike beeinflußt. Hull versuchte, Aspekte der Theorien beider zu verbinden. Dazu wählte er ein explizit naturwissenschaftliches Vorgehen: Seine Theorie ist streng hypothetisch-deduktiv aufgebaut, die einzelnen Konstrukte sollten durch Operationalisierung mit konkreten Variablen verbunden und auf ihre empirische Tragfähigkeit geprüft werden. Im Aufbau dieser formalen Lerntheorie unterscheidet er sich stark vom Anliegen Skinners (1938): Hull (1943, 1952) hat in seine Theorie eine Reihe von *intervenierenden Variablen* im Sinne von Edward Tolman (1932) eingebaut (zum Beispiel „Gewohnheitsstärke", „Triebstärke", „Reaktionspotential" usw.), die ihr einen teilweise hohen Abstraktheitsgrad verleihen.

Der Ansatz der formalen Lerntheorie wurde von Hull in den 30er und 40er Jahren ausgearbeitet und erwies sich in der Folgezeit als äußerst fruchtbar. Von Hull beziehungsweise seinen Mitarbeitern und Schülern wurden Fragen aufgeworfen und bearbeitet, die auch heute noch ausgesprochen aktuell sind. Eine dieser Fragen betrifft die Rolle der *Voraussicht* und *Zielorientierung* beim Lernen: Hull (1929, 1931) betonte die Bedeutung zielgerichteten Verhaltens als biologisch-evolutionären Prozeß und erstellte eine Analyse in der Terminologie von S-R-Theorien. Das wichtigste Prinzip in diesem Zusammenhang besagt, daß Reaktionen auf Umweltreize wiederum (interne) Feedbackreize hervorrufen, die als weitere Auslöser für neue Reaktionen des Organismus dienen können. Damit ergibt sich ein Muster der Interaktion von Umwelt und Organismus, das sich folgendermaßen verdeutlichen läßt:

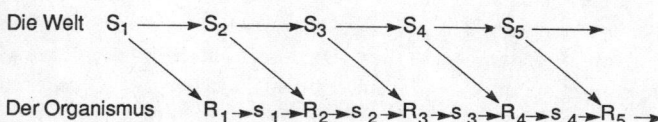

Abb. 3.6: Bildung von Assoziationen zwischen inneren Feedback-Reizen und Reaktionen (aus: Amsel und Rashotte 1977, S. 106).

Die Zielorientierung beziehungsweise Voraussicht des Organismus besteht darin, daß eine Verhaltenssequenz auch ohne Auslöser externer Art ablaufen kann, weil sich durch Assoziation Stimuli *innerhalb* des Organismus gebildet haben (im Sinne eines Abbilds der Welt), die eine ganze Verhaltenssequenz auslösen können. Durch Lernen gewinnt der Organismus eine gewisse Unabhängigkeit von konkreter externer Stimulierung, was von größter Bedeutung für das Individuum und für das Überleben der Art ist.

Die Übernahme von intervenierenden Variablen im System von Hull (1943) wird bei der Definition von „Belohnung" recht deutlich: Unter einer *Belohnung* versteht Hull (1943) ein Ereignis, durch das die hypothetische Assoziation zwischen einem Reiz und einer Reaktion gestärkt wird. Verstärkend wirkt die Belohnung dadurch, daß sie einen körperlichen Mangelzustand reduziert (zum Beispiel Reduktion des Hungers durch Essen). „Verstärkung wird definiert als Verminderung eines Bedürfnisses (appetitiv oder aversiv), die für die Ausbildung und Verstärkung einer Gewohnheit notwendig ist" (Amsel und Rashotte 1977, S. 126). Die zentralen Begriffe bei Hull (1943, 1952) – für die hier nur zwei Beispiele herausgegriffen wurden – sind hypothetischer Natur. Auch das aktuelle Verhalten ergibt sich nicht einfach aus der „Gewohnheitsstärke" (oder als eine Operationalisierung derselben); das Verhalten ist vielmehr mit dem Erregungspotential ($_sE_R$) verbunden, wobei sich dieses Erregungspotential als Produkt der Gesamttriebstärke (zu einem bestimmten Zeitpunkt) (= D) und der Assoziationsstärke ($_sH_R$) bestimmt: $_sE_R = f(_sH_R) \times f(D)$. „Jede wirksame Gewohnheitsstärke ($_s\bar{H}_R$) wird zum Reaktionspotential ($_sE_R$) sensibilisiert durch alle primären Triebe, die zu einem Zeitpunkt in einem Organismus aktiv sind, wobei die Größe dieses Potentials ein Produkt ist, das man erhält, wenn man eine zunehmende Funktion von $_sH_R$ mit einer zunehmenden Funktion von D multipliziert" (Hull 1943, Postulat 7, S. 253).

Die Ideen und Arbeiten von Hull wurden von vielen Lerntheoretikern aufgegriffen; eine direkte Fortsetzung erfuhr das Lebenswerk von Hull in der „Belohnungs-Anreiz-Theorie" von Kenneth Spence (1956, 1960).

Die *Weiterentwicklung* der formalen Lerntheorie von Hull soll anhand von *drei Beispielen* verdeutlicht werden. Diese Beispiele wurden ausgewählt, weil sie für die theoretische und historische Entwicklung der Verhaltenstherapie große Bedeutung besitzen.

1. Der Bezug zur Psychotherapie und zu symbolischen Prozessen
Hull blieb nicht bei der Analyse grundlegender Variablen von Lernprozessen stehen, sondern versuchte, diese Prinzipien auch zur Analyse komplexer Verhaltensweisen anzuwenden. Eine Publikation dieser Ideen war von Hull selbst in einem dritten Band seiner Abhandlungen beabsichtigt gewesen, konnte aber durch seinen Tod (1952) nicht mehr realisiert werden.

Der starke Einfluß der Theorienbildung bei Hull zeigt sich jedoch im Buch „Personality and Psychotherapy" von John Dollard und Neal Miller (1950). Die beiden Autoren versuchten hier eine allgemeine Wissenschaft vom menschlichen Verhalten darzulegen, in der die Lerntheorie von Hull eine zentrale Rolle spielt. Bei dem Vorhaben handelt es sich um einen frühen multidisziplinären Ansatz, in dem a) die inhaltlichen Aussagen von Freuds Psychoanalyse mit b) der strengen Methodik lerntheoretischer Prinzipien zusammen mit c) sozialwissenschaftlichen Bedingungen zu einem einheitlichen System verbunden wurden. Dollard und Miller (1950) haben eine Reihe von psychoanalytischen Konzepten, theoretischen Überlegungen zur Entwicklung von Neurosen aufgegriffen und versucht, diese vor dem Hintergrund der Lerntheorie Hulls zu interpretieren. Ein Beispiel dafür bildet der Versuch, die Entstehung und Aufrechterhaltung neurotischer Störungen im Rahmen des Konflikt-modells von Neal Miller (1944) zu analysieren.

Das bedeutende Vorhaben von Dollard und Miller (1950) fand allerdings keine direkten Nachfolger, obwohl gerade der Versuch einer Konkretisierung und Operationalisierung theoretischer Konzepte für die Verhaltenstherapie charakteristisch wurde. Erst in neuerer Zeit finden die Arbeiten von Miller und Dollard (1941) und Dollard und Miller (1950) wieder eine gewisse Beachtung.

2. Die Entwicklung der Verhaltenstherapie bei Joseph Wolpe

Die Entwicklung der Verhaltenstherapie bei Joseph Wolpe kann als fast nahtlose Fortsetzung theoretischer Überlegungen von Pawlow und Hull angesehen werden. In seinen frühen Arbeiten bezieht sich Wolpe (1952, 1958) auf physiologische Modelle der Erregung und Hemmung, wie sie von den beiden Vorgängern ausgearbeitet worden waren. Auch bei der Erklärung des von ihm entwickelten Therapieverfahrens der „Systematischen Desensibilisierung" verweist Wolpe (1958) auf die lerntheoretischen Grundlagen in den Arbeiten von Hull (1943, 1952).

3. „Zwei-Faktoren" beziehungsweise „Zwei-Prozeß" Theorien

Die Interaktion von Prozessen des klassischen und instrumentellen Konditionierens wurde von mehreren Forschern zum zentralen Gegenstand ihrer Untersuchungen und Abhandlungen erhoben. O. Hobart Mowrer hatte sich bereits in den 30er Jahren intensiv mit lerntheoretischen Detailproblemen beschäftigt, und im Jahre 1960 formulierte er die sogenannte „Zwei-Faktoren"-Theorie des Lernens (Mowrer, 1960a, b). Für diese Formulierung war ebenfalls der Einfluß von Hull von ausschlaggebender Bedeutung.

Nach der Zwei-Faktoren-Theorie von Mowrer (1960a, b) hat man sich die Entstehung von Angst- und Vermeidungsreaktionen folgendermaßen vorzustellen (Butollo 1979 meint in diesem Zusammenhang, daß es präziser wäre, von einer „Zwei-Stufen-Theorie der Angst und Vermeidung" (S. 47) zu sprechen):

Ein unbedingter aversiver Reiz (Situation) löst eine unkonditionierte aversive Reaktion aus (UCR, von Krohne 1976, auch als „Schmerz-Furcht-Reaktion" bezeichnet). Diese Reaktion kann als Folge einer klassischen Konditionierung auch von einem bedingten Reiz (CS) ausgelöst werden; in diesem Falle handelt es sich um eine konditionierte emotionale Reaktion (CER, nach Krohne 1976 als „Angst-(Furcht-) Reaktion" anzusehen). Diese erste Stufe (Angst als Reaktion) bildet die Voraussetzung für die Ausbildung von Flucht- beziehungsweise Vermeidungsreaktionen: Nach Hull (1943) besitzen Reaktionen des Organismus auch interne Stimuluseigenschaften, das heißt die konditionierte emotionale Reaktion wird zum Auslöser für unterschiedliche Reaktionen. Verhaltensweisen, die in der Lage sind, die unangenehme Situation zu beenden (= Flucht) oder sie gar zu umgehen (= Vermeidung), werden negativ verstärkt. Dies geschieht nach dem Prinzip des instrumentellen Konditionierens. Die Zwei-Faktoren-Theorie läßt sich schematisch folgendermaßen darstellen:

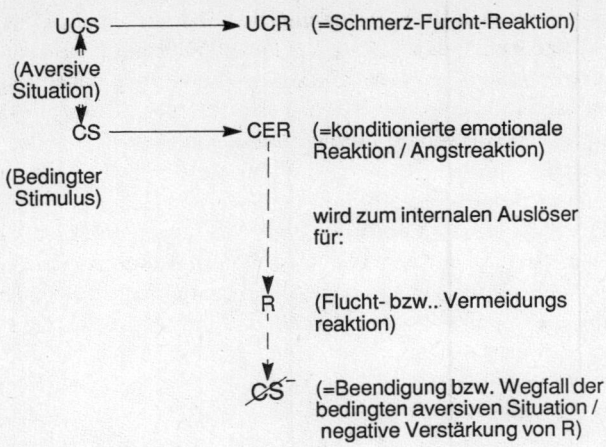

In der Verhaltenstherapie diente das Zwei-Faktoren-Modell von Mowrer (1960a, b) lange Zeit als Erklärung für die *Entstehung* und *Aufrechterhaltung* von Angst- und Vermeidungsreaktionen (zum Beispiel Ängste, Phobien, Zwangshandlungen). Die Stabilität des Vermeidungsverhaltens (Beispiel: Prüfungsangst) wurde dadurch erklärt, daß die Vermeidungsreaktion jeweils negativ verstärkt (und dadurch gefestigt) wird; eine konkrete Prüfung der Realität (etwa durch Konfrontation mit dem CS) findet nicht mehr statt.

Die Zwei-Faktoren-Theorie war lange Zeit Gegenstand von Kritik und Kontroversen (z. B. Birbaumer 1977; Butollo 1979; Gray 1971, 1982 und viele andere mehr) und gilt heute als revisions- und ergänzungsbedürftig. Die „Sicherheitssignal-Hypothese" (Rachman 1976, 1977) ist etwa eine der Verbesserungen, die vorgeschlagen wurden. Besonders Vertreter kognitiver Angsttheorien (Birbaumer 1973, 1977; Epstein 1967, 1971, 1972; Larbig und Birbaumer 1980; R. S. Lazarus 1966 und Lazarus und Folkman 1984) leisteten dazu weitere Beiträge.

Die *„Zwei-Prozeß-Theorie"* von Solomon beschäftigte sich mit der Frage, inwieweit sich die Prozesse des klassischen und des instrumentellen Konditionierens trennen lassen. Bereits die Bezeichnung als Zwei-Prozeß-Theorie weist darauf hin, daß man hier von einer strikten Trennung der beiden Prozesse ausging (Rescorla und Solomon 1967; Solomon, Kamin und Wynne 1953; Wynne und Solomon 1955). Solomon weist darauf hin, daß diese Trennung in *zwei* Lernprozesse bereits von Konorski und Miller (1937) geleistet worden ist (siehe dazu auch Spence 1956).

Eine Ähnlichkeit zur Zwei-Faktoren-Theorie von Mowrer (1960a, b) besteht darin, daß „die Gesetze der Pawlowschen Konditionierung die Gesetze der *emotionalen Konditionierung* oder die Gesetze erworbener Triebzustände sind" (Amsel und Rashotte 1977, S. 148). Im Unterschied zu Mowrer geht Solomon allerdings davon aus, daß instrumentelle Reaktionen durch bedingte emotionale Zustände (also interne Stimuli) und nicht durch Reaktionen des Individuums ausgelöst oder verstärkt werden. Die *Verknüpfung* klassischen und instrumentellen Konditionierens ergibt sich (wie dies bereits von Hull 1931 betont worden ist) dadurch, daß bedingte emotionale Zustände (zum Beispiel Angstreaktionen) ihrerseits *interne Stimuli* für die Auslösung instrumentellen Verhaltens bilden. Man kann somit von einer *Interaktion* der beiden Prozesse ausgehen, wobei Mechanismen der Klassischen Konditionierung durch die Bildung interner Stimuli für die Stimulierung instrumentellen Verhaltens verantwortlich sind.

Zusammenfassung: Die Theoriebildung bei Clark Hull ist durch eine starke Systematisierung, Formalisierung und durch einen Rückgriff auf Intervenierende Variable gekennzeichnet. Ein weiteres Merkmal ist der Versuch, die Modelle des Klassischen und Instrumentellen Konditionierens vor dem Hintergrund biologisch-evolutionärer Überlegungen durch vermittelnde interne Zustände und Stimuli zu verbinden.

Der Ansatz von Hull war für die Lerntheorien ausgesprochen fruchtbar und beeinflußte unter anderem auch direkt die Entwicklung der Verhaltenstherapie: In dem Buch „Personality and psychotherapy" von Dollard und Miller (1950) wurde der Versuch unternommen, psychotherapeutische Prozesse auf der Grundlage der Hullschen Lerntheorie zu beschreiben und zu erklären. Auch Joseph Wolpe, einer der Begründer der modernen Verhaltenstherapie, bezieht sich zur Erklärung seines Vorgehens explizit auf die Theorie von Hull.

Auch Fragen der Abgrenzung beziehungsweise Eigenständigkeit von Prozessen der Klassischen und Instrumentellen Konditionierung beziehungsweise Versuche zu einer Verbindung in den Modellen von O. Hobart Mowrer und Solomon lassen sich großteils auf die Theoriebildung bei Hull zurückführen.

Weiterführende Literatur: Amsel, A., und Rashotte, M. E.: Entwicklungsrichtungen der S-R-Lerntheorien in Amerika. Mit spezieller Berücksichtigung Clark L. Hulls, seiner Vorgänger und Nachfolger. In: Zeier, H. (Hg.): Die Psychologie des 20. Jahrhunderts. Bd. IV.: Pawlow und die Folgen. Zürich: Kindler 1977.

3.1.5 Klassisches und Instrumentelles Konditionieren im Vergleich

Die Begriffe „klassisches", „respondentes" und „Pawlowsches" Konditionieren werden synonym verwendet; auch die Begriffe „instrumentelles" beziehungsweise „operantes" Konditionieren werden nicht näher unterschieden. In manchen Kontexten wird allerdings der Begriff des operanten Konditionierens auf die Analysen bei Burrhus F. Skinner beschränkt, während „instrumentell" eher allgemein angewendet wird.

Die Frage einer *Trennung* in Prozesse des klassischen und instrumentellen Konditionierens war für die Lernforschung lange Zeit ein beherrschendes Thema und Gegenstand vieler Abhandlungen. Während Pawlow und viele seiner Schüler der

Auffassung waren, bei der von ihm entdeckten Form des Lernens handle es sich um den grundlegenden Prozeß, unter den sich auch andere Lernformen einordnen ließen, haben einige Vertreter des instrumentellen Konditionierens die Eigenständigkeit des „Lernens am Erfolg" geltend gemacht. Ende der 30er Jahre schien die Kontroverse entschieden, weil von verschiedener Seite Argumente zugunsten einer Trennung in die beiden Lernformen vorgebracht wurden. Die wichtigsten und grundlegendsten Argumente sind folgende:

Miller und Konorski (1928) schlugen erstmals vor, von zwei Typen der Konditionierung zu sprechen, denen auch zwei unterschiedliche Mechanismen zugrunde liegen. Typ I entspricht genau dem klassischen Konditionieren nach Pawlow; Typ II stimmt im Prinzip mit der von Skinner ausgearbeiteten operanten Konditionierung überein, die Begründung für diesen neuen Typus ist bei Miller und Konorski (1928; Konorski und Miller 1937) jedoch eine völlig andere als bei Skinner. Im Kern besteht dieser Typ II in einer Verknüpfung von Muskelreaktionen (R_0) mit der Gesamtsituation aus der „klassischen" Versuchsanordnung (S_G). Für beide Arten der Konditionierung ist die Situation identisch (S_G), die Ausformung eines konditionierten Reflexes nach Pawlow beruht jedoch nach Miller und Konorski (1928) auf einem anderen kortikalen Mechanismus und betrifft im wesentlichen die glatte Muskulatur und die Drüsen.

Miller und Konorski (1928) vertraten übrigens die Auffassung, daß sich neben den von ihnen unterschiedenen Typen I und II eventuell noch andere Typen finden könnten.

Schlosberg (1937) unterschied die beiden Konditionierungsarten auf der Grundlage von zwei Reaktionssystemen: Das Klassische Konditionieren betrifft das autonome Nervensystem beziehungsweise diffuse emotionale Reaktionen der Eingeweide und Drüsen. Schlosberg (1937) verwendet dafür auch die Bezeichnung „S-R-Lernen" oder „Signallernen". Davon läßt sich seiner Auffassung nach das instrumentelle Konditionieren unterscheiden, bei dem die Reaktionen in präzisen somatischen Anpassungsreaktionen (quergestreifte Muskulatur) bestehen. Dafür wurde der Begriff „R-S-Lernen" beziehungsweise „Response-Lernen" geprägt.

Im Rahmen von Zwei-Prozeß-Theorien (Hilgard und Marquis 1940; Mowrer 1947, 1960a, b; Rescorla und Solomon 1967) wurde als wichtigstes Argument für die Trennung in zwei Arten der Konditionierung geltend gemacht, daß klassisches und instrumentelles Lernen auf unterschiedlichen Gesetzmäßigkeiten beruhen: Für das klassische Konditionieren bildet das Prinzip der Kontiguität (Guthrie 1935) die Grundlage; für das instrumentelle Konditionieren muß auf das Effektgesetz (Thorndike 1898) zurückgegriffen werden.

Skinner (1935, 1937, 1938) bezeichnete die Konditionierung nach Pawlow als „Typ S" (ist identisch mit Typ I bei Miller und Konorski 1928). Kennzeichnend hierfür ist, daß es sich um ausgelöstes Verhalten handelt – entscheidend ist die Stimulus-Reinforcer-Beziehung (CS → UCS). Davon unterschied Skinner (1935) den „Typ R": Seiner Auffassung nach handelt es sich hierbei um emittiertes Verhalten, für das Auslösereize unbedeutend sind (beziehungsweise nicht identifiziert werden können) – entscheidend ist die Response-Reinforcer-Beziehung (R → S).

Man sollte Skinner hier nicht unterstellen (Hearst 1975), daß seine Unterscheidung der alltagssprachlichen Differenzierung in „unwillentlich-reflexhaftes" beziehungsweise „willentlich-absichtliches" Verhalten entspricht. Das Kriterium der Nicht-Identifizierbarkeit von auslösenden Reizen für operantes Verhalten ist allerdings problematisch: In diesem Sinne wäre eine Speichelsekretion als operantes Verhalten anzusehen (Hearst 1975, S. 210).

Die vorgebrachten Argumente galten lange Zeit (circa zwei Jahrzehnte) als stichhaltig und sinnvoll; auch Kimble (1961) hält eine Trennung in klassisches und instrumentelles Konditionieren aus mehreren Gründen für gerechtfertigt. Es gibt jedoch auch gute Gründe, die *gegen* eine (zumindest strikte) Trennung in zwei verschiedene Prozesse sprechen. Die wichtigsten davon seien wiederum kurz angeführt:

1. Weder das klassische, noch das instrumentelle Konditionieren lassen sich experimentell in reiner Form demonstrieren: Beim klassischen Konditionieren folgen der CR – mit der die Herstellung eines konditionierten Reflexes im Prinzip beendet ist – *immer* bestimmte *Konsequenzen* auf das (klassisch ausgeformte) Verhalten. Deshalb interagieren Prozesse der Verstärkung instrumenteller Natur mit dem Prozeß der klassischen Konditionierung.

Auf der anderen Seite erfolgt instrumentelles Lernen, bei dem die Relation: $R \rightarrow S$ als entscheidend gilt, *immer* in einer bestimmten *Situation*. Auch wenn sich diese Situation nicht identifizieren läßt, können einzelne Merkmale derselben als Auslöser zum Auftreten von R beigetragen haben.

Diese rein *praktischen* Schwierigkeiten wurden großteils auch schon von den Lerntheoretikern gesehen, die für eine Trennung der beiden Prozesse plädierten. Diese praktischen Probleme widersprächen allerdings nicht unbedingt einer Trennung von Reaktionen im Sinne der Zwei-Prozeß-Theorie; die wichtigen Gesichtspunkte einer Trennung könnten in den zugrunde liegenden theoretischen Prozessen liegen. Wenn sich diese praktisch nicht trennen lassen, so widerlegt dies noch keineswegs die Existenz theoretisch unabhängiger Mechanismen.

2. *Instrumentelle Konditionierung autonomer Reaktionen:* Die von Schlosberg (1937) und Skinner (1938) getroffene Trennung von klassischem und instrumentellem Konditionieren anhand der betroffenen Reaktionssysteme wurde durch Untersuchungen über die instrumentelle Konditionierung autonomer Reaktionen als unhaltbar erwiesen. Wenn die Unterscheidung zuträfe, so dürften autonome Reaktionen (zum Beispiel Parameter der Herzaktivität; intestinale Kontraktionen; Blutdruck etc.) keinesfalls durch instrumentelles Lernen beeinflußbar sein.

Genau diese instrumentelle Konditionierung autonomer Reaktionen gelang einer Forschergruppe um Neal E. Miller in den 60er Jahren (Miller 1969; Miller et al. 1970; Miller und Dworkin 1974): In der Standardversuchsanordnung lernten curarisierte Ratten, durch bestimmte Veränderungen der eigenen Herzrate leichte aversive Schocks zu vermeiden. Eine Kontrolle der Herzrate durch eine Vermittlung über die Skelettmuskulatur war durch das Curare ausgeschlossen (Kimmel 1974, hält diese Vermittlungshypothese auch deshalb für kaum zutreffend, weil auch Korrelationen des Lernens mit der Atmung unbedeutend waren).

Miller (1969) gibt selbst ein praktisches Beispiel für die Entwicklung psychosomatischer Beschwerden durch eine Interaktion von klassischem Konditionieren (Signallernen) und instrumentellem Konditionieren (Vermeidungslernen/Lernen am Erfolg): Die Schulangst eines Kindes kann sich anfänglich in verschiedenen autonomen Reaktionen zeigen (zum Beispiel in Magenschmerzen, Übelkeit, Kopfschmerzen). Diese Reaktionen können als direkte Folge einer unbedingten beziehungsweise bedingten Stimulation angesehen werden. Wenn die Eltern dem Kind gestatten, beim Auftreten dieser Reaktionen zu Hause zu bleiben und wenn das Kind für diese Probleme zusätzliche Aufmerksamkeit gewinnt, so treten die Probleme immer wieder auf; das Kind lernt, daß die Probleme zu einer Vermeidung der aversiven Situation (Schule) beitragen (= Lernen am Erfolg). Dieser Zusammenhang läßt sich an folgendem Schema verdeutlichen:

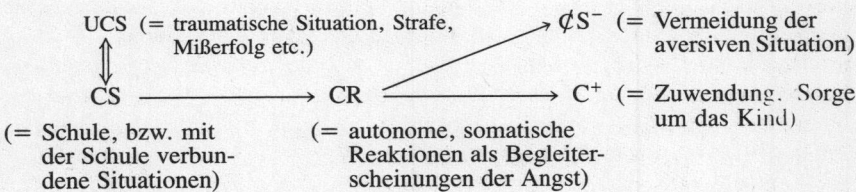

Neuere Untersuchungen und Replikationen ließen zwar grundsätzliche Zweifel an der Generalisierbarkeit der Befunde von Miller (1969) aufkommen, die *strenge* Unterscheidung in klassisches und instrumentelles Konditionieren wurde damit jedoch in Frage gestellt. Diese Probleme der Generalisierbarkeit beziehen sich vor allem auf vorschnelle Bezüge zu psychosomatischen Störungen: Im Anschluß an die Untersuchungen von Miller (1969) entstand im Rahmen des Biofeedback ein therapeutischer Optimismus und Enthusiasmus, der durch praktische Befunde nicht eingehalten werden konnte (Birbaumer und Kimmel 1979; Reed, Katkin und Goldband 1986; Wittling 1980).

3. In der Versuchsanordnung von Pawlow waren die Tiere durch ein Geschirr in ihrer Bewegungsfreiheit stark beeinträchtigt. Pawlow selbst nahm nur *ein* Konditionierungsprinzip an und vertrat die Auffassung, die Skelettmuskulatur müßte analog zum Speichelreflex konditionierbar sein (Pawlow 1927). Wenn die Hunde in Pawlows Versuchsanordnung aus ihrem Geschirr befreit wurden, so zeigten sie als Reaktionen auf den UCS oder CS hin eine ganze Reihe von unterschiedlichen Bewegungen (Hinwendung zum CS; Laufen, Springen usw.). Dies bedeutet, daß das Ergebnis der Klassischen Konditionierung üblicherweise nicht in *einer* spezifischen (Speichelfluß), sondern in einer ganzen Reihe unterschiedlicher Reaktionen besteht (siehe Liddell 1934).

Entscheidend für die Zuordnung einer speziellen Reaktion zu einem der beiden Konditionierungstypen sind kaum Merkmale der Reaktion selbst; wichtig ist vielmehr der Nachweis, daß eine Korrelation CS ↔ UCS (für Klassisches Konditionieren) beziehungsweise von CR ↔ C⁺ (für instrumentelles Konditionieren) verantwortlich ist (siehe Hearst 1975). In ähnlicher Weise halten auch Schwartz und Gamzu (1977) die Unterscheidung klassisch versus instrumentell für hinfällig, weil sich sogenanntes operantes Verhalten sehr wohl durch klassische Konditionierung ausformen läßt.

Folgerungen

Die Unterscheidung in klassisches und instrumentelles Konditionieren wird von manchen Forschern als nicht mehr haltbar bezeichnet (Hearst 1975). Anstelle einer Trennung in zwei Typen der Konditionierung sollte man seiner Auffassung nach von einem *Kontinuum* von Reaktionen ausgehen: Dabei wird ohne weiteres zugestanden, daß sich manche Reaktionen leichter durch eines der beiden Verfahren auslösen beziehungsweise aufrechterhalten lassen.

Die Frage, ob es sich bei der klassischen und instrumentellen Konditionierung um zwei unterschiedliche Prozesse handelt, denen auch unterschiedliche theoretische Mechanismen zugrunde liegen, muß aufgrund der vielen Interaktionen als kaum beantwortbar bezeichnet werden. Allerding ist auch die *Relevanz* der Frage in den letzten Jahren stark in den Hintergrund getreten, weil sich in der Praxis herausstellt, daß es kaum möglich ist, mit einem der beiden Modelle allein zu arbeiten (Kanfer und Phillips 1975; Meyer und Chesser 1970).

Die einzig bisher haltbare Unterscheidung ist die operationale Regel, daß im klassischen Konditionieren der Verstärker (UCS) kontingent auf eine vorherige Stimulation (CS) erfolgt, während beim instrumentellen Konditionieren die Kontingenz zwischen einer Reaktion (R) und einem nachfolgenden Verstärker (C⁺) entscheidend ist:

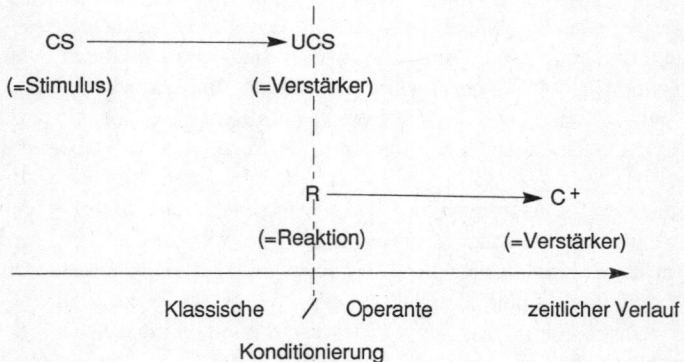

In neueren Lerntheorien wird darauf hingewiesen, daß auch diese pragmatisch-operationale Unterscheidung in klassisches und instrumentelles Konditionieren (die im Prinzip auf die Zwei-Prozeß-Theorien zurückgeht) eine Vereinfachung der Gegebenheiten darstellt (Kimble 1971): Demnach müssen beim Lernen zwar S ↔ S beziehungsweise R ↔ S Verbindungen berücksichtigt werden, eine andere *Ebene* bildet aber das Lernen von Erwartungen (Begriffsbildungen, Kognitionen etc.).

Bereits Razran (1955) hatte darauf hingewiesen, daß bei der Erforschung menschlicher (und vermutlich auch tierischer) Lernvorgänge unterschiedliche *Lernniveaus* angenommen werden müssen:

a) *Einfache Konditionierung,* eine Lernform, die für frühe phylogenetische Entwicklungsformen charakteristisch ist, die sich aber in vielfältiger Form zu den höheren Lebewesen durchzieht (Beispiel: Entwicklung sogenannter „irrationaler" Ängste etc.).

b) *Konditionierung mit Wahrnehmung („awareness"):* Charakteristisch dafür sind plötzliche Änderungen im Lernniveau, was darauf schließen läßt, daß der Organismus gewisse Zusammenhänge „begreift" (vgl. Tolman 1932).

Razran (1955) versäumte es nicht, darauf hinzuweisen, daß es zwischen den beiden Lernvorgängen vermutlich enge Interaktionen gibt. Ein illustratives Beispiel dafür bilden die vielen Untersuchungen zum „verbal conditioning": Dabei lernen Versuchspersonen bestimmte Wortklassen in Abhängigkeit von differentieller Verstärkung häufiger zu verwenden, ohne daß sie Angaben über den Verstärkungszusammenhang machen können (Mees 1976). Sobald den Versuchspersonen der Zusammenhang bewußt („aware") wurde, so zeigen die Befunde recht einheitlich, ergab sich eine drastische Änderung im Lernniveau.

Der möglicherweise enge Zusammenhang von Prozessen der Konditionierung mit Aspekten der Kausalattribution wurde insbesondere von Lerntheoretikern herausgearbeitet, die man den *Kognitiven Lerntheorien* zuordnet (Tolman 1932). In neuerer Zeit hat Eelen (1982) darauf hingewiesen, daß sich (zumindest das sogenannte klassische) Konditionieren auch attributionstheoretisch interpretieren läßt. Dies wird im Abschnitt über „Kognitive Lerntheorien" (3.1.7) näher erörtert.

Zusammenfassung: Zur Unterscheidung zwischen klassischem und instrumentellem Konditionieren wurden verschiedene Gesichtspunkte vorgebracht (siehe etwa die Zwei-Prozeß-Theorie von Mowrer beziehungsweise Miller). Angesichts von Befunden zum instrumentellen Konditionieren sogenannter autonomer Reaktionen einerseits und von Beobachtungen instrumenteller Reaktionen in klassischen Konditionierungsverfahren andererseits kann man die strenge Trennung in zwei unterschiedliche Prozesse nicht mehr aufrechterhalten. Rein *pragmatisch* gesehen ist im Klassischen Konditionieren die zeitliche Abfolge: S → R entscheidend (der Verstärker wird *vor* der Reaktion dargeboten); beim Instrumentellen Konditionieren ist die zeitliche Abfolge: R → S für das Lernen ausschlaggebend (der Verstärker wird *nach* der Reaktion dargeboten). Nach verschiedenen Befunden muß Lernen als komplexer und heterogener Prozeß angesehen werden, der jeweils mehrere *Ebenen* beinhalten kann.

Weiterführende Literatur: Hearst, E.: The classical-instrumental distinction: Reflexes, voluntary behavior, and categories of associative learning. In: Estes, W. K. (Ed.): Handbook of learning and cognitive processes. Vol. 2.: Conditioning and behavior theory. Hillsdale, N. J.: Erlbaum Ass. 1975.

3.1.6 Grundlegende Prozesse des Lernens

Wie die Überlegungen im obigen Punkt gezeigt haben, gestaltet sich eine eindeutige Trennung der Prozesse des klassischen und instrumentellen Lernens als sehr schwierig und zum Teil fragwürdig. Die Unterschiede sind vorwiegend pragmatisch-zeitlicher Natur, so daß die einzelnen Prozesse im folgenden gemeinsam behandelt werden (vgl. Kimble 1961).

Sekundäre Verstärkung

Unter sekundärer Verstärkung versteht man die Tatsache, daß Stimuli, die zeitlich und räumlich mit primären Verstärkern verknüpft sind, selbst die Eigenschaften primärer Verstärker übernehmen (Kimble 1961). Mit primärer Verstärkung sind üblicherweise eine ganze Reihe von „neutralen" Stimuli verknüpft, so daß die Trennung in primäre und sekundäre Verstärkung nicht immer einfach ist.

Eine Möglichkeit für den Nachweis der Wirkung sekundärer Verstärkung bietet sich in folgender Versuchsanordnung: Einer Experimentalgruppe wird primäre (zum Beispiel Futter) und sekundäre (zum Beispiel Licht, Ton) Verstärkung dargeboten, einer Kontrollgruppe lediglich die primäre Verstärkung. Wird nun in beiden Gruppen die primäre Verstärkung vorenthalten (die Experimentalgruppe erhält aber weiterhin die sekundäre Verstärkung), und die Experimentalgruppe zeigt über längere Zeit eine höhere Verhaltensrate, so wird dies als ein Hinweis auf die Wirkung sekundärer Verstärkung angesehen: Der vorher neutrale Reiz (hier: Licht, Ton) hat durch die Koppelung mit dem Futter selbst Verstärkungseigenschaften entwickelt, die in der Löschungsphase bei der Experimentalgruppe zu einer höheren Verhaltensrate führen (siehe Kimble 1961).

Wie läßt sich die Wirkung sekundärer Verstärkung erklären?

Für die Wirkung *primärer* Verstärkung wird zumeist auf eine *Triebreduktion* im weitesten Sinne zurückgegriffen (Hunger, Durst, Sexualität etc. Kann man für sekundäre Verstärkung eine konditionierte (bedingte) Triebreduktion geltend machen? Einem Vorschlag von Spence (1956) zufolge läßt sich die Anreizfunktion sekundärer Verstärkung folgendermaßen erklären: Sekundäre Verstärkung war in der Lernphase häufig mit der Zielreaktion (R_G) verknüpft; im Wege der Generalisierung lösen die Stimuli der Untersuchungssituation (= sekundäre Verstärker) in Abwesenheit der primären Verstärkung lediglich einen Teil der Zielreaktion aus (r_G). Damit wird die Annahme verbunden, daß bereits diese Teilreaktion (als Bestandteil der gesamten Zielreaktion) motivationale Eigenschaften besitzt und zu einer Energetisierung des Verhaltens führt. Kimble (1961) weist allerdings darauf hin, daß damit die Frage noch nicht geklärt ist, *warum* r_G motivationale Eigenschaften entwickeln sollte.

Generell läßt sich aber festhalten, daß für die sekundäre Verstärkung ebenso wie für primäres Reinforcement zwei Funktionen gleichermaßen geltend gemacht werden:
a) Funktion als Verstärker, und
b Funktion als Anreize (motivationale Funktion).

Wovon hängt die Wirkung sekundärer Verstärkung ab?

Hierfür werden ähnliche Variablen angeführt wie für die primäre Verstärkung: Die Wirksamkeit sekundärer Verstärkung hängt in hohem Maße von der *Anzahl* der Lerndurchgänge ab, in denen eine Koppelung der primären mit der sekundären Verstärkung stattfinden konnte. Ein weiterer Aspekt besteht darin, daß ein Reiz nur dann sekundäre Verstärkungseigenschaften entwickelt, wenn er in einer bestimmten zeitlichen Relation mit dem primären Verstärker dargeboten wird: Ein Interstimulus-Intervall von *wenigen* Sekunden oder Sekundenbruchteilen stellt sich für die Ausformung sekundärer Verstärkung als optimal heraus. Eine *gleichzeitige* Darbietung eines neutralen Stimulus mit einem primären Verstärker führt zwar auch zur Ausbildung sekundärer Verstärkung, der gleichzeitig eingeführte Reiz besitzt allerdings auch hemmende Eigenschaften. Für die Wirkung primärer Verstärkung werden in allen Lerntheorien *Triebbedingungen* als entscheidend angesehen; auch die sekundäre Verstärkung wird durch diese Variable mit bedingt: So erfolgt eine raschere und stabilere Verknüpfung von primärer und sekundärer Verstärkung unter hohen Deprivationsbedingungen. Auf der anderen Seite zeigt sich, daß sekundäre Verstärkung auch dann noch Effekte auf das Verhalten eines Organismus zeigt, wenn primäre Bedürfnisse weitgehend befriedigt sind, das heißt sekundäre Verstärkung wirkt zum Teil unabhängig von Sättigungsbedingungen. Wenn man die motivationale Funktion sekundärer Verstärkung weiterhin zugrunde legt, so bleibt als offene Frage, ob sekundäre Verstärkung andere als primäre Bedürfnisse befriedigt.

Welche Bedeutung besitzt sekundäre Verstärkung?

Sekundäre Verstärkung besitzt im *praktischen* Bereich größte Bedeutung, weil sehr viele Verhaltensweisen nicht durch primäre, sondern durch sekundäre Verstärkung motiviert und aufrechterhalten werden. In diesem Zusammenhang besteht eine wichtige Funktion sekundärer Verstärkung offenbar darin, Zeiträume ohne primäre Verstärkung zu überbrücken. Lernen kann somit auch dann erfolgen, wenn keine primären Verstärker verabreicht beziehungsweise keine primären Bedürfnisse befriedigt werden. Eine mögliche Erklärung für diesen Prozeß wurde von Skinner (1938) geliefert. Skinner ging davon aus, daß sich sekundäre Verstärkung weitgehend als eine *Verkettung von Reaktionen* erklären läßt: Jede nachfolgende Reaktion verstärkt die vorherige Reaktion im Wege sekundärer Verstärkung und erst die *letzte* Reaktion wird durch *primäre* Verstärkung gefestigt. Da aber alle einzelnen Teilreaktionen zum Erreichen dieses Zieles beitragen, erwerben sie sekundäre Verstärkereigenschaften. Nach Skinner (1938, 1953) ist nur über diese Reaktionsverkettung und über die Wirkung sekundärer Verstärkung einzelner Teilreaktionen zu erklären, warum Organismen lange Ketten von Verhaltensweisen ausführen, von denen lediglich die letzte durch primäre Verstärkung gefolgt wird. Sekundäre Verstärkung bietet damit auch eine Erklärung für die Stabilität von instrumentellem Verhalten, das durch intermittierende Verstärkung ausgeformt wurde.

Die Relevanz sekundärer Verstärkung kann für die Praxis der Verhaltenstherapie gar nicht hoch genug eingeschätzt werden. Ein Beispiel dafür bieten Erklärungsversuche der Drogenabhängigkeit, wie sie von Wikler (1976) vorgeschlagen wurden. In seinen Überlegungen weist er auf die Bedeutung sekundärer Verstärkung bei der Einnahme von Drogen hin, wobei sowohl Aspekte des klassischen, als auch des instrumentellen Konditionierens eine bedeutende Rolle spielen. Die Ursachen der Einnahme von Drogen sind äußerst heterogen und hier nicht abzuhandeln; der Hinweis auf die sekundäre Verstärkung will lediglich *einen* nicht zu unterschätzenden Faktor hervorheben.

Wikler (1976) zeigt, daß zur Verwendung von Drogen zumeist Rituale gehören, die als sekundäre Stimuli aufgefaßt werden können. Neben der pharmakologischen Wirkung verschiedener Drogen spielen solche situationalen Aspekte eine nicht zu unterschätzende Rolle.

In diese Klasse der Rituale und damit sekundären Verstärker gehören spezielle Merkmale des Settings (zum Beispiel Beleuchtung, bestimmte Lokale etc.) ebenso wie einzelne Reaktionen (zum Beispiel Einnahme des Alkohols in bestimmten Gläsern; Reinigung von „Besteck" bei der Drogeneinnahme usw.) und soziale Bedingungen (etwa das Dazugehören, das sich in vagen Beschreibungen der Erlebnisse manifestiert und eine bestimmte Gemeinsamkeit unterstellt).

Die Interaktion von pharmakologischen Effekten einzelner Drogen mit Effekten der sekundären Verstärkung wird von Wikler (1976) durch sogenannte interozeptive Konditionierung erklärt: Das zunächst durch Drogen und später durch externe Reize hervorgerufene neurale Aktivierungsmuster beziehungsweise viszerale Reaktionen tragen zu speziellen Erlebnissen des Drogenkonsumenten bei (etwa Entzugserscheinungen). Neben dem Nachweis, daß sekundäre Stimuli ganz ähnliche Reaktionen hervorrufen können wie die primären Reize (Drogen) bleiben allerdings eine ganze Reihe wichtiger Fragen noch ungeklärt. Die Beschreibungen der Wissenschaftler und Therapeuten ebenso wie der Dorgenkonsumenten bilden eher hilflose Beschreibungen für einen komplizierten Prozeß, über den wir noch recht wenig wissen. Für die Erklärung spezieller Muster der Drogeneinnahme, für die Therapie, vielmehr aber noch für Rückfälle und für Langzeiteffekte bildet allerdings das Konzept der sekundären Verstärkung einen wichtigen Ansatzpunkt.

Generalisierung:
Sobald ein Organismus gelernt hat, auf eine bestimmte Situation mit einer speziellen Verhaltensweise zu reagieren, wird er dieselbe Verhaltensweise auch zeigen, wenn ihm eine Situation dargeboten wird, die mit der ersten nicht identisch ist, sondern nur gewisse Ähnlichkeiten aufweist. Dieser Prozeß, der ohne zusätzliches Training abläuft, wird als *Stimulusgeneralisierung* bezeichnet.

Wenn in einer speziellen Situation bestimmte Reaktionen ausgelöst werden, so zeigen sich unter bestimmten Bedingungen nicht dieselben, sondern lediglich ähnliche Reaktionen auf dieselbe Situation. Dies bezeichnet man als *Reaktionsgeneralisierung*.

Beide Prozesse besitzen für den Organismus allergrößte Bedeutung, man kann sogar sagen, daß ein Überleben sehr schwierig würde, wenn der Organismus lernen müßte, auf jede leicht veränderte Situation neu zu reagieren.

Die Tatsache der Stimulusgeneralisierung wurde in vielen Experimenten nachgewiesen (vgl. Kimble 1961). Das Prinzip dieses Nachweises besteht in der Errichtung einer konditionierten Reaktion auf einen klar beschreibbaren Reiz. Hovland (1937 a) wählte als Reaktion die GSR (galvanic skin reaction), als Stimulus einen Ton mit 1000 Schwingungen pro Sekunde. Nach dem Test, der darin bestand zu überprüfen, welche Schwingungsunterschiede von den Versuchspersonen gerade noch festgestellt werden konnten (JND's, just noticeable differences) bot er die verschiedenen Töne dar und konnte zeigen, daß Reaktionen nicht nur auf den Originalton hin erfolgten, sondern auch auf Töne unterschiedlicher Frequenz:

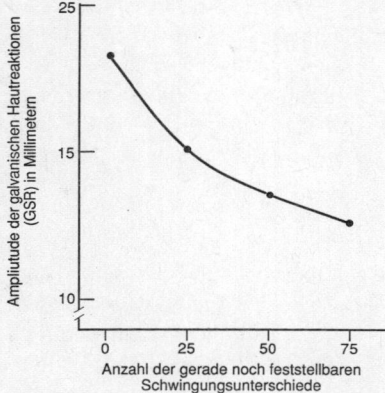

Abb. 3.7: Stimulus-Generalisations-Gradient für die GSR auf einen Ton mit 1000 Schwingungen pro Sekunde (aus: Hovland 1937a, zit. n. Kimble 1961, S. 332).

Der Generalisations-Gradient zeigt auch, daß auf Reize, die vom Originalstimulus zu unterscheiden waren, mit einer geringeren Reaktionsstärke reagiert wurde (gemessen an der Amplitude des GSR).

Wovon hängt die Wirkung der Stimulusgeneralisierung ab?
Mit der Anzahl von Trainingsdurchgängen zeigt sich auch eine Zunahme der Stimulusgeneralisierung. Dieser Befund wird durch einen Überblick über 67 Lernexperimente durch Razran (1949) relativiert: Demnach zeigt sich zu *Beginn* ein Anstieg des Generalisierungsgradienten, nach einer bestimmten Anzahl von Versuchsdurchgängen steigt die Generalisierung nicht weiter an. Am Beispiel der GSR läßt sich dies im Experiment von Hovland (1937b) folgendermaßen abbilden:

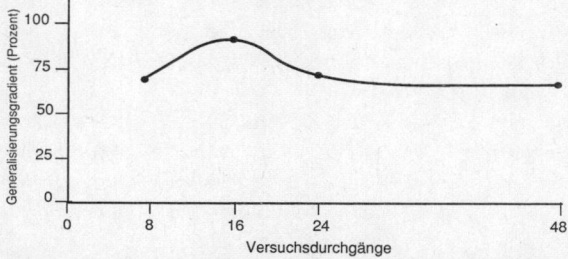

Abb. 3.8: Darstellung der *relativen* Stimulusgeneralisierung als Funktion der Versuchsdurchgänge (nach Hovland 1937b, zit. n. Kimble 1961, S. 336).

Die offensichtlichen *Grenzen* einer Stimulusgeneralisierung sind für das Alltagsleben ausgesprochen sinnvoll: Wäre dies nicht der Fall und nähme die Generalisierung mit der Anzahl der Präsentation bestimmter Situationen immer weiter zu, so würde der Organismus auf häufig präsentierte Situationen sehr stark, auf seltene kaum oder gar nicht reagieren. Diese Charakteristik des Generalisationsgradienten wird von Hull (1952) damit erklärt, daß in der Untersuchungssituation auch ein Prozeß der Löschung auf (sekundär verstärkende) Stimuli der Situation stattfindet.

Noch einfacher kann man dies vermutlich mit einer *Interaktion* von Generalisierung und Diskrimination (siehe nächster Punkt) erklären: Bis zu einem gewissen Grade reagiert der Organismus auf ähnliche Stimuli mit derselben Reaktion (= Generalisierung); mit der Anzahl der Darbietung ähnlicher Situationen lernt das Individuum allerdings auch, geringe Unterschiede in den einzelnen Situationen wahrzunehmen und darauf unterschiedlich zu reagieren (= Diskrimination). Erst das präzise Zusammenspiel von Generalisierung und Diskrimination macht die Flexibilität unseres Verhaltensrepertoires aus.

Probleme bei der Erforschung der Generalisierung
Generalisierung wurde oben als die Anwendung gelernter Reaktionen in neuen, aber ähnlichen Situationen charakterisiert. Es ist eine große Schwierigkeit, diese *Ähnlichkeit* von Situationen genauer zu bestimmen (diese Bestimmung muß natürlich unabhängig von den Reaktionen des Organismus erfolgen). Wenn man diese Ähnlichkeit an physikalischen Eigenschaften der Situationen festzumachen versucht, kann man die Generalisierung offensichtlich nicht erklären, weil diese physikalischen Dimensionen nicht entscheidend sind (Beispiel: Eine Generalisierung auf einen Ton, der eine Oktave höher oder tiefer liegt, ist leichter möglich als eine Generalisierung auf einen benachbarten Ton).

Entscheidend ist offensichtlich, daß Stimuli vom Organismus als identisch *wahrgenommen* werden, womit sich eine interessante Verknüpfung von Lerntheorien und Wahrnehmungstheorien ergibt. Wenn man annimmt, daß der Organismus beim Lernen ebenso wie beim Wahrnehmen *Hypothesen* bildet und prüft (siehe dazu auch „Kognitive Lerntheorien"), wird der Prozeß der Generalisierung leichter erklärbar. Diese Erklärbarkeit gilt ebenso für das Phänomen der *Grenzen* der Generalisierung und der Interaktion mit der Stimulusdiskrimination wie für die sogenannte *„Semantische Generalisierung":* Darunter versteht man die Tatsache, daß Individuen nicht auf physikalische Stimuli in gleicher Weise reagieren, sondern auf Bedeutungen (zum Beispiel Begriffe einer bestimmten Klasse, etwa: Äpfel, Birnen, Kirschen, . . . als zur Klasse „Obst" gehörig) (Osgood 1953).

Zur Erklärung von Prozessen der Generalisierung wird übrigens auch in den klassischen Lerntheorien (Guthrie 1935) auf sogenannte *Mediationshypothesen* zurückgegriffen: Der Kern dieser Annahme besteht in der Aussage, daß Lernen erst durch einen aufmerksamen, sehenden oder hörenden Organismus zustande kommt und daß die entscheidenden Stimuli nicht externer, sondern eben vermittelter Natur sind. Ähnlich wie Hull (1943) nimmt Guthrie (1935) auf internal repräsentierte Stimuli und Reaktionen Bezug:

$$S \longrightarrow r \longrightarrow s \longrightarrow R$$

Die entscheidende Rolle für eine Reaktion bildet nicht ein externer Reiz (S), sondern ein Reiz im Inneren des Organismus (s).

In seiner kurzen Besprechung der Mediationshypothese weist Kimble (1961) darauf hin, daß man auf diese internale Repräsentation in unterschiedlichem Maße Bezug nehmen kann: Bei einfachen Lernexperimenten spielt sie seiner Auffassung nach eine geringere Rolle, als dies etwa bei der Semantischen Generalisierung der Fall ist; hier ist es durchaus sinnvoll, die Bildung von Ähnlichkeits- und Äquivalenzklassen als konstruktive Leistung des Organismus zu betrachten.

Das Konzept der Generalisierung läßt sich in vielen klinischen Fällen zur Erklärung phobischer Reaktionen heranziehen (Rachman und Bergold 1976). An folgendem *Beispiel* einer *agoraphoben* Patientin kann dies verdeutlicht werden:

Die 31jährige Patientin berichtet über eine Reihe von Situationen, die ihr massive Angst bereiten, und die sie deshalb seit mehreren Jahren vermehrt vermeidet (zum Beispiel Geschäfte, Kaufhäuser, aber auch Busse, enge Gassen usw.). In der Exploration berichtet sie unter anderem, daß sie vor circa fünf Jahren nach einem Unfall in eine Apotheke gegangen war; sie selbst war nicht verletzt, allerdings sehr erschrocken und in Sorge um ihre verletzte Freundin. In der Apotheke spürte sie starkes Herzklopfen, Schwindel, und eine allgemeine Erregung und Übelkeit. Sie hatte Angst umzufallen oder zu ersticken. Wenige Tage später spürte sie in ihrem Heimatort in einem engen Fotogeschäft ähnliche Angstreaktionen und begann in der Folge, Situationen daraufhin zu untersuchen, ob sie „gefährlich" sein könnten (Angst umzufallen etc.). Die vermiedenen Situationen waren ursprünglich der „Originalsituation" in mehreren Merkmalen ähnlich (zum Beispiel eng, dunkel, spezieller Geruch, kaum eine Möglichkeit, schnell zu entkommen usw.), die Angst generalisierte aber bald auf eine Klasse äußerst heterogener Situationen.

Schematisch und unter Bezug auf das „Zwei-Faktoren-Modell" von Mowrer (1960a, b) läßt sich die Entstehung und Aufrechterhaltung des komplexen agoraphoben Zustands der Patientin in folgendem Schema verdeutlichen:

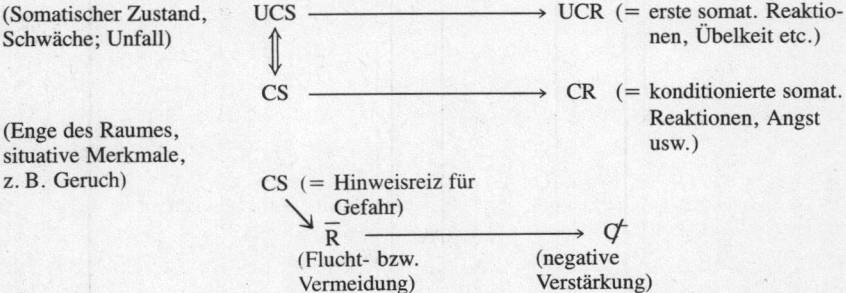

Neben der *Stimulusgeneralisierung,* mit deren Hilfe man die Vermeidung gefürchteter Situationen erklären kann, lassen sich auch eine Reihe von Gesichtspunkten einer *Reaktionsgeneralisierung* finden: Die ursprüngliche Angst umzufallen und die körperlichen Begleiterscheinungen (Übelkeit, Herzklopfen etc.) weiteten sich im Laufe der Entwicklung der Problematik auf ein komplexes Zustandsbild aus. Mit Lang (1968, 1971) kann man diese Reaktionen einer kognitiven, einer physiologisch-somatischen Ebene und einer Verhaltensebene zuordnen (zum Beispiel Vorstellungen über eine Schädigung; Schwindelgefühl und dergleichen; Vermeidungsstrategien wie nur in ganz bestimmten Geschäften einzukaufen etc.).

Zur Erklärung komplexer klinischer Zustandsbilder wird man üblicherweise auf zusätzliche theoretische Modelle zurückgreifen (beispielsweise Modellernen; Prepa-redness etc.). Wenn auch der experimentelle Nachweis für eine Stimulus- und Reaktionsgeneralisierung für phobische Reaktionen im Humanbereich sehr schwer zu führen ist, bilden die Konzepte und die damit verbundenen Prozeßmodelle doch einen möglichen Hintergrund für die Erklärung.

Ein Beispiel für die *Generalisierung* spezieller Lernerfahrungen aus einer experi-mentellen Trainingssituation auf eine neue Situation zeigt sich in folgender Untersu-chung (siehe Brown und Wagner 1964): Eine Gruppe von Versuchstieren (Ratten) hatte in der Trainingssituation frustrierende Erfahrungen durch Nichtbelohnung gemacht (= Gruppe N); eine andere experimentelle Gruppe hatte Bestrafung erfahren (= P), und eine Kontrollgruppe wurde für das Laufverhalten kontinuierlich verstärkt (= Gruppe C).

In einer *neuen* Testsituation, in der die Versuchstiere einmal durch Nichtbelohnung frustriert wurden (= linke Abbildung) beziehungsweise bestraft wurden (= rechte Abbildung) zeigten sich differentielle Effekte abhängig von den „Vorerfahrungen" der Versuchstiere: Waren die Versuchstiere in der *Trainingssituation* entweder der Frustration oder der Bestrafung ausgesetzt gewesen, so zeigten sie einen deutlichen *Transfer* auf die entsprechende Trainingssituation.

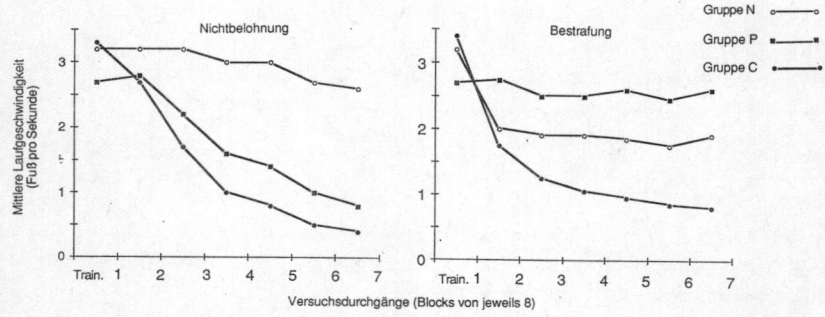

Abb. 3.9: Laufgeschwindigkeit unter Frustrations-Bestrafungsbedingungen abhängig von den Trainingsbedingungen (zit. n. Brown und Wagner 1964, S. 505).

Die Frustrations-Gruppe behielt unter den Frustrationsbedingungen ihre *Laufge-schwindigkeit* (= Abhängige Variable) praktisch bei, während die Bestrafungsgruppe eine deutliche Abnahme der Laufgeschwindigkeit zeigte (ähnlich der Kontroll-gruppe). In der Bestrafungsituation behielt wiederum die Bestrafungs-Gruppe ihre

Laufgeschwindigkeit bei, während die Frustrations-Gruppe eine Reduktion der Laufgeschwindigkeit in Richtung der Kontrollgruppe zeigte.

Das Experiment bildet nicht nur einen Hinweis auf die Generalisierung (= Transfer) von Lernerfahrungen nach Trainingssituationen auf neue Anforderungen; mit dem Aussetzen gegenüber (bewältigbaren) aversiven Erfahrungen bildet das Individuum offenbar eine Fähigkeit aus, solchen Erfahrungen gegenüber in *neuen* Situationen in gewisser Weise zu widerstehen. Für den Humanbereich (eventuell sogar im infrahumanen Bereich) muß man annehmen, daß mit dem Erleben aversiver Situationen offenbar die Fähigkeit zur *Bewältigung* gewisser Merkmale gegenüber dieser unangenehmen Situation ausgeformt wird (Terris und Wechkin 1967; Wagner 1969).

Die Untersuchungen bilden unter Umständen eine Grundlage und Erklärung für das *Streß-Impfungs-Training* von Meichenbaum (1977): Auch dort werden in einer *Trainingssituation* leichte aversive Situationen antizipiert und der Umgang damit *geübt*. Die Befunde bei Meichenbaum (Meichenbaum 1985, 1986; Meichenbaum und Jaremko 1983; Meichenbaum und Novaco 1978) zeigen, daß Übungseffekte aus der Bewältigung unangenehmer Situationen durchaus auf neue (ähnliche) Situationen übertragen (= generalisiert!) werden. Personen, die den Umgang mit problematischen Streßsituationen geübt hatten, konnten unausweichliche aversive Situationen offenbar leichter bewältigen, als diejenigen Personen, die plötzlich oder unerwartet (zum Teil auch wegen problematischer Vermeidungsstrategien) mit dramatischen Situationen konfrontiert wurden. Die Übertragung des Modells als Grundlage zur Bewältigung von Streß (Novaco 1979; Kendall und Watson 1981), aber auch zum Umgang mit Schmerzen (Katz, Varni und Jay 1984; Turk und Genest 1979; Ziesat 1981), liegt dabei auf der Hand.

Diskrimination:
Den zur Generalisierung gewissermaßen *komplementären* Prozeß bezeichnet man als *Diskrimination:* Man versteht darunter die Fähigkeit des Organismus, bereits auf leicht unterschiedliche Situationen auch unterschiedlich zu reagieren. Diskrimination vergrößert die Flexibilität des Organismus, indem sie der Generalisierung Grenzen setzt und zu einer großen Verhaltensvariabilität beiträgt.

Wie kommt Diskrimination zustande?
Das Prinzip der Diskrimination besteht darin, daß generalisierte Reaktionen durch Nichtverstärkung gelöscht, beziehungsweise richtige Reaktionen durch kontingente Verstärkung ausgeformt werden. Diskrimination läßt sich somit als eine Kombination zweier grundlegender Lernprozesse verstehen: Richtige Reaktionen werden verstärkt, wodurch die zukünftige Auftretenswahrscheinlichkeit von Reaktionen derselben Klasse erhöht wird (Erhöhung einer Erregungstendenz). Reaktionen außerhalb eines bestimmten Spektrums werden gelöscht (das heißt nicht verstärkt, womit sich eine Tendenz zur Hemmung dieser Reaktionen ausbildete). Diese Theorie über das Zustandekommen der Diskrimination wurde auch als „Konditionierungs-Löschungs Theorie" bezeichnet und in erster Linie von Spence (1936) und Hull (1943) vertreten.

Als *Methoden* zur Ausformung von Diskriminationsleistungen wurden
a) die sukzessive Darbietung (Kontrastmethode) und
b) die simultane Darbietung (Methode der Wahlreaktion) verwendet.
Während beim ersteren Verfahren die diskriminativen Reize *nacheinander* angeboten werden (die Reaktion auf S^D wird verstärkt, die Reaktion auf S wird gelöscht), muß der Organismus bei der *simultanen* Darbietung zweier Stimuli zwischen zwei Reaktionsmöglichkeiten wählen (vgl. Kimble 1961), die ihm *gleichzeitig* präsentiert werden.

Im Rahmen von Untersuchungen zum Diskriminationslernen wurde beobachtet, daß Organismen nach einer Reihe von Lerndurchgängen (Aufgaben) die Fähigkeit entwickeln, verbessert mit ähnlichen Situationen umzugehen. Diese Verbesserung der allgemeinen Lernfähigkeit wurde von Harlow (1949) speziell bei Affen untersucht und als die Bildung von *Lernhaltungen* (learning sets) bezeichnet. Harlow (1949) nahm an, daß seine Versuchstiere mit prinzipiell richtigen Lernhaltungen an einzelne Lernaufgaben herangehen, daß aber eine Reihe von *Irrtumsfaktoren* fehlerfreies Reagieren verhindert (Harlow 1949 bezeichnete seine Theorie deshalb auch als „error factor theory"). Solche Irrtumsfaktoren bestehen zum Beispiel in Positions-, Stimulus- oder Reaktionspräferenzen. In verschiedenen Versuchen zeigte Harlow (1949), wie diese Fehlerquellen ausgeschaltet werden und die Leistungen des Organismus verbessert werden können. Für eine spezielle Versuchsanordnung, in der die apriori Wahrscheinlichkeit, richtig zu reagieren, bereits 50% war zeigten sich in fünf Versuchsdurchgängen folgende Ergebnisse:

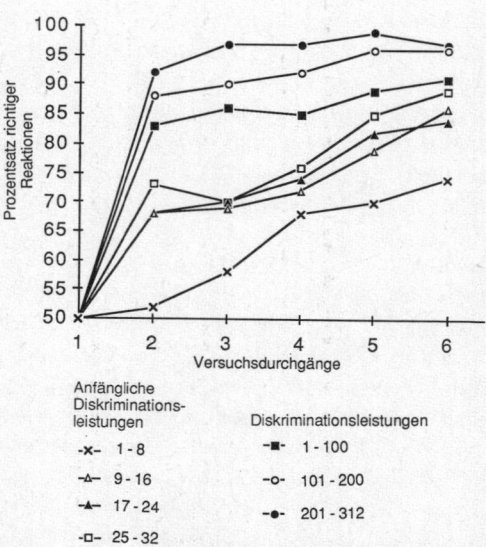

Abb. 3.10: Diskriminationsleistungen bei einer Reihe von 6 verschiedenen Versuchsdurchgängen mit unterschiedlichen Anforderungen (s. Harlow 1949, zit. n. Kimble 1961, S. 387).

Nach Harlow (1949) besteht Lernen in der Fähigkeit des Organismus, zwischen richtigen und falschen Reaktionstendenzen zu unterscheiden. Interessanterweise wird die Fehlerquote nicht auf Null gedrückt: Dies läßt sich als „Flexibilität" des Organismus interpretieren, der sich trotz der Einsicht in die richtige Reaktionsstrategie die Möglichkeit für alternative (evtl. noch „bessere") Reaktionen offen läßt.

Löschung:
Löschung ist derjenige Prozeß, bei dem die alleinige Darbietung des CS ohne den Verstärker (UCS) beziehungsweise, bei dem eine Reaktion ohne Verstärker (C$^+$) zu einer *allmählichen Abnahme* der entsprechenden Reaktion führt. Bei der Löschung ist zu beachten, daß es sich üblicherweise um einen *Prozeß* handelt, der sehr langsam vor sich geht: Kimble (1961) zitiert verschiedene Experimente, in denen sich die Löschung einer Reaktion über mehrere Monate bis Jahre hinzog.

Wie läßt sich der Prozeß der Löschung erklären?
Zur Erklärung wurden unterschiedliche Theorien vorgebracht, die hier nur kurz angesprochen werden sollen.

a) *Hemmungstheorie:* Diese Theorie beruht auf physiologischen Überlegungen (Sherrington 1906) sowie auf der Theorie von Pawlow (1927) und wurde speziell von Hull (1943) vertreten. Nach Hull (1943) hinterläßt jede Reaktion eines Organismus eine *reaktive Hemmung,* die das zukünftige Reaktionspotential beeinflußt. Für die Beteiligung von Faktoren der Hemmung spricht unter anderem das Phänomen der „spontanen Erholung": Wenn die Hemmung aufgehoben wird (zum Beispiel durch Wiederherstellen der ursprünglichen Verstärkungsbedingungen), so zeigen sich die ursprünglich vorhandenen Reaktionen wieder in ihrer ursprünglichen Stärke. Bandura (1969) spricht in diesem Zusammenhang auch davon, daß das nicht mehr verstärkte Verhalten vom Organismus einfach „aufgegeben" wird (das Verhalten ist weiterhin im Reaktionsrepertoire des Organismus gespeichert, wird aber nicht gezeigt). Wenn die entsprechenden Verstärkungsbedingungen wiederhergestellt werden, so zeigt sich auch das ursprüngliche Verhalten wieder. Dies spricht nach Bandura (1969) zumindest für die Beteiligung *kognitiver* Faktoren bei der Hemmung von Reaktionen im Löschungsprozeß.

b) *Generalisierungsabnahme:* Bereits bei der Diskrimination wurde auf die Abnahme der Generalisierung als speziellen Mechanismus der Formung von Verhalten Bezug genommen. In der Theorie der Generalisierungsabnahme wird angenommen, daß die *Stimulus*unterschiede in der Erwerbs- (Verstärkung vorhanden) und in der Löschungsphase (Verstärkung entfällt) zur Löschung des Verhaltens beitragen. Befunde zum erhöhten Löschungswiderstand bei partieller Verstärkung sind zum Teil dadurch zu erklären, daß die Stimulusbedingungen in der Erwerbs- und in der Löschungsphase ähnlich sind (Kimble 1961).

c) *Interferenztheorie:* Die Interferenztheorie bezieht sich auf ähnliche Grundlagen wie die Hemmungstheorie. Pawlow (1927) nahm an, daß die Einführung eines *zusätzlichen* Stimulus in seinen Untersuchungen generell zu einer *Senkung der Reaktionsrate* führte. Er erklärte dies durch zusätzliche, interferierende Reaktionen, die durch den neuen Stimulus ausgelöst wurden. Interferierende Reaktionen können allerdings nicht nur durch einen zusätzlichen Stimulus, sondern bereits durch den ursprünglichen CS ausgelöst werden (Guthrie 1935).

Die Interferenztheorie ist mit großen Schwierigkeiten belastet; so bleibt etwa unklar, *woher* die interferierende Reaktion kommt (eine UCR auf einen CS?), so daß die Theorie zur Erklärung der Löschung kaum noch herangezogen wird.

d) *Frustrationstheorie:* Die zentrale Annahme der Frustrationstheorie besteht in *motivationalen* Faktoren, die zum Reaktionspotential eines Organismus beitragen (Hull 1943, 1952). Frustration durch Nichtverstärkung (welche den Prozeß der Löschung einleitet) führt zu einer Energetisierung des Verhaltens und produziert interferierende Reaktionen, die mit dem ursprünglichen Verhalten inkompatibel sind (A. R. Wagner 1969). Frustration besitzt also Triebfunktion, und die Stärke des Triebes bestimmt die Löschungsresistenz. Die Bedeutung der Frustration als Trieb beziehungsweise der negativen Verstärkung durch Flucht aus der Frustration wurde häufig belegt (Kimble 1961). Eine Reaktion, die durch Flucht aus Frustration (beziehungsweise Vermeidung der Frustration) verstärkt wird, zeigt sich als äußerst stabil und fast völlig löschungsresistent. Dieses Charakteristikum wurde häufig als Parallele zu sogenannten „depressivem" Verhalten (Seligman 1975) beziehungsweise zum zwanghaften Verhalten (Rachman und Hodgson 1980) herangezogen. Die Übertragung tierexperimenteller Befunde auf klinische Phänomene im Humanbereich ist mit vielen Problemen behaftet (Kanfer 1985 b; Marks 1978 a; Maser und Seligman 1977; Suomi 1982); in therapeutischer Hinsicht müssen die Ansätze jedoch als durchaus fruchtbar angesehen werden.

e) *Erwartungstheorie:* Nach der Auffassung kognitiver Theoretiker spielt die Bildung von Erwartungen und Hypothesen über Stimulusbedingungen in der Umgebung einerseits und über Verhaltensweisen und Situationen andererseits eine entscheidende Rolle beim Lernen (siehe Tolman 1932). Die Bildung von Hypothesen über bestimmte Kontingenzen ist nicht unbedingt sprachlich zu verstehen, sondern beinhaltet lediglich die Formung von Erwartungsmustern, die unser Verhalten beeinflussen.

Falls das Individuum das Auftreten eines UCS erwartet, nachdem ein CS aufgetreten ist (die Erfassung dieses Zusammenhanges ist ein wichtiges Merkmal des Lernens), besteht Löschung in der Prüfung dieses nicht mehr bestehenden Stimuluszusammenhanges. In der Löschungsphase wird von einem Organismus eine *Diskriminationsleistung* verlangt: Er sollte eine Reaktion unter Verstärkungsbedingungen zeigen, unter Löschungsbedingungen jedoch nicht. Bereits in der Lernphase können einige Merkmale zur Erleichterung beziehungsweise Erschwernis dieser Diskriminationsleistung beitragen. Dazu gehört etwa partielles Reinforcement (und die damit verbundene Erwartung, daß nicht jede Reaktion verstärkt wird), das in erhöhtem Löschungswiderstand resultiert. Eine Erleichterung der Diskrimination ist etwa mit einer Änderung der Lernsituation gegeben: Wenn sekundär verstärkende Reize aus der Lernsituation wegfallen, geht auch die Löschung des Verhaltens leichter vor sich, m. a. W.: es gelingt dem Organismus rasch, zwischen den Bedingungen der Verstärkung und denen der Löschung zu diskriminieren.

Die Erwartungstheorie spielt auch in neueren Überlegungen zum therapeutischen Prozeß eine wichtige Rolle (siehe Bandura 1977 a): In der Therapie sind sowohl die Situations-Verhaltens-Erwartungen, als auch die Verhaltens-Ergebnis-Erwartungen zu berücksichtigen:

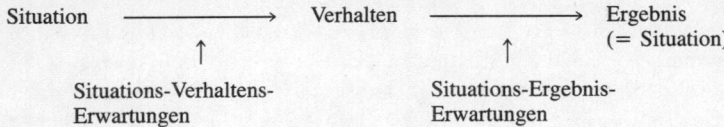

Bei der Betrachtung der vielen Befunde zum Prozeß der Löschung muß man sagen, daß Löschung in keiner Weise als einheitliches Phänomen anzusehen ist. Zu viele Variablen im Verstärkungs- und Löschungsvorgang beeinflussen das Lernen, um von einem einheitlichen Verlauf sprechen zu können. Diese Erkenntnis schlägt sich zum Teil auch in den unterschiedlichen Lerntheorien nieder, die verschiedene Aspekte des Löschungsprozesses zum Gegenstand haben und erklären können. Eine einheitliche Theorie der Löschung ist nicht in Sicht, so daß weiterhin auf die genannten theoretischen Ansätze zurückgegriffen werden muß.

Löschung von Vermeidungsverhalten:
Verhaltensweisen, die einen Organismus vor Schädigung oder unangenehmen Erfahrungen schützen helfen, werden durch das Ausbleiben dieser Situation negativ verstärkt ($\bar{R} \rightarrow \cancel{C}^-$). Solche Vermeidungsreaktionen werden in der lerntheoretischen Literatur übereinstimmend als ausgesprochen löschungsresistent bezeichnet. Löschung besteht in diesem Fall im Wegfallen der (negativ) verstärkenden Konsequenz als Folge des Verhaltens.

In der Versuchsanordnung von Solomon, Kamin und Wynne (1953) wurde dies folgendermaßen demonstriert: Die Autoren brachten den Versuchshunden bei, auf einen diskriminativen Reiz (S^Δ) hin, aus einem Gehege über eine Barriere in einen anderen Käfig zu springen, um einen intensiven elektrischen Schlag zu vermeiden. Die negative Verstärkung bestand im Ausbleiben der (vorher erlebten) nunmehr erwarteten aversiven Situation. Schematisch läßt sich dies folgendermaßen skizzieren:

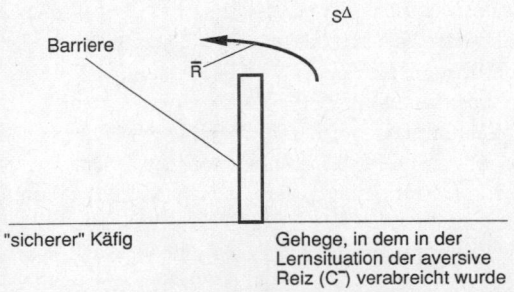

Abb. 3.11: Skizze zum Erlernen bzw. über die Stabilität von Vermeidungsverhalten.

143

Die Löschung der Vermeidungsreaktion erwies sich als äußerst schwierig: Obwohl der aversive Stimulus längst ausblieb, das heißt die Vermeidungsreaktion nicht mehr zur negativen Verstärkung führte, zeigten die Versuchshunde die Vermeidungsreaktionen über *mehrere hundert* Versuchsdurchgänge hinweg.

Dieses Phänomen der hohen *Löschungsresistenz* von Vermeidungsverhalten bildet für eine Zwei-Prozeß-Theorie des Lernens große Schwierigkeiten: Es fällt schwer zu erklären, warum eine Vermeidungsreaktion im Repertoire eines Individuums stabil bleibt, obwohl die (negative) Verstärkung längst nicht mehr gegeben ist. Zur Erklärung des Phänomens innerhalb der Zwei-Prozeß-Theorien wurden nun folgende Zusatzannahmen getroffen:

a) *Sicherheits-Signal-Hypothese* (siehe Seligman und Johnston 1975; Rachman 1977): Reize, die mit dem Ausbleiben aversiver Erfahrungen verbunden sind, werden für den Organismus zu *Sicherheitssignalen*. Die Versuchshunde bei Solomon und anderen (1953) vermeiden eine (nicht mehr gefährliche) Situation deshalb weiterhin, weil die ungefährliche Situation (sekundär) verstärkende Eigenschaften erworben hat.

b) *Automatisation* (siehe Kimble und Perlmuter 1970): Damit ist gemeint, daß gut eingeübte Verhaltensweisen auch ohne motivationale Faktoren ausgelöst und aufrechterhalten werden.

Beide Annahmen scheinen nicht unbedingt notwendig zu sein, wenn man sich vor Augen hält, wie die Löschung der Vermeidungsreaktionen von Solomon auf anderen (1953) relativ rasch erreicht werden konnte: In wenigen Versuchsdurchgängen wurden die Hunde konsistent daran gehindert, die Vermeidungsreaktion zu zeigen, wenn der diskriminative Hinweisreiz (früher: S^Δ) erschien. Dadurch konnten die Hunde die konkrete Erfahrung machen, daß *kein* Schock mehr erfolgte, ihre Vermeidungsreaktion somit nicht mehr notwendig war. Wenn man sich auf die Erwartungstheorie der Löschung bezieht, so könnte man geltend machen, daß Vermeidungsverhalten deshalb so löschungsresistent ist, weil die Hunde ihre (falsche) „Erwartung" eines Zusammenhanges zwischen zwei Reizen ($S^\Delta \rightarrow C^-$) nicht mehr *prüfen* konnten: Sofort beim Auftreten von S^Δ waren sie in das vermeintlich sichere Gehege gesprungen.

Das hier dargestellte Prinzip der *Reaktionsverhinderung* zur Löschung von Vermeidungsverhalten bildet auch die Grundlage von klinischen Interventionsverfahren: Ein Agoraphobiker vermeidet verschiedene Situationen, weil er annimmt, daß diese Situationen in irgendeiner Weise gefährlich für ihn sein könnten. Da diese Annahme keiner konkreten Prüfung unterzogen wird – und weil das Vermeidungsverhalten jeweils negativ verstärkt wird – bleibt die Vermeidung sehr stabil und schränkt andere Reaktionen des Patienten massiv ein. Die Therapie besteht im Prinzip wiederum in der Prüfung, ob der vom Patienten gefürchtete Zusammenhang zwischen eigenen aktiven Reaktionen und einer damit verbundenen Schädigung (zum Beispiel „auf die Straße zu gehen ist mit Übelkeit und Umfallen verbunden...") noch besteht. In vielen Fällen wird ein Agoraphobiker sogar zugestehen, daß er um die Ungefährlichkeit einer vermiedenen Situation *weiß*, daß er aber dennoch nicht in der Lage ist, sie aufzusuchen. Hier besteht die Aufgabe des Therapeuten darin, dem Patienten (schrittweise) die *konkrete Erfahrung* der Ungefährlichkeit und Bewältigung der Situation zu vermitteln.

Klinisches Modell von Vermeidung und Löschung: Modelle der Löschung von Vermeidungsverhalten lassen sich nicht direkt auf den Humanbereich übertragen. Konsequenterweise hat Isaac M. Marks (1978a) ein „klinisches Modell" entwickelt, das den Charakteristika menschlicher Angstreaktionen eher gerecht werden sollte, als dies für Konditionierungsmodelle aus dem infrahumanen Bereich der Fall ist (Marks 1982, 1983; Miller 1985; Mineka 1979, 1985).

Wenn man sich bei der Löschung (Therapie) von Angst- und Zwangsreaktionen beim Menschen weiterhin auf ein Konditionierungsmodell bezieht, so muß man die Annahme treffen, daß eine – wie immer geartete – Konditionierung stattgefunden hat (Koppelung von CS und UCS). Nach Marks (1978a) ist diese Annahme für den Humanbereich weder notwendig noch sinnvoll, außerdem kann sie nicht mehr geprüft werden. Marks (1978a) schlägt als klinisches Modell eine Koppelung von ES (evoking stimulus) und ER (evoked reaction) vor: Eine Reihe von Situationen im Leben des Patienten können als auslösende Bedingungen (ES) für komplexe Angstreaktionen (ER) angesehen und identifiziert werden. *Für die Therapie ist es hinreichend,* für die vom Patienten gefürchtete Situation *Bewältigungsreaktionen* zu entwickeln beziehungsweise ihm konkret die *Erfahrung* zu vermitteln, daß diese Situationen nicht so gefährlich sind, wie er dies annimmt und wie dies in seinem Vermeidungsverhalten zum Ausdruck kommt.

Während die Lockerung des Bezuges von klinischen Phänomenen zu Konditionierungsmodellen allein sicherlich wünschenswert erscheint, bleibt ein Aspekt in diesem „klinischen Modell" unberücksichtigt: Der Patient zeigt in den meisten Fällen den dringenden Wunsch, auch den möglichen Ursprung seiner Störung kennenzulernen. Diesem Wunsch sollte man aus mehreren Gründen versuchen gerecht zu werden (siehe dazu die Vermittlung eines „Plausiblen Modells", Abschnitt 2.2.3).

Habituation:

Unter Habituation versteht man eine *Abnahme einer Reaktionsbereitschaft* auf einen *mehrfach* dargebotenen Reiz. Pawlow (1927) hatte beobachtet, daß seine Versuchshunde auf neue Situationen und Reize mit erhöhter Aufmerksamkeit und Hinwendung reagierten. Er bezeichnete dies als *„Orientierungsreaktion".* Diese Orientierungsreaktion ermöglicht es dem Organismus, eine Situation sehr rasch zu erfassen und ebenso rasch darauf zu reagieren. Mit der wiederholten Darbietung ist der Reiz für das Individuum nicht mehr „neu", so daß mit einer verminderten Orientierung reagiert wird.

Der Prozeß der Habituation ist von der *Ermüdung* einerseits und von der *Löschung* andererseits abzugrenzen:

Von *Ermüdung* spricht man dann, wenn sich nach dem häufigen Ausführen eines Verhaltens ein Nachlassen an Spannung und Reaktionsstärke zeigt (zum Beispiel Abnahme des Muskeltonus nach einer anstrengenden Tätigkeit; Abnahme der Konzentrationsleistung nach der Lektüre eines Textes usw.). Charakteristisch für die Ermüdung ist die Abnahme von *Leistung* im zeitlichen Verlauf. Prozesse der Ermüdung werden in vielen Definitionen des Lernens explizit ausgeschlossen.

Für die *Löschung* von Verhalten ist vorausgesetzt, daß dieses Verhalten durch Verstärkung (klassisch oder instrumentell) im Repertoire des Organismus vorhanden war; Löschung besteht dann im Weglassen der Verstärkung und in einer Abnahme der *Reaktionshäufigkeit*.

Bei der *Habituation* wird im Kontrast zur Ermüdung bei einer Reaktion relativ wenig Anstrengung oder Energie aufgewendet; Habituation besteht also nicht in einer Abnahme der Leistung, sondern in einer Veränderung der *Reaktionsbereitschaft* auf einen bestimmten Reiz. Im Unterschied zur Löschung wird weder eine Verstärkung des Verhaltens, noch eine bestimmte Reaktionsrate vorausgesetzt (Beispiel: Orientierungsreaktion).

Habituation wird manchmal auf sensorische Adaptation zurückgeführt, es lassen sich aber auch zentralnervöse physiologische Prozesse als Grundlage anführen (Hilgard und Bower 1975). Die Einführung eines neuen Reizes in der Umgebung eines Organismus löst in den Sinnesorganen, in den Nervenbahnen des afferenten Kanals und in entsprechenden kortikalen Regionen (zum Teil auch in der Formatio Reticularis) eine deutliche elektrische Erregung aus. Wenn die Darbietung des Reizes wiederholt wird, so nimmt die nervöse und kortikale Erregung laufend ab; dies läßt sich eventuell als physiologisches Korrelat der Habituation ansehen.

Beispiel: Wenn man zum ersten Mal in einem Raum mit einer laut tickenden Uhr zu schlafen versucht, so stört das Ticken zunächst enorm (das heißt es handelt sich um einen neuen Reiz, dem man gewisse Aufmerksamkeit schenkt). Nach einer gewissen Zeit stellt man fest, daß man das Ticken „gar nicht mehr wahrnimmt", das bedeutet, man hat sich „mit dem Ticken abgefunden" oder habituiert.

Es ist wichtig darauf hinzuweisen, daß eine Habituation nur dann stattfindet, wenn die entsprechenden Situationen nicht eine biologische Bedeutsamkeit für den Organismus besitzen (Hilgard und Bower 1975).

Mit dem Phänomen der Habituation – auch zur Erklärung von Prozessen in der Verhaltenstherapie – haben sich in den 60er Jahren insbesondere Lader und Wing (1966) beziehungsweise Lader und Mathews (1968) beschäftigt. Lader und Wing (1966) fanden in experimentellen Untersuchungen eine inverse Beziehung zwischen dem Aktivierungsniveau einerseits und der Fähigkeit zur Habituation andererseits. Dies bedeutet, daß Habituation dann rasch und ohne Probleme vor sich geht, wenn der Organismus zum Zeitpunkt der Stimulation nur ein geringes Erregungsniveau aufweist. Die Habituation ist jedoch dann verzögert, wenn der Organismus stark erregt ist: In einem solchen Fall kann es zu einer Art „Aufsummierung" der Erregung kommen, wenn der Organismus infolge mit neuen Reizen konfrontiert wird, an die aufgrund des Aktivierungsniveaus keine Habituationsmöglichkeit mehr besteht.

Beispiel: Der Grad der Aktivierung entscheidet über die Geschwindigkeit der Habituation an die tickende Uhr aus dem obigen Beispiel; wenn man sich über das Ticken zusätzlich „ärgert", „aufregt" usw. stellt man damit eine Erhöhung des eigenen Erregungsniveaus her, und dieser Rückkopplungskreis verhindert eine problemlose Habituation.

Neben dem aktuellen Erregungsniveau spielt ein zweiter Faktor für die Habituation eine wichtige Rolle, nämlich die sogenannte Temperamentsausstattung des Individuums: Lader und Wing (1966) sprechen von einer *angeborenen Habituationsfähigkeit,* die die Geschwindigkeit der Habituation bestimmt. Im Hintergrund dieser Überlegungen steht das Persönlichkeitsmodell von H. Jürgen Eysenck (1947, 1967), wonach introvertierte Personen konditionierte Reaktionen schneller ausbilden (und demnach auch schneller habituieren), als dies bei extravertierten Personen der Fall ist.

Das Zusammenwirken der beiden Faktoren, nämlich des *Aktivierungsgrades* zu einem bestimmten Zeitpunkt, sowie die angeborene *Habituationsfähigkeit* sehen die beiden Autoren (Lader und Wing 1966; Lader und Mathews 1968) beim Prozeß der Systematischen Desensibilisierung nach Joseph Wolpe (1958) gegeben: Ihrer Auffassung nach kann das Gelingen der Desensibilisierung als Konfrontation eines Individuums mit angstauslösenden Situationen betrachtet werden; diese Konfrontation geschieht genau in jenem Zeitpunkt, in dem die Habituationsgeschwindigkeit maximal ist. Der Patient befindet sich durch das Entspannungstraining auf einem sehr niedrigen Erregungsniveau und demnach sollte auch die Habituation (an einen nur gering angstauslösenden Reiz) maximal sein (siehe auch Birbaumer 1977). Nach Lader und Mathews (1968) sollte der Faktor der angeborenen Habituationsfähigkeit besonders bei der Desensibilisierung berücksichtigt werden: Das konkrete Vorgehen (Darbietung der einzelnen Items) muß demzufolge an die individuelle Habituationfähigkeit angepaßt werden. Das Modell der *Habituation* wird heute als *eines* unter mehreren Erklärungsansätzen für den Prozeß der Systematischen Desensibilisierung herangezogen (Yates 1975).

Zusammenfassung: Im „normalen" ebenso wie im „pathologischen" Verhaltensrepertoire von Individuen wird eine Reihe von Reaktionen durch Reize ausgelöst beziehungsweise aufrechterhalten, die ihre Verstärkereigenschaften erst durch eine Koppelung mit einem primären Verstärker gewonnen haben. Diese Reize bezeichnet man als sekundäre Verstärker, den Prozeß als *Sekundäre Verstärkung.*Generalisierung und Diskrimination bilden zwei komplementäre Prozesse, die die Allgemeinheit versus Spezifität von Reaktionen bestimmen. *Generalisierung* sichert dabei, daß Organismen lernen, auf ähnliche Situationen mit ähnlichem Verhalten zu reagieren. *Diskrimination* grenzt den Grad der Allgemeinheit des Reaktionsrepertoires ein, indem auf spezifische Merkmale einer Situation unterschiedlich reagiert wird.
Löschung beinhaltet die kontinuierliche Abnahme einer Reaktionsrate als Folge der Nichtverstärkung (klassisch oder instrumentell). Folgende Theorien werden dafür geltend gemacht: Hemmungstheorie, Generalisierungsabnahme, Interferenz, Frustration und Erwartungstheorie. Ein spezielles Problem bildet die Löschung von Vermeidungsverhalten, für dessen Erklärung man Theorien aus unterschiedlichen Bereichen heranziehen muß.
Habituation besteht im Nachlassen der Reaktionsbereitschaft eines Organismus auf einen mehrfach dargebotenen Reiz und ist von Ermüdung einerseits und von Löschung andererseits zu unterscheiden.

Weiterführende Literatur: Kimble, G. A.: Hilgard and Marquis' Conditioning and learning. New York: Appleton Century Crofts 1961.

3.1.7 Neuere Entwicklungen in den klassischen Lerntheorien

Historisch gesehen kam es nach einer stürmischen Entwicklung in den Lerntheorien bis etwa zur Mitte unseres Jahrhunderts zu einer Phase der Konsolidierung: Gewisse klassische Befunde konnten als abgesichert angesehen werden. Dennoch ist die Forschung im Bereich der Lerntheorien alles andere als stehengeblieben (vgl. Estes 1975a; Harzem und Zeiler 1981; Honig und Staddon 1977; McGuigan und Lumsden 1975; Zeiler und Harzem 1979 u. v. a. m.). Im Rahmen dieser Weiterentwicklung ging es einerseits um die Ausarbeitung spezieller Details aus den Lerntheorien (zum Beispiel Kontiguität versus Kontingenz als Voraussetzung des Lernens) und andererseits um die Einführung neuer Parameter, die zu einer Klärung offener Probleme beitragen sollten. In diesem Punkt werden drei solcher Bereiche angesprochen, die für die Entwicklung der Verhaltenstherapie große Bedeutung erlangt haben: Biologisch-evolutionäre Aspekte, die Theorie der Inkubation und die Entwicklung sozialer Lerntheorien.

Die biologisch-evolutionäre Einbettung von Lernprozessen:
Die Erkenntnis, daß mehrere Millionen Jahre der Menschheitsentwicklung nicht ohne Einfluß auf das menschliche Gehirn und damit zusammenhängendes Lernen sein können ist im Prinzip alt (vgl. G. S. Hall 1897). Auch Thorndike (1911, 1935) hatte bereits darauf hingewiesen, daß die Bildung von Assoziationen eine prinzipielle „Zusammengehörigkeit" voraussetzt.

Die phylogenetischen Wurzeln des Lernens wurden für die Verhaltenstherapie aber erst durch Seligman (1970, 1971; Seligman und Hager 1972) explizit ausgearbeitet und nutzbar gemacht. Die Theorie der *„Preparedness"* (deutsch etwa: „Vorbereitetheit") ist trotz gewisser Probleme rasch rezipiert worden. Seligman (1970) ging von der Beobachtung aus, daß bei der Entstehung von Ängsten *bestimmte* Assoziationen offenbar *leichter gebildet* und *langsamer gelöscht* werden als *andere:* Menschen entwickeln phobische Reaktionen auf bestimmte Reize hin sehr schnell (zum Beispiel Plätze, enge Räume, Dunkelheit, ...), während andere Reize kaum zum Inhalt phobischer Reaktionen werden, obwohl sie im Prinzip ähnlich gefährlich sind (zum Beispiel Steckdosen, Röntgenapparate etc.).

Die Theorie der Preparedness von Seligman (1970, 1971) macht im Kern folgende Annahmen:
1. Gewisse Verknüpfungen zwischen Stimuli werden leichter gelernt als andere (dies betrifft zum Teil auch interozeptive Reize);
2. in Situationen, die eine biologisch-evolutionäre Bedeutung besitzen, entwickelt der Organismus sehr schnell stabile Vermeidungsreaktionen.

Eine Reihe von Arbeiten aus der Gruppe um Öhman (Hugdahl, Frederikson und Öhman 1977; Öhman und Dinsberg 1978; Öhman, Frederikson, Hugdahl und Rimmö 1976) konnte den Beweis erbringen, daß konditionierte Vermeidungsreaktionen keine Gleichverteilung über verschiedene Stimulusklassen aufwiesen. Stimuli, die im Sinne der Theorie von Seligman (1970) als „prepared" zu bezeichnen waren (zum Beispiel Ratten, Spinnen etc.) lösten *schneller Vermeidungsreaktionen* aus als sogenannte „neutrale" Reize. Außerdem löschten diese Reaktionen langsamer als Vermeidungsreaktionen auf Stimuli ohne biologisch-evolutionäre Bedeutung. Wichtig war dabei auch der Nachweis, daß die Konditionierung auch auf *physiologischer* Ebene erfolgte; damit wurde die Bedeutung autonomer Reaktionen für die Entstehung und Aufrechterhaltung von Angst berücksichtigt.

In einer Übersicht über die Angstinhalte von 69 schweren Phobikern zeigte sich, daß sich diese in 66 Fällen auf Gegenstände von eindeutig *evolutionärer* Bedeutung bezogen (siehe deSilva, Rachman und Seligman 1977). Die Angstinhalte bezogen sich auf Situationen, die für den sogenannten prä-technologischen Menschen von großer Bedeutung für das Überleben waren (weite Ebenen als Gefahrenquelle; große Höhen als Gefahr; etc.). Dieser evolutionäre Gesichtspunkt erklärt auch, warum Menschen vor Situationen Phobien entwickeln, die im 20. Jahrhundert objektiv weniger gefährlich sind (beispielsweise Schlangen) als andere (zum Beispiel elektrische Geräte).

Im Humanbereich zeigt sich das leichte und schnelle Lernen bedeutsamer Verknüpfungen auch daran, daß Situationen als CS gelernt werden, die in zeitlicher Hinsicht vom UCS getrennt sind. Diese Verknüpfung über lange Zeiträume hinweg wurde insbesondere von Garcia und anderen (1972) betont (siehe dazu auch das Kapitel „Kognitive Lerntheorien"). Für die Theorie der „Preparedness" müssen somit Verknüpfungen („Assoziationen" im Sinne von Thorndike 1911) in Rechnung gestellt werden, die für den Menschen eine gewisse *psychologische Bedeutsamkeit* besitzen (zum Beispiel Belastungssituationen; Konflikte; etc.).

Zu unterscheiden ist das Konzept der „Preparedness" zumindest graduell von den sogenannten angeborenen Ängsten (Seligman 1971): Von *angeborener* Angst spricht man dann, wenn sich bei einer *ersten* Konfrontation mit einer Situation bereits massive Angst zeigt (das heißt Lernen hat vermutlich nicht stattgefunden). Wenn die Angst bei der ersten Konfrontation *eher schwach* ist, allerdings *leicht konditioniert* werden kann, so ist der Begriff der „Preparedness" angebracht. Seligman (1971) nimmt allerdings an, daß die zugrunde liegenden physiologischen Mechanismen und die evolutionäre Entwicklung identisch sind (siehe auch Eysenck 1982).

Es wurde bereits darauf hingewiesen, daß die Theorie der *Preparedness* ausgesprochen rasch Eingang in diverse lerntheoretische Konzeptionen gefunden hat. Der Plausibilitätscharakter der Theorie mag dazu einen gewissen Teil beigetragen haben. Dennoch weist das Modell eine Reihe von Problemen auf, die in der Literatur zum Teil gründlich diskutiert wurden: Es ist etwa schwer zu entscheiden, ob sich die Preparedness in einem konkreten Fall auf einen speziellen *Stimulus* (biologischer Bedeutung) oder auf eine spezielle Form der *Verknüpfung* bezieht. In einem konkreten Fall einer klinischen Angststörung fällt auch eine Trennung in denjenigen Teil, der als *phylogenetisch* „prepared" und in denjenigen, der *ontogenetisch* erworben ist, ausgesprochen schwer. Auch unter Berücksichtigung dieser Schwierigkeiten der Theorie stellt das Konzept der „Preparedness" eine Bereicherung sowohl für die Lerntheorien, als auch für die klinische Praxis der Verhaltenstherapie dar.

Das Modell der Inkubation von Angst:

Die alleinige Darbietung eines CS führt in der Regel zu einer Abnahme der konditionierten Reaktion (CR); diesen Prozeß bezeichnet man als *Löschung* (siehe Abschnitt 3.1.6). Unter gewissen Bedingungen findet allerdings eine solche Löschung nicht statt, im Gegenteil: Die Darbietung des CS führt zu einer Verstärkung der CR (üblicherweise: konditionierte Angstreaktion). Für dieses im Rahmen klassischer Lerntheorien schwer zu klärende Phänomen – das auch in der klinischen Praxis große Bedeutung besitzt – hat Eysenck (1968, 1976, 1979) das Modell der *Inkubation* entwickelt.

Eysenck (1968) geht davon aus, daß sich in vielen Fällen keine strenge Unterscheidung zwischen UCS und UCR treffen läßt (Beispiel: Der schädigende Reiz und die Schmerz- beziehungsweise Furchtreaktion werden vom Individuum zu einer „noxischen Reaktion" verbunden). Diese noxische Reaktion wird mit dem CS durch das Prinzip der Kontiguität verbunden. Eine wichtige Voraussetzung im Modell der Inkubation bildet die Annahme, daß die konditionierte Reaktion (auch: noxische Reaktion, die den aversiven Stimulus einschließt) eine *Verstärkung* (im Sinne des Klassischen Konditionierens) für den CS darstellt. Damit kommt es zu einem positiven Feedback-Zyklus: Anstelle eines Prozesses der Löschung bei der alleinigen Darbietung des CS kommt es zu einer Verstärkung dieses CS durch die CR.

Der Prozeß der Löschung beinhaltet nach Eysenck (1968, 1982) immer auch einen Prozeß der Inkubation; der Inkubationsprozeß wird allerdings in den meisten Fällen durch den Effekt der Löschung überlagert, so daß es nicht zu einer Verstärkung der Angstreaktion kommt. Unter gewissen Bedingungen allerdings „kippt" die Löschung um in den Prozeß der Inkubation. Eysenck gibt dafür folgende Bedingungen an:

1. Die konditionierte Reaktion (CR) bekommt *Triebcharakter* (zum Beispiel ist dies bei vielen Angstreaktionen der Fall): Wenn der UCS sehr stark ist, wird der CS zum partiellen Ersatz dieses unbedingten Reizes (die CR wird zudem fast identisch mit der UCR). In diesem Falle wird die CR (eben weil sie zugleich Stimulus- und Triebcharakter besitzt) zur direkten Verstärkung für den CS.

2. Eine wichtige Bedingung für die Inkubation ist eine sehr kurze (aber intensive) Darbietung des CS: Dies verhindert, daß es zu einer Löschung der CR kommt. Im Sinne der Erwartungstheorie der Löschung kann der Organismus bei sehr kurzer Darbietungszeit des CS (und damit zumeist verbundener Flucht beziehungsweise Vermeidung) niemals die konkrete Erfahrung machen, daß der CS *nicht* kontingent mit der CR (beziehungsweise) verknüpft ist.

3. Eine Hintergrundvariable für Löschung versus Inkubation bildet das *Persönlichkeitsmodell* von Eysenck (1968): Bereits in Tierversuchen wurde dieser Faktor als bedeutsam angesehen. Nach Eysenck (1968) zeigen introvertierte (neurotische) Personen eher eine Tendenz zur Inkubation, während extravertierte (stabile) Menschen unter denselben Bedingungen eine Löschung der entsprechenden Reaktion zeigen.

In seinen Überlegungen zur Inkubation bezieht sich Eysenck (1968) zum Teil auch auf die Arbeiten von Napalkov (1963): Dieser konnte zeigen, daß seine Versuchshunde auf einen Pistolenschuß hin zwar anfänglich starke Reaktionen (UCRs) zeigten, daß diese Reaktionen aber rasch der Habituation unterlagen, wenn der Schuß wiederholt abgegeben wurde. Interessanterweise zeigte sich diese Habituation an den UCS nicht, wenn lediglich ein einziger Schuß abgegeben wurde und darauf hin *nur* der CS dargeboten wurde (Vorzeigen der Pistole). In diesem Fall zeigten die Hunde eine starke *Zunahme* der konditionierten Reaktion, was Eysenck (1968) als *Inkubation der Angst* bezeichnete:

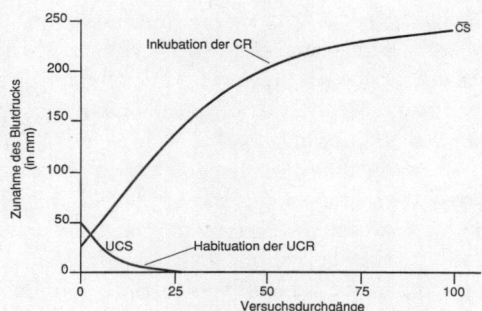

Abb. 3.12: Inkubation der Angst bei alleiniger Darbietung eines CS (Eysenck 1982, S. 229).

Eysenck (1968) beruft sich zwar auf dieses „Napalkov-Phänomen", schreibt ihm aber selbst lediglich demonstrativen und nicht beweisenden Charakter zu; dazu wäre zumindest eine Replikation des Phänomens erforderlich.

Inwieweit das Modell der Inkubation zur Erklärung von „natürlichen" Verläufen von Angstreaktionen beziehungsweise zur Erklärung von Effekten der „Sensibilisierung" als Folge eines Kontaktes mit einer angstauslösenden Situation herangezogen werden kann, bleibt zumindest fraglich. Bei massiven Angstreaktionen beobachtet man häufig, daß diese bei der Präsentation mit der Darbietung einer konditionierten angstauslösenden Situation in einem Maße zunehmen, wie es selbst durch den UCS nicht gerechtfertigt schiene. Die von Eysenck (1968, 1976, 1979, 1982) geltend gemachten Faktoren des Triebcharakters der Angstreaktion, der kurzen Darbietungszeit und von Persönlichkeitsfaktoren bilden zumindest eine mögliche Erklärung für dieses Phänomen. Auf der anderen Seite muß man allerdings auch Prozesse der selektiven Wahrnehmung einer Situation, der kognitiven Verarbeitung und der subjektiven Assoziation (Attribution) mit in Rechnung stellen, will man das Phänomen dauerhafter Angstreaktionen adäquat in den Griff bekommen (siehe dazu: „Kognitive Theorien", zum Teil im nächsten Abschnitt).

Die Entwicklung sozialer Lerntheorien:
Den Begriff „Soziale Lerntheorien" umfaßt eine Reihe von Entwicklungen, die hier nicht umfassend wiedergegeben werden können (zum Beispiel Bandura 1969, 1977b; Miller und Dollard 1941; Mischel 1973; Rotter 1954). Sucht man nach einem gemeinsamen Merkmal dieser heterogenen Ansätze, so muß man die Tatsache anführen, daß in neueren Lerntheorien *soziale, kognitive* und *Persönlichkeitsfaktoren*

als bedeutsame Variablen angesehen werden. Bereits bei Tolman (1932) spielten die „Lernhaltungen" (als gewissermaßen kognitive Muster) eine wichtige Rolle; komplexes Lernen setzt die Bildung solcher Muster voraus (zum Beispiel „Transfer").

Mischel (1973) hat die wichtigen Faktoren für eine kognitiv-soziale lerntheoretische Betrachtungsweise herausgearbeitet; diese Faktoren werden im folgenden kurz referiert:

1. *Konstruktive Fähigkeiten des Individuums:* Bei der Analyse menschlichen Verhaltens muß in Rechnung gestellt werden, daß die Umgebung (als Stimulus) vom Individuum *aktiv* wahrgenommen und organisiert wird. Menschen verfügen über kognitive Fähigkeiten und Verhaltensfähigkeiten, um mit ihrer Umwelt zu interagieren; solche Fähigkeiten sind in Kontrast zu aktuellen Reaktionen relativ stabil und auf verschiedene Situationen übertragbar.

2. *Fähigkeit zur Informationsverarbeitung:* Selbst in einfachen Lernversuchen werden Informationen wahrgenommen, gespeichert, transformiert und zu sinnvollen Einheiten zusammengesetzt. Diese Hintergrundinformation bildet die Voraussetzung für unsere Handlungen, etwa bei den Prozessen der Generalisierung und Diskrimination. Beim Prozeß der Löschung etwa muß vorausgesetzt werden, daß der Organismus einen Speicher über mögliche Konsequenzen einer Umweltsituation gebildet hat; dieser Speicherungs- und Gedächtnisprozeß muß relativ flexibel – abhängig von der neu hinzukommenden Information – funktionieren (Goldfried und Robins 1983; Schneider und Shiffrin 1977; Simon 1979; Turk und Speers 1983).

3. *Fähigkeit zur Bildung von Erwartungen:* Um das Konzept der Erwartungen gibt es in den Lerntheorien eine lange Kontroverse. Für „kognitive" Lerntheoretiker allerdings steht die Bedeutung dieses Konstrukts nicht in Frage.

Im Bereich der Erwartungen ist zu unterscheiden zwischen

a) Erwartungen hinsichtlich *Situationen* und

b) Erwartungen hinsichtlich eigener *Handlungen*.

Für die Erwartungen über *Situationen* kann bereits die Bildung diskriminativer Hinweisreize (Holland und Skinner 1961) als Beispiel angeführt werden: Bestimmte Reize in einer komplexen Situation werden für den Organismus bedeutsam, weil sie Hinweischarakter für andere Situationen besitzen; wenn Organismen in der Lage sind, rasch zu lernen (das heißt korrekte Erwartungen zu bilden), daß bestimmte Situationen eine Gefahr und andere angenehme Situationen (etwa Futter) anzeigen, so hat dies für das Überleben des Individuums und der Art wichtige Konsequenzen.

Auf der anderen Seite ist es für den Organismus sehr bedeutsam, Erwartungen über Effekte eigener *Handlungen* zu bilden, das heißt zu wissen, welche Verhaltensweisen wirksam beziehungsweise unwirksam sind. Es wäre für den Organismus höchst unökonomisch, die Brauchbarkeit einzelner Handlungen jeweils neu erproben zu müssen. Bandura (1978) hat dieses Konstrukt der *Erwartungen* zu einem zentralen Bestandteil seiner Theorie der „Selbst-Effizienz" gemacht.

4. *Subjektive Bewertung von Situationen:* Abhängig von ihrer biologischen Ausstattung, ihrer Lerngeschichte und ihrem momentanen Zustand (Hunger, Durst, Bedürfnis nach Erholung etc.) werden Situationen von Individuen unterschiedlich wahrgenommen. Für die Bedeutung der Lerngeschichte hinsichtlich der subjektiven

Bewertung wird häufig auf das Beispiel der Betrachtung einer schönen Kirche hingewiesen: Für einen frommen Menschen bildet sie einen Hinweis auf einen Ort der Ruhe und Besinnung, für einen Kunstgeschichtler ist sie Gegenstand entsprechender Bewunderung, und einen Architekten fasziniert die Statik der Kuppelanlage. Die Wichtigkeit biologischer Ausstattung wurde unter anderem im Rahmen der „Preparedness" erörtert.

Die subjektive Bewertung von Situationen spielt auch für die Qualität von Emotionen zumindest eine gewisse Rolle (Lazarus und Folkman 1984; Schachter und Singer 1962): Die Wahrnehmung der Schwankung des Herzschlages bildet für die meisten Menschen keinen Grund zur Beunruhigung; ein Herzphobiker mißt diesen Reizen eine ganz andere Bedeutung zu: Er bewertet kleine Schwankungen eventuell bereits als Hinweis auf seinen bevorstehenden Tod.

5. *Selbstregulation und planvolles Handeln:* Unter der Fähigkeit zur Selbstregulation versteht man die Tatsache, daß Menschen in der Lage sind, das eigene Verhalten – vor dem Hintergrund biologischer und situationaler Variablen – bis zu einem gewissen Grade zu steuern (vgl. Kanfer 1970a, 1977b; Kanfer und Gaelick 1986). Die Annahme einer Fähigkeit zur Selbstregulation bildet die wichtigste Grundlage aller Verfahren der Selbstkontrolle. (*Beispiel:* Die Fähigkeit zu kontrolliertem Trinken trotz großen Verlangens und trotz vorhandener alkoholischer Getränke muß weitgehend auf die Möglichkeit zur Selbstregulation zurückgeführt werden).

Als charakteristisch für den Menschen wird auch die Fähigkeit zu *planvollem Handeln* angesehen (Miller, Galanter und Pribram 1960). Menschen sind in der Lage, Pläne zu machen, sie verfügen über eine Hierarchie von Zielen und Verhaltensweisen; Ziele können untereinander in Konflikt stehen (zum Beispiel Erfolg im Beruf/viel Freizeit haben), Ziele können auch mit Verhaltensweisen in Konflikt stehen (Beispiel Gesundheit/Rauchen). Als *planvolles Handeln* bezeichnet man die Fähigkeit des Menschen, sich sehr *allgemeine* und *langfristige* Ziele zu setzen (beruflich, sportlich etwa) und diese Ziele durch eine Reihe von Strategien (zum Teil selbstregulatorischer Art) anzustreben und zu erreichen.

6. *Interaktion zwischen Verhalten und Situationen:* Die Bedeutung situativer Merkmale für menschliches Verhalten steht für die Lerntheorien außer Frage; Situationen sind Auslöser des Verhaltens, spezielle Merkmale von Situationen werden vom Individuum als diskriminative Hinweisreize benutzt, und schließlich sind es situative Stimuli, die als Verstärker beziehungsweise aversive Reize die zukünftige Auftrittshäufigkeit des Verhaltens determinieren. Im Rahmen sozialer Lerntheorien wird allerdings die Fähigkeit von Menschen betont, diese Situationen selbst aktiv zu gestalten. Personen interagieren aktiv mit ihrer Situation, sie verändern spezielle Merkmale derselben und sind ihr somit nicht passiv oder hilflos ausgeliefert. Bandura (1974) spricht in diesem Zusammenhang von einem „*reziproken Determinismus*": Menschliches Verhalten ist ein Produkt von Umweltbedingungen, diese Umweltbedingungen sind aber wiederum ein Produkt menschlichen Verhaltens. Diese Interaktion zwischen Verhalten und Situationen bringt für die Beschreibung solcher „Verhaltens-Situations-Einheiten" (Mischel 1973, S. 278) große Schwierigkeiten; R. S. Lazarus (1981), der für diesen Sachverhalt den Begriff der „Transak-

tion" geprägt hat, hält eine idiographische Analyse für besonders angemessen. Mit dieser Betrachtungsweise kommt man dem Aspekt der Einzelfallanalyse, die in der Verhaltenstherapie bereits eine Tradition hat, stark entgegen.

Zusammenfassung: Im Rahmen neuerer Lerntheorien werden unter anderem folgende Entwicklungen als bedeutsam angesehen:

Die biologisch-evolutionäre Einbettung von Lernprozessen meint, daß neben ontogenetischen auch phylogenetische Aspekte wichtig sind. Als Hinweise dafür gelten die Präferenz von biologisch bedeutsamen Situationen und die Geschwindigkeit der Bildung von Assoziationen mit solchen Situationen. Dies kommt zum Beispiel im Begriff der *„Preparedness"* zum Ausdruck.

Im Modell der *Inkubation* von Angst gibt H. J. Eysenck eine Erklärung für die Dauerhaftigkeit von Angstreaktionen trotz scheinbarer Löschungsbedingungen. Neben speziellen Merkmalen von Stimuli (Intensität von UCS beziehungsweise Dauer des CS) spielen auch Persönlichkeitsmerkmale eine wichtige Rolle.

Charakteristisch für neuere Entwicklungen ist die Berücksichtigung *sozialer* und *kognitiver* Merkmale des Lernens. Diese sozialen Lerntheorien besitzen ihre Wurzeln zwar auch schon in der ersten Hälfte des Jahrhunderts, wurden allerdings erst nach einer Phase der Konsolidierung klassischer Lerntheorien ausgearbeitet, spezifiziert und auch von der Verhaltenstherapie als Grundlagen übernommen.

Weiterführende Literatur: Wilson, G. T., und Franks, C. M. (Eds.): Contemporary behavior therapy. Conceptual and empirical foundations. New York: Guilford Press 1982 (Kapitel 5 und Kapitel 8).

3.2 Kognitive Theorien als Grundlagen der Verhaltenstherapie

Eine strikte Trennung von theoretischen Modellen in sogenannte klassische („behavioristische") einerseits und sogenannte kognitive („mediationale") Theorien ist schwierig, weitgehend künstlich und entspricht auch kaum der aktuellen Entwicklung theoretischer Vorstellungen über menschliche Veränderungsprozesse. Eine gewisse Unterscheidungsmöglichkeit ergibt sich allerdings, wenn man sich auf die Gesetzmäßigkeiten bezieht, die von behavioristischer beziehungsweise kognitiver Seite als zulässig für eine Erklärung angesehen werden:

Im methodologischen Behaviorismus (zu einer genaueren Auseinandersetzung vgl. Kapitel 4.1) spielt die Annahme über das Primat der *Beobachtung des Verhaltens und seiner Bedingungen* eine entscheidende Rolle: Was wir beobachten können, sind konkrete Verhaltensweisen im zeitlichen Verlauf, und nach behavioristischer Ansicht ist es die Aufgabe des Wissenschafters, diese Verhaltensmuster in bezug zu situationalen Bedingungen zu setzen (Scheerer 1983). Die Annahme ist eine Aussage über den Gegenstand der Psychologie ebenso wie ein methodologisches Prinzip: Eine Verankerung unserer Aussagen hat demnach ihre Wurzel in konkret beobachtbaren Einheiten (Prinzip des Operationismus). Während radikale Behavioristen allerdings der Auffassung sind, daß sich die Gesetzmäßigkeiten unseres Verhaltens *ausschließlich* auf *beobachtbare* Gegebenheiten beziehen müssen (in pointierter Weise wurde dies von Skinner 1950 vertreten), zeigt sich in der methodologischen Variante eine gewisse Liberalisierung des Prinzips: Die erklärenden Sätze (theoretische Annahmen etc.) können sich auch auf Gegebenheiten beziehen, die selbst nicht direkt oder indirekt beobachtbar sind; gefordert wird aber weiterhin, daß diese Annahmen zumindest *teilweise überprüfbar* beziehungsweise testbar sind (Bunge 1967).

Beispiel: Eine Erklärung des Diskriminationslernens kann sich in kognitivistischer Sicht ohne Probleme auf Prozesse der Wahrnehmung, auf interne Repräsentationen, kognitive Vergleichs- und Entscheidungsprozesse beziehen. Bei der Methode der sukzessiven Darbietung von Stimuli (vgl. Kimble 1961) im Diskriminationslernen wird vorausgesetzt, daß der Organismus in der Lage ist, vergangene Stimuli zumindest kurzfristig zu speichern, um sie später mit anderen Stimuli zu vergleichen.

Die Berechtigung für eine Unterscheidung zwischen den klassischen und kognitiven Theorien liegt in den unterschiedlichen *Erklärungen,* die für einzelne beobachtbare Prozesse (zum Beispiel Diskrimination; Löschung usw.) geltend gemacht werden. Diese theoretischen Vorstellungen bedürfen allerdings auch in den sogenannten kognitiven Theorien der empirischen Verankerung.

Der Hinweis auf die Entwicklung der Lerntheorien sollte verdeutlichen, daß von verschiedenen Theoretikern bereits sogenannte „kognitive" Konstrukte zur Erklärung von Lernprozessen herangezogen wurden; auch in den obigen Ausführungen (siehe Kapitel 3.1) sollte deutlich geworden sein, daß die Trennung in „klassische" versus „kognitive" Theorien künstlich ist und eher didaktischen Charakter hat. Beispiele für kognitive Konstrukte in klassischen Lerntheorien finden sich etwa bei Hull (1943), bei Tolman (1932) oder bei Dollard und Miller (1950). Auch für soziale Lerntheorien (Miller und Dollard 1941; Rotter 1954) war es selbstverständlich, auf kognitive Konstrukte Bezug zu nehmen.

3.2.1 *Kognitive Lerntheorien*

Der Begriff „Kognitive Lerntheorien" täuscht eine begriffliche und geschichtliche Einheit vor, die es in dieser Form nie gegeben hat. In diesem Abschnitt wird vor allem auf die Argumentation zugunsten kognitiver Theorienbildung bei Lernprozessen Bezug genommen (insbesondere bei Tolman 1932). Eine entscheidende Rolle spielen dabei Überlegungen zur Kontiguität versus Kontingenz als Voraussetzungen des Lernens. Schließlich werden einige Prinzipien – oder besser Bestandteile – einer kognitiven Lerntheorie angeführt.

Bestrafung / Vermeidung / Löschung

Bei der Bestrafung einer Reaktion lernen Organismen, eine Reaktion nicht mehr auszuführen, weil sie die Erfahrung gemacht haben, daß auf diese Reaktion ein unangenehmer Zustand folgt (operationale Fassung der Bestrafung). Im Rahmen von Assoziationstheorien könnte man die Effekte der Betrafung folgendermaßen erklären: Zwischen Reaktionen (R) und bestimmten Situationen (C⁻) bilden sich keine Verknüpfungen, weil die Situation (C⁻) für den Organismus unangenehmer Natur ist (siehe Thorndike 1911). Bestrafung besteht aber weniger darin, daß sich *keine* Verknüpfungen bilden; charakteristisch für Bestrafung ist vielmehr, daß eine Art *„negativer"* Verknüpfung zwischen R und C⁻ gelernt wird: der Organismus *vermeidet* es in Zukunft, die Reaktion R zu zeigen, *weil* ihr ein unangenehmer Zustand folgt. Genau in diese Richtung hatte Tolman (1932) argumentiert: Nach seiner Auffassung lernen Organismen nicht lediglich Verbindungen zwischen Stimuli und Reaktionen (S-R-Verbindungen), sondern sie lernen, „was zu was führt", das heißt, welche Situationen beziehungsweise Reaktionen mit welchen Veränderungen der Umgebung verknüpft sind (S-S-Verbindungen).

Bei der Bestrafung lernen Organismen nach kognitivistischer Ansicht, daß eine Reaktion mit einem unangenehmen Zustand verknüpft ist; sie lernen außerdem, diesen Zustand (zumindest mit einer gewissen Regelmäßigkeit) zu *erwarten,* falls sie die Reaktion R zeigen. Diese *Erwartung* bildet auch eine Erklärung für das Vermeidungsverhalten, das sich als Folge konsistenter Bestrafung ausbildet: Der Organismus lernt eine Alternativreaktion, die *nicht* bestraft wird; Vermeidungsverhalten mag eine Reihe zusätzlicher Konsequenzen in der Umgebung haben, charakteristisch für die Vermeidung ist jedoch, daß sie durch das *Ausbleiben einer erwarteten aversiven Konsequenz* aufrechterhalten wird ($\bar{R} \leftrightarrow C^+$).

Beispiel: Eine Person mit sozialen Ängsten *erwartet,* daß sein Kontaktverhalten (beispielsweise mit Personen anderen Geschlechts) von einem Mißerfolg begleitet ist (etwa sich zu blamieren; abgewiesen zu werden usw.). Aufgrund dieser Erwartung bildet sich mit der Zeit ein stabiles Vermeidungsverhalten aus (zum Beispiel sozialer Rückzug; Interesse für Bücher usw.). All diese Strategien besitzen – neben direkten positiven Konsequenzen (zum Beispiel Freude am Lesen...) – als gemeinsames Merkmal die Möglichkeit zur *Vermeidung* der erwarteten aversiven Situation. Das Vermeidungsverhalten bleibt nun gerade deshalb so stabil, weil die Erwartung (von C⁻) von der Person in keinem Fall mehr einer direkten Prüfung unterzogen wird. Im Gegenteil: Das *Ausbleiben* der gefürchteten Situation (C^+) wird von der Person jedes Mal als Bestätigung für die Richtigkeit der eigenen Erwartung angesehen. Ein wichtiges Interventionsprinzip besteht nun darin, daß der Patient anhand konkreter *Erfahrungen* eine Überprüfung seiner *Erwartungen* vornimmt (beispielsweise Lernen heterosexueller Kontakte; Lernen von Interaktionsfertigkeiten usw.).

Für den Prozeß der *Löschung* wurden oben (siehe Abschnitt 3.1.6) verschiedene theoretische Erklärungsmöglichkeiten angeführt (s. Kimble 1961). Löschung besteht im Ausbleiben der Verstärkung für einen bestimmten Reiz (UCS) bzw. für eine bestimmte Reaktion (C⁺). Nach Ansicht der Erwartungstheorie von Tolman (1932) besteht Löschung in der Überprüfung eines Zusammenhanges: Beim Klassischen

Konditionieren in der Überprüfung, ob die Darbietung des CS weiterhin in einer gewissen Form mit einem UCS zusammenhängt; beim Instrumentellen Konditionieren, ob auf eine Reaktion R weiterhin mit einer gewissen Regelmäßigkeit (abhängig vom Verstärkungsplan) C^+ nachfolgt.

Wenn die Überprüfung ergibt, daß die Verstärkung nicht mehr erfolgt, so unterbleibt auch die entsprechende Reaktion (CR bzw. R). Die Schwierigkeit dieser Überprüfung hängt ganz eng mit dem Lernprozeß zusammen, durch den eine Reaktion ausgeformt worden ist: So zeigen Experimente zur Löschung ausgesprochen übereinstimmend (Kimble 1961), daß der Prozeß der Löschung sehr verzögert vor sich geht, wenn in der Lernphase irreguläre Verstärkungsmuster (zum Beispiel intermittierende Verstärkung) gegeben waren.

Das Problem der Löschung des Vermeidungsverhaltens war bereits angesprochen worden: Vermeidungsverhalten erweist sich deshalb als besonders *löschungsresistent,* weil eben die Überprüfung des Zusammenhanges zwischen einer *Reaktion* und einer *erwarteten Konsequenz* fast prinzipiell *nicht mehr stattfindet.*

Nach Ansicht kognitiver Lerntheoretiker (insbesondere Tolman 1932) besteht *Lernen* nicht in der Schaffung von S-R-Verbindungen, sondern in der Bildung von *Erwartungen.* Diese Erwartungen beziehen sich auf den Zusammenhang von Umweltereignissen und Umweltveränderungen (zum Beispiel Auftreten von CS, UCS, C^+) mit eigenen Reaktionen. Als Argument zugunsten dieser Ansicht läßt sich unter anderem das Experiment von Lashley und Ball (1929) anführen: Die Autoren trainierten Ratten, durch ein Labyrinth den Weg zum Futter zu finden. Als diese Verhaltensweise stabilisiert war, erfolgte durch eine Läsion des Kleinhirns eine Ausschaltung der Willkürmotorik (das heißt die Ratten konnten nicht mehr gehen oder laufen). Im Labyrinth zeigten die Versuchstiere jedoch, daß sie den Weg zum Futter gelernt hatten: Sie legten den Weg zur Zielbox rollend zurück. Dies weist darauf hin, daß die Versuchstiere mehr gelernt hatten, als eine bloße Abfolge von (motorischen) Reaktionen: Es ist sinnvoll anzunehmen, daß die Ratten eine Erwartung über das Vorhandensein von Futter an einer bestimmten Stelle gebildet hatten und daß sie *entsprechend dieser Erwartung* auch reagierten (Mackintosh 1977).

Die Ansichten von Tolman (1932) wurden lange Zeit mit großer Skepsis betrachtet; man meinte vor allem, daß mit dem Konzept der Erwartung durch die Hintertür wiederum teleologische Erklärungen eingeführt würden, die seit Thorndike (1898) abgelehnt wurden. Dies hatte jedoch Tolman selbst nie im Sinne. Der Begriff der Erwartung hat auch nichts „Mentalistisches" an sich, und mit seiner Annahme ist kein Mythos verbunden. Es scheint allerdings sinnvoll, den Begriff zur *Erklärung* verschiedener Prozesse des Lernens heranzuziehen. Die Annahme einer Erwartung bei verschiedenen Organismen setzt gewisse kognitive Prozesse voraus (zum Beispiel Prozesse der Wahrnehmung, der Speicherung von Information, des Gedächtnisses usw.). Die Annahme solcher Prozesse bei höheren Organismen unterscheidet sich jedoch einem Argument von Mackintosh (1977) zufolge kaum von der Annahme von Mechanismen, wie wir sie den einfachsten kybernetischen Maschinen zugestehen.

Kontiguität und Kontingenz:

Diese beiden Begriffe spielen im Rahmen sogenannter klassischer Lerntheorien eine zentrale Rolle. *Kontiguität* meint, daß eine zeitliche und räumliche Nähe von Reizen (UCS und CS) beziehungsweise von Reaktionen und Reizen (R und C^+) für das Lernen entscheidend ist (Guthrie 1935; Skinner 1953). Die *Notwendigkeit* dieses Zusammenhanges stand lange Zeit außer Frage; diskutabel war allenfalls, ob die Kontiguität für das Lernen auch eine *hinreichende* Bedingung darstellt.

Verschiedene neuere Untersuchungen haben sogar die Notwendigkeit der Kontiguität stark in Frage gestellt: Nach älteren Befunden galt eine Verzögerung zwischen UCS und CS über den Bereich von mehreren Sekunden hinaus als unüberwindliches Hindernis für die Bildung einer Assoziation zwischen den beiden Reizbedingungen (Kimble 1961). Im Experiment von Revusky und Garcia (1970) zeigte sich allerdings, daß die Kontiguität für das Lernen keineswegs notwendig ist: Wenn man Ratten ein neuartiges Futter verabreicht (beispielsweise Wasser mit Sacharingeschmack) und ihnen eine gewisse Zeit später ein leichtes Gift injiziert (das zu Übelkeit führt), so weigern sich die Tiere, das Futter in einem späteren Durchgang noch einmal zu fressen. Schematisch läßt sich dies folgendermaßen darstellen:

$$
\begin{array}{l}
\text{CS} \quad (= \text{Geruch und Geschmack} \\
\text{des Futters})
\end{array}
$$

zeitliche Verzögerung $\longrightarrow$ CS (= Geruch und Geschmack des Futters) $\dashrightarrow$ CR (= konditionierte Aversion)

UCS $\longrightarrow$ UCR

(= Giftinjektion)   (= Übelkeit ...)

Der entscheidende Punkt an den Experimenten von Garcia war, daß Lernen auch stattfand, wenn zwischen den zu lernenden Elementen eine deutliche zeitliche Verzögerung bestand: Die Verzögerung zwischen der Einnahme des Futters (CS) und dem Effekt der Vergiftung (UCS ↔ UCR) betrug üblicherweise 15 bis 30 Minuten. Lerneffekte wurden allerdings auch nachgewiesen, wenn das Intervall mehrere Stunden betrug. Die Befunde von Garcia (Garcia und Koelling 1966; Garcia, Ervin und Koelling 1966; Garcia, McGowan und Grenn 1972; Revusky und Garcia 1970) stellen die Bedeutung der *Kontiguität* für die Bildung von Assoziationen massiv in Frage; offensichtlich muß für das Lernen (auch?) ein anderer Mechanismus geltend gemacht werden.

Wichtiger als die Kontiguität ist etwa, daß der Organismus in der Lage ist, zwischen verschiedenen Ereignissen einen Zusammenhang zu bilden; dieser Zusammenhang zwischen unterschiedlichen Stimuli (zum Beispiel Situationen, Reaktionen) wird als *Kontingenz* bezeichnet. In der operanten Theorie spielt der Begriff der Kontingenz eine ganz entscheidende Rolle (vgl. Skinners „Contingencies of Reinforcement" 1969). Zur Erklärung der Befunde von Garcia kann man nun genau auf diesen Begriff der Kontingenz Bezug nehmen: Trotz einer zeitlichen Verzögerung von CS und UCS (also *ohne* Kontiguität) kann der Organismus eine Kontingenz zwischen beiden Reizen bilden; die Bedingung dafür ist, daß das Auftreten des CS eine Veränderung der Wahrscheinlichkeit für den UCS voraussagt.

Im Rahmen der Kontiguitätstheorie ist es nur sehr schwer zu erklären, warum die

Ratten in den Versuchen von Garcia nach dem Konditionierungsdurchgang das Wasser mit dem Sacharingeschmack konsistent vermieden: *Nach* dem Auftreten des CS (Futtergeschmack) war der Organismus mit einer Reihe weiterer Stimuli konfrontiert, er zeigte ebenso eine Reihe weiterer Reaktionen, mit der die Übelkeit aufgrund der zeitlichen Nähe hätte leichter verknüpft werden können:

$$CS - ns - ns - ns - ns - ns - r - r - r - ns - UCS$$

$$UCR$$

(ns = neutrale Stimuli / r = verschiedene Reaktionen)

Warum nun erfolgte die Assoziation nicht zwischen dem zuletzt vor dem UCS aufgetretenen Reiz oder der letzten gezeigten Reaktion, sondern mit einem CS, der schon mehrere Minuten zurücklag? Wenn man annimmt, daß Kontingenz und nicht bloße Kontiguität für das Lernen verantwortlich ist, wird das Problem zumindest im Prinzip erklärbar: Organismen suchen ihre Umgebung daraufhin ab, *ob* beziehungsweise *welche* Stimuli eine *Vorhersage anderer* Stimuli gestatten. Mit anderen Worten: Organismen suchen nach Regelmäßigkeiten, nach Mustern in der Umgebung, die mit anderen Situationen oder mit Veränderungen ihres Verhaltens verknüpft sind (siehe dazu auch die interessante Interpretation von Konditionierung als Attribution durch Eelen 1982). Ob somit ein Stimulus mit einer bestimmten Verstärkung assoziiert wird, hängt weniger von seiner zeitlichen Beziehung zur Verstärkung ab, sondern insbesondere davon, ob *andere* Stimuli eine bessere Vorhersage leisten könnten.

Im Falle der Experimente von Garcia (siehe auch Revusky 1971) war der Geruch und der Geschmack des Wassers der beste Prädiktor für die spätere Übelkeit der Versuchstiere (und nicht Helligkeitsveränderungen, Laufen etc.). Nach Rescorla (1967) bildet gerade diese Herstellung einer Kontingenz zwischen Stimuli die Grundlage für das Lernen. Im Falle des Fressens und den Effekten der Vergiftung muß zusätzlich angeführt werden, daß die Assoziation „prepared" im Sinne von Seligman (1970) war: Aus biologisch-evolutionären Gründen liegt es nahe, Übelkeit auf vorheriges Fressen (und nicht auf andere situationale Bedingungen) zurückzuführen. Das rasche Lernen solcher Zusammenhänge besitzt für das Überleben des Individuums und der Art evolutionäre Bedeutung. Dieses Lernen des „richtigen" CS kann bereits in einem oder in ganz wenigen Versuchsdurchgängen erfolgen (Rescorla und Wagner 1972): Ein Vergleich mit der Hintergrundstimulation liefert dem Organismus die Information, daß als *einzig neuer* Stimulus der *CS* vorhanden war; deshalb ist es sinnvoll, den CS als Prädiktor für den UCS anzusehen. Dies setzt aber wiederum Prozesse der Wahrnehmung, des Vergleichs von Situationen, einen Gedächtnisprozeß und letztlich eine Entscheidung voraus, die wir selbst infrahumanen Organismen zugestehen müssen.

Prinzipien einer kognitiven Lerntheorie:
Es ist vermutlich nicht übertrieben zu sagen, daß es *„die"* kognitive Lerntheorie ebensowenig gibt wie *„die"* klassische Lerntheorie; bei einer intensiven Beschäftigung mit der Thematik fällt immer wieder die Heterogenität einzelner Ansätze auf. In der Einleitung zu diesem Abschnitt wurde ein zentrales Merkmal kognitiver Lerntheorien darin gesehen, daß man sich zur *Erklärung* einzelner Merkmale des Lernens auf „kognitive" Prozesse bezieht (Mahoney, 1974, spricht in diesem Zusammenhang von „mediationalen" Prozessen).

Welches sind nun diese „kognitiven" Prozesse, die zumindest ein Erklärungsgerüst abgeben sollen?

Es fällt zunächst bereits schwer, den Begriff der *Kognition* einheitlich zu bestimmen. Wimmer und Perner (1979) verstehen unter „Kognition" „. . . alle Vorgänge, welche die Information transformieren, reduzieren, ausarbeiten, abspeichern, abrufen, weiterverwenden und dergleichen mehr. Psychische Aktivitäten wie Wahrnehmen, Vorstellen, Erinnern, Denken, Problemlösen und Handeln werden als mögliche Schritte im Vorgang der Informationsverarbeitung aufgefaßt" (Wimmer und Perner 1979, S. 11, siehe auch Mandl und Huber 1983; Neisser 1976; Paivio 1971, und andere).

Ohne einen Anspruch auf Vollständigkeit oder Systematik müssen zumindest folgende Prozesse vorausgesetzt werden: 1. eine Gedächtnisstruktur; 2. die Fähigkeit zur Bildung von Symbolen; 3. die Fähigkeit zur Bildung von Regeln und 4. die Fähigkeit für Transformationen (Estes 1975b; Premack 1975; Pribram 1986; Saltz 1975).

1. *Gedächtnisstruktur:* Die von einem Organismus aufgenommene Information wird von ihm gespeichert; die Form der Speicherung ist keineswegs zufällig, sondern folgt einer bestimmten Strukturierung (Estes 1975b; Kintsch 1970).

Bereits die Unterscheidung zwischen der *Aneignung* und *Ausführung* eines Verhaltens („learning" gegenüber „performance", vgl. Hilgard und Bower 1975) geht von einer spezifischen Gedächtnisstruktur aus. Auch beim Lernen von Begriffen (Mednick, Pollio und Loftus 1975), bei der Diskrimination und Generalisierung muß die Fähigkeit zur Speicherung von Information angenommen werden.

2. *Die Bildung von Symbolen:* Unter Symbolisierung versteht man die Verwendung abstrakter Zeichen für konkrete Dinge (Beispiel: Verwendung des Begriffes „Apfel" für eine ganze Reihe unterschiedlicher Äpfel). Die Bildung von Symbolen erhöht die *Flexibilität* des Organismus ganz beträchtlich; sogar bei einfachsten Vorgängen des Lernens spielt die Bildung von Symbolen eine wichtige Rolle: Im klassischen Konditionieren übernehmen vorher neutrale Stimuli die Fähigkeit zur Auslösung emotionaler Reaktionen. Bridger und Mandel (1964, 1965) wiesen nach, daß autonome Reaktionen (GSR, galvanic skin reaction) nicht nur durch aversive Reize ausgelöst werden konnten, sondern, daß ihre Versuchspersonen mit ähnlichen Mustern reagierten, wenn der aversive Reiz lediglich verbal angekündigt wurde. In diesem Falle besaß die verbale Ankündigung (CS) Symbolcharakter für den konkreten aversiven Reiz (UCS).

Für einen Patienten mit verschiedenen Ängsten besitzen bereits verbale Informationen (etwa der Hinweis auf eine Prüfung; usw.) Hinweis- und damit Symbolcharakter für eine Reihe von (vermuteten) Gefahren beziehungsweise damit verbundene emotionale Reaktionen. Aufgabe eines Therapeuten ist es unter anderem, diese Komponente der *Information* angstrelevanter Hinweisreize zum Gegenstand der Therapie zu machen.

3. *Das Aufstellen von Regeln:* Ein wichtiges Merkmal des Lernens besteht darin, daß Organismen versuchen, *Regeln* für bestimmte Situationen zu entwickeln und ebenso versuchen, möglichst adäquat zu reagieren. Es wäre höchst unökonomisch, wenn das Individuum auf jede Situation anders reagieren müßte. Diese Fähigkeit zur Bildung von Regeln wird in kognitiven Lerntheorien als zentral angesehen: In Erwartungstheorien etwa wird angenommen, daß Organismen Regeln über Verstärkungskontingenzen bilden. Prozesse der Diskrimination und Generalisierung tragen dazu bei, daß diese Regeln laufend korrigiert werden (das heißt nicht zu spezifisch und nicht zu allgemein werden). Auch beim Prozeß der Löschung handelt es sich nach Ansicht der Erwartungstheoretiker um einen Prozeß der *Überprüfung von Regeln* über das Bestehen (beziehungsweise nicht-mehr-Bestehen) eines Verstärkungszusammenhanges.

4. *Mechanismen der Transformation:* Die Prozesse der kognitiven Transformation sind nicht beobachtbar, auch die Methode der Introspektion gibt uns darüber keine adäquate Auskunft. Durch die Prozesse der Transformation erhalten wir über ihre *Effekte* Auskunft. Premack (1975) gibt als Beispiel einer solch kognitiven Transformation die Fähigkeit von höheren Organismen an, konkrete Dinge von verschiedenen Gesichtspunkten aus zu betrachten (Beispiel: Benutzung eines Stockes als „Werkzeug"). Die kognitive Transformation, das Probehandeln beziehungsweise Problemlösen bildet ein wichtiges Element für eine kognitive Lerntheorie.

Die hier angeführten (möglichen) Prinzipien einer kognitiven Lerntheorie müssen als untereinander verbunden angesehen werden (*Beispiel:* Die Fähigkeit zum Problemlösen setzt eine Gedächtnisstruktur, Prozesse einer kognitiven Operation etc. voraus). Auf der anderen Seite sollten kognitive Lerntheorien nicht als *die* Alternative zu den sogenannten klassischen Lerntheorien angesehen werden; es wurde wiederholt darauf hingewiesen, daß sich bei verschiedenen Lernprozessen unterschiedliche *Perspektiven* anlegen lassen: Klassisches Konditionieren besteht eben nicht lediglich in der Bildung von Assoziationen; unter biologisch-evolutionärer Perspektive muß berücksichtigt werden, *welche* Stimuli mit anderen verknüpft werden; in attributionstheoretischer Perspektive muß von einem Bedürfnis des Individuums zur Entdeckung von kausalen Strukturen ausgegangen werden (Eelen 1982); die Interaktion von kognitiven Prozessen und Verhaltensprozessen zeigt sich auch daran, daß bestimmte Verknüpfungen zwischen Situationen „automatisch" ablaufen, daß diese Assoziationen aber im weiteren Verlauf emotionalen und informativen Charakter besitzen usw. (Bandura 1969).

Die Heterogenität der einzelnen Veränderungsprozesse (Lernen im weiteren Sinne des Wortes), die Möglichkeit unterschiedliche Perspektiven anlegen zu können, verlangt andererseits auch *unterschiedliche* theoretische Modell zur Erklärung. Gemäß der Charakterisierung von Verhaltenstherapie (siehe Kapitel 1.2) bezieht man sich auf unterschiedliche Modelle aus dem weiten Bereich der Psychologie. Ein wie immer geartetes Einheitsmodell menschlicher Veränderung würde der Komplexität und Heterogenität der Prozesse, mit denen wir es in der klinischen Praxis zu tun haben, in keiner Weise gerecht.

Zusammenfassung: Ein wichtiges Merkmal kognitiver Theorien wird darin gesehen, daß zur Erklärung konkreter Veränderungsprozesse auf eine Reihe von nicht direkt beobachtbaren Konstrukten und Variablen Bezug genommen wird (Beispiel: Erwartungstheorie zur Erklärung von Prozessen der Löschung).
Lernen läßt sich nach Tolman – der hier stellvertretend für kognitive Lerntheoretiker angeführt wird – als die Bildung von *Erwartungsmustern* über Situationen beziehungsweise Reaktionen auffassen. Anhand der Diskussion von Kontiguität versus Kontingenz in den Lerntheorien wird versucht zu zeigen, wie Aspekte biologischer Prädisposition und kognitive Prozesse der Wahrnehmung, der Bildung von Regeln und der Schaffung sinnvoller Assoziationen interagieren. Als wichtige Elemente einer kognitiven Lerntheorie werden schließlich Prozesse des Gedächtnisses, der Bildung von Symbolen, die Fähigkeit zum Aufstellen von Regeln und Mechanismen kognitiver Transformationen angesehen. Unter einer pluralistischen Perspektive menschlicher Veränderung müssen solche Prozesse in jedem Falle Berücksichtigung finden.

Weiterführende Literatur: Mackintosh, N. J.: Kognitive Lerntheorien. In: Zeier, H. (Hg.): Die Psychologie des 20. Jahrhunderts. Bd. IV.: Pawlow und die Folgen. Zürich: Kindler 1977.

3.2.2 Ansätze des Modellernens

Das Modellernen spielt in der Verhaltenstherapie eine wichtige Rolle; bei den Grundlagen des Ansatzes bezieht man sich großteils auf kognitive Prozesse und Theorien.

Begriffsklärung:
Neben dem Begriff „Modellernen" finden sich in der Literatur eine Reihe von Bezeichnungen mit zum Teil identischer und zum Teil leicht abweichender Bedeutung (zum Beispiel Beobachtungslernen; Identifikation; soziales Lernen; Imitation etc.). Viele dieser Konzepte nehmen auf einzelne Aspekte des Modellernens Bezug (beispielsweise „soziales Lernen" betont die sozialen und interpersonalen Komponenten des Lernens) beziehungsweise verweisen auf theoretische Ansätze zur Erklärung des Modellernens (zum Beispiel „Imitation" verweist auf den Aspekt der Nachahmung von Merkmalen des Modellverhaltens).

Unter *Modellernen* soll hier die Tatsache verstanden werden, daß eine Person ihr eigenes Verhalten aufgrund der Beobachtung des Verhaltens einer anderen Person (= Modell) in Richtung dieses beobachteten Verhaltens ändert. Dabei kann man verschiedene Prozesse unterscheiden: Die beobachtende Person kann sich aufgrund der Beobachtung *neues* Verhalten aneignen; ebenso könnte die Ausführung vorhandener Reaktionen *erleichtert* oder *gehemmt* werden.

Der Begriff der „Beobachtung des Verhaltens" muß beim Modellernen sehr weit gefaßt werden: Damit ist nicht nur die Wahrnehmung eines Verhaltens einer vorhandenen Person gemeint, Beobachtung schließt vielmehr auch Beschreibungen, symbolische Darstellungen (graphisch, filmisch) und ähnliches ein. Damit diese Wahrnehmung fremden Verhaltens in eigene Reaktionen transformiert werden kann, müssen beim Beobachter verschiedene Prozesse vorausgesetzt werden, die als grundlegend für das Zustandekommen von Modellernen angesehen werden.

Prozesse beim Modellernen:
Im Rahmen kognitiv-sozialer Lerntheorien (Bandura 1977b) werden folgende fünf Prozesse als wichtig angesehen:

1. *Aufmerksamkeitsprozesse:* Damit Modellernen stattfinden kann, muß der Beobachter das Modell beziehungsweise relevante Merkmale seines Verhaltens *wahrnehmen*. Der Beobachter kann lediglich auf einen Ausschnitt aus seiner Umgebung reagieren und diesen wiederum in bezug zu seinem eigenen Verhalten setzen; bisherige Lernerfahrungen sind hier ebenso bedeutsam wie motivationale Bedingungen des lernenden Organismus (Bandura 1969).

2. *Behaltensprozesse:* Für Prozesse des Behaltens wird insbesondere die Unterscheidung zwischen „learning" und „performance" (Hilgard und Bower 1975) bedeutsam: Entscheidend dafür ist die Fähigkeit des Beobachters, Merkmale des Modellverhaltens wahrzunehmen und über einen gewissen Zeitraum hinweg zu *speichern*. Bei diesen Prozessen des Gedächtnisses handelt es sich keineswegs um eine passive Abbildung des beobachteten Verhaltens, sondern es muß ein aktiver Prozeß der Selektion und Speicherung vorausgesetzt werden (siehe auch nächster Punkt).

3. *Symbolische Kodierungsprozesse:* Die vom Beobachter wahrgenommene Information wird in *symbolischer Form* gespeichert; in dieser Form sind auch Transformationen der wahrgenommenen Inhalte sehr leicht möglich (vgl. Paivio 1971). Im Rahmen der symbolischen Kodierung können einzelne Bestandteile beobachteter (oder beschriebener) Verhaltensweisen so verändert beziehungsweise neu zusammengesetzt werden, daß sie ihrerseits die kognitiven Auslöser neuen Verhaltens bilden.

4. *Motorische Reproduktionsprozesse:* Darunter versteht man die Fähigkeit des Individuums, entsprechende Verhaltensweisen des Modells auch motorisch umzusetzen. Sind diese Prozesse im Repertoire des Beobachters nicht vorhanden, so kann das Modellverhalten kaum nachgeahmt werden (Beispiel: Fähigkeit zum Sprechen als Voraussetzung, Aussagen einer Modellperson nachzuahmen). Die motorischen Reproduktionsprozesse bilden selbst in vielen Fällen den Gegenstand des Modellernens: Eine Person beobachtet eine Reaktion, die sie sich aneignen möchte (etwa eine komplexe sportliche Aktivität) und ahmt einzelne Komponenten davon nach; durch Übung und informative Rückmeldung läßt sich die entsprechende Reaktion laufend verbessern.

5. *Motivationale Prozesse:* Motivationale Bedingungen spielen beim Lernen immer eine wichtige Rolle: Schon bei der Beobachtung des Modellverhaltens erfolgt eine Selektion entsprechend motivationaler Bedingungen. Konkrete externe Verstärkungsbedingungen (als eine Form der Motivation) spielen insbesondere bei der Äußerung („performance") beobachteten Modellverhaltens eine wichtige Rolle (Bandura 1969). Für die Initiierung und Ausführung des Modellernens muß sicherlich in hohem Maße auf Prozesse der sekundären Verstärkung (siehe Abschnitt 3.1.6) Bezug genommen werden.

Modellernen muß insgesamt als komplexer Prozeß angesehen werden, an dessen Zustandekommen unterschiedliche Komponenten beteiligt sind. Zur *Erklärung* dieses Prozesses werden demzufolge auch unterschiedliche Theorien herangezogen; ähnlich wie bei anderen Prozessen des Lernens (etwa Löschung) müssen verschiedene Theorien angeführt werden, um den am Modellernen beteiligten Prozessen gerecht zu werden.

Erklärungen zum Modellernen:
Hier wird nur kurz auf die wichtigsten Ansätze Bezug genommen; für nähere Ausführungen vgl. Bandura (1969; 1977b) oder Kanfer und Phillips (1970).

1. *Instinkttheorien:* Hierbei handelt es sich um die frühesten Ansätze (teilweise um die Jahrhundertwende), die zur Erklärung des Modellernens formuliert wurden. Theorien, die sich dieser Gruppe zuordnen lassen, sehen das Modellernen als eine Folge genetischer und artspezifischer Voraussetzungen (zum Beispiel im Sinne eines „Nachahmungstriebes"). Bedingungen und Prozesse des Modellernens werden nicht näher spezifiziert, so daß ihnen Bauer (1979) lediglich historische Bedeutung zuerkennt.

2. *Assoziations- beziehungsweise Klassische Konditionierungstheorien:* Nach dem Prinzip von Assoziationstheorien (zum Beispiel bei Guthrie 1935) gilt die zeitliche und räumliche Nähe (= Kontiguität) von Modellperson und Beobachter als notwendige Voraussetzung für das Nachahmen von Reaktionen. Durch das Prinzip der Assoziation hat der Beobachter gelernt, daß Reaktionen des Modells wichtige Hinweisreize auf andere Situationen darstellen, die primären Verstärkungscharakter (als UCS beziehungsweise C^+) besitzen. Das Erschrecken (zum Beispiel Zusammenzucken) einer beobachtenden Person als Folge desselben Verhaltens einer Modellperson ließe sich damit ebenso erklären wie Effekte der „Ansteckung" bei zielgerichtetem Verhalten von Modellpersonen (etwa beim Kauf eines bestimmten Gegenstandes).

3. *Instrumentelle Verstärkungstheorien:* Hier wird angenommen, daß die Beobachtung der Verstärkung einer Modellperson auf dem Wege über den Prozeß sekundärer Verstärkung den Beobachter selbst dazu veranlaßt, das Verhalten des Modells nachzuahmen. Miller und Dollard (1941) etwa meinen, daß das Verhalten des Modells für den Beobachter zum diskriminativen Hinweisreiz für Verstärkung wird. Das Imitationsverhalten wird auf diesem Wege selbst zu einem (sekundären) *Trieb,* weil Nachahmungsverhalten häufig mit primärer Verstärkung verbunden ist.

Zentral an den Verstärkungstheorien (Skinner 1953) ist die Thematisierung *motivationaler* Bedingungen, die als entscheidend für das Modellernen angesehen werden.

4. *Zwei-Faktoren-Theorie des Modellernens:* Mowrer (1960a, b) versuchte eine Verbindung zwischen Theorien der Assoziation und der operanten Verstärkung auch für die Erklärung des Modellernens: Seiner Ansicht nach spielen Prozesse der *Assoziation* insofern eine Rolle, als Emotionen durch eine Koppelung mit positiven oder aversiven Konsequenzen konditioniert werden. Auf diese Weise werden Verhaltensweisen einer Modellperson erst erstrebenswert beziehungsweise zu Hinweisreizen für die Vermeidung entsprechender Reaktionen. Der Prozeß der *Verstärkung* spielt insofern eine wichtige Rolle, als die Nachahmungsreaktionen selbst entsprechende Konsequenzen haben (und damit aufrechterhalten werden). Der theoretische Ansatz von Mowrer (1960a, b) nimmt vor allem auf die *affektiven Bedingungen* Bezug, die für die Auslösung, den Prozeß und die Aufrechterhaltung des Modellernens bedeutsam sind.

5. *Kognitiv-Soziale Lerntheorien:* Als Hauptvertreter kognitiv-sozialer Lerntheorien ist Bandura (1969, 1977b) anzusehen, wenn auch schon früher wichtige Beiträge zu diesem Ansatz vorlagen (insbesondere bei Rotter 1954). Zentral und kennzeichnend für diesen Ansatz zur Erklärung des Modellernens ist die Annahme, daß die oben angeführten fünf Prozesse zugrunde gelegt werden müssen, will man den verschiedenen Aspekten des Modellernens gerecht werden (Aufmerksamkeit, Gedächtnis, Kodierung, Reproduktion, Motivation). Die kognitiv-soziale Lerntheorie kann deshalb als *kognitive Theorie* angesehen werden, weil mediationale Prozesse als wichtige Bestandteile zur Erklärung herangezogen werden. Daneben betont der Ansatz insbesondere auch die *sozialen Bedingungen* des Lernens (Bandura 1969, 1977b).

Ansätze des Modellernens spielen bei einer Reihe von Methoden der Verhaltenstherapie (Reinecker 1986a) eine wichtige Rolle (vgl. auch Bandura 1969; Bauer 1979; Vogl 1974) und sind aus dem Repertoire nicht wegzudenken. In gewissem Kontrast zu dieser häufigen (und in vielen Fällen unreflektierten) Anwendung steht die Tatsache, daß grundlegende Prozesse des Ansatzes noch der Klärung bedürfen. Die angeführten Theorien (beziehungsweise auch die Forschungsarbeiten aus der Gruppe um A. Bandura) stecken gewissermaßen den Rahmen für zukünftige Bemühungen in diese Richtung ab.

Zusammenfassung: Während die Bedeutung des Modellernens für verschiedene therapeutische Prozesse außer Frage steht, ist die theoretische Einordnung des Ansatzes nicht einfach. Dies drückt sich unter anderem in den heterogenen theoretischen Perspektiven aus, die für das Modellernen geltend gemacht werden (Instinkttheorien; Assoziationstheorien; Verstärkungstheorien; Zwei-Faktoren-Theorien; Kognitiv-Soziale Lerntheorien).

Das Modellernen wurde deshalb bei den „kognitiven" Ansätzen eingeordnet, weil man bei den theoretischen Grundlagen auf eine Reihe von Prozessen zurückgreift, die man wohl dem kognitiven Bereich zuordnen muß (Aufmerksamkeitsprozesse; Behaltensprozesse; Kodierungsprozesse; Reproduktionsprozesse; Motivationsprozesse).

Weiterführende Literatur: Bauer, M.: Verhaltensmodifikation durch Modellernen. Stuttgart: Kohlhammer 1979.

3.2.3 Psychologische Handlungstheorien

Zur Beschreibung und Erklärung komplexer menschlicher Verhaltensabläufe werden Verhaltenstheorien von manchen Autoren als *nicht brauchbar* zurückgewiesen; anstelle des Verhaltensbegriffes wird das Konzept der *Handlung* eingeführt. Handlungen sind als Verhaltensweisen aufzufassen, die als zusätzliche Merkmale 1. *Zielgerichtetheit,* 2. *Zweckhaftigkeit* und 3. *Bewußtheit* aufweisen. Insofern sind Handlungen eine Teilmenge menschlichen Verhaltens.

Gerade im deutschen Sprachraum ist es schwierig, von *„der"* Handlungstheorie zu sprechen – es gibt sie ebensowenig wie es *„die"* Lerntheorie gibt. Es ist in diesem Rahmen auch nicht möglich, allen Facetten verschiedener Handlungstheorien nachzugehen und sie entsprechend darzustellen (Cranach und Kalbermatten 1982; Hacker 1978, 1982; Heckhausen 1980; Kraiker 1980; Lenk 1980; Leontjew 1977, der bevorzugt von „Tätigkeit" spricht).

Als Ausgangspunkt handlungstheoretischer Überlegungen läßt sich auf ein Buch von Miller, Galanter und Pribram (1960) „Pläne und Strukturen des Verhaltens" (dt.: 1973) verweisen. Hier versuchten die Autoren, Überlegungen aus der Regelungstechnik und Kybernetik (Wiener 1948) für Theorien menschlichen Verhaltens nutzbar zu machen. Das Ergebnis war ein psychologisches Grundmodell menschlichen Handelns, das sogenannte „Tote-Modell" (Test-Operate-Test-Exit):

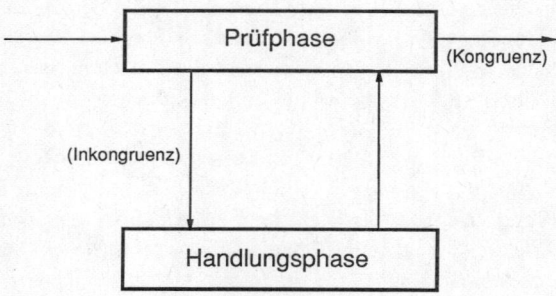

Abb. 3.13: Tote-Modell aus Miller et al. 1960 (dt.: 1973, S. 34).

Das Modell enthält also vier Grundelemente: Beim Herangehen an einen Sachverhalt wird die Situation einer ersten Prüfung unterzogen (Test). Als Ergebnis einer Prüfung erfolgt die erste Handlung (Operate) zur Veränderung des Ausgangszustandes; daraufhin erfolgt eine neuerliche Prüfung (Test), etwa ein Vergleich mit der Ausgangssituation; wenn die Prüfung des Sachverhaltens zu einem befriedigenden Ergebnis geführt hat, so wird die entsprechende Tätigkeit beendet (Exit). Durch die

Rückkoppelung von Test- und Operations-Elementen kann diese Schleife mehrfach durchlaufen werden.

Das Handlungsmodell von Miller und anderen (1960) wurde von verschiedenen „Schulen" der Psychologie ausgesprochen enthusiastisch aufgenommen. Dies mag damit zusammenhängen, daß das Modell in seiner Grundstruktur sehr *allgemein* und damit auf viele Situationen anwendbar ist. Ein weiterer wichtiger Vorzug des Modells gegenüber S-R-Theorien besteht darin, daß hier explizit der Aspekt der *Zielgerichtetheit* menschlichen Verhaltens thematisiert wird: Diese Zielgerichtetheit setzt innerpsychische Prozesse voraus, die als Bestandteile menschlicher Handlungen eine wichtige Rolle spielen.

Beispiel:

Selbstkontroll- und Selbstregulationsprozesse sind ohne grundlegende *kognitive* Prozesse kaum analysierbar: Im Selbstregulationsmodell von Kanfer (1970a) etwa wird von der Fähigkeit des Individuums ausgegangen, 1. eigene Verhaltensweisen selbst zu beobachten (= Selbstbeobachtung), 2. sich selbst Standards, Kriterien für Verhaltensweisen zu setzen (= Selbstbewertung) und 3. sich selbst für das Erreichen der Kriterien gegebenenfalls zu verstärken (= Selbstverstärkung). Hier wird also ganz klar vorausgesetzt, daß das Individuum selbst in der Lage ist, sich *Ziele* zu setzen und zu prüfen, ob diese Ziele durch verschiedene Operationen (Handlungen) zu erreichen sind. Das Selbstregulationsmodell von Kanfer (1970a; neuere Versionen: Kanfer und Gaelick 1986) wäre also ein Beispiel dafür, wie das Grundprinzip des *Tote-Modells* von Miller und anderen (1960) zur Analyse und Erklärung komplexer Handlungsabläufe in der Selbstregulation herangezogen werden kann.

Die Berücksichtigung und Analyse kognitiver Prozesse (Denken, Gedächtnisbildung, usw.) hat für die Verhaltenstherapie insofern größte Bedeutung, als eine ganze Reihe von theoretischen Modellen und Interventionsansätzen genau auf solch *kognitiven* Theorien beruht. Sehr deutlich hat dies Hartig (1973) für die Entwicklung von Selbstkontrollansätzen ausgedrückt: „Wir sind der Ansicht, daß jeder Versuch, das Problem der S-K anzugehen, ohne ein bewußtseinsfähiges Individuum in Rechnung zu stellen, das sich von seinem Verhalten distanzieren, Konflikte bewußt erleben, reflektieren, mögliche Konsequenzen seines Verhaltens antizipieren, Entschlüsse fassen und diese verwirklichen kann, unweigerlich in eine Sackgasse führen muß" (Hartig 1973, S. 16).

Aber auch die Entwicklung sogenannter kognitiver Verfahren (siehe zum Beispiel Beck 1970; 1976; Beck et al. 1979; Ellis 1962, 1973; Meichenbaum 1977; Meichenbaum und Cameron 1982) wäre ohne den Hintergrund *kognitiver* Theorien praktisch steckengeblieben. Dabei muß man feststellen, daß sogenannte „kognitive" Verfahren (Techniken) häufig ohne diesen theoretischen Hintergrund entwickelt wurden. Eine Rechtfertigung und theoretische Fundierung erfolgte in diesen Fällen erst nachträglich. Wichtig ist allerdings, *daß* eine solche Rechtfertigung stattfindet (siehe auch Abschnitt 1.2.4, Theorien als Grundlagen verhaltenstherapeutischer Praxis).

Kognitive Ansätze in der Verhaltenstherapie gehen klarerweise nicht *nur* auf das Modell der Handlungstheorie nach Miller und anderen (1960) zurück. Zur Fundierung verhaltenstherapeutischen Handelns kann man die ganze Breite kognitiver Ansätze heranziehen (vgl. Neisser 1976; Paivio 1971; Wimmer und Perner 1979).

Wenn man von „Handlungstheorien" spricht und dazu auf das Modell von Miller und anderen (1960) verweist, so sind einige Differenzierungen wichtig; diese Differenzierungen stellen auch inhaltliche Merkmale einer Handlungstheorie dar, wie sie in diesem Zusammenhang verstanden wird (siehe insbesondere Dörner 1985):

1. Die Handlungstheorie versucht eine Beschreibung und Erklärung menschlichen Verhaltens, in dem sowohl die Fähigkeiten zum Denken, Wahrnehmen, . . . als auch Aspekte von Reaktionen auf situationale Bedingungen berücksichtigt werden. Eine Handlungstheorie ist somit eine Art Meta-Theorie menschlichen Verhaltens, in der die multiple Regulation des Verhaltens auf unterschiedlichen Auflösungsgraden analysiert werden kann. In dieser Hinsicht weist das hier dargelegte Verständnis von Handlungstheorie einige Bezüge zu einem System-Modell auf, wie es in Abschnitt 1.3.4 dargelegt wurde.

2. Handlungstheorie versucht, der Aufsplitterung der Psychologie in einzelne Teildisziplinen entgegenzuwirken: Wenn man (wie in Punkt 1.2) betont, daß für das Verständnis menschlichen Verhaltens Theorien aus unterschiedlichen Bereichen herangezogen werden müssen, etwa Lerntheorien, Motivationstheorien, Emotionstheorien, kognitive Theorien usw., so bedeutet dies noch ein „Nebeneinander" verschiedener Modellvorstellungen. Aufgabe einer Handlungstheorie ist es, die *Bezüge* der einzelnen Theorien untereinander zu klären und zu präzisieren, weil sonst auch eine Handlungstheorie sehr unverbindlich und vage bleibt. So wäre für die Verhaltenstherapie etwa zu fordern, daß nicht nur eine Trennung von Verhaltensaspekten in eine kognitive, eine physiologische und eine Verhaltensebene (Lang 1971) erfolgt, sondern daß auch die Interaktion und Wechselwirkung der einzelnen Aspekte einer Klärung zugeführt wird.

3. Handlungstheorie berücksichtigt die *aktive* Auseinandersetzung des Menschen mit seiner Umwelt. Dies ist *auch* eine Konsequenz des reziproken Determinismus, wie er unter anderem von Bandura (1974) betont wurde: Menschen reagieren zwar auf ihre Umwelt, durch eigenes Verhalten kann aber diese Umwelt aktiv handelnd gestaltet werden (in vielen Fällen keineswegs zum Besten des Menschen). Umwelt ist also nicht nur physikalischer oder sozialer Reiz, auf den der Mensch reagieren kann; Umwelt ist vielmehr perzipierte und gestaltete Realität, und der Mensch ist ein *Teil* dieser Umwelt. Bei der Analyse menschlichen Verhaltens ist deshalb auf dieses enge Interaktionsverhältnis des Mensch-Umwelt-Systems zu achten.

4. Dem *zielgerichteten* Aspekt menschlichen Verhaltens wird in der Handlungstheorie große Aufmerksamkeit geschenkt. Menschen reagieren nicht nur im Sinne vergangener Erfahrungen, sondern sie sind auch in der Lage, ihre Zukunft selbst zu gestalten (siehe dazu etwa: kognitive Lerntheorien). Diese Zukunftsorientierung setzt explizit die Fähigkeit zur Antizipation von zukünftigen Situationen, Handlungen und Handlungseffekten voraus. In diesem Sinne spielt der Begriff der *Planung* (wie er auch im Titel des Buches von Miller und anderen [1960] aufscheint) eine zentrale Rolle.

5. Handlungstheorie unterstellt eine prinzipielle oder zumindest partielle *Bewußt-*

heit menschlichen Verhaltens. Eine Person weiß, daß sie handelt, um ein bestimmtes *Ziel* zu erreichen (siehe auch Aspekt der Zweckhaftigkeit des Verhaltens). In der Handlungstheorie wird natürlich *nicht* vorausgesetzt, daß der gesamte Verhaltensablauf beziehungsweise alle Elemente einer Handlung bewußt sind; wenn man etwa von einer Hierarchie von Handlungen ausgeht, so sind gewisse Teile einer komplexen Handlung (zum Beispiel Einkaufengehen) bewußt: Es ist klar, *was* man einzukaufen gedenkt, und es ist ebenso klar, *wie* man dieses Ziel zu erreichen gedenkt. Eine Reihe von Verhaltensweisen können jedoch völlig „unbewußt" quasi automatisch ablaufen, wie etwa das Mitnehmen eines Einkaufskorbes, des Autoschlüssels usw.

Bei der Betrachtung dieser wichtigen Elemente einer Handlungstheorie fällt auf, daß das Tote-Modell von Miller und anderen (1960) selbst noch nicht als Handlungstheorie zu bezeichnen ist; man muß zwar die Kriterien der Zielgerichtetheit und Zweckhaftigkeit des Handelns in diesem Modell als gegeben ansehen, der Aspekt der *Bewußtheit* liegt jedoch nicht unbedingt vor (man könnte sich das Tote-Modell auch zur Beschreibung eines Automaten vorstellen). Hier muß man auch Dörner (1985) zustimmen, der die Bewußtheit als wesentliches Kriterium ansieht, um von *Handeln* sprechen zu können. (Eine hierarchische Anordnung komplexer Verhaltensmuster ist noch keine hinreichende Bedingung, um von „Handlung" zu sprechen.)

Zur Bedeutung von Handlungstheorien für die Verhaltenstherapie
Handlungstheorien bilden für die Analyse und Behandlung psychischer Störungen eine veränderte Perspektive: Die Berücksichtigung der *Zielgerichtetheit* menschlicher Handlungen macht ein Herangehen notwendig, wie es unter systemtheoretischen Gesichtspunkten betont wird (siehe Abschnitt 1.3.4). Handlungstheorie hat insofern sowohl in inhaltlich-theoretischer, als auch in methodologischer Hinsicht zu einer Öffnung der Verhaltenstherapie gegenüber heterogenen Grundlagen aus dem gesamten Bereich der Psychologie beigetragen. So ist es etwa kaum noch berechtigt, Denkprozesse, Antizipationen etc. unter der Kontinuitätsannahme als „kognitives Verhalten" zu analysieren, das eben den Prinzipien der Verhaltenstheorie folgt. Für die Analyse dieser Prozesse ist es vielmehr notwendig, sich auf entsprechende Theorien zu beziehen (zum Beispiel Denkpsychologie, Gedächtnismodelle). Hier werden diejenigen Gesichtspunkte zugrunde gelegt, die in den obigen Punkten (siehe auch Dörner 1985) angesprochen wurden. Eine gewisse Schwierigkeit bildet allerdings noch die *theoretische Verknüpfung* einzelner Modellvorstellungen: Trotz der Forderung nach dieser Verbindung stehen die einzelnen Theorien noch immer relativ isoliert nebeneinander. Vielleicht ist es zum gegenwärtigen Zeitpunkt auch noch verfrüht, von der Psychologie neben diesen neuen Perspektiven auch noch die Umsetzung derselben in einem hierarchischen Meta-Modell zu verlangen.

Zusammenfassung: Der Begriff der Handlung schließt in Kontrast zum Verhaltenskonzept explizit die Merkmale der *Zielgerichtetheit,* der *Zweckhaftigkeit* und der *Bewußtheit* ein. Für die Entwicklung theoretischer Modelle des Handelns wurde das *Tote-Modell* (Miller et al. 1960) als zentral erachtet. Die Heterogenität verschiedener Handlungstheorien und vor allem eine uneinheitliche Terminologie machen eine inhaltliche Differenzierung „der" Handlungstheorie ausgesprochen schwierig. Mit Dörner (1985) wurden einige Gesichtspunkte einer psychologischen Handlungstheorie angeführt: 1. Systemaspekt; 2. Gesichtspunkt der Verknüpfung verschiedener Theorien; 3. Merkmal einer engen Interaktion von Menschen und Umwelt; 4. Aspekt der Zielgerichtetheit und Planung und 5. Merkmal der Bewußtheit von Handlungen. Die Bedeutung von Handlungstheorien für die verhaltenstherapeutische Praxis liegt vorzugsweise in der theoretischen Fundierung therapeutischen Handelns.

Weiterführende Literatur: Miller, G. A., Galanter, E., und Pribram, K.: Plans and the structure of behavior. New York: Holt 1960. (dt.: Strategien des Handelns. Pläne und Strukturen des Verhaltens. Stuttgart: Klett 1973).

3.2.4 Konflikt und Konfliktmodelle

Wie schwierig eine strikte Trennung zwischen kognitiven, Verhaltens- und physiologischen Prozessen ist, zeigt sich unter anderem an verschiedenen Konfliktmodellen. Überlegungen zu menschlichen Konflikten spielen in mehreren Bereichen eine Rolle, die für die Verhaltenstherapie bedeutsam sind:

– In Theorien zur Entstehung psychischer Störungen wird explizit auf das Bestehen von Konflikten zwischen verschiedenen Handlungstendenzen hingewiesen (vgl. Rachman und Bergold 1976).
– Der Beginn selbstgesteuerten und selbstkontrollierten Verhaltens ist nur zu erklären, wenn man einen Konflikt unterstellt, den das Individuum selbst zu lösen trachtet (Hartig 1973; Kanfer und Karoly 1972).
– Im Therapieprozeß selbst spielen Konflikte zwischen dem Aufwand, neues Verhalten zu erlernen und der Möglichkeit, zu alten, eingeschliffenen Verhaltensmustern eine wichtige Rolle für die Compliance (Kanfer und Schefft 1986; Leventhal, Zimmerman und Gutman 1984).
– Fast in allen Emotionstheorien spielen Gesichtspunkte von Konflikten eine wichtige Rolle; da Emotionen eine große Bedeutung für psychische Störungen zukommt (zum Teil sogar im Zentrum einer Störung stehen), müssen Überlegungen zu Konflikten gebührende Berücksichtigung finden (Izard 1981).

Die Liste an Bereichen für die Bedeutung von Konfliktmodellen ließe sich verlängern; eine Beschäftigung mit grundlegenden Merkmalen von Konflikten als Grundlage der Verhaltenstherapie ist deshalb angemessen und sinnvoll.

Die verschiedenen Konfliktmodelle gehen großteils auf Überlegungen bei Kurt *Lewin* (1935) zurück, der auch eine erste Klassifikation von Arten eines Konfliktes unterschieden hatte. Lewin charakterisiert den *Konflikt* „... als eine Situation, in der *gleichzeitig entgegengesetzt gerichtete* dabei aber annähernd gleichstarke *Kräfte* auf das Individuum einwirken" (Lewin 1931, S. 11). Wenn man lediglich die Tendenz, sich einer Situation *anzunähern* und eine Tendenz, diese Situation zu *vermeiden* unterscheidet, so lassen sich mit Lewin (1935) folgende vier Typen von Konfliktsituationen anführen (siehe auch Heckhausen 1980):

1. Annäherungs-Annäherungs-Konflikt
Das Individuum muß sich hier zwischen zwei Alternativen (Zielen) entscheiden, die beide in etwa ähnlich attraktiv sind; da man nicht *beide gleichzeitig* haben kann, besteht der Konflikt darin, sich für *eine* der Alternativen zu entscheiden (und die andere damit zu verlieren).
Beispiel: Konflikt, einen Kuchen oder ein Eis zum Nachtisch zu wählen; oder: sich beim Kauf eines Autos zwischen zwei ähnlich attraktiven Modellen zu entscheiden.

2. Vermeidungs-Vermeidungs-Konflikt
Hier muß die Person zwischen zwei Alternativen wählen, die beide in etwa gleichermaßen unangenehm sind. Eine der Alternativen muß allerdings in Kauf genommen werden.
Beispiel: Man kann vor der Wahl stehen, eine unangenehme Arbeit zu erledigen, die Alternative dazu wären gewisse Entbehrungen. Oder: Ein Alkoholiker steht vor dem Konflikt, die unangenehme Aufgabe einer Therapie durchzustehen oder weiterhin die Kritik seiner Umgebung (und ihre sozialen und juristischen Sanktionen) in Kauf zu nehmen.

3. Annäherungs-Vermeidungs-Konflikt
Hierbei zeigt eine Person starke Annäherung an eine Situation (Objekt), weil sie sehr attraktiv ist; gleichzeitig wird derselben Situation gegenüber eine starke Vermeidungstendenz aufgebaut, weil sie ebenfalls stark unangenehme Komponenten besitzt. Das Individuum schwankt so in seiner Entscheidung zwischen Annäherung und Vermeidung.
Beispiel: Das Essen von Süßigkeiten oder Schokolade ist für die Person sehr attraktiv und angenehm; gleichzeitig ist dies auch mit unangenehmen Konsequenzen verbunden (Gewichtszunahme, Schädigung der Zähne...), so daß ein typischer Konfliktfall entsteht. Verkompliziert wird die Angelegenheit noch dadurch, daß man zwischen kurz- und langfristigen Konsequenzen dieses Verhaltens unterscheiden muß.

4. Doppelter Annäherungs-Vermeidungs-Konflikt
Hier hat eine Person zwischen zwei Alternativen zu entscheiden, von denen *jede* positive und negative Aspekte besitzt; das Abwägen der einzelnen Alternativen führt zu einem Konflikt vor der Entscheidung.

Beispiel: Die Entscheidung, eine Therapie aufzusuchen (1. Alternative) beziehungsweise das problematische Verhalten weiter auszuführen (2. Alternative) beinhaltet für jede Möglichkeit positive und negative Gesichtspunkte: *Für* eine Intervention sprechen die Chancen zur Erweiterung des Verhaltensspielraums, *dagegen* spricht der Aufwand an Zeit, Geld und Mühe beim Erwerb neuen Verhaltens. *Für* die Aufrechterhaltung des gegenwärtigen problematischen Zustandes spricht nur, daß man damit eingefahrene Verhaltensmuster nicht zu verlassen braucht, daß man sich bereits daran „gewöhnt" hat; gegen die Beibehaltung des Repertoires sprechen aversive Komponenten des Verhaltens, etwa eine Einschränkung sozialer Beziehungen etc.

Man sollte sich das Konfliktgeschehen weder statisch noch punktuell vorstellen: Konflikte können sich vielmehr über einen langen Zeitraum hin aufrechterhalten, sie entwickeln eine gewisse Dynamik und belasten das Individuum häufig so stark, daß daraus gravierende emotionale, kognitive Schwierigkeiten sowie Verhaltensprobleme entstehen. Im Humanbereich sind Konflikte häufig stark kognitiv „durchsetzt", wobei man die anderen Ebenen menschlichen Verhaltens nicht übersehen sollte.

Beispiel: Eine Frau steht eventuell über mehrere Jahre hinweg in der konflikthaften Situation einer für sie unbefriedigenden Partnerschaft. Sie sieht zwar die Alternative einer Trennung, diese hat neben positiven Aspekten (Gewinn von Freiheit, Unabhängigkeit etc.) auch viele negative Komponenten, etwa den Verlust an Sicherheit, die Notwendigkeit verstärkter Eigeninitiative usw. So bleibt sie in dieser für sie (und ihre soziale Umgebung) *belastenden* Situation, diese lange andauernde Belastung prädisponiert sie in hohem Maße zur Ausbildung verschiedener Störungen (Ängste, depressive Verhaltensweisen, psychosomatische Beschwerden usw.).

Die Überlegungen zu verschiedenen Typen des Konflikts und deren Merkmale bei Lewin (1935) wurden von Neal E. Miller (1944; Dollard und Miller 1950) weiter ausgearbeitet. Miller (1944) brachte die Tendenz für ein bestimmtes Verhalten in Beziehung zur Nähe beziehungsweise zur Entfernung von einem Ziel, was insbesondere für den Fall des Annäherungs-Vermeidungs-Konfliktes große Bedeutung hat:

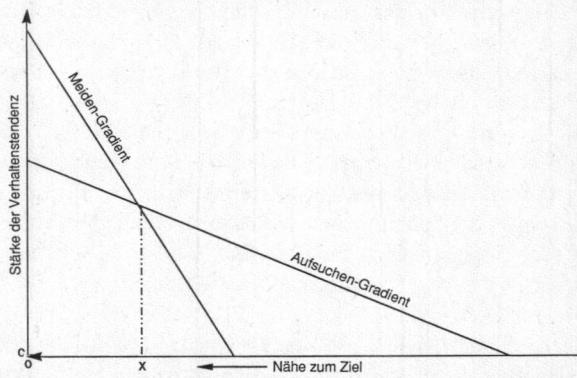

Abb. 3.14: Grad der Annäherung bzw. Vermeidung in Abhängigkeit von der Nähe zum Ziel (aus Heckhausen 1980, S. 141).

Zur Präzisierung des Verlaufs der Annäherung beziehungsweise Vermeidung führte Miller (1951, 1959) folgende Annahmen an:

1. Die Tendenz zur Annäherung ist um so stärker, je näher man an das Ziel gelangt (Annäherungs-Gradient).
2. Die Tendenz zur Vermeidung wird um so stärker, je näher man an das Ziel herankommt (Vermeidungs-Gradient).
3. Der Grad der Vermeidung steigt schneller (= steiler) als der Gradient der Annäherung.
4. Bei zwei miteinander in Konflikt stehenden Reaktionstendenzen setzt sich die stärkere Reaktion durch.
5. Die Stärke des Gradienten der Vermeidung beziehungsweise der Annäherung hängt von der Triebstärke der beiden Tendenzen ab (= Stärke des Konfliktes).
6. Bekräftigung erhöht die jeweilige Reaktionstendenz bis zu einem gewissen Lernplateau.

Die Bedeutung der einzelnen Annahmen läßt sich in folgendem *Beispiel* illustrieren:
Ein Student hat das Ziel, eine Prüfung zu machen, um damit sein Studium in die Nähe des Abschlusses zu führen. Die Tendenz dazu wird stärker, je näher die Person zum Ziel gelangt (= Annäherungs-Gradient, Annahme 1). Wegen der Angst vor der Prüfung kommt es zum Aufbau einer Tendenz zur Vermeidung, die an einem gewissen Punkt der Prüfungsvorbereitung einsetzt (= Vermeidungs-Gradient, Annahme 2). Die Angst vor der Prüfung steigt schneller an als die Tendenz, die Prüfung zu machen (= Annahme 3). Eine gewisse Zeit lang (bis zum Kreuzungspunkt der beiden Gradienten) setzt sich die Tendenz zur Annäherung noch durch, der Student bereitet sich trotz einer bestimmten Vermeidungstendenz noch auf die Prüfung vor. Ab einem gewissen Punkt setzen eine Reihe von Vermeidungsstrategien ein, weil die Tendenz zur Vermeidung durch die Annäherung zum Ziel an Oberhand gewinnt (= Annahme 4). Die Stärke des Konfliktes und die damit verbundene Belastung hängt von der Bedeutung des Zieles ab; zum Beispiel Wichtigkeit der Prüfung; Notwendigkeit zum Studienabschluß (Annahme 5). Sowohl Annäherung als auch Vermeidung sind durch Verstärkung (Selbstverstärkung/Fremdverstärkung) dahingehend veränderbar, daß die bekräftigte Reaktionstendenz stärker wird (= Annahme 6).
Die Anwendungen des Konfliktmodells für die Verhaltenstherapie sind vielfältig:
Es kann zur Erklärung der Vermeidung von phobischen Objekten (Vermeidung stärker, je näher und wichtiger das Objekt ist) ebenso herangezogen werden, wie zur Erklärung vieler pathologischer Reaktionen (beispielsweise depressiver Rückzug als Extremfall einer Vermeidung; Problemtrinken als Strategie zur Vermeidung von unangenehmen Situationen usw.). Auch als Modell des Therapieprozesses liefern Konflikttheorien wichtige Hinweise: So ist es etwa ganz entscheidend, genau zu erfassen, wie stark die Motivation zur Veränderung eines Problems in der Relation zur Stabilisierung desselben ist; ebenso wichtig ist es, bei der Bewältigung problematischer Situationen (zum Beispiel Agoraphobie, aber auch unausweichliche und objektiv gefährliche Situationen wie chirurgische Eingriffe, Geburt etc.) *Hilfen zur Senkung des Vermeidungs-Gradienten* bereitzustellen.

Ein spezielles Beispiel zur Anwendung des Konfliktmodells der Annäherung und Vermeidung stammt von S. Epstein (1962; 1977; Epstein und Fenz 1962): Epstein untersuchte den Verlauf der Gradienten der Annäherung und Vermeidung bei Fallschirmspringern in Abhängigkeit vom zeitlichen Abstand zum Sprung (ein typisches Beispiel für einen Annäherungs-Vermeidungs-Konflikt). Dabei zeigt sich, daß in der Selbsteinschätzung die Vermeidungstendenz ständig zunimmt (eine Woche vor dem Sprung) und dann stark absinkt. Die selbsteingeschätzte Tendenz zur Annäherung hingegen nimmt in etwa ähnlich ab, sie steigt erst wieder mit dem Augenblick des Absprungs.

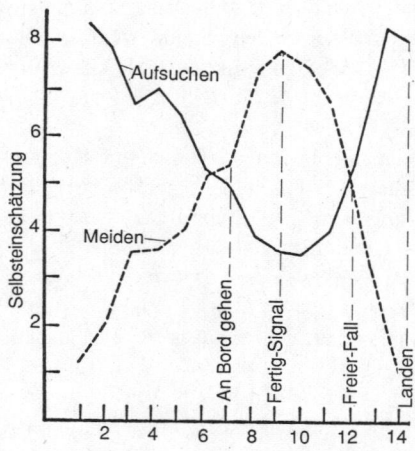

Abb. 3.15: Verlauf der Annäherungs- und Vermeidungstendenzen (Selbsteinschätzungen) bei einer Sprungsequenz (nach Epstein 1962, S. 179).

An den Untersuchungen von Epstein (1962, 1967) werden allerdings auch einige spezielle *Grenzen* des Konfliktmodells von N. Miller (1944) deutlich:

Ein Problem betrifft den angenommenen *linearen* Verlauf der Annäherungs- und Vermeidungstendenz; diese Linien der Annäherung und Vermeidung sind offenbar Vereinfachungen, die der Realität in dieser Form nicht entsprechen. Die Verläufe bei Epstein (1962) zeigen vielmehr kurvilineare Form.

Eine andere Schwierigkeit besteht darin, daß man sowohl bei der Annäherung, als auch bei der Vermeidungstendenz *mehrere* Verhaltensebenen unterscheiden muß: So zeigt sich, daß die Fallschirmspringer zwar subjektive Angaben über den Verlauf von Annäherung und Vermeidung machen, daß sie aber alle zum Absprung gehen und ihn durchführen (= Verhaltensebene). Auch die physiologische Ebene zeigt einen charakteristischen Verlauf (siehe Fenz 1975), der alles andere als synchron mit den beiden anderen Ebenen verläuft.

Als dritte Anmerkung muß man anführen, daß Annäherung und Vermeidung mit Prozessen der Bewältigung (Lazarus 1966; Lazarus und Folkman 1984) stark interagieren: Vergleicht man etwa die Verläufe der Annäherung und Vermeidung der erfahrenen und unerfahrenen Fallschirmspringer, so fällt auf, daß erfahrene Springer ein gänzlich anderes Verlaufsmuster zeigen: Sie haben offenbar Strategien der Bewältigung ihrer Angst und Vermeidung entwickelt, die mit dem Verlauf ihres Konfliktes eng interagieren.

Die umfangreiche Forschungsarbeit zum Aspekt der *Bewältigung* („Coping"), die für Theorie und Praxis der Verhaltenstherapie von immer größerer Bedeutung wird, kann hier nur erwähnt werden. Eine besondere Rolle spielen Prozesse der Bewältigung beim Umgang mit Streß und mit chronischen Krankheiten im Rahmen der Verhaltensmedizin (siehe Cohen 1984; Silver und Wortman 1980; vgl. auch Abschnitt 1.4.3).

Zusammenfassung: Konflikte als belastende Entscheidungssituationen stellen für den Menschen bedeutsame Situationen dar; insbesondere das längere Verharren in einem Annäherungs-Vermeidungs-Konflikt und das damit verbundene prozessuale Geschehen zwischen Hilflosigkeit und Bewältigung prädisponiert Personen zur Ausbildung diverser psychischer Störungen. Das Konfliktmodell von Miller (1944) nimmt einige wichtige Präzisierungen zum Verlauf von Annäherung und Vermeidung vor. Eine Anwendung des Modells auf die Situation bei Fallschirmspringern (Epstein 1962) zeigt, daß dieser Verlauf situations-, reaktions- und personenspezifische Muster annimmt.

Weiterführende Literatur: Lazarus, R., und Folkman, S.: Stress, appraisal and coping. New York: Springer 1984.

3.3 Theorien der Sozialpsychologie als Grundlagen der Verhaltenstherapie

Bei der Charakterisierung der Verhaltenstherapie (siehe auch Kapitel 1.2) ist mehrfach darauf hingewiesen worden, daß die inhaltlichen Grundlagen der Verhaltenstherapie im *gesamten* Bereich des psychologischen Wissens anzusiedeln sind. Die Bedeutung *sozialpsychologischer* Grundlagen für die Rechtfertigung verhaltenstherapeutischen Handelns ist insbesondere in den vergangenen Jahren in den Mittelpunkt der Betrachtung gerückt (Brehm 1980; Cantor und Kihlstrom 1982; Feldman und Broadhurst 1976; Goldstein, Heller und Sechrest 1966; Weary und Mirels 1982). Ein älteres Beispiel für die Verwendung sozialpsychologischer und lerntheoretischer Ansätze vor allem zur Erklärung abweichenden Verhaltens bildet das Buch von Ullmann und Krasner „A psychological approach to abnormal behavior" (1969).

Ähnlich wie bei der Bearbeitung lerntheoretischer (Kapitel 3.1) oder kognitionspsychologischer (Kapitel 3.2) Grundlagen werden einige *klassische* Bereiche und Themen aus dem Fundus der Sozialpsychologie *ausgewählt* und in ihrem Bezug zur Theorienbildung und Praxis der Verhaltenstherapie dargestellt. Dies heißt *nicht,* anderen Theorien der Sozialpsychologie würde diese Bedeutung für die Klinische Psychologie abgesprochen (zum Beispiel Theorie der Reaktanz; Dissonanztheorien, usw.). Es wird sogar dringend empfohlen, sich auch über diese wichtigen Bereiche eingehend zu informieren. Dazu wird jedoch auf die einschlägige Literatur verwiesen (insbesondere S. Brehm 1980).

3.3.1 Attributionstheorien

Attributionstheorien werden vor allem deshalb inhaltlich den sozialpsychologischen Ansätzen zugeordnet, weil sie aus Forschungen zur interpersonalen Wahrnehmung – einem Teilgebiet der Sozialpsychologie – hervorgingen (Otto 1979). Sie weisen allerdings auch eine Reihe von Bezügen zur allgemeinen Psychologie, zur Kognitionspsychologie und zu Motivationstheorien auf. Die attributionstheoretische Forschung selbst ist wieder zu einem sehr breiten und heterogenen Feld geworden. In diesem Feld gibt es jedoch bis heute keine einheitliche theoretische Entwicklung, so daß es gerechtfertigt ist, weiterhin in der Mehrzahl von Attributionstheorien zu sprechen. In diesem Abschnitt werden zunächst einige Begriffsklärungen und Darstellungen allgemeiner Merkmale von Attributionstheorien vorgenommen, dann werden die wichtigsten Ansätze innerhalb der Theorien kurz dargestellt, Hinweise und Bezüge zur Verhaltenstherapie erfolgen daraufhin und schließlich sollte das Thema der Mißattributionstherapie angesprochen werden.

Begriffsklärungen und allgemeine Merkmale
Unter *Attribution* versteht man ganz allgemein die Zuschreibung von Gründen, Ursachen und Erklärungen zu bestimmten Ereignissen. Aus diesen Zuschreibungen ergeben sich mehr oder weniger deutliche Konsequenzen für das Verhalten.
Beispiel: Eine Person kann die Ursache ihrer sozialen Ängste auf verschiedene Bedingungen zurückführen: Einmal könnte man externe Faktoren dafür verantwortlich machen, etwa die Schwierigkeiten in sozialen Situationen zu bestehen oder die Aggressivität der Sozialpartner. Zum anderen könnte man auf interne (stabile oder variable) Faktoren hinweisen, etwa die Tatsache, daß man aufgrund von Erziehung und Heredität eben ein ängstlicher Mensch sei etc. Wenn man die eigene soziale Unsicherheit als Problem wahrnimmt, so hat die Zuschreibung der *Ursache* für dieses Problem verschiedene deutliche Folgen für das eigene Verhalten: Vermeidung, sozialer Rückzug, das Aufsuchen einer medizinisch-psychologischen Therapie oder eben Resignation hängen weitgehend davon ab, welche *Ursachen* des Problems wahrgenommen werden (siehe unten „Kausalattribution") beziehungsweise welche Veränderungsmöglichkeiten man sieht (siehe unten „Kontrollattribution").
Nach Heider (1958) meint Attribution auch, wie sich ein „naiver Alltagsmensch" beziehungsweise ein „naiver Psychologe" das Zustandekommen eigenen und frem-

den Verhaltens erklärt. Attributionen besitzen somit eine wichtige *ordnungsstiftende* Funktion: Der Zweck der Attribuierung besteht für die Person in einer Reduktion der Informationsmenge innerhalb eines begrenzten Wahrnehmungsbereiches (siehe auch Kelley 1971); dies erleichtert die Erklärung und Vorhersage von Verhalten. Attribution wäre so gesehen die Grundlage für das Handeln eines Individuums.

Bei der Betrachtung von Attributionen als Zuschreibung von Ursachen zu Ereignissen sollten zwei Perspektiven unterschieden werden (Debler 1984):

a) Es ist zum einen wichtig zu erforschen, wie Attributionen *entstehen;* damit werden Ursachenzuschreibungen als *Abhängige Variable* aufgefaßt, und man sucht nach unterschiedlichen Bedingungen für das Zustandekommen der Attributionen.

b) Der zweite wichtige Aspekt betrifft die Erforschung von *Auswirkungen* der Attributionen; die Ursachenzuschreibung wird hier als *Unabhängige Variable* aufgefaßt, und man sucht in der Folge zu klären, welche Konsequenzen spezielle Attributionen haben.

Eine weitere wichtige Unterscheidung betrifft die im obigen Beispiel kurz angesprochene Differenzierung in Kausal- und Kontrollattributionen:

Kausalattribution läßt sich als das Bedürfnis und die Fähigkeit des Menschen auffassen, nach Ursachen eigenen und fremden Verhaltens zu suchen. Damit wird eine wichtige Voraussetzung für das Verstehen und die Vorhersage komplexer Zusammenhänge geschaffen (siehe auch Komplexitätsreduktion).

Kontrollattribution meint eine spezielle Dimension der Ursachenzuschreibung, nämlich ob und inwiefern Ursachen eigenen oder fremden Verhaltens als kontrollierbar beziehungsweise veränderbar angesehen werden. Zur Klassifikation der Veränderbarkeit von Ursachen wurden verschiedene Dimensionen vorgeschlagen, beispielsweise internal-external; stabil-variabel usw. (Debler 1984; Phares 1976, 1978; Rotter 1966).

Attributionstheoretische Ansätze

Als Ausgangspunkt so gut wie aller späteren Attributionstheorien können die Forschungsarbeiten von F. Heider (1944, 1958) angesehen werden. Heider unterstellte der Person ein Bedürfnis (Motivation), grundlegende Merkmale der Welt („Invarianzen") zu erfassen. Diese Erfassung wichtiger Strukturen der Welt (zum Beispiel auch eigenen und fremden Verhaltens) stellt eine wichtige Voraussetzung für rationales und zielgerichtetes Handeln dar: Zunächst nehmen wir – als „naive Beobachter" – eine Analyse von Situationen und eine Zuschreibung von Ursachen (= Attributionen) vor. Diese „*Kernstrukturen*" (Heider 1958, S. 80) hinter der Menge ablaufender Erscheinungen liefern uns eine begrenzte Menge von möglichen Ursachen.

Die Ursachenerklärungen für Handlungen und Ereignisse sind für die Person ausgesprochen wichtig: Handlungen und Ereignisse können a) durch den Zustand der Welt und b) durch die Fähigkeiten der Person beeinflußt sein. Je nach dem Ergebnis der Analyse erfolgt eine Attribution von *Verantwortlichkeit:* Die Person fühlt sich selbst für Handlungen verantwortlich, deren Ursachen sie in engeren Fähigkeiten oder Anstrengungen sieht (internale Attribution). Sie lehnt aber eine Verantwortung für Handlungen ab, als deren Ursachen weitgehend Umweltfaktoren angesehen werden (externale Attribution). Die Zuschreibung von Verantwortlichkeit für eine Handlung erfolgt also auf einem Kontinuum: Abhängig davon, ob man die Ursache für beeinflußbar (kontrollierbar) hält oder nicht, wird die Verantwortung für eine Handlung akzeptiert oder abgelehnt.

An genau diesem Punkt haben Jones und Nisbett (1971) eine Differenzierung eingeführt: Sie unterscheiden zwischen Attributionen, die vom Handelnden selbst beziehungsweise vom Beobachter einer Handlung getroffen werden. Jones und Nisbett (1971) zeigten, daß der Handelnde selbst die *Ursachen* für seine Handlung eher auf *situationale* Einflüsse zurückführt. Beobachter derselben Handlung machen dafür eher *dispositionelle* Faktoren verantwortlich. Mit anderen Worten: In bezug auf unsere eigenen Handlungen sind wir Situationisten, während wir bei der Beobachtung anderer Personen eher Trait-Theoretiker (oder zumindest Dispositionisten) sind (siehe auch Ross 1977).

Für diese Unterschiede in der Attribution aus der Sicht des Handelnden und des Beobachters gibt es verschiedene Erklärungen: Als einen wichtigen Hinweis machen Jones und Nisbett (1971) geltend, daß der Handelnde selbst zu Informationen Zugang hat, die ein Beobachter nicht kennt (zum Beispiel Kognitionen, Kenntnis der Lerngeschichte). Der Handelnde selbst kann diese Informationen bei der Attribution mitberücksichtigen, während dies der Beobachter nicht kann: Der Beobachter nimmt vielmehr das Handeln der Person vor einem eher konstanten situativen Hintergrund wahr, so daß Ursachen für die Handlung eben in die Person (Disposition) verlagert werden (siehe dazu Implikationen für Beobachtungsverfahren in der Verhaltenstherapie: Kontinuierliche Beobachtung vor einem wechselnden situationalen Hintergrund).

In diesem Zusammenhang ist auf einen typischen Attributionsfehler hinzuweisen, dessen man sich gerade als Klinischer Psychologe klar sein sollte (Ross 1977): Der Fehler besteht darin, daß nicht vorhandene oder mangelnde Informationen über soziale Ereignisse (auch über andere Personen) durch *eigene* Erfahrungen und Vorstellungen ergänzt werden. Der „naive Psychologe" verläßt sich bei seinen Schlüssen darüber, was üblich ist, beziehungsweise was der Norm entspricht, auf seine eigenen Vorstellungen und subjektiven Eindrücke. Dabei wird eigenes Verhalten und eigenes Denken als „üblich" und der Norm entsprechend erachtet. Diese Attributionsverzerrung führt dazu, daß das beobachtete Verhalten einer anderen Person, das den eigenen Vorstellungen nicht entspricht, als ungewöhnlich oder abnormal angesehen wird. Dieses Verhalten wird zudem noch auf eine stabile Disposition der handelnden Person und nur in geringem Maß auf Merkmale der Situation zurückgeführt.

Für das *Zustandekommen* von Attributionen (also Attributionen als Abhängige Variable) lieferte Kelley (1967, 1971, 1972) mit seinem *Kovarianzprinzip* einen wichtigen Erklärungsansatz. Nach diesem Prinzip prüft eine attribuierende Person die Kovarianz eines *Effektes* mit vorausgehenden Ereignissen. Kovarianz wird von der Person unter dem Blickwinkel von vier Faktoren analysiert. Ein bestimmtes Ereignis wird *dann* als Ursache eines bestimmten Effektes angesehen (das heißt attribuiert), wenn Ereignis und Effekt ausschließlich gemeinsam auftreten (= Faktor der „*Deut-*

lichkeit", „Distinktheit"). Diese Deutlichkeit eines Zusammenhanges ist üblicherweise nicht *vollständig* (= konsistent) gegeben, so daß zur Beurteilung dieser Konsistenz weitere Faktoren herangezogen werden müssen:

Ein zweiter Faktor für die Sicherheit einer Attribution ist die *Konsistenz* über einen längeren Zeitraum (es gibt also mehrere Fälle des Zusammentreffens von Effekten und Ereignis in einem bestimmten Zeitraum). Der dritte Faktor beinhaltet *Konsistenz* über *mehrere Personen* hinweg (inwiefern das Handeln mehrerer Menschen bei bestimmten Ereignissen zu ähnlichen Effekten auf der Verhaltensebene führt, wird hier berücksichtigt). Als vierten Faktor führt Kelley die Konsistenz über verschiedene *Modalitäten* an (das bedeutet, inwiefern eine Übereinstimmung von Effekten und Ereignissen in verschiedenen spezifischen Merkmalen vorliegt).

Nach Kelley (1971, 1972) bedient sich eine Person, die Attributionen vornimmt, des Prinzips der Varianzanalyse: Nach diesem Prinzip wird die Unsicherheit angesichts vielfältiger Erscheinungen und Ereignisse vom Menschen dadurch reduziert, daß die Komplexität durch das Heranziehen verschiedener „Faktoren" im Sinne von Kelley reduziert wird. Für die dispositionelle Attribution wurde dieser Gesichtspunkt von Jones und Davis (1965) ausgearbeitet.

Man kann davon ausgehen, daß es unter evolutionärem Aspekt für die Spezies Mensch wichtig war und ist, angesichts einer komplexen Umwelt möglichst rasch und sicher „Ursachen" von Ereignissen zu identifizieren. In diesem Sinne kann man die Prozesse des klassischen und des instrumentellen Konditionierens auch attributionstheoretisch analysieren: Organismen lernen – unter Zuhilfenahme des Kovarianzprinzips – möglichst rasch das Auftreten von für sie wichtigen *Effekten* (hier: UCS beziehungsweise C^+; *generell:* Verstärker) auf *Ereignisse* zurückzuführen, die damit kovariieren (nämlich CS beziehungsweise S^D). Der angesprochene evolutionäre Aspekt spielt beim Lernen eine Rolle der Selektion bestimmter Stimulus-Verknüpfungen (vgl. Seligman 1970; de Silva und Rachman 1977): Bestimmte „neutrale" Ereignisse sind (siehe auch Gesichtspunkt der Modalität nach Kelley) als Hinweise auf bestimmte Effekte besonders gut geeignet. *Beispiel:* Geschmack oder Geruch einer Speise als Hinweis auf die Verträglichkeit). Diejenigen Organismen, die solche Attributionen rasch vornehmen, das heißt schneller lernen, besitzen einen klaren evolutionären Vorteil.

Zwischen dem Prinzip der Kovarianz nach Kelley (1967) und dem Aspekt des Lernens von Kontingenzen (Catania 1973) gibt es insofern ganz enge Zusammenhänge, als die Wahrnehmung einer Kontingenz eine Voraussetzung für die Attribution, das heißt die Wahrnehmung einer Ursache darstellt (siehe auch Eelen 1982). Diese engen Zusammenhänge zwischen Konditionierung und Attribution sollten nicht die Unterschiede zwischen dem *Prozeß* und dem *Inhalt* der Attribution verwischen: Beim Inhalt der Attribution muß man von einem kognitiven Konstrukt ausgehen, bei dem sich ein Vergleich von humaner und subhumaner Attribution (zumindest aus methodologischen Gründen) verbietet. Beim *Prozeß* (und noch mehr wahrscheinlich beim Resultat) einer Attribution gibt es unter Umständen ähnliche Mechanismen zur Entdeckung der kausalen Strukturen unserer Umwelt.

Zum Abschluß dieser knappen Behandlung attributionstheoretischer Ansätze sollte nochmals auf den *Konstrukt*charakter von Attributionen hingewiesen werden: Attributionstheoretiker versuchen, mit Hilfe des Konzeptes auf eine Quelle der Regelmäßigkeiten unseres Verhaltens hinzuweisen. Was das *Zustandekommen* von Attributionen und den Prozeß der Entstehung von Attributionen angeht, ist sicher eine gewisse Skepsis angebracht: Attributionen sind kognitiv-vermittelnde Prozesse, über deren Charakter wir auch introspektiv nur begrenzt Auskunft geben können (siehe auch Nisbett und Wilson, 1977). Diese Skepsis über die Entdeckung des konstruktiven Prozesses von Attributionen wird auch von führenden Kognitivisten geteilt (Mandler 1975; Neisser 1976). Vieles weist darauf hin, daß Attributionen zustandekommen, ohne daß wir über diesen Prozeß nähere Auskunft geben könnten (siehe auch Kelley und Michela 1980; Taylor und Fiske 1975, 1978). Das *Produkt* dieses kognitiven Prozesses jedoch – Attributionen als Zuschreibung von Ursachen an Effekte und Handlungen – ist Gegenstand unseres Bewußtseins; als solches spielt es eine wichtige vermittelnde Rolle in unserem Handeln. Zur weiterführenden Information über Attributionstheorien wird auf die einschlägige Literatur verwiesen (Buss 1978, 1979; Debler 1984; Försterling 1986; Harvey und Tucker 1979; Heckhausen 1980; Herkner 1980; Jones et al. 1972; Kruglanski 1975, 1979; Meyer und Schmalt 1978; Weiner 1974, 1980).

Hinweise und Bezüge zur Verhaltenstherapie
Im Rahmen neuerer Entwicklungen von Lerntheorien (siehe auch Abschnitt 3.1.7) war bereits kurz auf das Phänomen der *„gelernten Hilflosigkeit"* hingewiesen worden. Bereits ältere Experimente (Solomon, Kamin und Wynne 1953) hatten gezeigt, daß die Fähigkeit zum Erlernen von Flucht- oder Vermeidungsreaktionen durch eine vorherige Reihe unkontrollierbarer dramatischer Erfahrungen stark herabgesetzt ist. Die Versuchstiere (zumeist Hunde) hatten offensichtlich eine generalisierte Einstellung der Passivität und Hilflosigkeit entwickelt und waren nicht mehr in der Lage, diejenigen Vermeidungsaufgaben zu lösen, die sie *vor* dem Erlebnis der Unkontrollierbarkeit beherrscht hatten (siehe auch Maier und Seligman 1976; Seligman 1975).

Trotz gewisser Einschränkungen bei der Übertragung von tierexperimentellen Befunden in den Humanbereich (Kanfer 1985a; Marks 1978a; Suomi 1982) wurde das Konzept der gelernten Hilflosigkeit auch beim Menschen nachgewiesen (siehe I. W. Miller und W. H. Norman 1979). Ein Grund für die teilweise voreilig gezogenen Parallelen zwischen Hilflosigkeitsaspekten im Tierexperiment und Merkmalen depressiven Verhaltens beim Menschen mag im hohen Plausibilitätscharakter des Modells liegen.

Als ausgesprochen fruchtbar hat sich allerdings eine attributionstheoretische Interpretation der Befunde zur gelernten Hilflosigkeit herausgestellt (Abramson, Seligman und Teasdale 1978): Demnach lernen Organismen in solchen Situationen, daß verschiedene Handlungen keinerlei Einfluß auf die Umwelt haben (das heißt, daß eine Reihe von unangenehmen Ereignissen eintritt, unabhängig davon, welche und wieviele Versuche zu einer Vermeidung beziehungsweise Bewältigung unternommen werden). Das Individuum attribuiert also, daß Umweltereignisse nicht persönlich beeinflußbar sind; solange sich diese Attributionen auf die Versuchssituation *selbst* beziehen, kann man sie als durchaus zutreffend ansehen (die Ergebnisse eines Versuches sind durch eigenes Verhalten unter Umständen tatsächlich unbeeinflußbar). Als problematisch stellt sich allerdings die *Generalisierung* dieser Attribution heraus: sie besteht in der Erwartung, daß a) auch andere *Situationen* nicht beeinflußbar sind und b) daß man auch *in Zukunft* nichts zur Verhinderung einer Situation unternehmen kann.

Diese generalisierte Erwartung der Hilflosigkeit zeigt sich auf mehreren Ebenen (Abramson, Seligman und Deasdale 1978; Seligman 1975): Auf der *motivationalen* Ebene zeigt sich eine Verzögerung des Beginns von Handlungen; das *kognitive* Defizit besteht in einer veränderten Fähigkeit zur unvoreingenommenen Wahrnehmung und Analyse neuer Situationen, die unter Umständen durchaus veränderbar sind (neue Situationen werden vielmehr unter der Perspektive der Hilflosigkeitssituation wahrgenommen und bewertet); auf der *emotionalen* Ebene zeigt sich ein Vorherrschen gedrückter, deprimierter Stimmung. Neuere Befunde zur attributionstheoretischen Betrachtung der gelernten Hilflosigkeit im Humanbereich (zusammenfassend bei Heckhausen 1980) weisen darauf hin, daß man bei einer Übertragung des Konzepts auf den Bereich menschlicher Depressionsentwicklung sehr vorsichtig sein sollte. Es kommt hier vor allem eine Reihe von moderierenden Variablen zum Tragen, die eine differenzierte Einschätzung notwendig machen. *Eine* solche moderierende Variable bildet die *Aufklärung* von Personen über die Kontingenzen des Versuchsablaufes: Durch die *Information* über zielführende beziehungsweise nicht zielführende Handlungen in der Experimental- beziehungsweise nachexperimentellen Phase zeigte sich die Hilflosigkeit als sehr rasch beeinflußbar (Koller und Kaplan 1978). Außerdem zeigt sich eine *Immunisierung* gegen Hilflosigkeit dann, wenn man *vor* der Hilflosigkeitssituation die Erfahrung der Veränderbarkeit der Situation durch eigene Flucht und Vermeidung gemacht hat (Hiroto 1974): Versuchspersonen, die diese Differenzierung gelernt hatten, zeigten nicht die oben angesprochene problematische Generalisierung der Hilflosigkeit auf Situationen beziehungsweise über die Zeit hinweg.

Innerhalb der *Emotionspsychologie* steht die Bedeutung von Attributionen seit längerer Zeit im Mittelpunkt des Interesses. In der klassischen Emotionstheorie von Schachter und Singer (1962), auf die hier speziell Bezug genommen wird, werden zwei Faktoren für das Zustandekommen von Emotionen angenommen:
1. eine unspezifische physiologische Erregung und
2. eine Kognition (Ursachenzuschreibung) über die Quelle dieser Erregung.
Für das Zustandekommen einer spezifischen Emotion spielen Attributionen insofern eine entscheidende Rolle, als die Erregung *unspezifisch* für die Emotion ist. Erst die kognitive Interpretation (Attribution) führt zur inhaltlichen Festlegung und Ausgestaltung der Emotion (Trauer, Freude, Angst usw.). Schachter und Singer (1962) gehen *explizit* davon aus, daß im Regelfall die beiden Faktoren der unspezifischen Erregung und der Attribution der Erregung so eng miteinander verknüpft sind, daß eine Trennung praktisch nicht möglich wird (*Beispiel:* Die mit dem Tod einer nahestehenden Person verbundene physiologische Erregung wird quasi automatisch

als „Trauer" interpretiert; eine physiologische Erregung beim Auftauchen einer dunklen Gestalt während eines nächtlichen Spaziergangs wird ebenso automatisch als „Furcht" interpretiert . . .).

Es gibt allerdings auch einige Fälle, in denen vorhandene physiologische Erregung von der Person *nicht* ohne weiteres zugeordnet werden kann. In diesem Fall kommt es nach Schachter und Singer zu einem Prozeß der Suche nach Ursachen (= Attribuierung), weil die unerklärliche physiologische Erregung ein Bedürfnis nach *Bewertung* hervorruft. Mangels anderer Interpretationsmöglichkeiten greift die Person zur Erklärung ihrer Erregung auf Merkmale der gegenwärtigen Situation zurück (dazu auch das Kovarianzprinzip der Attribution nach Kelley 1967, 1971 und 1972). So mag es dazu kommen, daß eine unerklärliche physiologische Erregung „fälschlicherweise" an eine spezifische Situation geknüpft wird (siehe dazu auch die Versuche von Schachter und Singer 1962, die ihren Versuchspersonen durch eine experimentelle Manipulation eine Interpretation der wahrgenommenen Erregung nahelegten beziehungsweise anboten).

Die Zwei-Faktoren-Theorie von Schachter und Singer bildet wieder ein Beispiel mit hohem Plausibilitätsgrad, der nicht unbedingt durch entsprechende empirische Befunde abgesichert ist (Reisenzein 1980, 1983). Die Theorie bildet allerdings einen wichtigen problemgeschichtlichen Ausgangspunkt für Überlegungen zum Verhältnis von Kognition und Emotion (Euler und Mandl 1983; Mandl und Huber 1983; Ulich 1982; Walschburger 1982).

Die Frage der Priorität von Kognition und Emotion kann hier nicht erörtert werden (dazu Lazarus 1984; Zajonc 1980, 1984) – sie ist unter Umständen auch falsch gestellt. Außer Frage steht jedoch heute, daß Attributionen für das Zustandekommen und für die Veränderung von Emotionen eine eminente Bedeutung haben. Diese Einschätzung geht bei manchen Autoren, die man der kognitiven Verhaltenstherapie zuordnen muß, soweit, daß ihrer Meinung nach die Intervention *bevorzugt* und zum Teil sogar ausschließlich auf dieser kognitiven Modalität ansetzen sollte (Beck 1970, 1976; Ellis 1962, 1973; Meichenbaum 1977, 1985). Ein spezieller Zweig dieser Entwicklung, nämlich der Ansatz der *Attributionstherapie* wird etwas näher ausgeführt. Begriff und Ansatz der Attributionstheorie geht auf ein Experiment von Ross, Rodin und Zimbardo (1969) zurück: Im Prinzip sollten die Patienten mit einem bestimmten Problem lernen, ihre physiologischen Empfindungen (Zittern, Übelkeit, Flimmern vor den Augen), die zusammen mit der Problematik auftauchen, auf eine neutrale oder irrelevante Quelle zurückzuführen. Auf diesem Wege sollte eine erste Entkoppelung der physiologischen Aspekte von anderen Merkmalen der Störung gelingen (Davison und Valins 1969; Valins und Nisbett 1971).

Ein Beispiel für die therapeutische Anwendung der attributionstheoretischen Ansätze bei Schlafstörungen bildet die Untersuchung von Storms und Nisbett (1970). Die Autoren verabreichten zwei Gruppen ein Medikament (in Wirklichkeit ein Placebo) mit unterschiedlichen Instruktionen: Gruppe 1 erhielt eine sogenannte „Schlafinstruktion", das heißt es wurde ihnen mitgeteilt, daß das Medikament dazu geeignet sei, ihnen beim Ein- beziehungsweise beim Durchschlafen zu helfen. Gruppe 2 erhielt eine sogenannte „Erregungsinstruktion", das heißt man teilte ihnen mit, daß das Medikament (ebenfalls ein Placebo) zumindest in der Anfangsphase der Behandlung eine Reihe von Erregungsphänomenen hervorrufe.

Die Ergebnisse der Studie zeigten anhand einiger Parameter des Schlafverhaltens, daß sich Gruppe 2 gegen Gruppe 1 deutlich verbessert hatte. Im Rahmen der Attributionstheorie läßt sich dies auf den ersten Blick paradoxe Resultat folgendermaßen interpretieren: Bei Gruppe 2 gelang es durch die Gabe eines „Medikamentes" und einer entsprechenden Instruktion offensichtlich, die vorhandene *Erregung* (sich im Bett herumwälzen, motorische Unruhe, Gedanken, die durch den Kopf gehen usw.) auf das „Medikament" zu attribuieren. Damit fand eine *Entkoppelung* der störenden physiologischen Empfindungen vom Prozeß des Einschlafens statt, so daß dieses weniger behindert war. Bei Gruppe 1 führte die „Medikation" und die Instruktion offensichtlich dazu, daß ein verbessertes Einschlafen erwartet wurde. Die auftretenden physiologischen Empfindungen wurden weiterhin als störend erlebt (keine Möglichkeit einer Attribution an eine neutrale Quelle), ja, die Instruktion führte zu einem sich aufschaukelnden Zirkel von Erregung und Kognitionen etwa in dem Sinne: „Trotz des Medikamentes spüre ich noch die Unruhe; das Medikament hilft mir nicht; ich muß ein besonders schwerer Fall sein; die Unruhe wird immer stärker; das kann nicht so weitergehen . . ." usw.

Trotz einiger ermutigender Ansätze in der Attributionstheorie (manchmal auch als Mißattributions-Therapie bezeichnet), wird die klinische Brauchbarkeit des Ansatzes als eigenes Therapieverfahren heute ausgesprochen skeptisch bis kritisch eingeschätzt (Försterling 1986; Haaga und Davison 1986). Dennoch steht die Relevanz des *Beitrages* der Attribution für die Entstehung und Behandlung verschiedener psychischer Störungen außer Frage. Ein Beispiel dafür bilden Verzerrungen im Attributionsprozeß bei der Therapie von Herzphobikern (Eisenack 1983; Hartmann 1985): Ein Herzphobiker sieht die Ursache seiner diversen Beschwerden eng an körperliche Abnormitäten geknüpft; er attribuiert auf *somatische* Probleme im Herz-Kreislauf-System, die eine besonders schonende Lebensweise und das Vermeiden jeglicher Aufregung und Anstrengungen notwendig machen. (Nebenbei gesagt: Herzphobiker haben eine statistisch gesehen höhere Lebenserwartung als der Durchschnitt!) Die Attribution der Beschwerden an einen organischen Fehler wird vom Patienten auch durch ärztliche Informationen nicht korrigiert, im Gegenteil: Der Patient meint entweder, der Arzt wolle ihn nur beruhigen, weil er so krank ist, daß er auch eine Aufklärung (= „Wahrheit" über die Störung) nicht vertragen könne, oder er knüpft seine Hoffnung an neue, noch feinere Untersuchungsverfahren zur Aufdeckung und zum endgültigen Nachweis einer organischen Herzstörung. Die Aufgabe des Therapeuten besteht natürlich nicht in weiteren unspezifischen Beruhigungen (die der Patient sowieso nicht glaubt), sondern im *Aufzeigen* dieser dysfunktionalen Attributionen. Ein wichtiges Element besteht zudem in der Vermittlung eines plausiblen Ätiologie- und Änderungsmodells im Verlaufe der Therapieplanung und der Therapiedurchführung (siehe auch Abschnitt 2.2.3). Der Patient muß *lernen* – und zwar auf mehreren Ebenen – daß alternative Attributionen möglich sind (zum Beispiel im Rahmen einer Diskussion in der Gruppe), er muß auch *konkret erleben,* daß physiologische Charakteristika seiner Herztätigkeit von ihm selbst veränderbar sind (beispielsweise durch den Einsatz von Biofeedback-Verfahren), und er sollte auf der Verhaltensebene die *Erfahrung* machen, daß aktive Bewältigungsstrategien eine Erweiterung seines Verhaltensspielraumes bringen. Mit diesem nur kurz angeführten Beispiel sollte die Bedeutung attributionstheoretischer Überlegungen für das verhaltenstherapeutische Vorgehen etwas illustriert werden. Gerade im Bereich von Attributionstheorien zeigt sich eine derartige Breite und Differenzierung von Befunden, daß eine Übertragung – auch im Sinne einer methodologisch geleiteten Heuristik – schwerfällt (Debler 1984; Försterling 1986; Heckhausen 1980; Herkner 1980). Dennoch kommt man als Verhaltenstherapeut um eine Berücksichtigung einiger *grundlegender* Aspekte der attributionstheoretischen Forschung nicht herum (etwa auch: Bedeutung des Health-Belief-Model für das Zustandekommen einer Störung, siehe auch DiMatteo und DiNiccola 1982; Farina und Fisher 1982).

Zusammenfassung: Unter Attribution versteht man die Suche nach und die *Zuschreibung* von Ursachen *zu bestimmten Ereignissen;* in der Forschung unterscheidet man einerseits den *Prozeß* des Zustandekommens von Attributionen (Attribution als abhängige Variable) und andererseits die möglichen *Auswirkungen* von Attributionen (Attribution als unabhängige Variable). Außerdem unterscheidet man zwischen *Kausal*attributionen (Suche nach Ursachen) und *Kontroll*attributionen (Frage der Veränderbarkeit von Ereignissen). Besondere Bedeutung besitzen Attributionen im Rahmen von Emotionstheorien: Die Attribution von Ursache und Kontrolle kann als kognitive Komponente einer Emotion angesehen werden. Eine direkte Anwendung von Attributions- oder Mißattributionstherapie wird eher skeptisch beurteilt; dennoch besitzen Attributionen für die Entstehung und Veränderung psychischer Probleme große Relevanz und müssen deshalb vom Kliniker berücksichtigt werden.

Weiterführende Literatur: Försterling, F.: Attributionstheorie in der Klinischen Psychologie. München: Urban & Schwarzenberg 1986.

3.3.2 Rechtfertigung des Aufwandes im Therapieprozeß

Die Bedeutung sozialer und sozialpsychologischer Determinanten für den Verlauf einer Therapie sind seit langem Gegenstand der Diskussion (Frank 1961; Goldstein und Simonson 1971; Goldstein, Heller und Sechrest 1966). Eine therapeutische Intervention beinhaltet immer auch eine *Information* für den Patienten, die mit bestimmten Merkmalen seines bisherigen Handelns (zum Beispiel bestimmte Verhaltensweisen, Denkmuster, Gefühle . . .) nicht kongruent ist und somit eine Veränderung provoziert (Mahoney 1980; Strong 1978).

Wenn sich ein Patient entschließt, den *Aufwand* einer Therapie zur Veränderung eines Problems in Richtung auf ein bestimmtes Ziel auf sich zu nehmen, so ist dies eine günstige Voraussetzung für die Motivation und für eine eventuelle Erreichung des Zieles. Der unternommene Aufwand verlangt allerdings eine *Rechtfertigung* zur Reduktion der kognitiven Dissonanz – der Dissonanz zwischen seinem bisherigen Lebensstil und den nunmehrigen Bemühungen zu dessen Veränderung. Die Annahme, *daß* es einer solchen Rechtfertigung zwischen diskrepanten Vorstellungen und Zielen bedarf beziehungsweise daß sie auch vorgenommen wird, ist ein Spezialfall der *Dissonanztheorie* von Festinger (1957, 1961, 1964). Im Rahmen der Dissonanztheorie wird angenommen, daß inkonsistente Kognitionen einen psychischen Zustand erzeugen, der für die Person unangenehm ist. Nach der Theorie von Festinger (1957) liegt das Bestreben einer Person darin, die Dissonanz zwischen den verschiedenen Kognitionen durch verschiedene Strategien (Verhaltensweisen, Kognitionen etc.) zu verringern. *Eine* Möglichkeit zur Dissonanz-Reduktion besteht in der *Rechtfertigung* des Aufwandes.

Beispiel:
Die mühevolle und anstrengende Vorbereitung auf eine Prüfung führt bei der Person zur Dissonanz wegen des unternommenen *Aufwandes* (Lernen, obwohl andere Dinge bedeutend attraktiver wären), den man zur Erreichung des Zieles (Bestehen der Prüfung) betreibt. Entscheidend für das Zustandekommen der Dissonanz ist die *Vorstellung,* daß sich der Aufwand für das gesteckte Ziel unter Umständen nicht lohnen könnte. *Eine* Möglichkeit zur Dissonanzreduktion besteht in einer Veränderung der Kognitionen über die Bedeutung des *Zieles:* Wenn die Person ihre Vorstellungen über den Wert deutlich verändert (das Ziel wird als besonders wichtig, attraktiv und wertvoll angesehen), so stellt dies eine Rechtfertigung des Aufwandes (und damit eine Reduktion der Dissonanz) dar.

Ähnliche Beispiele lassen sich aus dem Bereich sportlicher Betätigung und aufwendigen Trainings anführen: Eine Rechtfertigung für das harte Training wird dadurch geliefert, daß das *Ziel* als besonders wertvoll angesehen wird (Aufstieg in die nächste Klasse; „wunderschöne Aussicht" nach einem mühevollen Anstieg auf einen Berg; „herrliches Gefühl der körperlichen Erschöpfung" nach einem anstrengenden Lauftraining).

Anmerkung: Daß zur Erklärung des Zustandekommens und der Aufrechterhaltung solcher Aktivitäten nicht *nur* der Aspekt der Rechtfertigung des Aufwandes eine Rolle spielt, versteht sich von selbst. Zur Erklärung müssen genauso andere Gesichtspunkte auf verschiedenen *Ebenen* herangezogen werden, wie beispielsweise Faktoren einer humoralen und physiologischen Regelung, Aspekte des Lernens, der Zielsetzung und der Selbstregulation, kulturelle und interpersonale Aspekte und dergleichen mehr. Dies gilt insbesondere auch für die *Erklärung* von therapeutischen Befunden durch Theorien aus der Sozialpsychologie, die jeweils nur einen *speziellen Aspekt* eines komplexen Geschehens beleuchten.

Rechtfertigung des Aufwandes eines Patienten im psychotherapeutischen Prozeß
Die Operationalisierung des Konzeptes *„Aufwand",* wie dies vor allem in der

sozialpsychologischen Literatur und Forschung unternommen wurde (zum Beispiel physische Anstrengung, lästige kognitive Leistungen), läßt sich in dieser Form nur schwer auf den Bereich der Psychotherapie übertragen. In der Psychotherapie besteht der *Aufwand* auf mehreren Ebenen: Aufwand in Einheiten von Zeit und Geld, ebenso wie ein Aufwand, der in einer Änderung bisheriger Strategien, Handlungen, Kognitionen und Verhaltensweisen besteht; das Verlassen des bisherigen Lebensstils (auch bei störenden Problemen) wird gerade im Anfangsstadium einer Änderung von vielen Patienten als äußerst unangenehm und anstrengend erlebt.

Therapie beinhaltet also einen Aufwand, der nach einer *Rechtfertigung* verlangt; dabei fällt auf, daß dieser Aufwand nur in gewisser Weise mit dem Therapieprozeß zu tun haben muß (siehe unten): In so gut wie allen Gruppen, die als Kontrollbedingungen für den effektiven Therapieprozeß eingeführt wurden (zum Beispiel Placebo-Kontrollgruppen, Warte-Kontrollgruppen), zeigt sich eine *gewisse* Veränderung des Problems in Richtung auf das therapeutische Ziel (siehe zum Beispiel Sloane et al. 1975). Dieser Effekt ist zumeist nicht *nur* durch einen statistischen Regressionseffekt zu erklären (*Regressionseffekt*: Bei einer zweiten Messung des Kriteriumsverhaltens tendieren wegen des Standard-Meßfehlers die extremen Werte der ersten Messung in Richtung des Mittelwertes). Dies weist darauf hin – will man den Rechtfertigungseffekt therapeutisch nutzbar machen – daß der *Aufwand* für eine Therapie nicht *zu* gering gehalten werden sollte, damit das Ziel (therapeutische Veränderung) auch als wichtig und erstrebenswert angesehen wird. Praktisch gesehen läßt sich dies eventuell durch einen *gewissen* finanziellen Beitrag zur Therapie erreichen (etwa in Umkehrung des Sprichwortes: „Was nichts kostet hilft nichts!" . . .). Andere Möglichkeiten – auch im Sinne der Eigenbeteiligung, Selbstattribution und des Selbstmanagements – bestehen darin, den Patienten bereits bei *Beginn* der Intervention mit konkreten *Aufgaben* in Richtung des Therapiezieles zu betrauen (Sammlung von Daten; erste Schritte in Richtung der Veränderung; siehe dazu die ersten Stufen im Prozeßmodell von Kanfer und Grimm 1981).

Es wurde kurz darauf hingewiesen, daß der (verlangte) Aufwand auch eine gewisse Verbindung mit dem Therapieziel haben sollte, damit eine Rechtfertigung stattfindet: Einem Patienten vorzuschlagen, er sollte im Sinne dieses Aufwandes einer ihm mißliebigen Partei einen Geldbetrag spenden oder jeden zweiten Tag bestimmte körperliche Übungen durchführen, hat an sich noch keine Verbindung zum Prozeß und Ziel der Therapie. Der Aufwand wird vom Patienten *dann* in Kauf genommen und auch in Verbindung zur Intervention gebracht, wenn dieser Aufwand in eine *plausible* Beziehung zur Störung beziehungsweise zur Therapie gebracht wird. Die Spende eines Geldbetrages an eine mißliebige Partei beziehungsweise die angesprochenen körperlichen Übungen sind dann ein sinnvoller (und auch *glaubwürdiger*) Aufwand, wenn sie in den Rahmen von Selbstkontrollstrategien (zum Beispiel „Contract-Management" siehe auch Shelton und Levy 1981) zur Gewichtskontrolle eingebaut sind. In diesem Falle wird auch eher eine *persönliche Verantwortung* für den Aufwand übernommen, was eine wichtige Voraussetzung für dessen Rechtfertigung darstellt (ein Aufwand, der aufgezwungen ist, braucht von der Person selbst kaum gerechtfertigt zu werden, vgl. Brehm 1980; Strong 1978).

Über die Rolle des Therapeuten bei dieser Vermittlung plausibler Information gibt es verschiedene Überlegungen, dazu auch Abschnitt 3.4.3, Aspekte der therapeutischen Beziehung: Während etwa Goldstein, Heller und Sechrest (1966) meinten, die Attraktivität des Therapeuten sollte im Therapieprozeß durchgehend hoch sein, damit der Patient die neuen Informationen als glaubwürdig übernimmt, sieht Brehm (1980) diesen Punkt differenzierter: Hohe Attraktivität des Therapeuten mag bei *Beginn* eines Veränderungsprozesses wichtig und günstig sein (der Patient nimmt den Aufwand sozusagen wegen der Attraktivität und Glaubwürdigkeit des Therapeuten auf sich).[1] Für das Ziel zeitlicher *Stabilität* der Verhaltensänderung sollte die Attraktivität des Therapeuten eher in den Hintergrund treten: Schritt für Schritt tritt die Selbstverantwortung des Patienten in den Vordergrund, damit eine Verhaltensänderung auch auf eigene Anstrengung attribuiert wird und sich so im Repertoire des Patienten stabilisiert.

Wie funktioniert die Rechtfertigung des Aufwandes?
Die *Rechtfertigung* für ein Ziel, wenn dafür großer *Aufwand* eingesetzt wurde, ist in der sozialpsychologischen Literatur mehrfach untersucht worden (Cooper und Axsom 1982; Goldstein und Simonson 1971; Goldstein, Heller und Sechrest 1966). Salopp formuliert könnte man sagen, daß wir diejenigen Dinge besonders hoch schätzen, für deren Erreichung wir uns besonders angestrengt haben. Für den Rechtfertigungsprozeß selbst sehen nun Cooper und Axsom (1982) folgende drei Schwerpunkte:

1. Eine erste Strategie der Rechtfertigung besteht demnach darin, daß eine *Einstellungsänderung* gegenüber dem *Ziel* erfolgt. *Beispiel:* Wenn sich jemand wegen seiner sozialen Unsicherheit zu einer therapeutischen Veränderung entschließt, so erfordert dies hohen Aufwand, der zum Teil recht unangenehm ist (etwa Rollenspiel; Übungen in gefürchteten Situationen; kognitive Umstrukturierungen und anderes). Es besteht also hohe kognitive Dissonanz zwischen den bisherigen Verhaltensweisen (sozialer Rückzug etc.), die durch eine lange Lerngeschichte relativ stabil sind und dem neuen Ziel, mit dem die alten Verhaltensweisen nicht mehr kompatibel sind. Die *Rechtfertigung* zur Dissonanzreduktion besteht darin, daß das neue Ziel – eben wegen des hohen Aufwandes – als besonders wertvoll und erstrebenswert angesehen wird (siehe auch Brehm 1980).

2. Eine andere Möglichkeit für eine *Rechtfertigung* eines hohen Aufwandes könnte dadurch in Gang gesetzt werden, daß man die *Motivation* des Patienten zu einer therapeutischen Veränderung erhöht. Eine solche Veränderung der Motivation könnte dadurch erfolgen, daß dem Patienten die Schwierigkeiten mit seinem jetzigen Verhalten in deutlichem Kontrast zu positiven Perspektiven und Möglichkeiten als Folge einer Veränderung vor Augen geführt werden (Kanfer und Grimm 1981; Schmelzer 1986). Die Bedeutung *motivationaler* Variablen für den *Beginn* und für die

---

[1] *Anmerkung:* Der Aufwand im Therapieprozeß ist nicht auf einen individuellen Beitrag des Patienten beschränkt; der Aufwand im Rahmen des psychosozialen Versorgungssystems spielt insbesondere bei der Evaluation psychotherapeutischer Verfahren eine große Rolle (siehe dazu Abschnitt 4.4.4).

Aufrechterhaltung einer therapeutischen Veränderung wird immer wieder betont (Agras 1984; Bergin und Lambert 1978; Gentry 1984a).

3. Als dritte Möglichkeit führen Cooper und Axsom (1982) an, daß ein *Therapieziel* als Folge eines hohen Aufwandes selbst sehr wünschenswert erscheint: Im Verlaufe einer psychotherapeutischen Intervention unternimmt der Patient eine Reihe aufwendiger Anstrengungen; dabei ist keineswegs gesichert, daß das Ziel auch erreicht wird. Die Dissonanzreduktion könnte darin bestehen, daß man als Patient Verhaltensweisen zeigt, die in Richtung einer wahrscheinlichen Zielerreichung führen. Eine aktuelle Veränderung (Verbesserung) trägt somit zur Rechtfertigung des hohen Aufwandes und zur Dissonanzreduktion bei.

Für die Rechtfertigung eines Aufwandes ist es entscheidend zu klären, ob sich die *Effekte* der Rechtfertigung nur im *kognitiven* Bereich, oder auch auf der *Verhaltensebene* feststellen lassen. Personen einer Kontrollgruppe könnten eine „Veränderung" im Sinne einer Dissonanzreduktion auf der kognitiven Ebene zeigen (zum Beispiel Interview, Fragebogenverfahren). Die Frage ist somit, ob sich die Rechtfertigung eines Aufwandes auch in einer *Verhaltensänderung* niederschlägt.

Zur Beantwortung dieser Frage lassen sich Studien zur Gewichtsreduktion anführen, bei denen ein unterschiedlich hoher *Aufwand* vor der Therapiedurchführung notwendig war (zum Beispiel Lösung von Problemen; Belastung durch Aufmerksamkeit).

Studien zur Gewichtsreduktion sind deshalb besonders bedeutsam, weil sich das *Kriterium* der Veränderung ganz klar in einem Verhaltenseffekt niederschlägt. Dies unterstellt in keinem Falle, daß man von einem einheitlichen *Prozeß* der Gewichtsveränderung ausgeht – im Gegenteil: Dieser Veränderungsprozeß ist ausgesprochen komplex und heterogen (Stuart, Mitchell und Jensen 1981). Die verschiedenen Studien mit hohem versus niedrigem Aufwand als kritische unabhängige Variable (Cooper und Axsom 1982) zeigen recht deutlich, daß die Rechtfertigung eines Aufwandes *nicht* nur auf der *kognitiven* Ebene erfolgt: Personen in den Bedingungen hohen Aufwandes „rechtfertigten" sich also nicht nur verbal-kognitiv; sie reduzierten ihre kognitive Dissonanz, indem sie das Therapie-Ziel als besonders wertvoll und erstrebenswert ansahen, *und* sie unternahmen auch konkrete Schritte, um dieses Ziel zu erreichen. Die Rechtfertigung eines hohen Aufwandes erfolgt nach diesen Befunden sowohl auf der kognitiven als auch auf der Verhaltensebene, was sich in einem deutlichen Gewichtsverlust derjenigen Gruppen niederschlug, die einen hohen Aufwand zu unternehmen hatten. Die Rechtfertigung eines hohen Aufwandes hat außerdem zeitlich stabile Ergebnisse, was grundsätzlich auf die *„Robustheit"* des Effektes hinweist.

Alternativerklärungen

Die Erklärung von einigen Prozessen und Ergebnissen psychologischer Interventionsverfahren, wie sie durch das sozialpsychologische Modell der Rechtfertigung eines Aufwandes erfolgt, kann keinen Anspruch auf Exklusivität oder Vollständigkeit erheben. Andere theoretische Ansätze aus der Sozialpsychologie müssen durchaus als Ergänzungen oder Alternativen anerkannt werden (*welche* der Theorien schließlich zur Erklärung herangezogen wird, ist eine Frage der relativ rationalen Rechtfertigung praktischen Handelns). Das Phänomen eines engen Zusammenhanges von unternommenem *Aufwand* für eine Therapie und einen Therapieerfolg kann durch folgende theoretische Ansätze in ähnlich befriedigender Weise vorhergesagt beziehungsweise erklärt werden (Brehm 1980; Cantor und Kihlstrom 1982; Cooper und Axsom 1982; Strong 1978).

1. Theorie der Selbstwahrnehmung von D. Bem

Die Theorie der Selbstwahrnehmung von Bem (1967, 1972) kann als Alternativerklärung zu Ergebnissen der Dissonanztheorie angesehen werden. Bem (1967) geht davon aus, daß Personen ihr eigenes Verhalten ähnlich beobachten, wie das Verhalten anderer Personen. Zentral ist aber, daß aus dieser *Beobachtung* ähnliche *Schlüsse* gezogen werden: Wenn es für das Verhalten des Handelnden selbst keine offensichtlichen (internalen) Erklärungen gibt, so muß er sich zur Erklärung dieses Handelns auf die verschiedenen Bedingungen beziehen (siehe dazu Parallelen in der Emotionstheorie von Schachter und Singer 1962). Aus der Beobachtung unseres eigenen Verhaltens und seinen Bedingungen (zum Beispiel hoher Aufwand . . .) schließen wir, so Bem (1967) auf unsere Einstellungen.

In der Therapiesituation etwa legt eine Person hohen Aufwand (Anstrengung . . .) an den Tag, um ein bestimmtes Ziel zu erreichen. Wenn die Person diese Mühe außerdem freiwillig auf sich nimmt, so schließt sie nach Annahmen der Selbstwahrnehmungstheorie von Bem (1967, 1972) aus der Beobachtung ihres eigenen Verhaltens auf Motive und Einstellungen etwa in dem Sinne: „Ich arbeite offensichtlich sehr hart, um ein Ziel zu erreichen; da ist der Einsatz für das Ziel wohl sehr wichtig." Oder: „Ich bezahle für eine Therapie einen hohen Geldbetrag; dies zeigt, daß ich motiviert bin, an der Erreichung des Zieles zu arbeiten."

In der Selbstwahrnehmungstheorie von Bem (1967, 1972) wird die in der Attributionstheorie getroffene Unterscheidung zwischen dem Standpunkt des Handelnden und des Beobachters (Jones und Nisbett 1971) *nicht* getroffen. Handelnder und Beobachter vertreten demnach bei der Attribution denselben Inferenzprozeß. Die Selbstwahrnehmungstheorie von Bem zur Erklärung der Relation von Aufwand und Therapiemotivation (und damit Therapieerfolg) legt also folgenden Schluß nahe: Der zum Teil vom Therapeuten induzierte und vom Patienten unternommene *Aufwand* kann als wichtiges Kriterium der Therapiemotivation angesehen werden. Als Therapeut hat man also darauf zu achten, welche konkreten *Schritte* ein Patient zur Erreichung eines Zieles unternimmt und wie diese Verhaltensweisen (Aufwand) beim Patienten Motivation auslösen (und nicht umgekehrt, wie dies manchmal etwas naiv unterstellt wird, der Patient müsse erst „motiviert" werden, etwas zu tun).

2. Theorie der Self-efficacy von Bandura

Die Theorie der Self-efficacy von Bandura (1977a) könnte man an den Nahtstellen von Lerntheorien, kognitiven Theorien und sozialpsychologischen Theorien ansiedeln. Es ist deshalb auch etwas willkürlich, an welcher Stelle die Theorie angeführt wird. Bandura (1977) selbst versteht seinen Ansatz als einen Versuch zur Erklärung allgemeiner (unspezifischer) (Wilson 1980) Prozesse der Veränderung in der Psychotherapie. Ähnlich wie Frank (1973) geht auch Bandura (1977a) davon aus, daß Psychotherapie darin besteht, einem Patienten zu helfen, aus dem Zustand der Orientierungslosigkeit und Demoralisierung *wieder Kontrolle* über sein eigenes Leben zu *erlangen.*

Der Erfolg einer Therapie hängt nach Bandura (1977a) ganz wesentlich davon ab, daß der Patient persönliche Veränderungsmöglichkeiten wieder *wahrnimmt* und konkret *erfährt.* Man könnte den *Aufwand,* der vom Patienten zu Beginn der Therapie gefordert wird (zum Beispiel auch in Placebo- oder Kontrollgruppen), als eine erste – allerdings noch ausgesprochen unspezifische – Stufe der Wahrnehmung von Bewältigungsmöglichkeiten sehen: Der Patient erlebt eine Dissonanzreduktion zwischen seiner wahrgenommenen Situation und therapeutischen Zielen dadurch, daß ihm die ersten konkreten Aktivitäten (Ausfüllen von Fragebögen, Interview, Fahrt zur Therapiesitzung . . .) ein solches subjektives Gefühl einer möglichen Bewältigung seiner Probleme schaffen. Dieses erste Gefühl der Bewältigung wird als produktiv für den weiteren Therapieprozeß angesehen, weil dies die Bereitschaft des Patienten erhöht, konkrete Schritte zur Erreichung seines Zieles zu unternehmen. Der unternommene *Aufwand* setzt also weniger (wie bei Festinger 1957) einen Prozeß der *Rechtfertigung* in Gang. Bedeutsam ist vielmehr die Selbstwahrnehmung (Bem 1972) eigener Reaktionen. Dies erhöht das Ausmaß an wahrgenommener Selbsteffektivität, führt zu einer optimistischen Einschätzung einer Veränderungsmöglichkeit (siehe Motivation) und zu konkretem Handeln in Richtung des Therapiezieles (siehe dazu auch therapeutische Veränderungen in Wartekontrollgruppen).

Das enge und verzahnte Zusammenwirken kognitiver und lernpsychologischer Faktoren wird bei Bandura (1977a) besonders deutlich: Die *Erwartung* von Selbst-Effektivität, die unter Umständen durch glaubwürdige Informationen von seiten des Therapeuten in Gang gesetzt wird, ist zunächst ein mehr oder weniger *kognitiver* Prozeß (Vorstellung über Therapieziele, Einschätzung von Veränderungsmöglichkeiten usw.). Diese Erwartung jedoch erhöht die Bereitschaft und Fähigkeit, konkrete Handlungen zu unternehmen; diese Handlungen wieder haben positive Effekte (zum Beispiel Reinforcement . . .), das heißt sie führen dem Individuum *konkret* vor Augen, daß seine positiven Erwartungen im Prinzip richtig waren usw. In dieser Hinsicht ist die Selbst-Effektivitätstheorie von Bandura (1977a) ein gutes Beispiel für die Analyse der Vernetztheit menschlichen Verhaltens und seine Betrachtung unter einer System-Perspektive.

Zusammenfassung: Unter Rechtfertigung eines Aufwandes versteht man die Tatsache, daß Personen zur Reduktion kognitiver Dissonanz zwischen einem Aufwand und einem Ziel verschiedene Strategien einschlagen. Dieser sozialpsychologische Gesichtspunkt läßt sich für die Verhaltenstherapie in verschiedener Hinsicht nutzbar machen: Der Beginn und die Durchführung einer Therapie verlangen vom Patienten Aufwand, und als Therapeut sollte man die

Frage einer möglichen Rechtfertigung im Auge behalten. Als Alternativen zur Theorie der Rechtfertigung eines Aufwandes wurden das Modell der Selbstwahrnehmung und die Theorie der Self-efficacy angeführt.

Weiterführende Literatur: Cooper, J., und Axsom, D.: Effort justification in psychotherapy. In: Weary, G., und Mirels, H. L. (Eds.): Integrations of clinical and social psychology. New York: Oxford University Press 1982.

3.3.3 Aspekte der therapeutischen Beziehung

Auf die Bedeutung einer guten therapeutischen Beziehung zwischen Patient und Therapeut für das Gelingen einer Intervention wurde in der Verhaltenstherapie vielfach und schon sehr früh hingewiesen (Lazarus, A. 1958, 1960; Meyer, V. 1957; Meyer und Gelder 1963; Wilson, Hannon und Evans 1968; Wolpe 1958; Wolpe und Lazarus 1966). Dabei muß man allerdings sagen, daß die Herstellung dieser guten Beziehung als eine wichtige *unspezifische* Voraussetzung für die Durchführung der Therapie angesehen wurde. Die Frage, welche Faktoren als spezifisch oder unspezifisch anzusehen sind (siehe dazu auch Frank 1973; dt. 1985), wird heute nicht mehr in dieser Form gestellt, so daß auch der Aspekt der therapeutischen Beziehung selbst eine differenzierte Betrachtung erfährt (vgl. DeVoge und Beck 1978; Ford 1978; Seiderer-Hartig 1980; Sweet 1984; Wilson und Evans 1977; Zimmer 1983).

Eine Präzisierung und Operationalisierung des Konstruktes der *Beziehung* stellt sich als ausgesprochen schwierig heraus – es gibt in der Literatur zur Psychotherapie kaum einen ähnlich schillernden Begriff, mit dem jeder Autor und damit Leser so unterschiedliche Bedeutungen verbinden kann. Das Hauptproblem für eine Präzisierung besteht darin, daß „Beziehung" ein *Prozeßmerkmal* auf mehreren Ebenen bildet. Eine empirische Erfassung ist praktisch nur in einer entsprechenden Prozeß-Studie möglich. Angesichts der Komplexität des Problems sollte hier lediglich versucht werden, einige Aspekte, die man bei der Analyse der therapeutischen Beziehung berücksichtigen sollte, etwas herauszuarbeiten. dabei wird insbesondere auf einige *sozialpsychologische* Gesichtspunkte Bezug genommen (Strong 1978, 1982).

a) Therapie als gegenseitige soziale Beeinflussung
Eine therapeutische Intervention stellt eine Beeinflussung eines Patienten in Richtung auf ein bestimmtes *Ziel* dar; diese Tatsache der Einflußnahme wird etwa im Lichte von Befunden zum verbalen Konditionieren (vgl. Greenspoon 1962; Kanfer und Phillips 1970; Mees 1976) sehr deutlich gesehen (siehe auch Bandura 1969). Eine damit zusammenhängende Frage versucht zu klären, inwieweit diese Einflußnahme auch diejenigen Ziele anstrebt beziehungsweise erreicht, die im Sinne des Patienten aufgestellt wurden. Durch die *Transparenz* der therapeutischen Intervention wird eine wichtige *Voraussetzung* für Korrekturen und einer entsprechenden Beteiligung des Patienten am Problemlöseprozeß geschaffen.

Es zeigt sich allerdings, daß nicht nur therapeutische Mikro-Variablen einen Einfluß auf Patient und Therapeut ausüben; in ähnlichem Maße – allerdings auf anderer *Ebene* – üben auch der soziale Hintergrund, Settingvariablen etc. einen therapierelevanten Einfluß aus (zum Beispiel Klinik-Setting; Vermittlung von therapeutischen Erwartungen durch das Personal; Informationen über die Bedeutung einer Verhaltensänderung etc., siehe Feldman 1976). Auf seiten des Patienten wird durch den bloßen *Beginn* einer therapeutischen Intervention (beispielsweise Anruf um einen Termin für ein Erstgespräch) eine Bereitschaft zur Kooperation signalisiert (DeVoge und Beck 1978).

Man sollte allerdings nicht übersehen, daß die Herstellung einer therapeutischen Beziehung in einem speziellen Setting eine *gegenseitige* und *nicht* einseitige Einflußnahme darstellt. Therapie muß eine *instabile* Beziehung insofern bilden, als dadurch eine Interaktion und ein sozialer Austauschprozeß stattfindet und begünstigt wird (Strong 1982). Haley (1978) hat dies mehrfach als „komplementäre Beziehung" charakterisiert. Dieser interaktionale Austauschprozeß läßt sich anhand folgender Skizze verdeutlichen:

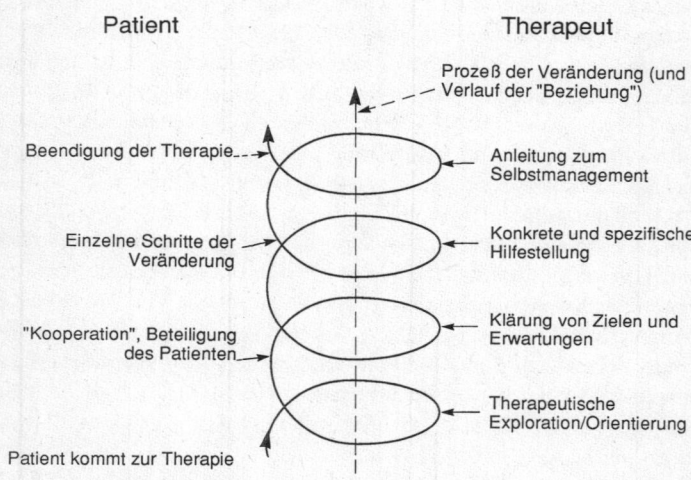

Abb. 3.16: Skizze des sozialen Interaktionsprozesses im Rahmen einer therapeutischen Beziehung.

Wenn man eine solch interaktionistische Sichtweise des therapeutischen Prozesses zugrunde legt, wird auch klar, daß die therapeutische *Beziehung* nicht eine Art „unspezifisches" Merkmal darstellt, das quasi „neben" der therapeutischen Intervention und Veränderung abläuft: Eine therapeutische Veränderung passiert vielmehr im Prozeß der Herstellung dieser therapeutischen Beziehung, beide Aspekte sind nicht voneinander zu trennen. Eine tragfähige, zielgerichtete Beziehung läßt sich nur herstellen, wenn *sowohl* die Voraussetzung für ein gegenseitiges menschliches Akzeptieren und Achtung als auch für eine zeitlich begrenzte professionelle Hilfestellung geschaffen wird. Erst eine künstliche und der therapeutischen Realität völlig unangemessene Trennung beider Aspekte führt dazu, daß man von einer „therapeutischen Beziehung" losgelöst vom „therapeutischen Änderungsprozeß" beziehungsweise vom „Änderungsprozeß" losgelöst von der „therapeutischen Beziehung" spricht.

b) Therapie als Erleichterung für eine Veränderung

Das Eingehen einer zeitlich begrenzten therapeutischen Beziehung sollte dem Patienten zur Chance werden, neue Perspektiven zu sehen (kognitive Ebene), neues Verhalten zu erlernen (Verhaltensebene) und neue konkrete Erfahrungen zu machen (emotionale Ebene). Die Bedeutung einer akzeptierenden, angstfreien Atmosphäre für die Erleichterung eines solchen Prozesses wurde häufig betont (Dollard und Miller 1950; Skinner 1953).

Idealerweise sollte eine Therapie zur Öffnung eines Freiraums führen, sollte dem Patienten unter Hilfestellung des Therapeuten mehrere Verhaltensmöglichkeiten aufzeigen. Der *Modellfunktion* des Therapeuten kommt hier ganz besondere Bedeutung zu. Therapie sollte durch die Interaktion zwischen Patient und Therapeut, durch die *gemeinsame* Arbeit an einem speziellen Problem beim Patienten wieder ein Gefühl *persönlicher Kontrolle* aufbauen; mangelnde Kontrolle hat ihn unter anderem dazu veranlaßt, Hilfe bei einer anderen Person zu suchen (Bandura 1977a; Mahoney 1974, 1980). Die Hilfestellung des Therapeuten wird im Verlaufe des therapeutischen Prozesses zurückgenommen und ausgeblendet: Der Patient sollte seine Veränderung auf seine eigenen Bemühungen attribuieren und sollte zu einem eigenständigen, aktiven Problemlöser werden.

Die Schaffung der oben angeführten angstfreien Atmosphäre, einer therapeutischen Beziehung als Medium für eine therapeutische Veränderung verlangt vom Therapeuten ein sensibles Entgegenkommen und Verständnis für die Situation des Patienten. Im Verlaufe der ersten Stufen des therapeutischen Prozesses (Kanfer und Grimm 1981; Schmelzer 1986) sollte der Therapeut dem Patienten diejenigen Hilfestellungen zukommen lassen, die dieser benötigt. Bereits das Sprechen über ein Problem, die Strukturierung von Informationen mit einem Gegenüber führt auf seiten des Patienten zu einer subjektiven Erleichterung, schafft eine gewisse Voraussetzung für einen Schritt aus seiner „Demoralisierung" (Frank 1973, dt. 1985). Dieser Prozeß der Interaktion, der Hilfestellung und der konkreten Arbeit an einem spezifischen Problem zieht sich – unter Verlagerung der Schwerpunkte und der aktiven Beteiligung des Patienten – durch den gesamten Prozeß der Therapie (siehe auch Cashdan 1973, 1982). Die aktive Rolle des Patienten beim Zustandekommen einer fördernden Interaktion wird auch in mehreren Überlegungen zum Problem der *Compliance* betont; Compliance besteht nicht in der simplen Ausführung von Anweisungen des Therapeuten, sondern erfordert unter einer Selbst-Regulations-Perspektive (Leventhal, Zimmerman und Guttman 1984) eine aktive Beteiligung des Patienten auf mehreren Ebenen.

c) Erwartungen des Patienten

Die Erwartungen einer Person an eine Therapie beziehungsweise an einen Therapeuten sind ausgesprochen heterogen (Farina und Fisher 1982). Diese Erwartungen – zumeist als Health Belief Model (HBM) bezeichnet – sind allerdings für den Beginn und für das Gelingen einer therapeutischen Intervention von allergrößter Bedeutung: Der Patient hat bestimmte Vorstellungen über die Entstehung seines Problems und trägt an den Therapeuten bestimmte Erwartungen über eine erfolgreiche Intervention heran. Die Erwartungen lassen sich unter anderem auf einem Kontinuum zwischen einer medizinischen Modellvorstellung bis hin zu sozial-lerntheoretischen Konzeptionen einordnen. Die Aufgabe des Therapeuten besteht darin, die Vorstellungen und Erwartungen des Patienten genau zu erfassen, und ihn im Verlauf der Interaktion mit einem *psychologischen* Modell vertraut zu machen. Diese Vermittlung eines plausiblen Ätiologie- und Änderungsmodells (= PM, siehe dazu die Abschnitte 2.2.1 und 2.2.3) beginnt bereits bei der Strukturierung der Therapie und Klärung der Rollen und Erwartungen. Sie ist aber damit keineswegs beendet, sondern zieht sich im Prinzip durch den gesamten Prozeß der Intervention.

Für die Vermittlung realistischer und zielführender therapeutischer Erwartungen ist es unumgänglich, daß der Therapeut an denjenigen Vorstellungen anknüpft, die der Patient mit in die Therapie gebracht hat. Die Weitergabe eines psychologischen Modells sollte eigene Verantwortung und Eigenbeteiligung des Patienten fördern, an der Veränderung seines Problems zu arbeiten. Ein Anknüpfungspunkt für die Vermittlung realistischer Erwartungen besteht in Beispielen, die vom Patienten selbst vorgebracht werden; hier kann der Therapeut in der Sprache des Patienten diejenigen Merkmale herausarbeiten und klären, die für ein psychologisches Modell ausschlaggebend sind. Für die Kooperation zwischen Patient und Therapeut ist eine Diskussion des Problems, eine Erörterung mehrerer Perspektiven und eine Art *Konsens* über den therapeutischen Umgang mit der Störung ausgesprochen förderlich (Goldstein, Heller und Sechrest 1966).

d) Erwartungen des Therapeuten an einen „idealen" Patienten

Therapeuten gehen nicht ohne Vorstellungen und Erwartungen an Patienten heran. Bei der näheren Erfassung dieser Erwartungen zeigt sich, daß diese häufig eine Struktur von *Stereotypen* haben, wie ein idealer Psychotherapie-Patient aussehen soll: Bestimmte Merkmale an Patienten gelten als besonders wünschenswert, weil mit ihnen auch eine gute Prognose über den Therapieerfolg verbunden ist. Im Rahmen von Untersuchungen zur klinischen Urteilsbildung (Blaser 1977) zeigt sich, daß ein Urteil über einen Patienten häufig sehr rasch – quasi als erster Eindruck – zustandekommt und auch durch nähere Informationen kaum noch korrigiert wird (siehe auch Nisbett und Ross 1980).

Ein spezielles Stereotyp für Psychotherapie-Patienten wurde von Schofield (1964) beschrieben (Garfield 1978; Goldstein 1971, 1973; Goldstein und Simonson 1971): Demnach weist ein typischer Psychotherapie-Patient Merkmale auf, die im Akronym des *Yavis-Patienten* zum Ausdruck kommen (für young, attractive, verbal, intelligent, successful). Dies bedeutet, daß Therapeuten in ihren Indikationsstrategien diejenigen Patienten auswählen, die einer Therapie paradoxerweise am wenigsten bedürften.

Gerade als Therapeut sollte man sich vor Augen halten, welche Gefahren und Fallen (zum Beispiel Selbsttäuschungen) durch implizite Indikationsstereotypen gegeben sind: Man wählt – eventuell sogar für empirische Untersuchungen – Patienten aus, die ausgesprochen kooperativ, einsichtig und leicht zu behandeln sind und spart damit unter Umständen einen großen Teil von Patienten von einer Behandlung aus, mit denen die therapeutische Arbeit bedeutend mühevoller wäre (beispielsweise Unterschichtpatienten, Goldstein 1973). In einer empirischen Untersuchung über Indikationsstereotypen verschiedener Therapeuten hat Blaser (1977) für Verhaltenstherapeuten zwar gezeigt, daß diese für das Yavis-Stereotyp offenbar nicht sonderlich anfällig sind; auffällig ist allerdings, daß gerade solche Patienten zur Verhaltenstherapie ausgewählt werden, die bereits ein gutes Verhaltensrepertoire besitzen. Es wird also hier etwa vorausgesetzt, was das Ziel einer Therapie ausmachen könnte.

Als Therapeut hat man somit gewisse *Vorstellungen* und *Erwartungen* über einen Patienten; diese Vorstellungen beeinflussen die Selektion, Indikation und den therapeutischen Umgang mit Personen („therapeutische Beziehungen"). Es wird hier keineswegs dafür plädiert, daß diese Erwartungen und Präferenzen des Therapeuten völlig in den Hintergrund treten sollten. Unsere Aufgabe als Therapeut muß allerdings sein, sich der Problematik der klinischen Urteilsbildung, der Bildung von Erwartungen und Stereotypen bewußt zu sein und sie im Umgang mit unseren Patienten *explizit* zu berücksichtigen.

Folgerungen

Wenn man die Literatur und den Forschungsstand zum Problem der „*therapeutischen Beziehungen"* näher betrachtet, fällt auf, daß es verschieden Präzisierungen und Klärungen dieses Begriffes gibt. Eine einheitliche Liste dessen, was eine „*gute Beziehung"* ausmacht, gibt es nicht und kann es vermutlich nicht geben: Der Grund liegt vermutlich darin, daß es sich bei der Interaktion zwischen Patient und Therapeut um einen komplexen Austausch zwischen menschlichen Systemen auf mehreren Ebenen handelt (Kanfer 1986; Schwartz 1982). Die entsprechenden Eingangsgrößen sind laufenden Schwankungen und Veränderungen unterworfen. Eine komplementäre Interaktion (Haley 1978) stellt einen sozialen Austausch*prozeß* dar, dessen Variablen im Verlauf der Therapie starken Schwankungen unterliegen.

Beispiel: Bei der Therapie mit einem stark depressiven, suizidgefährdeten Patienten ist es als kurzfristige Strategie zunächst wichtig, Verständnis für die Situation zu zeigen und aufzubringen, Suiziddrohungen ernst zu nehmen und unter Umständen Aktivitäten in die Wege zu leiten, um einen Suizid zu verhindern (zum Beispiel Kontrolle von seiten der sozialen Umgebung; Klinikeinweisung usw.). Im Verlaufe des Therapieprozesses kommt es zu einer Änderung der *Strategie:* Im Zentrum der Intervention steht nunmehr der Aufbau aktiven, selbständigen Verhaltens, dabei kann es durchaus sinnvoll sein, den depressiven Äußerungen nicht mehr diejenige Beachtung zu schenken, die sie zu Beginn der Therapie hatten. Ziel der Therapie ist in einem *späteren* Stadium der *Aufbau* von'selbständigem Verhalten, von Fertigkeiten im Umgang mit „depressiven" Zuständen und nicht die Aufrechterhaltung einer Abhängigkeitsbeziehung zwischen Therapeut und Patient durch Klagen, Weinen und Suiziddrohungen.

Eine einzelne Verhaltensweise oder Strategie kann also nur im Hinblick auf einen speziellen Patienten, einen Therapeuten und eine therapeutische Strategie als förderlich oder hinderlich für den Aufbau und die Aufrechterhaltung einer guten therapeutischen Beziehung eingestuft werden. Bei der Analyse sollte man beachten, daß im *System* der menschlichen Interaktion insbesondere soziale Einflußvariablen wichtige Determinanten der therapeutischen Beziehung darstellen. Solche sozialpsychologischen Determinanten müssen in der *Dokumentation* und Evaluation des therapeutischen Prozesses und Ergebnisses ebenso Berücksichtigung finden, wie verschiedene andere Merkmale des therapeutischen Verlaufes. Auf seiten des Therapeuten verlangt die Herstellung einer guten Beziehung weniger das mechanische Erlernen und Ausüben einer Liste von Strategien, Tricks oder Fertigkeiten. Zu berücksichtigen ist ebenso eine ethische Einstellung zum Beruf des Therapeuten wie entsprechende sensible menschliche Fähigkeiten; eine fundierte Ausbildung ist selbstverständliche Voraussetzung.

> **Zusammenfassung:** Die „therapeutische Beziehung" ist ein Merkmal des therapeutischen Prozesses, das sich von Aspekten der therapeutischen Intervention nicht trennen läßt. Für das Zustandekommen und die Aufrechterhaltung einer therapeutischen Interaktion sind verschiedene sozialpsychologische Gesichtspunkte in einem System mit verschiedenen psychologischen Merkmalen zu berücksichtigen (therapeutische Erwartungen; Gesichtspunkte der Urteilsbildung und der Indikation; Variable des therapeutischen Setting usw.). Bei der Präzisierung und Untersuchung der *therapeutischen Beziehung* handelt es sich um ein äußerst komplexes Unterfangen, weil „Beziehung" ein Prozeßmerkmal darstellt, das mit dem *System* der Veränderung interagiert.

Weiterführende Literatur: Zimmer, D. (Hg.): Die therapeutische Beziehung. Konzepte, empirische Befunde und Prinzipien ihrer Gestaltung. Weinheim: Edition Psychologie 1983.

4 Methodologische Grundlagen der Verhaltenstherapie

In diesem Abschnitt werden einige wichtige methodologische Grundlagen dargestellt, die für die Verhaltenstherapie besonders bedeutsam sind. Diese methodologischen Aspekte sind – ohne Anspruch auf Vollständigkeit – in mehrerer Hinsicht wichtig:

1. Verhaltenstherapie hatte von jeher eine enge Beziehung zur *Grundlagenforschung* in der allgemeinen Psychologie und orientierte sich an *methodologischen Prinzipien*. Für das Verständnis von Grundlagen der Verhaltenstherapie stellen methodologische Perspektiven (auch in ihrem zeitlichen Verlauf) eine wichtige Ergänzung zu den inhaltlichen Aspekten dar (Franks 1984; Krasner 1971). Dargestellt werden *methodologische* und *nicht methodische* Grundlagen: Die Methodologie berücksichtigt bevorzugt Gesichtspunkte der *Forschungslogik* (zum Beispiel die Frage des Verhältnisses von Daten und Theorie, Fragen der Bewährung von Hypothesen, Probleme des Aussagenniveaus etc.). In der Methodik wird hingegen das Handwerkzeug für den Umgang mit dem Gegenstand der Psychologie vermittelt (beispielsweise Versuchsplanung, Auswertungsverfahren).

2. Methodologie bildet eine wichtige *Orientierungshilfe* für den Praktiker: Da ein Überblick über einzelne Befunde, Theorien und Methoden in der Verhaltenstherapie nicht mehr möglich ist, bildet Methodologie eine wichtige Möglichkeit zur *Strukturierung,* zur Unterscheidung von Wichtigem und Unwichtigem, zur Einordnung einzelner Ansätze in einen größeren Zusammenhang. Methodologie liefert in dieser Hinsicht die Möglichkeit zur kritischen Reflexion der eigenen Arbeit; Methodologie hält uns vor Augen, welche Punkte im Umgang mit unseren Patienten kritisch zu berücksichtigen sind. Sie verdeutlicht uns etwa anhand der Aspekte des methodologischen Behaviorismus (Kapitel 4.1) oder der Überlegungen zum Validitätsproblem (Kapitel 4.2), daß wir uns auch von unseren eigenen „Erfolgsbilanzen" nicht blenden lassen dürfen, sondern daß bei der Beurteilung von Effekten einer Behandlung verschiedene Gesichtspunkte anzulegen sind (siehe dazu Kapitel 4.4).

3. Wenn man sich eine wissenschaftstheoretische beziehungsweise methodologische Perspektive zu eigen gemacht hat, so schafft dies auch eine Strukturierung für den Umgang mit der umfangreichen Literatur in der Verhaltenstherapie: In den einzelnen Zeitschriften, Büchern, Kongreßbeiträgen etc. sind verschiedene Informationen enthalten, die einer distanzierten, *kritischen Würdigung* bedürfen. Ebensolch kritischer Betrachtung bedarf es, wenn man sein Augenmerk darauf richtet, was in den einzelnen Studien *nicht* berichtet, zu grob, ungenau ausgeführt oder verschwiegen wird. Eine methodologische Perspektive sollte uns in die Lage versetzen, gewissermaßen *zwischen* den Zeilen zu lesen und damit Vorzüge und Lücken von publizierten Therapieberichten besser beurteilen zu können. Diese kritische Würdigung, und nicht die blinde Übernahme von einzelnen Berichten macht das aus, was man einen *wissenschaftlichen Standpunkt* nennt.

4.1 Methodologische Prinzipien der Verhaltenstherapie

In den verschiedenen Vorschlägen zur Charakterisierung von „Verhaltenstherapie" spielt der Gesichtspunkt einer methodologischen Orientierung eine entscheidende Rolle. Während etwa Yates (1970, 1975) das stringente und kontrollierte Vorgehen (insbesondere im Einzelfall) für ein entscheidendes Merkmal der Verhaltenstherapie hält, liest sich dies bei Franks und Wilson (1978) etwas allgemeiner und unverbindlicher: „. . . Verhaltenstherapie betont die systematische Evaluation der Effektivität dieser Anwendungen. . ." (1978, S. 4). Gemeinsam ist diesen und einer Reihe anderer Charakterisierungen jedoch der Bezug zur wissenschaftlichen *Vorgehensweise* (Bunge 1967; Sidman 1960; Turner 1967).

Für diese Prinzipien der wissenschaftlichen Vorgehensweise in der Verhaltenstherapie lassen sich verschiedene Wurzeln finden, beispielsweise Ansätze im sogenannten Wiener Kreis der 20er und 30er Jahre des Jahrhunderts (Reinecker 1983) und verschiedene Facetten des Behaviorismus (Watson 1913, 1919, 1924). Kaum ein Begriff wurde in ähnlich problematischer, verzerrter und zum Teil auch undifferenziert polemischer Form verwendet, wie der des Behaviorismus, so daß zunächst einige Differenzierungen und Präzisierungen notwendig sind. Die Ausführungen halten sich in erster Linie an die Analyse von Westmeyer (1981b).

4.1.1 Standpunkte des Behaviorismus

Eine Klärung verschiedener Standpunkte, die innerhalb des Behaviorismus eingenommen werden, gestaltet sich ausgesprochen schwierig: Zum einen hat man es mit einer großen Vielfalt an Kennzeichnungen und begrifflichen Überschneidungen zu tun und zum anderen erfolgen Beschreibungen behavioristischer Positionen häufig von Gegnern und Kritikern. An der Genauigkeit und Korrektheit solcher Beschreibungen ist sicherlich einiger Zweifel angebracht. Die wichtigsten Positionen des Behaviorismus lassen sich wie folgt charakterisieren:

– *Metaphysischer Behaviorismus:*
  Diese Form des Behaviorismus geht auf John B. Watson (1913) zurück. Das Hauptmerkmal besteht in der Ablehnung der *Existenz* des Bewußtseins (beziehungsweise psychischer Ereignisse). Diese Auffassung macht wohl den „metaphysischen" Kern der Position aus. Als *Gegenstand* der wissenschaftlichen Analyse wird im metaphysischen Behaviorismus ausschließlich beobachtbares Verhalten und dessen Interaktion mit beobachtbaren Umgebungsbedingungen angesehen.

– *Radikaler Behaviorismus:*
  Diese Variante wird von Karl Popper (1982) auch als „radikaler Materialismus" bezeichnet. Kennzeichnend für den radikalen Behaviorismus ist die Auffassung eines metaphysischen *Monismus*. Angenommen wird dabei, daß die Welt nur aus *einem* Stoff (nämlich Materie) besteht. Der radikale Behaviorismus ist auch insofern *eine* Lösung des Leib-Seele-Problems, als die Existenz des Geistigen (die sich auch durch unseren Sprachgebrauch zieht) als *linguistische Illusion* bezeichnet wird (siehe auch Ryle 1949). Skinner (1974) wird zumeist dem radikalen Behavio-

rismus zugeordnet. Man könnte die Position ebenso gut als „analytischen Behaviorismus" (Mace 1948) bezeichnen, weil Aussagen über psychische Ereignisse bei genauerer Analyse als Aussagen über Verhalten identifiziert werden können (siehe auch Eysenck 1977). Eine höchst differenzierte und heute wohl allgemein anerkannte Analyse des Leib-Seele-Problems findet man bei Bunge (1980).

– *Methodologischer Behaviorismus:*
Der methodologische Behaviorismus legt sich inhaltlich hinsichtlich der Existenz oder Nichtexistenz des Bewußtseins beziehungsweise von psychischen Ereignissen nicht fest. Nach Auffassung des methodologischen Behaviorismus müssen zu dessen Analyse jedoch methodologische Prinzipien herangezogen werden (siehe näher unter 4.1.2). Aussagen über psychische Ereignisse aber können selbst nicht zum Gegenstand wissenschaftlicher Analysen werden. Ganz ähnlich versteht man unter „logischem Behaviorismus" (s. Bergmann 1940) eine wissenschaftliche Analyse unterschiedlicher Gegenstände der Psychologie auf den Grundlagen des *Operationalismus*.

Sehr uneinheitlich – ja zum Teil sogar verwirrend – wird das Bild, wenn man neben diesen *inhaltlichen* Beschreibungen eine *historische* Perspektive zugrunde legt. Kitchener (1977) unterscheidet zwischen einem frühen „mechanistischen Behaviorismus" (zum Beispiel Watson), dem „purposive" (= zielgerichteten) Behaviorismus (Tolman) und dem operanten Behaviorismus (zum Beispiel Skinner). Daneben finden sich Differenzierungen in einen „frühen", einen „klassischen" und einen „Neo-Behaviorismus" (zum Beispiel Bergius 1960) und viele andere Einteilungen, deren Anführung hier nicht zielführend erscheint (Westmeyer 1981b). Angesichts dieser Situation und einiger anderer Kennzeichnungen (z. B. „humanistischer", „kognitiver", „theoretischer", „affektiver", „sozialer" Behaviorismus) kann man dem Resümee von Westmeyer (1981b) nur zustimmen:

„Es ist schwer, sich in dieser begrifflichen Vielfalt überhaupt noch zurechtzufinden. Die Konturen *des* Behaviorismus verschwimmen, der Ausdruck ›Behaviorismus‹ allein wird immer nichtssagender. Das, was alle Behavioristen in den bisher angesprochenen Fragen verbindet, teilen sie mit anderen erfahrungswissenschaftlich orientierten Psychologen; das, was für behavioristische Positionen spezifisch ist, findet sich immer nur in bestimmten Varianten des Behaviorismus und wird in anderen abgelehnt." (Westmeyer 1981b, S. 6 – zit. n.: Manuskript.)

„Der" Behaviorismus stellt also gewiß keine methodologische Grundlage für die Verhaltenstherapie dar; eine *Variante* jedoch, nämlich der *methodologische Behaviorismus,* muß wegen seiner Bedeutung als allgemeiner Hintergrund wissenschaftlichen Vorgehens angeführt und näher charakterisiert werden.

Zusammenfassung: Als Hauptrichtungen des Behaviorismus werden drei Standpunkte unterschieden: Der *metaphysische* Behaviorismus lehnt die Existenz des Bewußtseins ab; der *radikale* Behaviorismus versteht sich als Materialismus; der *methodologische* Behaviorismus vertritt, daß wir aus forschungslogischen Gründen zu kognitiven Prozessen nur auf dem Wege über das Verhalten Zugang haben.

Weiterführende Literatur: Westmeyer, H.: Von den Schwierigkeiten, ein Behaviorist zu sein Oder auf der Suche nach einer behavioristischen Identität. In: Lenk, H. (Hg.): Handlungstheorien – interdisziplinär. Bd. 3. München: Fink 1981 (b).

4.1.2 Methodologischer Behaviorismus

Der methodologische Behaviorismus wurde schon von Skinner (1974) dem radikalen Behaviorismus gegenübergestellt; aber selbst hier ist es nicht einfach, von einer einheitlichen Position zu sprechen: Westmeyer 1981 b) unterscheidet auch beim methodologischen Behaviorismus verschiedene Varianten:

a) Methodologischer Behaviorismus als Feststellung, daß geistige Vorgänge oder psychische Prozesse aus *methodischen* Gründen *nicht* zum Gegenstand wissenschaftlicher Analysen gemacht werden können, weil sie nicht intersubjektiv beobachtbar sind. Über die *Existenz* solcher Vorgänge ist damit natürlich noch nichts gesagt (Mace 1948).

b) Nach einer anderen Variante wird im methodologischen Behaviorismus gefordert, daß *Verhalten* und nicht geistige Prozesse den primären Gegenstand der Psychologie zu bilden hätten (Kendler und Spence 1971).

c) Methodologischer Behaviorismus beinhaltet die Forderung, daß in psychologischen Untersuchungen – welchen Gegenstands auch immer – eine *Verankerung* von Variablen oder theoretischen Konstrukten erfolgt; diese Verankerung muß sich auf Ereignisse beziehen, die prinzipiell beobachtbar sind und über die intersubjektive Übereinstimmung erzielt werden kann (Kendler und Spence 1971).

Wenn man die verschiedenen Auffassungen innerhalb des methodologischen Behaviorismus betrachtet, so fällt auf, daß beim Übergang von Position a) über b) zu c) die *metaphysischen* Standpunkte immer stärker in den Hintergrund treten: Während in a) die wissenschaftliche *Untersuchung* psychischer Prozesse noch abgelehnt wird, verlangt b) lediglich eine bevorzugte Untersuchung von Verhaltens-Aspekten. Dies ist wohl flexibel interpretierbar und hängt in erster Linie von der Enge oder Weite des Verhaltensbegriffes ab. Hingegen c) gestattet explizit die Untersuchung verschiedener Phänomene – allerdings mit einer *methodologischen* Forderung verbunden. Je stärker bei den einzelnen Positionen der metaphysische Aspekt in den Hintergrund tritt, um so deutlicher wird die Betonung *methodologischer* Gesichtspunkte. Diese Merkmale sind es auch, die den methodologischen Behaviorismus kennzeichnen und die hier explizit angeführt werden sollen.

Merkmale des methodologischen Behaviorismus
1. Ziel einer wissenschaftlichen Analyse ist die Suche nach *Gesetzen,* nach denen die Variablen der Psychologie *beschrieben* und *erklärt* werden können. In manchen Charakterisierungen des methodologischen Behaviorismus wird noch eine Suche nach „deterministischen" Prinzipien unterstellt (Bergius 1960; Mahoney 1974). Eine solche Charakterisierung muß als unzutreffend angesehen werden: Eine Reihe theoretischer Abhandlungen, deren Autoren sich selbst dem behavioristischen Lager

zuordnen, enthält explizit nicht-deterministische Standpunkte (zum Beispiel probabilistische Lerntheorien, vgl. Hilgard und Bower 1975, Bd. II).

Auch die Frage nach einer kausalen Analyse wird im methodologischen Behaviorismus sehr differenziert beurteilt: Eine Analyse von *Ursachen* eines Ereignisses (zum Beispiel von Verhalten in einer bestimmten Situation) ist zum einen prinzipiell *unvollständig* und zum anderen nur unter einer bestimmten *Beschreibung* gültig. Die *Unvollständigkeit* einer kausalen Analyse ergibt sich aus der Tatsache, daß für die Feststellung einer *Ursache alle* Bedingungen des zu erklärenden Ereignisses anzuführen wären (siehe dazu Stegmüller 1974), was aus praktischen und prinzipiellen Gründen nicht möglich ist. Eine Erklärung eines Ereignisses gibt es nicht: Es gibt nur Erklärungen von Ereignissen unter einer bestimmten Beschreibung, und ein Ereignis läßt sich von verschiedenen Perspektiven aus durchaus unterschiedlich beschreiben (siehe Westmeyer 1981 b).

2. Die *Beobachtbarkeit* eines Ereignisses wird als ein wichtiges methodologisches Kriterium angesehen. Dies schließt eine Untersuchung sogenannter „privater" (Skinner 1953) oder mentaler Prozesse keineswegs aus: Gefordert wird allerdings, daß diese Ereignisse – die prinzipiell nur von der Person selbst beobachtet werden können – eine methodologische *Verankerung* (= Bezug) in Ereignissen erhalten, die intersubjektiv beobachtbar sind.

Interessanterweise äußert sich etwa Skinner (1974), den man sonst mit Sicherheit nicht zu den methodologischen Behavioristen rechnen darf, hinsichtlich des Stellenwertes der *Introspektion* ausgesprochen liberal: Trotz seines radikal-behavioristischen Standpunktes läßt er die Introspektion ausdrücklich zu; seiner Auffassung nach werden in der Introspektion jedoch nicht die bewußten psychischen Aktivitäten, sondern körperliche Ereignisse (= Verhalten) des Beobachters erfaßt.

3. Bei der Durchführung von Untersuchungen wird das Prinzip des *Operationalismus* zugrunde gelegt. Operationalismus meint in Anlehnung an Bridgman (1927), daß die Bedeutung der in einem Experiment untersuchten unabhängigen und abhängigen Variablen durch die Angabe konkreter Meßvorschriften partiell festgelegt werden muß. Ein typisches Beispiel wäre etwa die Operationalisierung von „Angst" durch entsprechende Messungen auf der subjektiven beziehungsweise der physiologischen Ebene und der Verhaltensebene. Das Prinzip des Operationalismus ist in der gesamten Psychologie wohl als wichtige Forderung an ein empirisches Vorgehen anerkannt (etwa auch von sogenannten Kognitivisten, siehe Lachman, Lachman und Butterfield 1979; Neisser 1976) und so gesehen völlig unproblematisch. Man muß allerdings auf ein häufig vorkommendes Mißverständnis im Zusammenhang mit der Operationalisierung von Begriffen hinweisen: Es handelt sich um die Bezeichnung „operationale Definition", die in dieser Form unrichtig ist. Eine Operationalisierung ist eben *keine* Definition, weil in einer Definition eine Festlegung eines Begriffes durch andere Begriffe erfolgt (die Zuordnung bleibt auf der rein sprachlichen Ebene), während bei einer Operationalisierung ein Bezug zwischen Begriffen und ihrer möglichen *empirischen* Bedeutung hergestellt wird (Bunge 1967, I, S. 148–149). Bei der Operationalisierung erfolgt lediglich eine Festlegung eines Teiles der Bedeutung eines Begriffs durch ein empirisches Bezugssystem.

4. Im methodologischen Behaviorismus wird verlangt, daß Hypothesen (oder Theorien) so formuliert werden, daß sie prinzipiell *empirisch testbar* sind. Unter empirischer Testbarkeit ist zu verstehen, daß die Hypothesen der Erfahrung gegenüber sensitiv sind (Bunge 1967, I, S. 266). Als empirischer Forscher muß man in der Lage sein, anzugeben, welche Daten für und welche gegen eine bestimmte Hypothese sprechen. Im Laufe der wissenschaftstheoretischen Bemühungen wurden verschiedene Versuche angestellt, dieses Kriterium der Testbarkeit von Hypothesen zu präzisieren; dabei fallen zwei Hauptrichtungen auf; Versuche zur *Verifikation* allgemeiner Hypothesen (speziell Bestrebungen im logischen Positivismus), sowie Poppers (1934) Kriteriums der *Falsifizierbarkeit* allgemeiner Hypothesen. Wenn man nicht nur *allgemeine* Hypothesen, sondern das ganze mögliche Spektrum verschiedener Formen von Hypothesen zugrunde legt, so können diese

a) ausschließlich konfirmierbar,

b) ausschließlich widerlegbar beziehungsweise

c) konfirmierbar und widerlegbar sein (Bunge 1967, I, S. 266).

Das Prinzip der *Verifikation* – besser spricht man sicherlich von Konfirmierbarkeit – kann auf unbestimmte Existenzhypothesen angewendet werden (zum Beispiel: Es gibt „A's"; siehe dazu auch Kapitel 4.3: Einzelfall-Analysen). Das Kriterium der *Widerlegbarkeit* kann in der Wissenschaftstheorie und in der empirischen Forschung als allgemein anerkannt und unproblematisch angesehen werden (Gadenne 1976; Schulz, Muthig und Koeppler 1981).

5. Eine *Prüfung* unseres Wissens erfolgt im Idealfall in *kontrollierten Experimenten* (siehe auch Kapitel 4.2). Durch kontrolliertes Experimentieren sollten sukzessive plausible Alternativhypothesen für das Zustandekommen von bestimmten Effekten ausgeschaltet werden.

Eine besondere Nähe zu oder eine Beschränkung auf Laborexperimente, wie dies in manchen Charakterisierungen des Behaviorismus unterstellt wird, ist damit keinesfalls verbunden – im Gegenteil: Die kontrollierte Beobachtung und das damit verbundene Experimentieren in natürlichen Situationen hat in der Verhaltenstheorie eine lange Tradition (Faßnacht 1979; Patry 1982; Patterson 1979). Man muß sicherlich sagen, daß dem kontrollierten Experiment im methodologischen Behaviorismus und damit in der Verhaltenstheorie und -therapie große Bedeutung zukommt. Eine *Beschränkung* auf Laborexperimente und eine damit verbundene Untersuchung „künstlicher" Problemstellungen ist in der Verhaltenstherapie damit ebensowenig verbunden, wie in anderen Bereichen der Psychologie.

Hält man sich die angeführten Differenzierungen des methodologischen Behaviorismus vor Augen, so wird klar, daß pauschale Beurteilungen nicht angebracht sind. Sowohl in methodologischer als auch in inhaltlicher Hinsicht gibt es innerhalb des Behaviorismus eine große Breite der Auffassungen. Sogar innerhalb der Lerntheorien, die ein bevorzugt behandeltes Gebiet behavioristischer Forscher darstellen, werden Positionen eingenommen, die alles andere als „typisch" für einen behavioristischen Standpunkt sind:

Während etwa Watson (1919) die extreme Auffassung vertritt, menschliches Verhalten sei durch die jeweilige Umgebung praktisch beliebig formbar (Anti-

Nativismus), stellen spätere Vertreter eines radikalen Behaviorismus die Bedeutung evolutionärer Gesichtspunkte in keiner Weise in Abrede (Rachlin 1976). Auch die Ausführungen von Skinner (1969, 1974) enthalten eine Reihe von Überlegungen zu den art- und individuumspezifischen Randbedingungen des Lernens. Eine Sonderstellung im Behaviorismus nimmt Edward C. Tolman (1932) mit seiner Auffassung der Zielgerichtetheit menschlichen Verhaltens ein. Sein Standpunkt wird heute als „purposive" Behaviorismus bezeichnet: Demnach sind höhere Organismen durchaus zur Bildung von Vorstellungen, Zielen und Zukunftsperspektiven in der Lage und fähig zu lernen, diese in der Zukunft liegenden Ereignisse durch absichtsvolles Verhalten zu erreichen. Auch die Tatsache, daß die Umwelt des Menschen weitgehend als *soziale* Umwelt aufzufassen ist, daß das Individuum diese soziale Situation selbst mitgestaltet und sich in Interaktion mit ihr aktiv auseinandersetzt, ist im Behaviorismus kaum mehr umstritten (vgl. Bandura 1974).

Wenn man die oben herausgearbeiteten Merkmale des methodologischen Behaviorismus betrachtet, könnte man sich fragen, inwieweit diese methodologischen Aspekte für Verhaltenstherapeuten *spezifisch* sind. Man kann vermutlich annehmen, daß die meisten empirisch arbeitenden Psychologen den methodologischen Forderungen des methodologischen Behaviorismus wohl zustimmen müssen – selbst wenn sie sich selbst als Anti-Behavioristen bezeichnen (Westmeyer 1981b). Sind damit die Gesichtspunkte des methodologischen Behaviorismus *nicht zu weit gefaßt,* weil sie so gut wie nichts mehr ausschließen? Dazu muß man sagen, daß methodologische Regeln nicht dazu aufgestellt werden, bestimmte Inhalte von einer wissenschaftlichen Betrachtung auszuschließen; sie dienen vielmehr dazu, eine möglichst korrekte Beschreibung von Inhalten – welcher auch immer – zu gestatten. Es wäre höchst problematisch, wollte man durch methodologische Restriktionen in der Verhaltenstherapie eine Betrachtung von Emotionen, Kognitionen, subjektiven Empfindungen, Vorstellungen, Befürchtungen usw. ausschließen. Sie werden in Theorie und Praxis der Verhaltenstherapie nicht ausgeschlossen, im Gegenteil: Der methodologische Behaviorismus bildet ein flexibles Instrumentarium zur Betrachtung verschiedenster Gegenstandsbereiche – allerdings unter den fünf Gesichtspunkten, die oben als Merkmale des methodologischen Behaviorismus angeführt wurden.

Als *inhaltliche* Merkmale einer behavioristischen Position, wie sie auch für die Verhaltenstherapie maßgeblich wird, lassen sich folgende zwei Gesichtspunkte anführen (vgl. Westmeyer 1981b):

Als *erstes* wird bei der Betrachtung menschlichen Verhaltens eine *funktionale* Sichtweise zugrunde gelegt (siehe dazu auch die Implikationen für die Verhaltensdiagnostik, Abschnitt 2.1.2). Eine funktionale Analyse geht von der wichtigen Voraussetzung aus, daß sich eine *Erklärung* des Verhaltens aus einer adäquaten Beschreibung des Verhaltens und seiner vorausgehenden und nachfolgenden Einheiten ergibt (Catania 1973, 1979; Rachlin 1976). „Damit ist weder impliziert, daß *nur* vorangehende und/oder nachfolgende Einheiten das Verhalten bedingen, noch, daß eine deterministische Bedingungsvorstellung zugrunde gelegt werden muß; damit ist aber impliziert, daß eine Variation beziehungsweise Manipulation der genannten Einheiten einen Einfluß auf das betreffende Verhalten hat." (Westmeyer 1981b, S. 33, zit.

203

n. Manuskript). Funktionale Analysen beinhalten somit eine Einschränkung des Begriffs der *Ursache* (Stegmüller, 1974): Als Ursachen des Verhaltens einer Person werden vorausgehende und nachfolgende Einheiten des Verhaltens beziehungsweise auch anderes Verhalten der Person selbst aufgefaßt. *Welche* Einheiten oder *was* als Verhalten der Person (im Sinne einer unabhängigen Variablen) zu dieser funktionalen Analyse herangezogen wird, ist damit keineswegs festgelegt.

Das *zweite* inhaltliche Merkmal ist eng mit dem genannten verknüpft: Behavioristische Theorien sind Annahmen über das Verhalten *einzelner* Personen und Organismen. Die Beobachtung und funktionale Analyse des Verhaltens einer Person und seiner Bedingungen erlaubt noch keinen Schluß auf fiktive statistische Durchschnittspersonen. Aggregathypothesen (Bunge 1967; Groeben und Westmeyer 1975) sind nicht Gegenstand behavioristischer Theorien. Dies heißt wiederum nicht, jedes Verhalten einer Person sei nur unter dieser „einzigartigen" Perspektive zu sehen und schließe jede Vergleichbarkeit aus. Gemeint ist damit lediglich, daß Verhalten nur unter dem Aspekt einer bestimmten Beschreibung, die stets eine Hintergrundtheorie impliziert, zum Gegenstand einer wissenschaftlichen Analyse wird. So lassen sich etwa sowohl für ein einzelnes, als auch für mehrere Individuen *Klassen* von Verhaltensweisen beschreiben und zum Gegenstand der Betrachtung erheben.

Dieses Merkmal der Beschreibung und Erklärung des Verhaltens von *Einzelpersonen* wird bei der Betrachtung des einzelfallanalytischen Ansatzes der Verhaltenstherapie besonders bedeutsam (siehe dazu Kapitel 4.3).

Zusammenfassung: Am methodologischen Behaviorismus werden folgende Merkmale als zentral angesehen:

1. Das Ziel der Wissenschaft besteht in der Suche nach *Gesetzmäßigkeiten* (des Verhaltens).
2. Ereignisse können dann zum Gegenstand wissenschaftlicher Analysen werden, wenn sie (direkt oder indirekt) *beobachtbar* sind.
3. Eine Möglichkeit der Erfassung theoretischer Konstrukte bildet die *Operationalisierung*. Diese besteht in einer Zuordnung einer empirischen Bedeutung zum Konstrukt durch ein Meßverfahren.
4. Hypothesen müssen empirisch *testbar* sein, das heißt sie müssen der Erfahrung gegenüber sensitiv sein.
5. Eine Prüfung von Vermutungen geschieht optimalerweise in kontrollierten *Experimenten*, durch die laufend plausible Alternativhypothesen ausgeschlossen werden können.

Inhaltlich gesehen vertritt der methodologische Behaviorismus eine funktionale Sichtweise, die sich auf einzelne Individuen zu beziehen hat.

Weiterführende Literatur: Bunge, M.: Scientific research I. The search for system. New York: Springer 1967.

4.2 Probleme der Validität bei der Planung und Durchführung von Untersuchungen

Ein wichtiges Merkmal empirischen Vorgehens besteht darin, daß eine möglichst strenge Prüfung der theoretischen Annahmen (Hypothesen) unternommen wird (siehe oben, Merkmale des methodologischen Behaviorismus). Hypothesen enthalten Annahmen (Vermutungen) über das Zustandekommen eines bestimmten Effektes. *Beispiel:* Ein hypothetisches Bedingungsmodell in der Verhaltensdiagnostik enthält Annahmen über die Entstehung einer Störung. Bei der Therapieplanung unterstellen wir Annahmen über die Veränderung eines Problems durch eine bestimmte therapeutische Intervention usw.

Die Prüfung von Hypothesen erfolgt nun nicht in der Weise, daß laufend Daten gesammelt werden, die die Hypothese „bestätigen" sollten, sondern eine Prüfung versucht, plausible Alternativhypothesen schrittweise auszuschließen. Um nämlich zu behaupten, daß A (zum Beispiel eine Therapie) eine Ursache für B (zum Beispiel eine Veränderung des Problemverhaltens) darstellt, darf es für das Zustandekommen der Wirkung (= B) keine Alternativerklärung außer eben die Bedingung A geben (siehe dazu Stegmüller 1974). In dem Maße, in dem es durch Versuchsplanung und Versuchsdurchführung gelingt, solche Alternativhypothesen für das Zustandekommen eines bestimmten Effektes *auszuschließen,* kann von einer Absicherung der *Validität* einer Untersuchung gesprochen werden. *Validität* meint dabei den Grad, in dem ein Zusammenhang zwischen der Variation der unabhängigen und der abhängigen Variable als gesichert anzunehmen ist.

4.2.1 Unterformen der Validität

Es ist im Grunde nicht ganz korrekt, von „der" Validität zu sprechen, weil verschiedene Arten der Validität unterschieden werden müssen: Campbell und Stanley (1963), denen wir grundlegende Ausführungen zu dieser Thematik verdanken, unterschieden zunächst „interne" und „externe Validität, später wurde eine Erweiterung um die Konzepte der „statistischen" und der „Konstrukt-Validität" vorgenommen (Cook und Campbell 1976, 1979).

Interne Validität (IV):
Interne Validität stellt die kritische Frage, ob die *experimentellen* Bedingungen (UV's) für eine *Veränderung* der Kriteriumsvariablen (AV's) verantwortlich sind. Die Interne Validität stellt nach Cook und Campbell (1976) die grundlegende Form der Validität dar, weil ohne ihre prinzipielle Absicherung eine Diskussion über andere Formen der Gültigkeit gar nicht mehr sinnvoll ist.

Externe Validität (EV):
Externe Validität bezieht sich auf die Gültigkeit, mit der sich ein erwiesener Zusammenhang zwischen unabhängigen und abhängigen Variablen auf *andere* Personen, Situationen und Zeitpunkte übertragen läßt.

Statistische Validität (SV):
Statistische Validität beinhaltet die Gültigkeit eines Schlusses, den wir aufgrund eines *statistischen* Zusammenhanges über die Kovarianz von Ursache und Wirkung ziehen.

Konstruktvalidität (KV):
Konstruktvalidität meint den Grund der Gültigkeit einer Operationalisierung für eine entsprechende Theorie.

Die einzelnen Formen möglicher Verletzungen der Validität sind eng miteinander verflochten: So stellt etwa die Interne Validität eine notwendige, aber keineswegs hinreichende Voraussetzung der Externen Validität dar; andererseits sind in einem Experiment kaum alle Formen der Validität *so* abzusichern, daß Alternativhypothesen damit gänzlich ausgeschlossen werden können. Jede einzelne Form der Validität kann durch verschiedene Umstände in der Planung und Durchführung eines Experiments Beeinträchtigungen und Verletzungen erfahren, die die Gültigkeit einschränken. Die wichtigsten dieser Beeinträchtigungen wurden von Campbell und Stanley (1963) beziehungsweise Cook und Campbell (1976) angeführt; daß diese Beeinträchtigungen nur mögliche und besonders häufige Verletzungen der Gültigkeit darstellen, liegt auf der Hand. *Prinzipiell* ist die Zahl der möglichen Beeinträchtigungen jedoch unbegrenzt (Petermann 1977), was von Campbell und Stanley (1966) bereits aufgrund wissenschaftstheoretischer Überlegungen angemerkt wurde. Zur Illustration sei für jede Form der Validität ein praktisches Beispiel der Verletzung der Gültigkeit angeführt:

Interne Validität:
Cook und Campbell (1976) führen als ersten Faktor *„history“*, das heißt zwischenzeitliches Geschehen an. Im Laufe einer verhaltenstherapeutischen Intervention können eine Reihe von Ereignissen, die außerhalb der Kontrolle und Beobachtung des Therapeuten/Experimentators liegen, zu einem Effekt beitragen. Eine Verbesserung der depressiven Stimmung eines Patienten im Laufe einer 20 Wochen dauernden Therapie könnte so durch eine neue Bekanntschaft, den Wechsel des Arbeitsplatzes, oder anderes zustande kommen. Viele dieser Faktoren des zwischenzeitlichen Geschehens sind unkontrollierbar und stellen eine mögliche Beeinträchtigung der Internen Validität dar.

Externe Validität:
Interaktion zwischen verschiedenen Behandlungen: Werden mehrere therapeutische Interventionen durchgeführt, so läßt sich für eine spezielle Behandlung keine Generalisierung auf andere Personen, Situationen beziehungsweise Zeitpunkte durchführen, weil wir über die Wirksamkeit dieses entsprechenden Verfahrens keine Angaben zur Verfügung haben.

Statistische Validität:
Eine bekannte Verletzungsmöglichkeit der Statistischen Validität besteht im statistischen Fehler von Typ I: Wenn wir α (das heißt die Irrtumswahrscheinlichkeit für das Auffinden eines statistischen Zusammenhanges) hoch ansetzen, zum Beispiel $\alpha = 0{,}05$ oder $0{,}10$, so besteht eine gewisse statistische Wahrscheinlichkeit, einen Fehler erster Art zu begehen; das heißt beim Zusammenhang zwischen einer Behandlung und einer Veränderung des Verhaltens auf einem statistischen Niveau von .95 nimmt man immerhin noch eine Verletzung der Statistischen Validität von 5% in Kauf.

Konstruktvalidität:
Fehler der Konstruktvalidität betreffen insbesondere sogenannte *Konfundierungen:* Experimentelle Ergebnisse, die unter einer speziellen Operationalisierung zustande gekommen sind, können zu verschiedenen theoretischen Konstrukten in bezug gesetzt werden (und diese entweder stützen oder kritisieren). Zur Sicherung der Konstruktvalidität ist es erforderlich, den Zusammenhang zwischen den theoretischen Konstrukten und der experimentellen Operationalisierung möglichst präzise und klar herauszustellen (wobei immer noch klar sein muß, daß für ein bestimmtes Konstrukt mehrere Operationalisierungen möglich sind). Inadäquate Operationalisierungen führen zur Verletzung der Konstruktvalidität: Hat man etwa im Verlaufe einer therapeutischen Intervention eine Veränderung der Herzaktivität oder der psychogalvanischen Reaktion (PGR) festgestellt, so sagt dies *allein* über die Veränderung des Konstrukts „Angst" wenig aus, weil die angeführten Operationalisierungen für das Konstrukt „Angst" alles andere als eindeutig sind. Ebensogut könnten sich andere Emotionen im Laufe der Therapie verändert haben (etwa sexuelle Erregung usw.).

Zusammenfassung: Ein Zusammenhang zwischen unabhängigen und abhängigen Variablen kann durch die Verletzung der einzelnen Arten der Validität (interne, externe, statistische und Konstruktvalidität) beeinträchtigt sein, so daß verschiedene Alternativhypothesen geltend gemacht werden können. Experimentelle Untersuchungen beabsichtigen eine Kontrolle der Verletzungsmöglichkeiten der Validität, so daß durch den Ausschluß von Alternativhypothesen ein Ursache-Wirkungs-Zusammenhang begründet werden kann.

Weiterführende Literatur: Gadenne, V.: Die Gültigkeit psychologischer Untersuchungen. Stuttgart: Kohlhammer 1976.

4.2.2 Experimentelle und quasi-experimentelle Designs

Die verschiedenen Formen der experimentellen Validität können durch entsprechende Wahl eines Versuchsplanes und korrekte Durchführung des Experiments in unterschiedlich hohem Maße abgesichert sein. Cook und Campbell (1976) trennen grob in vor-experimentelle, experimentelle und quasi-experimentelle Designs.

Als Beispiel für ein vor-experimentelles Design läßt sich der *Eingruppen*-Versuchsplan mit einer Vorher- und einer Nachhermessung anführen ($O_1 \times O_2$; dabei bedeutet: O_1: Beobachtung zum Zeitpunkt t_1; $\times$: Behandlung/Intervention; O_2: Beobachtung zum Zeitpunkt t_2). Vor-experimentelle Designs im allgemeinen und der Eingruppen-Versuchsplan im besonderen werden von Cook und Campbell (1976) äußerst kritisch beurteilt, weil durch diese Versuchsanordnung so gut wie keine Verletzungsmöglichkeiten der einzelnen Validitätsarten kontrolliert sind.

Beispiel: Will man eine neu entworfene Form einer Intervention – etwa eine spezielle Form eines kognitiven Trainings – auf ihre Effektivität zur Verbesserung der kognitiven Weisung bei einer speziellen Störungsgruppe (zum Beispiel hospitalisierte Schizophrene) prüfen, so ist ein Eingruppen-Versuchsplan dazu nicht geeignet. Eine eventuelle Differenz im Mittelwert und in den Varianzen zwischen der ersten und zweiten Messung kann *nicht* auf die spezielle Form der Intervention zurückgeführt werden, weil der Effekt ebensogut durch eine Reihe anderer Ursachen zustande kommen konnte (= plausible Alternativhypothesen). Diese Alternativhypothesen lassen sich in dem angeführten Versuchsplan nicht prüfen oder gar ausschließen.

Echte experimentelle Designs – wie beispielsweise der Viergruppenplan von Solomon (Campbell und Stanley 1963) – sind dazu geeignet, eine ganze Reihe von Verletzungsmöglichkeiten der verschiedenen Validitätsarten zu kontrollieren. Grundlegend ist dabei, daß insbesondere eine Kontrolle der internen Validität gegeben ist. Solche *experimentelle* Versuchsanordnungen finden vorwiegend in der Allgemeinen Psychologie Anwendung. Die Realisierbarkeit echter Experimente im klinischen Bereich wird aus prinzipiellen und praktischen Überlegungen heraus immer wieder diskutiert (vgl. Tunner 1978). Generell muß man sagen, daß die Durchführung von echten Experimenten im klinischen Bereich sehr beschränkt ist: Es wird wohl nur wenige Therapiestudien geben, in denen eine *Randomisierung* von Versuchsgruppen erfolgt. Eine Ausnahme dazu verdient jedoch eine Erwähnung, nämlich die sogenannten Therapie-Analog-Studien: Als Analog-Studien werden Therapie-Studien *dann* bezeichnet, wenn eine entscheidende Variable der Intervention nicht „klinischer" Natur war. Üblicherweise hat die untersuchte Störung „analogen" Charakter:

Analog-Studien liegt die Annahme zugrunde, daß klinische und vorklinische Störungen auf einem *Kontinuum* angeordnet werden können. Aus der Erfassung von Merkmalen „subklinischer" Gruppen wird dann auf das klinische Erscheinungsbild einer Störung geschlossen.

Beispiel: Aus prinzipiellen ebenso wie aus ethischen Gründen verbietet sich eine experimentelle Untersuchung verschiedener gravierender Angstzustände (zum Beispiel schwere Agoraphobien; Panikattacken usw.). Zur Untersuchung von speziellen

Merkmalen der Angst-Komponente, etwa der Veränderbarkeit durch spezielle thera-
peutische Strategien, untersucht man bevorzugt Ängste vor Gegenständen oder
Situationen, die klinisch gesehen unbedeutend sind. In der Verhaltenstherapiefor-
schung verwendete man dazu bevorzugt sogenannte Kleintier-Phobien (zum Beispiel
Ängste vor Spinnen, Mäusen, Schlangen usw.), sowie soziale Ängste subklinischer
Art (etwa Prüfungsangst, Sprechangst) (Lang und Lazovik 1963; Paul 1966).

Solche „Angstzustände" lassen sich auch experimentell sehr genau untersuchen, so
daß die interne Validität (als Grundlage für alle anderen Arten der Validität) gut
kontrollierbar ist. Das größte Problem der experimentellen Analog-Studien bietet die
Frage der Übertragbarkeit von Befunden auf den *klinischen* Bereich (Bernstein und
Paul 1971, dt. 1977; Borkovec und O'Brien 1976; Borkovec und Rachman 1979).
Diese Übertragbarkeit (= Frage der externen Validität) wird heute aufgrund verschiedener Argumente sehr kritisch beurteilt, so daß auch die Bedeutung von Analog-
Studien für die Forschung und Praxis der Verhaltenstherapie in den Hintergrund tritt
(zum Beispiel Frage der Motivation; Aspekte der Ausprägung der Angst auf verschie-
denen Ebenen; Unterschiede von experimentellem und therapeutischem Setting;
Unterschiede in der Bedeutsamkeit der „Störung" für den interpersonalen Bereich
usw.).

Eine *Variante* von Analog-Studien sei nur kurz erwähnt, nämlich Analog-Studien
im infrahumanen Bereich. Eine Reihe von Phänomenen aus Tierexperimenten scheint
offensichtliche Analogien in klinischen Zustandsbildern zu haben (zum Beispiel
Behandlung chronischer „Angstzustände" bei Tieren durch graduierte beziehungsweise massierte Annäherung, vgl. Adams und Hughes 1976; Baum 1970; Masserman
1943; Wolpe 1958). Während die Bedeutung von tierexperimentellen Analog-
Studien zur Theorienbildung und zur *Entwicklung* verschiedener Therapieverfahren
(etwa systematische Densensibilisierung, Überflutungstechniken) wohl außer Frage
steht, verbietet eine Reihe spezifischer Unterschiede, daß diese Befunde Beweischa-
rakter für den Humanbereich erhalten (Kanfer 1985 a; Marks 1978 a). Nach einer Zeit
der Blüte der Analog-Forschung und einer Phase extrem ablehnender Beurteilung
wird die Brauchbarkeit der einzelnen Befunde heute realistisch und differenziert
gesehen.

In der klinischen Praxis ebenso wie in vielen anderen natürlichen Situationen kann
eine vollständige Kontrolle der Validität nicht erreicht werden; in solchen Fällen
behilft man sich mit sogenannten *quasi-experimentellen Designs* (Campbell und
Stanley 1963; Cook und Campbell 1976, 1979). Quasi-experimentelle Designs
stellen eine Art pragmatischer Lösung für viele Situationen dar, in denen eine
zumindest gewisse Kontrolle von Alternativ-Hypothesen angezeigt ist. Die Interpre-
tierbarkeit der Ergebnisse eines Experiments hängt eng mit der Anzahl der zurückge-
wiesenen Alternativhypothesen zusammen, so daß es immer angebracht ist, bei der
Wahl eines Designs die verschiedenen Verletzungs*möglichkeiten* der Validität zu
berücksichtigen.

In der Verhaltenstherapie hat ein spezieller Typus von quasi-experimentellen
Designs große Bedeutung erlangt, nämlich sogenannte *Zeitreihenstudien*. Das Prinzip einer Zeitreihenanordnung besteht darin, daß in periodischen Abständen *vor* und

nach einer Intervention (= UV) eine Messung der abhängigen Variablen (= AV's) vorgenommen wird. Aus der Schwankung der Meßwerte in der Zeitreihe läßt sich auf die Wirkung der Intervention schließen (Box und Jenkins 1970; Cook und Campbell 1976; Glass, Willson und Gottman 1975; Revenstorf 1979). Während die Durchführung von Zeitreihen-Experimenten an klinischen Gruppen eher schwierig ist (zum Beispiel Ausfall von Klienten), kann das *Prinzip* von Zeitreihenstudien relativ einfach auf einzelne Personen (Patienten) angewendet werden. In diesem Fall spricht man von *Einzelfallanalysen.* Die Einzelfallanalysen sind mit der Praxis und Theorie der Verhaltenstherapie so eng verknüpft, daß sie nun gesondert besprochen werden sollen.

Zusammenfassung: Vor-experimentelle Designs (zum Beispiel der Eingruppen-Versuchsplan) sind nicht geeignet, plausible Alternativhypothesen für das Zustandekommen eines Effekts auszuschließen. Echte experimentelle Designs sind in der Klinischen Psychologie kaum anzutreffen; eine gewisse Ausnahme dazu bilden sogenannte Analogstudien, die jedoch wegen der eingeschränkten externen Validität geringe Bedeutung besitzen. Eine Zwischenstufe bilden Quasi-experimentelle Designs und hier wiederum Zeitreihenstudien (Erfassung der unabhängigen und abhängigen Variablen im zeitlichen Verlauf).

Weiterführende Literatur: Bellack, A. S., und Hersen, M. (Eds.): Research methods in clinical psychology. New York: Pergamon Press 1984 (Part 2: Research methods).

4.3 Einzelfallanalysen

Trotz einer langen Tradition der Einzelfall-Analysen auch in der psychologischen Forschung wurden solche Versuchsanordnungen im Vergleich zur Untersuchung von Gruppen und einer damit verbundenen statistischen (zumeist varianzanalytischen) Auswertung als Design zweiter Wahl angesehen. Diese Einschätzung ist in dieser Form nicht berechtigt: Die Untersuchung von Individuen und Untersuchungen an Gruppen können *deshalb* nicht als Alternativen angesehen werden, weil sich beide Formen von Untersuchungen auf unterschiedliche Erkenntnis*ziele* richten: Westmeyer (1979b) zeigt anhand einer Aufstellung verschiedener Hypothesentypen, daß Einzelfallanalysen und Gruppenstudien zur Prüfung jeweils anderer Formen von Aussagen geeignet sind. Einzelfallstudien und Gruppenstudien stehen somit nicht in Konkurrenz – sondern in einem Ergänzungsverhältnis, weil sich mit beiden Ansätzen unterschiedliche Erkenntnisziele erreichen lassen.

Ganz grundsätzlich bietet sich eine einzelfallanalytische Betrachtungsweise als Sonderform von Zeitreihenstudien gerade für die *Praxis* der Verhaltenstherapie besonders an: Als Therapeut hat man es über einen längeren *Zeitraum* hinweg mit einem Patienten zu tun. Im Laufe dieser Zeit fallen unterschiedliche Daten an (etwa Gesprächsprotokolle, Stimmungsratings, externe Beobachtungen, Fragebogendaten ...; siehe dazu auch Kapitel 2.4, Verfahren zur Informationsgewinnung). Üblicherweise wird eine bestimmte Form einer Intervention (= UV) erfolgen, und die Schwankungen im Verlaufe der erhobenen Daten können direkt zur Beurteilung der Effektivität (= *Wirkung*) der Intervention herangezogen werden. Eine zumindest einfache Form der Dokumentation (= Datenerhebung) sollte schon im Sinne einer Kontrolle der eigenen Tätigkeit und aus Gründen der Verantwortung dem Patienten gegenüber selbstverständlich sein (= kontrollierte Praxis im Sinne von Petermann 1982). Zum anderen bietet sich die Einzelfallanalyse wegen ihrer vielen Vorzüge als verbindendes Element zwischen Theorie und Praxis besonders an.

In diesem Abschnitt werden zunächst einige wichtige grundsätzliche Argumente zugunsten der Einzelfallanalyse vorgebracht; sehr kurz und eher beispielhaft werden einige einzelfallanalytische Designs angesprochen und auf Auswertungsmöglichkeiten verwiesen; den Abschluß bildet eine Diskussion einiger offener Probleme der Einzelfallanalyse.

4.3.1 Einzelfall-Analyse: Grundlegende Argumente

Die Argumentation zugunsten der Brauchbarkeit von Einzelfallanalysen in der Verhaltenstherapie kann von verschiedenen *Standpunkten* aus vorgebracht werden: Ihr Stellenwert bei der Aufstellung von Hypothesen und Theorien (Heuristik, das heißt im Entstehungszusammenhang) kann dabei ebenso herangezogen werden, wie ihre Bedeutung bei der Prüfung von Hypothesen und Theorien (= Begründungszusammenhang). Man kann auf Grenzen von Gruppenstudien hinweisen und damit auf die Bedeutung von Einzelfallanalysen aufmerksam machen. Praktische Beschränkungen, ethische Restriktionen und die Frage des Erkenntniszieles könnte ebenso als Gesichtspunkt für die Wahl von Einzelfallanalysen herangezogen werden. Um dem Leser einen Eindruck von der *Vielfalt* der Argumente zugunsten von Einzelfallanalysen zu geben, werden diese hier nicht nach speziellen Gesichtspunkten getrennt, sondern lose aneinandergereiht (zur Argumentation siehe auch Reinecker 1984a).

– Im *Entstehungszusammenhang* von Hypothesen und Theorien sind Einzelfallanalysen von großem Wert. Sie besitzen zwar nicht den Charakter eines Beweises, können durch den Hinweis auf einen offensichtlichen und klaren Effekt oder Prozeß die zukünftige Beschäftigung mit einem speziellen Thema allerdings besonders begünstigen.

Beispiel: Die Untersuchungen von M. C. Jones (1924b) zur Möglichkeit einer Bewältigung starker Angst eines Kindes durch Prinzipien der angstinkompatiblen Verhaltensweisen und der graduierten Annäherung zeigen, daß es sinnvoll ist, sich der Thematik näher anzunehmen und einige Aspekte davon näher zu untersuchen.

– Eine spezielle Anwendung von Einzelfallanalysen ergibt sich, wenn *individuelle Prozesse* und *Verläufe* untersucht werden sollen: Dies gilt insbesondere für diagnostische Untersuchungen, bei denen man aufgrund von Schwankungen in verschiedenen Verhaltensmerkmalen unter Umständen ganz spezielle Ursachen einer Störung entdecken kann.

Beispiel: Untersuchung einer speziellen Verlaufsform der Konzentration und Aufmerksamkeit bei verschiedenen klinischen Zustandsbildern etwa bei einem Alkoholiker; der Verlauf von Merkmalen der Aufmerksamkeit in einem länger dauernden und mehrfach angewendeten apparativen Verfahren gibt wichtige Aufschlüsse über differentielle Merkmale der Störung.

Operante Diagnostik etwa ist der Versuch, im Verlaufe eines Einzelfallexperimentes die Bedeutsamkeit und Wirkung von Verstärkern für das Verhalten einer Einzelperson zu bestimmen (vgl. Weiss 1974).

– Bei *sehr* seltenen Phänomenen ist eine einzelfallanalytische Verfassung eine wichtige Grundlage für die Untersuchung. Bestimmte klinische Zustandsbilder sind sehr selten, so daß es nicht sinnvoll (und wohl auch kaum möglich) wäre, Gruppenstudien anzustellen. Eine genaue Beschreibung und Dokumentation eines solchen Falles über mehrere Meßzeitpunkte hinweg, ist nicht nur für eine optimale Behandlung dieser Person wichtig, sondern liefert wichtige Hintergrundinformation für den Umgang mit ähnlichen Problemen.

Beispiel: In verschiedenen Verhaltenstherapie-Zeitschriften findet sich eine Reihe von Publikationen über zunächst seltene Phänomene und klinische Zustandsbilder, deren genaue Beschreibung für den Praktiker von unschätzbarem Wert ist. Ein Beispiel dafür wäre das zwanghafte Ausreißen von Haaren („Trichotillomanie") und dessen Behandlung, die von Ottens (1981) beschrieben wurde.

– Wenn *Individuen-Parameter* im Zentrum des Interesses stehen, sind Einzelfallanalysen sogar ausschließlich indiziert: In Gruppenstudien werden ja Aussagen auf einer anderen Ebene getroffen, nämlich Aussagen über *fiktive* Durchschnittspersonen. Von solchen Aussagen über Aggregate kann man nicht direkt zu Aussagen über Einzelindividuen übergehen. Will man eine präzise Entscheidungshilfe bei der Beurteilung von Individuumsparametern, so greift man auf Einzelfallanalysen zurück (siehe dazu auch: Probleme faktorieller Designs bei Yates 1976).

Beispiel: Therapiestudien über eine bestimmte klinische *Gruppe* – etwa reaktiv Depressive – machen kaum Aussagen über Schwankungen und individuelle Verläufe. Will man dazu präzise Informationen für ein einzelnes Individuum, so ist die Planung und Durchführung von Einzelfallanalysen angezeigt.

– Als ein wichtiges Argument zugunsten von Einzelfallanalysen wird seit langem ihre Funktion zur *Widerlegung einer allgemeinen Theorie* angeführt. Das in diesem Zusammenhang bereits klassische Beispiel bildet die Einzelfalluntersuchung von Teska (1947), wonach ein Hydrocephalus praktisch normale Intelligenz aufwies. Dies bildet eine klare Widerlegung der allgemeinen Theorie, wonach ein Hydrocephalus in jedem Falle mit einer Minderbegabung einhergehe.

Zu dieser Funktion einer Widerlegung einer allgemeinen Hypothese durch einen Einzelfall ist zu sagen, daß zum einen die Hypothese in den seltensten Fällen so strikt universell formuliert ist, daß *ein* Einzelfall diese Hypothese vollständig zu Fall brächte (das heißt Ausnahmen werden häufig zugelassen). Zum anderen stellt sich als kritische Frage, ob die Beschreibung des Einzelfalles vor dem Hintergrund der Theorie adäquat formuliert wurde, so daß der Einzelfall überhaupt mit der Theorie in Konkurrenz stehen kann. In den meisten Fällen sind weder die Theorie noch der entsprechende Einzelfall so präzise formuliert, daß von einer echten *Falsifikation* gesprochen werden könnte (*Beispiel:* Hypothese der Symptomverschiebung, die trotz gegenteiliger Befunde offensichtlich immer noch „durch die Köpfe geistert").

– Eine wichtige Funktion bilden Einzelfallanalysen bei der Beschreibung von *Mißerfolgen* einer therapeutischen Intervention: Bei der Behandlung von klinischen Gruppen gehen therapeutische Mißerfolge (Verschlechterungen beziehungsweise mangelnde Verbesserung) unter Umständen in der Varianz einer therapeutischen Veränderung unter (Lambert, Bergin und Collins 1977). Gerade therapeutische Mißerfolge sind in mehrerer Hinsicht besonders wichtig und interessant: Die Suche nach *Ursachen* für die Verschlechterung ist einerseits für den Patienten und seine persönliche Entwicklung bedeutsam, andererseits können aus Mißerfolgen wichtige Hinweise für die differentielle Indikation gewonnen werden. Prozesse und Determinanten des Mißerfolgs sind vermutlich nur in einer sogenannten Mikro-Analyse aufzudecken, zu deren Durchführung Einzelfallanalysen besonders geeignet sind (siehe auch Kapitel 4.5).

Einige dieser grundsätzlichen Argumente sollte man als Verhaltenstherapeut gegenwärtig haben, wenn man die Bedeutung der Einzelfallanalysen beurteilt. Man sollte sich vor allem vor Augen halten, daß die Wahl eines speziellen Designs nicht von der Reputation statistischer Methoden, sondern vom *Erkenntnisziel* abhängen sollte. In der Verhaltenstherapie selbst – insbesondere im sogenannten operanten Ansatz – gehören Einzelfallanalysen längst zum selbstverständlichen Forschungsrepertoire. Bei entsprechender Wahl einzelfallanalytischer Designs und adäquatem Auswertungsverfahren sind – wie sich recht deutlich zeigen läßt – eine Reihe von Verletzungsmöglichkeiten der verschiedenen Validitätsarten durchaus kontrollierbar. Einzelfallanalysen nehmen deshalb einen wichtigen Platz im Rahmen quasi-experimenteller Untersuchungen ein.

Zusammenfassung: Die Planung und Durchführung von Einzelfallanalysen wird in folgenden Bereichen als sinnvoll angesehen: Im Entstehungszusammenhang von Theorien (Heuristik), zur Untersuchung individueller Prozesse, zur Beschreibung und Erforschung sehr seltener Phänomene, zur Analyse von Individuenparametern und zur Dokumentation von Mißerfolgen. Die Funktion von Einzelfallanalysen zur Widerlegung einer allgemeinen Theorie kann – mit Einschränkungen – hier ebenfalls angeführt werden.

Weiterführende Literatur: Petermann, F. und Hehl, F. J. (Hg.): Einzelfallanalyse. München: Urban & Schwarzenberg 1979.

213

4.3.2 Einzelfalldesigns

Hat man sich aufgrund eines oder mehrerer der oben angeführten Argumente für die Durchführung einer Einzelfallanalyse entschieden, so besteht die Möglichkeit zu der Wahl verschiedener Versuchspläne (Designs). Gemeinsam ist all diesen Plänen, daß mehrere Beobachtungen in einer Zeitreihe vorhanden sein müssen, um aus der Variation dieser Zeitreihe auf die Wirkung einer Behandlung zu schließen (beziehungsweise um Alternativhypothesen über das Zustandekommen eines Effektes auszuschließen).

Ein Überblick und eine differenzierte Erörterung verschiedener Einzelfalldesigns ist hier nicht möglich (Baer, Wolf und Risley 1968; Barlow und Hersen 1973; Hersen und Barlow 1976; Huber 1978; Kazdin 1982; Kratochwill 1978; Kratochwill, Mott und Dodson 1984; Leitenberg 1973; Petermann und Hehl 1979; Reinecker 1984a; Sidmann 1960). Aus diesem Grunde soll beispielhaft nur ein Design-Typ beschrieben werden, der in vielfacher Weise zum Modell eines einzelfallanalytischen Denkens und der damit verbundenen Versuchsplanung wurde.

A-B-A-B-Design: Dieser Versuchsplan wird manchmal auch als „Reversions-Design" bezeichnet. Entwickelt wurde das Design im operanten Ansatz (Baer, Wolf und Risley 1968). Das Prinzip der Versuchsanordnung besteht in einer Messung der abhängigen Variablen zu mehreren Meßzeitpunkten vor Beginn der Intervention (= A-Phase). Diese Phase wird häufig als „Baseline" (= Grundrate des Verhaltens) bezeichnet und dient vor allem dazu, den Ausgangswert und mögliche Trends im zeitlichen Verlauf eines Verhaltens zu bestimmen. Die Phase B beinhaltet die Einführung einer experimentellen Variable (üblicherweise Therapie) über einen gewissen Zeitraum hinweg; die abhängige Variable wird auch in diesem Zeitraum kontinuierlich beobachtet und registriert. Die Intervention wird in einer dritten Phase (wiederum A) ausgesetzt und die Veränderung des Verhaltens wird wieder kontinuierlich erfaßt. Zum Abschluß wird wieder die Intervention eingeführt (= 2. B-Phase) und die Veränderung der abhängigen Variable kontinuierlich erfaßt.

Das Design ist von seiner inneren Logik her eng mit dem operanten Ansatz verbunden, wonach die Veränderung der funktionalen Bedingungen in der Interventionsphase direkt mit entsprechenden Verhaltensänderungen verbunden ist – ein Aussetzen dieser Intervention (in der 2. A-Phase) müßte zu einer Veränderung des Verhaltens in Richtung der Baseline-Bedingungen führen (Baer et al. 1968; Leitenberg 1973). Im Rahmen operanter Interventionsansätze fand das Design (beziehungsweise gewisse Varianten) breite Anwendung. Die Qualität des Designs (das heißt die Möglichkeit zur Sicherung der Validität der Interpretation) hängt eng mit der Anzahl der Meßzeitpunkte zusammen (Länge der Zeitreihe). Bei einem langen Beobachtungszeitraum (50 bis 100 Meßzeitpunkte) bieten sich etwa auch statistische Auswertungsverfahren (Zeitreihenanalysen, ARIMA-Modelle) an (vgl. Glass, Willson und Gottman, 1975; Revenstorf, 1979). Einzelne andere Auswertungsverfahren für Einzelfalldesigns, zum Beispiel graphische Analysen, varianzanalytische Ansätze, Markoff-Analysen, non-parametrische Verfahren etc. sind in der einschlägigen Literatur zu finden (Kazdin 1976; 1982; Kratochwill 1978; Petermann 1978; Petermann und Hehl 1979; Revenstorf 1979, 1980).

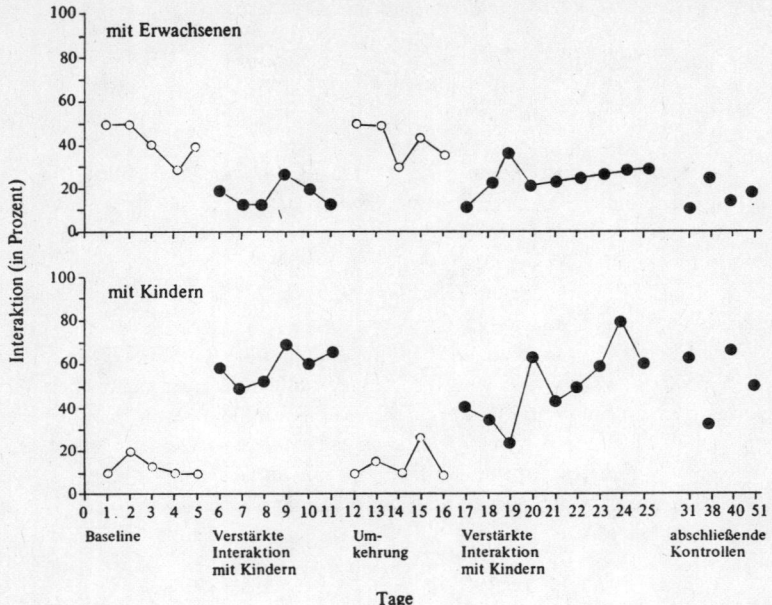

Abb. 4.1: Beispiel für ein A-B-A-B-Design (Umkehr-Design): Erfaßt wurde in der A-Phase die Zeit, die Kinder mit Erwachsenen (obere Abb.) bzw. mit Kindern (untere Abb.) verbrachten (= Baseline). In der B-Phase wurde die Interaktion mit Kindern verstärkt, dann erfolgte eine Rücknahme der Intervention (zweite A-Phase) und schließlich wurde die Intervention wieder eingeführt (zweite B-Phase). (Aus: H. Leitenberg 1973, dt. 1977, S. 172).

Zusammenfassung: Einzelfalldesigns sind spezielle Formen von Quasi-experimentellen Untersuchungen. Durch die kontinuierliche Erfassung einer unabhängigen und abhängigen Variable in einer Zeitreihe läßt sich die Variation der AV (mit gewissen Einschränkungen) auf die Variation der UV (zum Beispiel Therapie) zurückführen. Besonders deutlich wird diese Argumentation in A-B-A-B-Designs, die dem funktionalen Modell der Verhaltenstherapie sehr nahestehen.

Weiterführende Literatur: Kratochwill, T. R. (Ed.): Single subject research. Strategies for evaluating change. New York: Academic Press 1978.

4.3.3 Offene Probleme von Einzelfalldesigns

Bei aller Bedeutung von Einzelfallanalysen für verschiedene Bereiche der Verhaltenstherapie sollte man nicht aus den Augen verlieren, daß ihre Durchführung mit einer Reihe von offenen Problemen verbunden ist. Hier soll auf einige grundlegende Typen solcher Schwierigkeiten hingewiesen werden.

Serielle Abhängigkeit der Daten: Bei der Datenerhebung im Einzelfall muß man davon ausgehen, daß die Daten einer Meßreihe *statistisch* voneinander *abhängig* sind; diese statistische Abhängigkeit der Daten verbietet in der Gruppenstatistik die Anwendung spezieller Auswertungsverfahren (weil dies zu verzerrten t- bzw. F-Werten führt, Glass, Willson und Gottman 1975, S. 72).

Dennoch wurden varianzanalytische Verfahren zur Kontrolle von Interventionseffekten im Einzelfall herangezogen: Gentile, Roden und Klein (1972) sahen keinen Grund, die Varianzanalyse nicht auch für Einzelfallanalysen heranzuziehen. Etwas vorsichtiger gingen Shine und Bower (1971) an das Problem heran: Sie diskutierten die Frage einer statistischen Abhängigkeit versus Unabhängigkeit der Meßwerte; eine Korrelation zwischen experimentellen Faktoren und abhängigen Variablen wurde als Ausschlußkriterium für die Anwendung der Varianzanalyse angesehen.

Die verschiedenen Anwendungen der Varianzanalyse im Einzelfall wurden heftig diskutiert und im Prinzip als zu problematisch zurückgewiesen (Gottman und Glass 1978; Hartmann 1974; Kratochwill et al. 1974; Michael 1974; Thoresen und Elashoff 1974). Der Hauptgrund für die Kritik an varianzanalytischen Modellen zur Auswertung von Einzelfallanalysen liegt darin, daß die *Interventionseffekte* deutlich *überschätzt* werden, wenn man die serielle Abhängigkeit der Daten nicht berücksichtigt (Revenstorf 1979). Eine geradezu optimale Berücksichtigung der angesprochenen seriellen Abhängigkeit der Daten, die im Zeitverlauf an einem Individuum erhoben werden, erfolgt in verschiedenen zeitreihenanalytischen Modellen (Dahme 1977, 1979; Glass, Willson und Gottman 1975; Holtzmann 1977; Jones, Vaught und Weinrott 1977; Petermann 1978; Revenstorf 1979). Ein gewisser Nachteil von Zeitreihenanalysen besteht jedoch im Aufwand ihrer Durchführung. Für den Praktiker, der gerade an einer sensiblen Analyse von Komponenten eines Prozeßverlaufs in einer Therapie interessiert wäre, sind Zeitreihenanalysen kaum sinnvoll. Hier bietet sich der Rückgriff auf einfachere non-parametrische Verfahren an (Kazdin 1976; Levin, Marascuilo und Hubert 1978).

Ein *Verzicht* auf statistische Auswertungsverfahren für Einzelfallanalysen wurde unter anderem von Michael (1974) oder Baer (1977) vorgeschlagen. Sie sind der Auffassung, man sollte in der Einzelfallanalyse vorwiegend deutliche, „grobe" Effekte erfassen und dafür reiche auch eine sogenannte „visuelle Analyse" aus (Parsonson und Baer 1978). Bei einer solchen Beschränkung auf eine „visuelle Analyse" können allerdings weder die statistische Abhängigkeit der Daten noch *Trends* in der Datenstruktur erfaßt werden. Außerdem führt eine rein visuelle Analyse zu subjektiven Verzerrungen bei der Bewertung von Effekten, wie unter anderem Glass, Willson und Gottman (1975) sowie Gottman und Glass (1978) gezeigt haben.

Probleme von Reversions-Designs: Ein Reversions-Design (A-B-A-B) sowie alle ähnlichen Typen operanter Designs gehen von der Prämisse aus, daß sich Merkmale des Verhaltens mit der Veränderung therapeutischer (experimenteller) Bedingungen verändern lassen (Baer, Wolf und Risley 1968). In einer solchen Versuchsanordnung sollte eben der Nachweis einer Wirksamkeit der unabhängigen Variable für die Variation der abhängigen Variable dadurch geführt werden, daß durch eine Zurücknahme der therapeutischen Bedingungen (= 2. Baseline-Phase) sich auch das Verhalten wieder im Bereich des Baseline-Niveaus einpendelt. Bei der Durchführung von Reversionsdesigns können zwei Probleme angeführt werden, ein prinzipielles und ein praktisches.

a) Prinzipielles Problem:
In der therapeutischen Bedingung (= 1. B-Phase) wird die unabhängige Variable verändert, was eine Veränderung des Verhaltens (= AV) bewirken soll. Dieses neue Verhalten kann nun im Sinne des interaktionistischen Ansatzes seinerseits Bedingungen verändern, die auch beim Ausblenden der therapeutischen Bedingungen bestehenbleiben, so daß eine Rückkehr zu Baseline-Bedingungen prinzipiell kaum noch möglich ist.

Beispiel: Die Veränderung kooperativen, sozialen Verhaltens bei einem Kind durch eine Intervention in der Familie oder in der Schule (= UV's) ist *dann* nicht mehr auf Baseline-Niveau zurückzuführen, wenn das neue Verhalten des Kindes seinerseits eine Interaktion mit dem Sozialverhalten der Umgebung eingegangen ist (Kind wird beliebter, akzeptierter usw.). In diesem Falle würde man von der Nichtumkehrbarkeit des Verhaltens auf Baseline-Bedingungen fälschlicherweise auf die Nichtwirksamkeit einer Intervention schließen. Dabei ist die Intervention durchaus wirksam (stabiles kooperatives Verhalten), das Verhalten ist jedoch unter Umständen nicht umkehrbar.

Andere Gründe für die Nicht-Umkehrbarkeit können in der Bildung kognitiver Muster bestehen, ebenso in der Veränderung einer Einstellung und in der Stabilisierung des Verhaltens durch Selbstkontrolle und Selbstmanagement.

b) Praktisches Problem:
Beim Gelingen einer therapeutischen Veränderung eines Problemverhaltens in der ersten B-Phase ist man in der Regel weder als Therapeut noch als Patient daran interessiert, den therapeutischen Fortschritt rückgängig zu machen (auch wenn dies nur zeitlich beschränkt geschehen sollte). Das ist einer der *praktischen* Gründe, warum A-B-A-B-Designs häufig nicht angezeigt sind. Dies ist allerdings kein prinzipielles Problem, weil man zum Nachweis einer Veränderung auf andere Typen von hochentwickelten und praktisch anwendbaren Einzelfalldesigns zurückgreifen kann.

Probleme der Generalisierung: Eine entscheidende Frage bei der Durchführung von Einzelfallanalysen besteht in dem Problem, ob beziehungsweise inwieweit Ergebnisse, die an einer Person gewonnen wurden, auch auf andere Personen übertragbar sind.

Eine *induktive Generalisierung,* die in der aufgeworfenen Frage angeschnitten ist, muß spätestens seit den entsprechenden Überlegungen von David Hume (Stegmüller 1971) als problematisch angesehen werden. Eine Generalisierung im Sinne einer Hypothesen*bildung* (= Heuristik) aufgrund der Ergebnisse eines Einzelfalles ist allerdings ohne weiteres möglich. Es ist jedoch *nicht möglich,* die *Sicherheit* (= „Wahrheit") des Ergebnisses aus einem Einzelfall auf einen neuen Fall zu übertragen. In einem ganz ähnlichen Sinne äußert sich auch H. P. Huber (1978) zu diesem Problem völlig zutreffend: „Es ist gewiß ein Truismus, wenn man feststellt, daß sich eine wissenschaftliche Hypothese im allgemeinen nicht durch die Untersuchung eines einzigen Falles bestätigen läßt; es reichen aber Stichproben von 10, 100 oder 1000 Fällen auch nicht aus, wenn sich die Gültigkeit einer Hypothese auf eine abzählbare Population von unendlich vielen Individuen erstrecken soll" (Huber 1978, S. 1195).

Wenn man ein deduktives Wissenschaftsverständnis zugrunde legt, so stellt sich das Problem der *Generalisierung* folgendermaßen: Die Prüfung eines Einzelfalles kann eine Hypothese belegen, die sich auf Individuenparameter bezieht. Bei der Durchführung einer Untersuchung strebt man zugleich eine Kontrolle plausibler Alternativhypothesen für das Zustandekommen eines Effektes an. Eine bestimmte Hypothese wird zwar durch die laufende Ausschaltung solcher plausibler Alternativhypothesen nicht „bestätigt" oder „bewährt" (Popper 1969), zu ihrer relativ rationalen Rechtfertigung (Westmeyer 1979a) lassen sich aber immer mehr gute Begründungen angeben. Wenn wir uns auch in unserem Handeln niemals auf *sicheres* Wissen stützen können, so läßt sich unser Handeln dennoch unterschiedlich gut *rational begründen.* Zu dieser rationalen Begründung ist es wichtig und sinnvoll, sich auf Einzelfallanalysen in ähnlicher Weise zu stützen, wie wir dies bei Gruppenstudien tun.

Zusammenfassung: Die Durchführung von Einzelfallanalysen ist mit einigen Problemen verbunden: Es wird diskutiert, ob und welche statistischen Verfahren zur Analyse von Interventionseffekten herangezogen werden können; zu berücksichtigen ist in jedem Fall die serielle Abhängigkeit von Daten, die an einer Person erhoben werden. Bei Reversionsdesigns ergeben sich einige prinzipielle und praktische Probleme, wenn die Veränderbarkeit des Verhaltens durch eine Veränderung von Bedingungen demonstriert werden soll. Auch die Frage der Generalisierung von Befunden aus Einzelfallanalysen und ihre Bedeutung für Theorie und Praxis der Verhaltenstherapie verdient gebührende Aufmerksamkeit.

Weiterführende Literatur: Kazdin, A. E.: Single-case research designs. Methods for clinical and applied settings. New York: Oxford University Press 1982.

4.4 Ausgewählte Gesichtspunkte der Therapieforschung und Evaluation

Mit der Entwicklung der Verhaltenstherapie war unter anderem auch der Anspruch vertreten, die *Wirksamkeit* des therapeutischen Vorgehens einer kritischen Prüfung zu unterziehen. Im Verlaufe der Entwicklung der verschiedenen Ansätze der Psychotherapieforschung wurden für diesen Effektivitätsnachweis unterschiedliche Strategien herangezogen (Bergin und Lambert 1978; Kiesler 1971; zusammenfassend bei Yates 1976). Spätestens mit der Analyse von Kiesler (1966, dt. 1977) ist klar geworden, daß es nicht möglich ist, alle mit der Psychotherapieforschung verbundenen Fragen und Probleme im Rahmen eines einzigen „Mammut-Projektes" zu klären. Es ist vielmehr so, daß heute eine ganze Reihe von Forschungsansätzen *nebeneinander* steht; diese Modelle setzen auf unterschiedlichen *Ebenen* an und verfolgen *unterschiedliche Ziele*.

4.4.1 Ebenen und Ziele der Psychotherapieforschung

Zur Orientierung werden die verschiedenen Ebenen und Ziele der Psychotherapieforschung in einer Tabelle angeführt (siehe untenstehende Abbildung 4.2). Dabei sollte

Analyse-Ebenen	Ziele der Untersuchung
Meta-Analysen (z. B. Smith und Glass 1977; Smith, Glass und Miller 1980)	
Kosten-Nutzen-Analysen (z. B. Bühringer und Hahlweg 1986; Vandenbos 1980)	Untersuchung der „Wirksamkeit" (wissenschaftliche und wissenschaftspolitische Ziele)
Effektivitätsstudien (z. B. Laien versus Professionelle: Durlak 1979; Nietzel und Fisher 1981)	
Vergleichende Effektivitätsstudien (z. B. Sloane et al. 1975; Luborsky, Singer und Luborsky 1975; Bergin und Lambert 1978)	Untersuchung der vergleichenden Wirksamkeit
Parametrische Studien (Untersuchung von Merkmalen, z. B. Grawe 1976; Marks 1978b; Ross 1978...)	Untersuchung der differentiellen Indikation
Experimentelle und Analog-Untersuchungen (z. B. G. Paul 1966)	
Kleingruppenstudien (z. B. Hodgson, Rachman und Marks 1972; Rachman, Marks und Hodgson, 1973)	Prozeßanalysen (Untersuchung des Mikroprozesses der Veränderung)
Einzelfall-Studien (z. B. Leitenberg 1973)	

Abb. 4.2: Ebenen und Ziele von Untersuchungen in der Psychotherapieforschung.

219

klar sein, daß eine *strikte* Trennung der einzelnen Ebenen wohl ebenso problematisch ist, wie ein klares Festlegen der entsprechenden *Ziele*.

Die angesprochene Unterscheidung von Ebenen und Zielen wird an folgenden Beispielen deutlich: Bei vergleichenden Effektivitätsstudien ist man sehr wohl daran interessiert, *welche* Elemente zum Erfolg geführt haben; die Durchführung von Einzelfallstudien dient nicht nur der Prozeßforschung; Einzelfallanalysen können teilweise auch zur Effektivitäts-Prüfung oder im Rahmen einer wissenschafts-politischen Argumentation einen wichtigen Platz einnehmen.

Aus der angeführten Übersicht sollte aber klar geworden sein, daß eine einzelne Studie zumeist nur auf *einer* Ebene ansetzt oder entsprechende Ziele verfolgt. In der heutigen Verhaltenstherapieforschung sieht man diese Unterscheidung; man sieht aber auch, daß *keine* der Ebenen unbrauchbar oder überflüssig ist, sondern daß sich die einzelnen Ebenen und Ziele ergänzen. Unklar ist jedoch weiterhin, *wie* dieses Ergänzungsverhältnis konkret aussieht (Beispiel: Agglutination einzelner Befunde; Zusammenfassung von Aussagen über Individuen zu Aussagen über Populationsparameter usw.).

Zusammenfassung: Bei der Betrachtung der Psychotherapieforschung lassen sich anhand verschiedener Zielrichtungen auch verschiedene Ebenen und Zugangsweisen unterscheiden. Sowohl die Zielrichtungen, als auch die Analyse-Ebenen stehen in einem Überschneidungs- und Ergänzungsverhältnis.

Weiterführende Literatur: Gottman, J. M., und Markman, H. J.: Experimental designs in psychotherapy research. In: Garfield, S. L., und Bergin, A. E. (Eds.): Handbook of psychotherapy and behavior change. An empirical analysis. New York: Wiley, 2. ed. 1978.

4.4.2 Meta-Analysen

Meta-Analysen sind *ein* Nutzungsversuch zur Zusammenfassung der Ergebnisse unterschiedlicher Studien aus einem Problembereich. Die Zusammenfassung erfolgt mit statistischen Mitteln, wobei Variablen, die innerhalb dieses Problembereichs interessieren, berücksichtigt werden können (Fricke und Treinies 1985; Glass, McGraw und Smith 1981; Shapiro und Shapiro 1982; Smith und Glass 1977; Smith, Glass und Miller 1980; Heft 1 des „Journal of Consulting and Clinical Psychology" 1983). Bei Meta-Analysen werden die Ergebnisse verschiedener Studien in einem gemeinsamen Maß ausgedrückt. Dieses Maß wird als *Effektstärke* („effect size", ES) bezeichnet und ist folgendermaßen definiert:

$$ES = \frac{M_E - M_c}{SD_c}$$

ES ist die Differenz zwischen den Mittelwerten der Experimentalgruppe (M_E) und den

Mittelwerten der Kontrollgruppe (M_c) auf einem bestimmten Erfolgsmaß, geteilt durch die Standardabweichung der Kontrollgruppe (SD_c).

Die Effektstärke drückt also die Veränderung der Experimental-Gruppe gegenüber der Kontroll-Gruppe aus; die Überlegenheit (beziehungsweise natürlich auch Unterlegenheit) der Experimental-Gruppe gegenüber der Kontroll-Gruppe läßt sich auf der Skaleneinheit der Kontroll-Gruppe darstellen, so daß unterschiedliche Werte aus verschiedenen Studien vergleichbar werden.

Beispiel: Unter der Annahme einer Normalverteilung bedeutet ein ES von 1,00, daß eine durchschnittliche Person aus der Experimentalgruppe (= EG) einen Wert zeigt, der eine Standardabweichung über dem Wert eines durchschnittlichen Wertes aus der Kontrollgruppe (= KG) liegt. Dies bedeutet, daß 84% der durchschnittlichen Personen aus der Experimentalgruppe höhere Werte erreichen als die entsprechende Person aus der Kontrollgruppe. Graphisch läßt sich dies folgendermaßen darstellen:

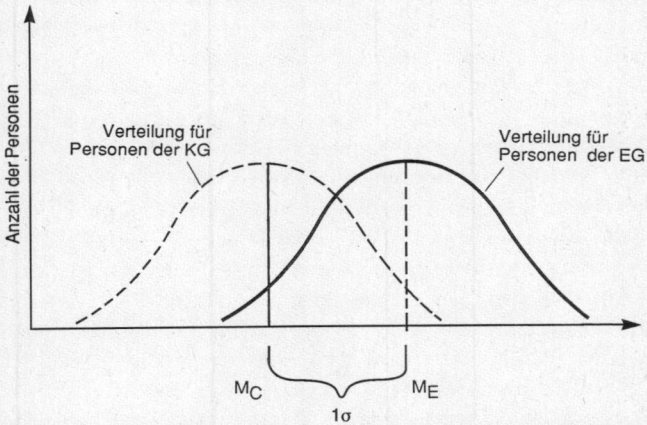

Abb. 4.3: Darstellung der Veränderung einer Experimental-Gruppe gegenüber einer Kontrollgruppe als Grundlage für eine Meta-Analyse.

Die Meta-Analysen aus dem Bereich der Psychotherapieforschung wurden vorwiegend zum Nachweis der *Wirksamkeit* in therapeutischen Interventionen gegenüber verschiedenen Formen von Kontroll-Gruppen verwendet (siehe obige Tabelle). Daß man darauf auch im Rahmen einer *wissenschaftspolitischen* Argumentation (zum Beispiel Anträge für Forschungsgelder) zurückgreift, liegt auf der Hand. Die Durchführung von Meta-Analysen wurde jedoch von verschiedenen Seiten massiver Kritik unterzogen (siehe dazu auch in Abschnitt 4.4.3; Grawe 1986). Zwei kritische Argumente seien hier explizit angeführt:

a) Das Problem der „Äpfel und Birnen":
Meta-Analysen wurden dafür kritisiert, daß eine Zusammenfassung verschiedener Studien deshalb nicht zulässig sei, weil damit „Äpfel und Birnen" addiert werden. Konkret heißt dies, daß die Meta-Analyse zur Beantwortung einer einfach scheinen-

221

den Frage herangezogen wird, wobei nicht berücksichtigt wird, daß in unterschiedlichen Studien verschiedene Meßmethoden und Operationalisierungen, verschiedene Patienten, verschiedene Formen der Daten-Analyse etc. vorliegen.

In einer Replik diesr Argumentation weisen Glass und andere (1981) darauf hin, daß eine Zusammenfassung verschiedener Studien gerade *dann* sinnvoll sei, wenn sich die einzelnen Studien in wichtigen Merkmalen *unterscheiden*. Wären die Studien in den oben genannten Merkmalen völlig homogen, bedürfte es einer solchen Agglutination gar nicht. Außerdem muß man sagen, daß auch innerhalb *einer* Studie (ausgenommen Einzelfallanalysen) unter Umständen eine große Varianz in mehreren Merkmalen besteht (Kiesler 1966), so daß sich bei strenger Anwendung des obigen Arguments eine Durchführung von Gruppenstudien völlig verbieten würde. Den Meta-Analysen ist zugute zu halten, daß sie bei der Zusammenfassung verschiedener Studien („Äpfel und Birnen") die Gesichtspunkte (nämlich: „Obst") zumindest offenlegen und explizieren.

b) Probleme der unterschiedlichen Qualität der Originalstudien

Durch die Zusammenfassung von sehr vielen Studien und deren gemeinsame Auswirkung verschwimmt in der Meta-Analyse unter Umständen die Unterscheidung zwischen „guten" und „schlechten" Studien. Dies ist nach Eysenck (1978) nicht zulässig, und er spricht von „an exercise in mega-silliness".

In einer Antwort auf diese Argumentation meinen Glass und andere (1981), daß der Zweck der Meta-Analyse eben darin besteht, eine möglichst *breite* Datenbasis als Grundlage für eine Gesamtaussage zu haben. Eine Differenzierung kann selbstverständlich nach verschiedenen Gesichtspunkten erfolgen, etwa nach der Qualität der Originalstudien, nach der Quelle der Studien (Bücher, Zeitschriften, Forschungsberichte usw.) oder nach Zeitpunkten der Publikation. Eine Studie sollte allerdings nach Auffassung von Glass und anderen (1981) nicht von vornehein aus der Betrachtung der Meta-Analyse ausgeschlossen werden. Erst wenn eine der möglichen Differenzierungen zeigt, daß etwa zwischen „guten" und „schlechten" Studien ein grundsätzlicher Unterschied in der Richtung und im Grad der Aussage besteht, kann man einen solchen Ausschluß diskutieren. Ähnlich steht es mit Verzerrungen in den Veröffentlichungen einzelner Studien (Mahoney 1976; Mahoney, Kazdin und Kenigsberg 1978) oder dem Veröffentlichungs-Datum: Gerade in der Meta-Analyse besteht die Möglichkeit festzustellen, ob sich für bestimmte Zeitpunkte oder Problembereiche Trends oder Veränderungen ergeben.

Man muß zum Verfahren der Meta-Analyse abschließend folgendes festhalten:

Die Meta-Analyse ist gewiß kein Instrument zur vergleichenden Psychotherapieforschung, und schon gar nicht geeignet, *differentielle* Merkmale in der Psychotherapie zu erforschen. Man sollte ein spezielles Forschungsinstrument jedoch nicht *generell* beurteilen, sondern jeweils im Hinblick auf die *Ziele* einer bestimmten Methode. Auch ein *Werkzeug* läßt sich nicht als solches beurteilen, sondern nur im Hinblick auf seinen *Zweck*. Wenn man dies im Auge behält, so erscheinen Meta-Analysen eine durchaus sinnvolle und wichtige Ergänzung des Spektrums von Analyse-Ebenen in der Psychotherapieforschung (Revenstorf 1984).

Zusammenfassung: Meta-Analysen versuchen eine Zusammenfassung von Ergebnissen aus unterschiedlichen Studien zu einer Gesamtaussage. Dabei werden die Unterschiede zwischen den Experimental- und Kontroll-Gruppen zu Effektstärken umgerechnet. Die Bedeutung von Meta-Analysen für die Psychotherapieforschung ist umstritten, weil a) Ergebnisse unterschiedlicher Studien zusammengeworfen werden und b) die Qualität der einzelnen Studien unter Umständen nicht berücksichtigt wird. Wenn man die Zielrichtung von Meta-Analysen im Auge behält und sie nicht etwa als differentielle Studien betrachtet, haben Meta-Analysen in der Psychotherapieforschung durchaus ihre Bedeutung.

Weiterführende Literatur: Wittmann, W. W., und Matt, G.: Meta-Analyse als Integration von Forschungsergebnissen am Beispiel deutschsprachiger Arbeiten zur Effektivität von Psychotherapie. Psychologische Rundschau 37 (1986), 20–40.

4.4.3 Differentielle Psychotherapieforschung

Der Ansatz der Differentiellen Psychotherapieforschung läßt sich anhand der kritischen Überlegungen zu den „Mythen der Psychotherapieforschung" von Kiesler (1966) recht gut verdeutlichen: Bis etwa Mitte der 60er Jahre war die Psychotherapieforschung von Gesichtspunkten der Rechtfertigung und Konkurrenz gekennzeichnet (Grawe 1982; Yates 1976). Für die Verhaltenstherapie fiel nach einer Phase der Etablierung dieser Rechtfertigungsdruck weitgehend weg; damit wurden auch polemische Stellungnahmen überflüssig, wie sie in der Anfangszeit der Verhaltenstherapie noch eher üblich waren.

Differentielle Psychotherapieforschung bedeutet im Prinzip ein konsequentes Abrücken von kritisierten *„Uniformitätsannahmen"*, zum Beispiel hinsichtlich verschiedener Patienten, Therapeuten oder Störungsmerkmale (Kiesler 1966): Nach einer *differentiellen* Sichtweise ist es nicht sinnvoll, die einzelnen Variablen bei der Durchführung von Psychotherapie als homogen zu betrachten. Es wird vielmehr gefordert, diese Variablen genau anzugeben und sie gegebenenfalls näher aufzuschlüsseln. Nach Kiesler (1966) müssen dabei folgende *Variablenbereiche* einer differentiellen Betrachtung unterzogen werden:

Patienten-Merkmale (zum Beispiel Alter, Geschlecht, sozialer Status usw., siehe auch Garfield 1978).

Therapeuten-Merkmale (zum Beispiel Geschlecht, Ausbildungsstand, Erfahrung usw., siehe auch Parloff, Waskow und Wolfe 1978).

Störungs-Merkmale (zum Beispiel Dauer und Schweregrad der Störung, Grad der Beeinträchtigung usw.).

Therapie-Merkmale (das heißt nicht nur die Angabe eines Etiketts – etwa systematische Desensibilisierung – sondern eine präzise Beschreibung des Vorgehens).

Setting- und Zeit-Merkmale (das heißt Merkmale der organisatorischen Durchführung der Therapie; Dauer der Durchführung; Art der Finanzierung; ambulante versus stationäre Durchführung etc.).

Kriterien-Merkmale (das heißt welche Gesichtspunkte werden zur Beurteilung der Besserung herangezogen; siehe auch Kazdin und Wilson 1978 b; Abschnitt 2.5.4); es wird grundsätzlich verlangt, daß eine Veränderung multidimensional erfaßt wird (Seidenstücker und Baumann 1978).

Wenn man die einzelnen Variablenbereiche betrachtet, die im Rahmen der Differentiellen Psychotherapieforschung näher zu analysieren sind, so wird schnell klar, daß man mit parametrischen Studien (siehe dazu Abbildung 4.2) sehr schnell an Grenzen stößt: Legt man das Gitter-Modell von Kiesler (1971) für faktorielle Studien zugrunde, so zeigt sich, daß selbst ein noch geringer Differenzierungsgrad in einzelnen Merkmalen im Rahmen *einer* (oder auch weniger) Studie nicht mehr realisierbar ist:

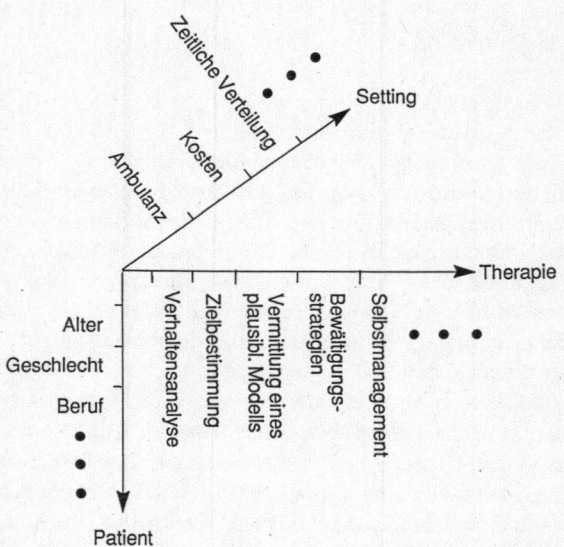

Abb. 4.4: Differenzierung nach drei differentiellen Merkmalen (Patient/Therapie/Setting) in Anlehnung an das Gitter-Modell von Kiesler 1971.

Will man eine Kombination aller möglichen Ausprägungsgrade der einzelnen Merkmale untersuchen, so müßte man die *Kombination* der einzelnen Merkmalsausprägungen in einem sechs-dimensionalen Raum darstellen. Die Aufgabe des Forschers bestünde dann darin, einzelne „Bausteine" herauszugreifen und zu untersuchen.

Beispiel: Bei der Therapie funktioneller Sexualstörungen müßte ein spezielles Störungsmerkmal zunächst isoliert werden – etwa Libidostörungen (= Störungsmerkmal); zu untersuchen wäre in einem „Baustein", welche *Effekte* (auf mehreren Ebenen) durch einen *weiblichen* Therapeuten (verheiratet, zwei Kinder, 34 Jahre alt,

9 Jahre praktisch tätig) zu erzielen sind. Die *Therapie* besteht aus einem unspezifischen Sensibilitätstraining (Kaplan 1979, 1983), kognitiver Umstrukturierung und einer Bearbeitung der Problematik in einer gemischt-geschlechtlichen Gruppe. Die Therapie findet zweimal pro Woche am Abend statt, ist von den Patienten selbst zu bezahlen und dauert insgesamt 16 Wochen (= Setting- und Zeitmerkmale).

An dem Beispiel wird klar, daß zum einen noch eine ganze Reihe weiterer Differenzierungen möglich und sinnvoll (vielleicht sogar notwendig) sind, was eine empirische Untersuchung der Problemstellung noch erschwert. Zum anderen müßte bei der Variation eines einzigen Gesichtspunktes eines Merkmals (zum Beispiel Durchführung der Therapie in einer gleichgeschlechtlichen Gruppe bei Konstanz aller anderen Merkmale) eine *neue* Untersuchung geplant und durchgeführt werden.

Die Psychotherapieforschung hat den Gesichtspunkt der *Differenzierung* verschiedener Merkmale zwar seit langem ernst genommen (für den deutschen Sprachraum siehe dazu Grawe 1976; Plog 1976) und zur Klärung einiger Merkmale auch wichtige Beiträge geliefert (Garfield und Bergin 1986; Gurman und Razin 1977). Große Probleme der Differentiellen Psychotherapieforschung sind jedoch in zweierlei Hinsicht zu sehen:

a) Es ist aus praktischen und prinzipiellen Gründen *nicht* möglich, alle Ausprägungsgrade der als wichtig erachteten Merkmale in der Kombination mit anderen Gesichtspunkten einer entsprechenden empirischen Prüfung zu unterziehen. Damit man bei der empirischen Untersuchung einzelner Merkmale nicht auf willkürliche und geradezu absurde Kombinationen differentieller Merkmale verfällt (zum Beispiel Merkmale der Kleidergröße, Haarfarbe oder Religion von Patient oder Therapeut) ist eine Beschränkung auf wichtige differentielle Merkmale unter *theoretischen* Gesichtspunkten unabdingbar.

b) Es wurde darauf hingewiesen, daß einige Merkmale und ihre Ausprägungen in verschiedenen Studien differenziert und empirisch untersucht werden müssen. Ein fast unüberwindbares Problem, diese Erkenntnisse auch für die Differentielle Indikation (Baumann 1981; Grawe 1982; Seidenstücker 1984) direkt nutzbar zu machen, besteht darin, die Ergebnisse dieser Studien entsprechend zusammenzufassen. Die einzelnen Studien sind vor einem jeweils speziellen theoretischen und methodologischen Hintergrund geplant, durchgeführt und beschrieben, der eine einfache Zusammenfassung nur schwer zuläßt. Meta-Analysen sind, wie oben dargestellt, zur Erfassung und Untersuchung *differentieller* Merkmale wenig geeignet. Man kann sich allerdings in dieser Hinsicht einiges von dem äußerst aufwendigen Psychotherapieforschungs-Projekt von Grawe und Mitarbeitern erwarten, die die Originalstudien aus verschiedenen Meta-Analysen (dazu insbesondere auch die deutschsprachigen Studien) unter differentiellem Gesichtspunkt zusammengetragen haben (Grawe 1985; 1986).

Zusammenfassung: Differentielle Psychotherapieforschung versucht, mehrere Merkmale und ihre Ausprägungen gezielt zu berücksichtigen: Merkmale des Patienten, des Therapeuten, der Störung, der Therapie, des Setting und der Zeit, der Kriterien. Dabei wird klar, daß in *einer* Studie nur wenige Merkmale berücksichtigt werden können. Bei der Indikation sollte zwar differenziert vorgegangen werden, es ist jeodch weder in der Forschung, noch in der Praxis möglich, *alle* notwendigen Differenzierungen zu berücksichtigen.

Weiterführende Literatur: Grawe, K.: Psychotherapieforschung. In: Bastine, R. et al. (Hg.): Grundbegriffe der Psychotherapie. Weinheim: Edition Psychologie 1982.

4.4.4 Gesichtspunkte der Evaluation verhaltenstherapeutischer Verfahren

Die klassische empirische Psychotherapieforschung orientierte sich weitgehend an Kriterien der *Effektivität* eines oder mehrerer psychotherapeutischer Verfahren. Effektivität oder Wirksamkeit meint den Zusammenhang, ob und inwieweit ein bestimmtes Verfahren geeignet ist, ein bestimmtes Ziel zu erreichen (Bastine 1982). Die Orientierung an Kriterien der Wirksamkeit erfordert eine Verknüpfung mit verschiedenen anderen theoretischen Konstrukten (zum Beispiel Gesundheit, Krankheit, Ziele der Behandlung). Außerdem sind Untersuchungen zur Effektivität in einzelnen Verfahren ausgesprochen theorieabhängig: Die Beschreibung der Störung, des Behandlungsverfahrens und der Kriterien kann nur unter einem speziellen *theoretischen Blickwinkel* erfolgen. Zur Untersuchung der Wirksamkeit verschiedener verhaltenstherapeutischer Verfahren und zur Methodologie liegt inzwischen eine Reihe von Übersichts- und Sammelbänden vor (Garfield und Bergin 1986; Gurman und Razin 1977; Kendall und Butcher 1982; Lambert, Christensen und DeJulio 1983; Rachman und Wilson 1980; Turner und Ascher 1985; Williams und Spitzer 1984; Heft 2 des „American Psychologist" 1986). Probleme dieser Wirksamkeitsstudien liegen zum einen in ihrer mangelnden Vergleichbarkeit wegen der unterschiedlichen theoretischen Perspektiven und zum anderen in der Beschränkung auf die Kriterien der Wirksamkeit: „Wirksamkeit stellt eine abstrakte Größe dar ohne Bezug zu den realen Möglichkeiten der Gesundheitsversorgung" (Baumann und Reinecker-Hecht 1986, S. 359).

In neuerer Zeit wird deshalb bevorzugt von *Evaluation* von Psychotherapie oder von Versorgungsmodellen gesprochen (Baumann und Reinecker-Hecht 1986; Bergin 1981; Biefang 1980; Kazdin 1983; Lambert, Christensen und DeJulio 1983; Vandenbos 1980; Wittmann 1984, 1985). Evaluation meint eine *Beurteilung* von Strategien der psychosozialen Versorgung (zum Beispiel Psychotherapie) im Hinblick auf bestimmte Bewertungs*kriterien;* die üblicherweise herangezogenen Kriterien sind a) der Nutzen, b) die Kosten einer bestimmten Strategie und c) die Zufriedenheit des Patienten mit der Behandlung.

a) Beurteilung nach dem Nutzen

Hier muß ein Maß für den *Wert* eines therapeutischen Verfahrens gefunden werden; will man etwa den Nutzen erfassen, den eine ambulante oder stationäre Therapie bei einer Gruppe von Patienten erzielt, so kann man zwei Gesichtspunkte anlegen (Bühringer und Hahlweg 1986):

– als *positiven Nutzen* bezeichnet man diejenigen Vorteile, die sich für den Patienten, seine Bezugsgruppe beziehungsweise für die Gemeinschaft ergeben (zum Beispiel Erweiterung des Verhaltensspielraums; Eröffnung verschiedener beruflicher Perspektiven; Erhöhung der Steuereinnahmen).

– Von einem *Nutzen* durch *Kosteneinsparung* spricht man, wenn man in Rechnung stellt, welche Kosten durch eine Nicht-Behandlung entstanden wären, die nun – durch eine effiziente Intervention – nicht ausgegeben werden müßten (Beispiel: kein Verlust des Arbeitsplatzes und damit finanzieller Gewinn).

Auch wenn man versucht, den Nutzen einer psychotherapeutischen Behandlung in monetären Einheiten auszudrücken (was weder einfach noch unumstritten ist), gestaltet sich die Berechnung sehr schwierig: Zum einen ist die Beziehung zwischen den Effekten einer Behandlung und dem entstehenden Nutzen in der Regel nicht linear, und zum anderen ist es fraglich, ob sich der Nutzen aus der Sicht des Individuums, seiner sozialen Umgebung und für die Gemeinschaft einfach addieren läßt.

b) Beurteilung nach den Kosten

Unter diesem Gesichtspunkt setzt man die Kosten einer psychotherapeutischen Intervention in Relation zur Wirksamkeit. Dabei zeigt sich unter Umständen, daß ein bestimmtes Behandlungsverfahren durchaus *wirksam* sein kann, daß die Behandlung aber eventuell sehr kostenintensiv ist. Mit anderen Worten: In diesem Ansatz läßt sich erfassen, wie kostenintensiv eine Behandlung wird; wenn man beispielsweise als Effektivitätsmaß die Anzahl der erfolgreich behandelten Personen zugrunde legt, so können die Gesamtkosten auf diese Personen umgelegt werden.

Beispiel: Werden 20 Übergewichtige behandelt und erweist sich die Behandlung (Follow-Up: 2 Jahre) bei nur fünf Personen als effektiv, so müssen die Kosten der Behandlung aller Personen auf diese fünf erfolgreichen Personen umgelegt werden. Realistisch geschätzt könnte eine Behandlung circa 5000,– DM kosten; dies macht für 20 Personen Kosten von DM 100000,– aus. Ein erfolgreich behandelter Patient kostet demnach 20000,– DM, weil bei nur fünf Patienten ein dauerhafter Erfolg erzielt wurde – die Kosten für die restlichen 15 Patienten wurden offensichtlich „umsonst" ausgegeben.

Die Frage, *was* man als *Kosten* eines Behandlungs-Programmes anzusehen hat, ist alles andere als trivial: Zu berücksichtigen sind sicherlich Kosten für das therapeutische Personal, für die Einrichtung, der Pflegesatz bei stationärem Aufenthalt, Verbrauchsmaterial etc.; auch vom Patienten und seiner Umgebung sind Kosten aufzubringen, etwa die Bezahlung der Therapie, Krankenversicherungsbeiträge, Fahrtkosten, Kosten des Ausfalls der Arbeitszeit etc. In einem weitgehenden und langfristigen Berechnungsansatz müßte man eventuell auch Kosten für die Ausbildung professioneller Therapeuten, für die Errichtung von Behandlungsinstitutionen etc. mitaufnehmen (Yates und Newman 1980).

Wenn man zur Beurteilung verschiedener psychotherapeutischer Verfahren neben dessen *Effektivität* auch die *Kosten* heranzieht, zeigen sich gravierende Unterschiede: Für die Behandlung von Abhängigkeiten läßt sich dieser Kosten-Unterschied hauptsächlich auf die unterschiedlich lange Behandlungsdauer zurückführen (vgl. Bühringer und Hahlweg 1986). Selbst wenn man das Kriterium der *Kosten* einer Behandlung allein für die Beurteilung einer Intervention nicht für ausreichend hält, wäre eine Angabe der mit einer Behandlung verbundenen Kosten ausgesprochen wünschenswert. Yates und Newman (1980) führen an, daß bisher bei circa 5% der Psychotherapie-Studien auch die Kosten der Behandlung angeführt wurde.

c) Zufriedenheit des Patienten

Gegenwärtig bestimmen offensichtlich weniger offene oder zumindest transparente Berechnungen zur Effektivität beziehungsweise zu den Kosten und Nutzen die Wahl für eine bestimmte Behandlung, sondern die *subjektiven* Präferenzen. Die Erfassung dieser subjektiven Präferenzen (vor einer Behandlung) beziehungsweise der Zufriedenheit mit einer Behandlung (nach der Intervention) gestaltet sich ausgesprochen schwierig. Diese Schwierigkeit der Untersuchung sollte uns in keinem Fall davon abhalten, der Untersuchung dieses *subjektiven* Gesichtspunktes bei der Beurteilung einer Behandlung gebührende Aufmerksamkeit zu schenken (Baumann und Reinecker-Hecht, 1986).

Die Präferenzen von Patienten sind offenbar durch eine Reihe von Vorinformationen, Einstellungen, Vorlieben etc. determiniert (vgl. Halder 1977; Krantz, Baum und Wideman 1980). Gerade im Lichte der Indikationsstellung im *Vorfeld* einer psychotherapeutischen Behandlung bietet es sich an, potentielle Psychotherapiepatienten realistisch zu informieren: Eine solche realistische Information über Möglichkeiten und Grenzen einer psychotherapeutischen Intervention bietet die Chance zu einer Verbesserung der Zusammenarbeit von Patienten und Therapeuten (Compliance) gerade im Anfangsstadium einer Intervention.

Die subjektiven Urteile eines Patienten *nach* einer Behandlung sind äußerst heterogen und durch vielfältige Einflüsse gesteuert (Preuss 1986). Es würde sich besonders anbieten, die subjektive Zufriedenheit der Patienten nicht nur *nach* sondern speziell im *Verlauf* einer psychotherapeutischen Intervention näher zu untersuchen. Auf diese Weise ließen sich unter Umständen Merkmale der *Zufriedenheit* mit bestimmten Aspekten der Therapie und der eigenen Veränderung von Gesichtspunkten der Rechtfertigung des Aufwandes trennen (Cooper und Axsom 1982; Abschnitt 3.3.2).

War bereits die Untersuchung der Wirksamkeit (= Effektivität) von Psychotherapieverfahren ein mühevolles, aufwendiges Vorhaben, so wird die Situation im Bereich der *Evaluation* noch um einiges komplexer:

Die einzelnen Gesichtspunkte zur Evaluation, nämlich Kosten, Nutzen und Zufriedenheit (einige andere ließen sich eventuell noch anführen, vgl. Baumann und Reinecker-Hecht 1986; Wittmann 1984, 1985) wurden nicht ausdifferenziert, um nicht zur Verwirrung des Lesers beizutragen. Die einzelnen Gesichtspunkte müssen jedoch angeführt werden, weil Psychotherapieforschung mehrere Ebenen und Ziele verfolgt (siehe oben, Abschnitt 4.4.1) und weil sich von verschiedenen Aspekten aus eine durchaus heterogene Beurteilung treffen läßt. Es ist allerdings unumgänglich, daß angesichts des komplexen Gegenstandes und der Strategien der Evaluation die einzelnen *Gesichtspunkte* möglichst transparent gemacht werden.

> **Zusammenfassung:** Evaluation bedeutet, daß bei der Beurteilung von psycho-therapeutischen Verfahren neben dem Kriterium der Effektivität (das heißt Erreichung eines Zieles) auch Gesichtspunkte der Kosten, des Nutzens und der Zufriedenheit des Patienten herangezogen werden. Besonders schwierig wird eine einheitliche Beurteilung eines Verfahrens dann, wenn die einzelnen Kriterien zueinander in Relation gesetzt werden.

Weiterführende Literatur: Bühringer, G., und Hahlweg, K.: Kosten – Nutzen Aspekte psychologischer Behandlung. Psychologische Rundschau 37 (1986), 1–19.

4.5 Zum Problem von Erfolg und Mißerfolg in der Verhaltenstherapie

Mit der Entwicklung der Verhaltenstherapie war großer *Optimismus* verbunden gewesen; dazu trugen einerseits die Berichte über die Effektivität einzelner Verfahren bei und andererseits die Anwendung psychologischer Behandlungsmethoden auf Störungen, die von der bisherigen psychotherapeutischen Praxis wenig profitiert hatten (zum Beispiel Verhaltenstherapie bei Abhängigkeiten, bei Psychotikern, bei Unterschichtpatienten).

In dieser allgemeinen Erfolgsorientierung, die wohl auch durch einen gewissen Rechtfertigungsdruck zustande kam, hat man *innerhalb* der Verhaltenstherapie dem Problem der *Mißerfolge* wenig Beachtung geschenkt. Dabei war dem verhaltensthera-peutischen *Praktiker* längst klar, daß keineswegs *jede* Therapie zu dem Ziel führt, das Patient und Therapeut erreichen wollen. Praktiker schlugen sich mit Teilerfolgen, Mißerfolgen und Effektivitätsquoten herum, die weit unter jenen lagen, die in Veröffentlichungsstudien aufscheinen. Diese Kluft zwischen *Praxis* und veröffent-lichten *Studien* hängt sowohl mit Selektionsstrategien von Zeitschriften zusammen, („erfolgreiche" Berichte haben eine größere Chance zur Publikation) als auch mit der Haltung einzelner Praktiker: Als Praktiker ist man aus verschiedenen Gründen wenig geneigt zuzugeben, daß man Mißerfolge aufzuweisen hat. Ein Mißerfolg könnte als therapeutische Unfähigkeit ausgelegt werden – wo doch andere Kollegen scheinbar nur von Erfolgen berichten.

Wenn man die Situation in anderen Bereichen der Psychotherapie betrachtet, so fällt auf, daß das Problem der *Mißerfolge* seit längerer Zeit explizit diskutiert wird: Auf der Jahrestagung der American Psychological Association (APA) im Jahr 1962 wurde das Problem der *negativen* Effekte als Folge psychotherapeutischer Intervention ausgiebig diskutiert. Wichtige Beiträge daraus erschienen im „Journal of Counseling Psychology" (Bergin 1963; Truax 1963). Eine zusammenfassende Diskussion findet sich in Lambert, Bergin und Collins (1977): Die Autoren führen diejenigen Originalstudien zur Psychotherapie an, in denen über einen negativen Effekt berichtet wurde. Nach Lambert und anderen (1977) scheint gesichert, daß negative Effekte (Verschlechterungen) eine Folge einer therapeutischen Intervention sein können. Bei diesen Verschlechterungseffekten handelt es sich allerdings um ein Konglomerat an Ursachen und Effekten, denen die Autoren in der Folge durch die Betrachtung einzelner Faktoren auf die Spur zu kommen trachten.

Generell hatte bereits Bergin (1966) festgestellt, daß die Tatsache eines Verschlechterungseffektes damit zusammenhängt, daß die *Behandlungsgruppe* in fast allen Studien *nach* der Therapie eine *erhöhte Varianz* aufweist. Lambert und andere (1977) verdeutlichen dies in folgender Graphik:

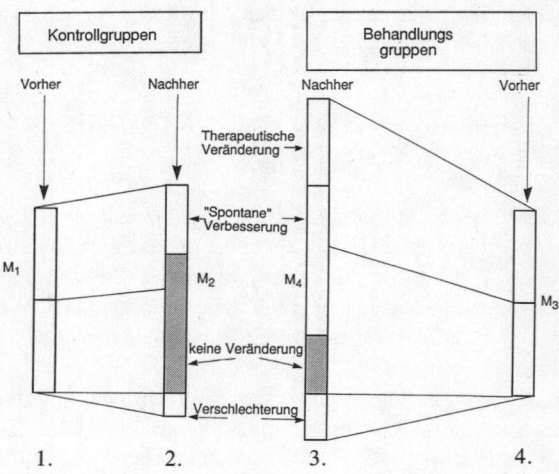

Unterschiedliche Effekte von Psychotherapie: eine schematische Darstellung von Veränderungen der Symptomatik für Kontroll- und Therapiegruppen.*

Säule 1   Verteilung der Testwerte für „gestörte" Kontrollgruppen zu Beginn der Untersuchungen.

Säule 2   Verteilung der Testwerte für „gestörte" Kontrollgruppen am Ende der Untersuchung mit erhöhter Varianz der Werte aufgrund „spontaner" Verbesserung und „spontaner" Verschlechterung.

Säule 3   Verteilung der Testwerte für „gestörte" Behandlungsgruppe zu Beginn der Therapie.

Säule 4   Verteilung der Testwerte für „gestörte" Behandlungsgruppe am Ende der Therapie mit erhöhter Varianz der Werte aufgrund therapeutischer Veränderung, „spontaner" Verbesserung, „spontaner" Verschlechterung und therapiebedingter Verschlechterung.

M_1, M_2 Medianwerte, vorher und nachher, wobei Therapiegruppen größere Veränderungen aufweisen als
M_3, M_4 Kontrollgruppen.

* Anmerkung: Säulenlängen stellen Annäherungswerte dar.

Abb. 4.5: Erhöhung der Varianz der Experimental-Gruppe gegenüber einer Kontrollgruppe als Folge einer Therapie (aus Lambert et al. 1977, S. 455, Fig. 1).

Die Abbildung 4.5 läßt sich auch so interpretieren, daß Psychotherapie offensichtlich eine *Verbesserung* bei einer Reihe von Patienten bewirkt (Veränderung der Varianz im „oberen" Bereich), daß aber bei einigen Patienten Faktoren zum Tragen kommen, die eine *Verschlechterung* bewirken (und damit zu einer Vergrößerung der Varianz im „unteren" Bereich führen). Einige mögliche Gesichtspunkte und Faktoren dieser Verschlechterung sollen in diesem Kapitel diskutiert werden; zunächst muß jedoch die Frage von Erfolg versus Mißerfolg eine Präzisierung erfahren.

4.5.1 Zur Beurteilung von Erfolg und Mißerfolg

Die Frage, was als Erfolg beziehungsweise Mißerfolg einer verhaltenstherapeutischen Behandlung anzusehen ist, hängt ganz zentral mit den *Kriterien* zusammen, die man an einen Zustand (beziehungsweise dessen Veränderung) anlegt. Wiggins (1973) hat in anderem Zusammenhang (nämlich mit Bezug auf die Kriterienproblematik in der psychologischen Diagnostik) darauf hingewiesen, daß es sich hierbei um eines der schwierigsten und komplexesten Probleme handelt, mit denen man es zu tun haben kann (Bergin 1971, 1975; Bergin und Lambert 1978; Kazdin und Wilson 1978b).

Das Problem, was als Erfolg beziehungsweise Mißerfolg einer Behandlung anzusehen ist, kann auch hier nicht grundlegend gelöst werden; es ist allerdings bereits einiges gewonnen, wenn eine präzisere *Problemstellung* gelingt und wenn verschiedene *Gesichtspunkte* zur Beurteilung berücksichtigt werden.

Zur *Problemstellung* ist zu sagen, daß die Frage einer Verbesserung oder Verschlechterung ganz entscheidend mit dem zugrundeliegenden *Gesundheitsbegriff* zusammenhängt (Strupp und Hadley 1976, 1977, 1985; Strupp, Hadley und Gomes-Schwartz 1977). Mit dem Gesundheitsbegriff sind Idealvorstellungen, Standards, Normen verbunden, die man durch eine therapeutische Intervention anzustreben versucht. Für die Beurteilung der Frage, *was* als Verbesserung oder Verschlechterung (Erfolg oder Mißerfolg) anzusehen ist, muß man immer diesen normativen Hintergrund des Begriffes der *Gesundheit* heranziehen.

Für die Entwicklung von *Kriterien,* wann eine Person als „gesund", als „gebessert" oder „verschlechtert" anzusehen ist, müssen verschiedene *Gesichtspunkte* berücksichtigt werden: Die Beurteilung kann 1. von seiten der Gesellschaft (Gemeinschaft), 2. vom Individuum selbst und 3. durch die professionelle Person im Gesundheitssystem vorgenommen werden (Strupp und Hadley 1977). Die Wahl des *Gesichtspunktes* entscheidet weitgehend darüber, ob eine Person als „gesund" einzustufen ist, weil eben von unterschiedlichen Standpunkten aus verschiedene Kriterien der Beurteilung zum Tragen kommen.

1. *Gesichtspunkt der Gemeinschaft:* Die von der Gesellschaft als wichtig erachteten Kriterien beziehen sich auf das Funktionieren eines Individuums hinsichtlich gewisser Erwartungen und Rollen (zum Beispiel als Eltern, als Verantwortliche in einer bestimmten Stellung, als Schüler usw.). Eine Person wird von der Gemeinschaft dann als *gesund beurteilt,* wenn die an sie herangetragenen Erwartungen (in bestimmten Situationen) erfüllt werden (umgekehrt: Beurteilung als nicht funktionsfähig). Die Standards für diese Beurteilung können mit sozialen, politischen und ökonomischen

Gegebenheiten starken Schwankungen unterliegen (zum Beispiel Hochkonjunktur versus Rezession; politische Krise versus stabile Situation).

Beispiel: Bei der Beurteilung ob eine Person Schmerzen hat beziehungsweise ob der Zustand durch eine verhaltensmedizinische Intervention gebessert beziehungsweise verschlechtert wurde, werden von der Gemeinschaft Gesichtspunkte wie Berufstätigkeit, Fehlen am Arbeitsplatz, die Inanspruchnahme des Gesundheitssystems, Kuraufenthalte, Medikation und die Bezahlung von Versicherungsbeiträgen etc. herangezogen.

2. *Gesichtspunkt des Individuums:* Zur Beurteilung der Gesundheit zieht ein Individuum in erster Linie *subjektive* Kriterien heran (Zufriedenheit, Wohlbefinden und ähnliches). Diese Beurteilung einer Verbesserung oder Verschlechterung durch das Individuum selbst *kann* zwar mit den Kriterien der Gemeinschaft beziehungsweise des Gesundheitssystems übereinstimmen, auf der anderen Seite können aber auch stark diskrepante Beurteilungen auftreten.

Beispiel: Zur Beurteilung der Schmerzintensität werden *subjektive* Merkmale als ganz zentral angesehen; das Ergebnis einer verhaltensmedizinischen Behandlung chronischer Schmerzen wird von der Person weitgehend unabhängig von den Kriterien der Gemeinschaft (beziehungsweise Berufstätigkeit) und von Vertretern des Gesundheitssystems (zum Beispiel Urteil des Arztes) als Erfolg oder Mißerfolg eingestuft. Die Person nimmt eventuell die Berufstätigkeit wieder auf, weil sie vom Arzt gesundgeschrieben wurde, sie bezeichnet aber eine Therapie als „Mißerfolg", weil eine Veränderung in *subjektiven* Bereichen nach ihrer Beurteilung nicht stattgefunden hat.

Die Beurteilung einer Besserung oder Verschlechterung aus der Sicht des Patienten gestaltet sich auch deshalb als sehr schwierig, weil das Muster derjenigen Faktoren, die als „hilfreich" bezeichnet werden, äußerst uneinheitlich ist (A. Lazarus 1971; Preuss 1986).

3. *Gesichtspunkt der Vertreter des Gesundheitssystems:* Ein professioneller Vertreter des Gesundheitssystems beurteilt die Bedeutung einer Störung (und damit verbunden Verbesserung versus Verschlechterung) vor dem Hintergrund einer bestimmten *theoretischen Modellvorstellung.* Die Beurteilung zieht verschiedene Gesichtspunkte heran, wie eine Erweiterung des Verhaltensspielraumes, Fähigkeiten zur Bewältigung von Streß, Fähigkeiten zur Selbstkontrolle und zum Selbstmanagement, Veränderungen der Einstellung usw. Zur Beurteilung dieser Aspekte muß sich ein Kliniker auf verschiedene Merkmale verlassen (zum Beispiel Verhaltensbeobachtung, Aussagen der Person, diagnostische Angaben, Ergebnisse psychophysiologischer Messungen), um zu seinem klinischen Urteil zu gelangen.

Beispiel: Bei der Behandlung chronischen Schmerzes wird es vom Therapeuten vielleicht bereits als Erfolg angesehen, wenn der Patient nach der Behandlung in der Lage ist, die Schmerzintensität *differentiell* zu *beurteilen,* um in der Folge kontrolliert mit Analgetika umzugehen. Bei der Beurteilung der Erweiterung des Verhaltensspielraumes (zum Beispiel Berufstätigkeit, soziale Beziehungen) kommen unter anderem auch Merkmale zum Tragen, die die Gemeinschaft als wichtig ansieht. Ebenso bedeutsam sind subjektive Beurteilungen der Person (etwa ein subjektives Gefühl der

Bewältigung), die der Therapeut zum Teil als Grundlage seiner Entscheidung heranzieht.

Die von Strupp und Hadley (1977) vorgeschlagene Differenzierung zur Beurteilung von Erfolg versus Mißerfolg sollte uns vor Augen führen, daß es weitgehend sinnlos ist, von „Erfolg" oder „Mißerfolg" zu sprechen, ohne dabei den normativen Hintergrund des Gesundheitsbegriffes zu berücksichtigen. Ob eine Therapie als „Erfolg" oder „Mißerfolg" angesehen wird, kann deshalb eventuell sehr heterogen beurteilt werden. Dies sollte anhand der Erörterung der einzelnen Kriterien klar geworden sein. Das Bild wird insofern noch weiter verkompliziert, als selbst *innerhalb* eines Bereiches eine *heterogene* Beurteilung möglich ist (beispielsweise zeitliche und situationale Schwankungen in der Bewältigung sozialer Situationen). Dies gilt es zu berücksichtigen, wenn man der Frage nach den möglichen *Ursachen* einer Verschlechterung eines Zustandes als Folge einer therapeutischen Intervention nachgeht.

Zusammenfassung: Wenn von Erfolg oder Mißerfolg gesprochen wird, so hängt dies eng mit bestimmten *Kriterien* zusammen; als wichtigste Gesichtspunkte für solche Kriterien lassen sich folgende anführen:
1. Gesichtspunkte des Systems der Gemeinschaft;
2. Kriterien aus der Sicht des Individuums;
3. Aspekte von Vertretern des Gesundheitssystems.
Sowohl innerhalb dieser Gesichtspunkte, als auch bei möglichen Relationen der einzelnen Kriterien untereinander können sich ausgesprochen heterogene Beurteilungen von Erfolg oder Mißerfolg ergeben.

Weiterführende Literatur: Strupp, H. H., und Hadley, S. W.: A tripartite model of mental health and therapeutic outcomes. With special reference to negative effects in psychotherapy. American Psychologist 32 (1977), 187–196.

4.5.2 Verhaltenstherapie als Quelle der Verschlechterung

Die Tatsache einer *Verschlechterung* des Zustandes eines Patienten in speziellen Bereichen als *Folge* einer Therapie kann als gesichert angesehen werden (Lambert, Bergin und Collins 1977). Auch in der Verhaltenstherapie wird diesem Problem neuerdings breite und, wie man sagen muß, gebührende Aufmerksamkeit geschenkt (Foa und Emmelkamp 1983; Grawe 1984; Mays und Franks 1985). Mit der Diskussion von Mißerfolgen durch eine therapeutische Intervention ist die entscheidende Frage verbunden, ob die *Therapie* (beziehungsweise spezielle Merkmale derselben) als *Ursache* für die Verschlechterung angesehen werden kann.

Es geht um die Klärung der Frage, ob zwischen verschiedenen Merkmalen der Therapie und des Effekts der Verschlechterung ein *kausaler* Zusammenhang besteht (Rachman 1973). Die Feststellung eines solchen kausalen Zusammenhangs für positive *Effekte* (also Erfolge) der Therapie besteht im empirischen Nachweis, daß eine Reihe von plausiblen Alternativ-Hypothesen zurückgewiesen werden kann (Campbell und Stanley 1966; Cook und Campbell 1976; siehe dazu auch die Überlegungen in Kapitel 4.2). Für den Nachweis *negativer* Effekte (also Mißerfolge) müßte ein solcher Nachweis auf ganz analoge Weise erfolgen: Für das Zustandekommen verschiedener Mißerfolge kann allerdings eine fast unbegrenzte Menge an *Alternativ-Hypothesen* als *Ursachen* angeführt werden. Alle *Fehlerquellen* der Diagnostik, Therapieplanung und Therapiedurchführung kommen als *Ursachen* für einen therapeutischen Mißerfolg in Frage. Umgekehrt formuliert: Man müßte zum Nachweis, daß ein bestimmter Faktor (als Unabhängige Variable) für einen Mißerfolg (als abhängige Variable) verantwortlich ist, den Nachweis führen, daß *alle* anderen Möglichkeiten (= plausible Alternativ-Hypothesen) als Ursachen praktisch ausscheiden. In faktoriellen Gruppenstudien ist dieser Nachweis so gut wie überhaupt nicht zu führen, weil man keine Angaben über diejenigen Patienten zur Verfügung hat, die von der Therapie nicht profitiert oder sich verschlechtert haben (in Gruppenstudien verfügt man lediglich über Parameter der gesamten Stichprobe oder eines Teils der Stichprobe). Nur eine *Kombination* des faktoriellen Gruppenansatzes mit einer einzelfallanalytischen Betrachtungsweise kann hier näher Aufschluß geben. Solche Studien sind noch sehr selten (Ausnahme: Jacobson 1977; Öst, Jerremalm und Johansson 1981, 1984; Öst, Johansson und Jerremalm 1982; Michelson 1986) so daß der magere Forschungsstand in diesem Bereich verständlich wird.

Die angesprochene Suche nach *Ursachen* eines Mißerfolgs setzt eine präzise Dokumentation verschiedener Stadien des therapeutischen Prozesses voraus. Erst dann ist es sinnvoll, in einzelnen Bereichen nach möglichen Fehlerquellen (= unabhängige Variable) für den therapeutischen Mißerfolg zu suchen. Emmelkamp und Foa (1983) schlagen folgende Klassifikation möglicher Fehlerquellen vor:

1. Stadium der Vorinformation

Eine therapeutische Verbesserung angesichts eines schwerwiegenden Problems kann dadurch verhindert sein (werden), daß ein Patient keine beziehungsweise falsche Informationen über therapeutische Veränderungsmöglichkeiten seines Problems zur Verfügung hat. Ob man diese Verhinderung einer möglichen Besserung allerdings bereits als Mißerfolg im Vorfeld der Therapie ansehen kann, ist durchaus diskutabel.

Man muß jedoch auch sagen, daß eine Kontroverse um die Angemessenheit und Effektivität verschiedener psychotherapeutischer Verfahren ausgesprochen müßig ist, solange die wichtigen und häufigsten Indikationsentscheidungen im *Vorfeld* der Therapie fallen (Cooper und Bickel 1984).

2. Ablehnen der Therapie (Abbruch)

Hier handelt es sich um Patienten, die eine Therapie zwar beginnen, nach kurzer Zeit jedoch aus verschiedenen Gründen abbrechen. Dieser Therapieabbruch wird als Mißerfolg eingestuft. Die Abbruchquote ist bei unterschiedlichen therapeutischen Ansätzen ausgesprochen heterogen: Garfield (1980) geht von einem Drittel der Patienten als Abbrecher aus, Marks (1978b) rechnet mit einer Abbruchquote von einem Viertel der Patienten in der Verhaltenstherapie. Die Angabe von Abbruchquoten allein ist wenig fruchtbar, solange spezielle *Bedingungen* des Beginns der Therapie nicht explizit angeführt sind (zum Beispiel Setting, Bezahlung, Warteliste, ambulant oder stationär usw.). Man muß nämlich davon ausgehen, daß gerade solche Variablen entscheidende Determinanten des Abbruchs darstellen.

3. Ausfälle (Dropouts)

Patienten, die eine Therapie nicht *beenden* so wie dies vereinbart worden war, werden als „Dropouts" bezeichnet und üblicherweise zur Anzahl der Mißerfolge gerechnet. Dies ist nicht ganz gerechtfertigt: Manche Patienten haben ein Ziel unter Umständen zu einem Zeitpunkt erreicht, der noch nicht als Therapie-Abschluß geplant war. Diese Patienten, die sich aufgrund eines *subjektiven Kriteriums* (siehe oben) als gebessert bezeichnen und deshalb der Therapie fernbleiben, kann man nicht ohne weiteres zu den Mißerfolgen zählen. Ein Urteil darüber ist aber zugegebenermaßen schwierig, weil man über „Dropouts" üblicherweise wenig Informationen zur Verfügung hat. Eine Übersicht zum Problem der „Dropouts" in der Psychotherapie liefern Baekeland und Lundwall (1975).

4. Mangel an Veränderung (Non-responders)

Wird eine Intervention nach eingehender Verhaltensdiagnostik, Zielbestimmung und Therapieplanung in korrekter Weise durchgeführt, und führt dies nicht zur erwünschten Veränderung, so spricht man ebenfalls von Mißerfolg in der Therapie. Neben der *praktischen* Bedeutung dieser Kategorie stellen solche Patienten insofern auch eine theoretische Herausforderung dar, als man spezielle Merkmale der Störung (und deren Bedingungen) offensichtlich nicht hinreichend erfaßt und zur Grundlage der Therapieplanung und Therapiedurchführung gemacht hat. Für einige Störungsbilder scheint der Mangel an ätiologischem Wissen und Veränderungswissen mitverantwortlich für eine fast konstante Mißerfolgsrate zu sein (siehe etwa Zwänge, insbesondere Zwangsgedanken, vgl. Rachman 1983; Rachman und Hodgson 1980; Vaughan und Beech 1985; aber auch depressive Störungen, vgl. Hollon und Emmerson 1985; Zeiss und Jones 1983).

Die größte Schwierigkeit bei der Beurteilung, ob eine Veränderung vorliegt oder nicht, bildet wiederum die Frage nach den *Kriterien* (Strupp und Hadley 1977, 1985). In der Praxis steht man nicht selten vor der Frage, ob eine Veränderung als *klinisch bedeutsam* beurteilt werden kann, beziehungsweise, wie eine Veränderung des Patienten vor dem Hintergrund sich ändernder Kriterien zu sehen ist.

5. Rückfälle

Eine der Grundforderungen an therapeutische Interventionen besagt, daß eine Therapie eine Veränderung vom Beginn bis zum Ende der Therapie erzielen und nachweisen sollte:

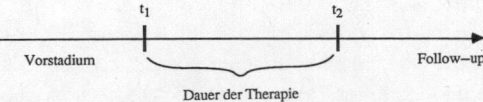

Abb. 4.6: Zeitlicher Verlauf der Therapie: t_1 markiert den Beginn, t_2 das Ende der Intervention.

235

Anhand gewisser Kriterien sollte gezeigt werden, daß zwischen t_1 und t_2 eine Veränderung in Richtung des Therapiezieles stattgefunden hat. Mit dieser Grundforderung ist üblicherweise auch noch die Annahme verbunden, daß eine Veränderung auch *nach* der Intervention zeitlich und situational stabil bleibt (Generalisierung).

Beispiel: Bei der Therapie des Alkoholismus wird nicht nur gefordert, daß die Person *während* des Klinikaufenthaltes oder einer bestimmten Intervention lernt, ihren Alkoholkonsum einzuschränken. Das Ziel besteht vielmehr in einer *Stabilisierung* derjenigen Strategien, die die Person zur Bewältigung diverser problematischer Situationen vermittelt bekam.

In welchem Zeitraum man von einem *Rückfall* sprechen kann und muß, hängt von mehreren Gesichtspunkten ab, etwa von der Vermittlung von Fähigkeiten zur eigenständigen Aufrechterhaltung des Therapieerfolges (Goldstein und Kanfer 1979).

Bei der Suche nach *Ursachen* einer Verschlechterung des Zustandes eines Patienten, die mit der Therapie in Zusammenhang steht, sind also zunächst *verschiedene Stadien* des Therapieprozesses zu unterscheiden. In diesen Stadien kann dann verschiedenen Fehlerquellen besonderes Augenmerk gewidmet werden (Emmelkamp und Foa 1983). Die meisten Hinweise zu negativen Ergebnissen liegen heute zu den Aspekten der Non-responder (= Stadium vier) und zu den Rückfällen (= Stadium fünf) vor (Barbrack 1985; Foa und Emmelkamp 1983; Mays und Franks 1985).

Zusammenfassung: Will man nachweisen, daß die Durchführung einer verhaltenstherapeutischen Intervention die Ursache für eine Verschlechterung bei einem Patienten darstellt, so müßte man alle plausiblen Alternativhypothesen für diesen Effekt (in Diagnose, Therapieplanung und Durchführung) ausschließen. Da dies so gut wie unmöglich ist, sucht man Quellen der Verschlechterung in verschiedenen Bereichen: im Stadium der Vorinformation, beim Ablehnen der Therapie, beim Abbruch, im Mangel an Veränderung und bei Rückfällen nach der Therapie.

Weiterführende Literatur: Emmelkamp, P. M. G., und Foa, E. B.: Failures are a challenge. In: Foa, E. B., und Emmelkamp, P. M. G. (Eds.): Failures in behavior therapy. New York: Wiley 1983.

4.5.3 Faktoren der Verschlechterung

Angesichts der Fülle möglicher Quellen für therapeutische Mißerfolge ist es gewiß sinnvoll, diejenigen Faktoren zu analysieren, die wichtige *differentielle* Hinweise auf Verbesserungen oder Verschlechterungen abgeben können. Die Uneinheitlichkeit dessen, was man als negatives Ergebnis der Therapie verstehen sollte, wird auch anhand folgender Definition von Mays und Franks (1985) deutlich:

„Ein negatives Ergebnis ist eine signifikante Verschlechterung in einer oder mehreren Funktionen des Patienten zwischen dem Beginn der Psychotherapie und der Beendigung der Therapie (für die Kontrollpersonen gilt eine äquivalente Dauer), die für einen deutlichen Zeitraum nach dem Ende der Therapie weiterhin besteht. Der Begriff negatives Ergebnis wird nicht auf diejenigen negativen Veränderungen eingeschränkt, die durch die Therapie ausgelöst sind und der Begriff impliziert deshalb nicht, daß der Therapeut notwendigerweise für die negative Veränderung verantwortlich ist" (Mays und Franks 1985, S. 8, Übersetzung durch den Verfasser). Mays und Franks (1985) unterstellen also explizit, daß für Verschlechterungen vermutlich mehrere Faktoren in Rechnung zu stellen sind.

Ausgiebig diskutiert wurde in diesem Zusammenhang das Merkmal der *Erfahrung* des Therapeuten (Sloane et al. 1975): Erfahrene Therapeuten bewirken gegenüber unerfahrenen Kollegen offensichtlich weniger negative Effekte. Auch Auerbach und Johnson (1977) weisen darauf hin, daß therapeutische Erfahrung für den Therapieerfolg ein zentrales Merkmal darstellt. Erfahrene Therapeuten wiesen unter anderem eine geringere Anzahl von Therapieabbrüchen und von negativen Ergebnissen auf als eine Kontroll-Gruppe von weniger erfahrenen Therapeuten.

Das Herausgreifen eines *einzelnen* Merkmals des Therapeuten, des Patienten oder auch von Gesichtspunkten der therapeutischen Interaktion stellt einen Schritt in die falsche Richtung dar: Ein einzelnes Merkmal (wie die angeführte Erfahrung der Therapeuten) mag zwar einen gewissen Teil der therapeutischen Veränderungsvarianz aufklären (etwa auch der Verschlechterung), sagt uns aber über Mikroprozesse der Verbesserung oder Verschlechterung so gut wie nichts. So ist etwa auch die *„Motivation"* des Patienten als Prädiktor für einen Erfolg oder Mißerfolg wenig geeignet, weil eben das Merkmal der Motivation ein *Prozeßmerkmal* darstellt, das in enger Interaktion mit einem *Muster* von Merkmalen des Therapeuten, des Patienten, der Störung und des institutionellen Settings steht.

Zur Identifikation von Faktoren der Verschlechterung müßte man außerdem Daten über den sogenannten „natürlichen Verlauf" einer Störung zur Verfügung haben: Eine bloße *Verschlechterung* im Zustand des Patienten – wie dies in der Definition von Mays und Franks (1985) zum Ausdruck kommt – ist noch nicht hinreichend, um diese Veränderung des Zustandes in einen Zusammenhang zur Therapie zu bringen. Auch bei der *Therapie* gewisser Störungsbilder gibt es offensichtlich typische Veränderungsmuster, die bei der Beurteilung einer Besserung oder Verschlechterung zu berücksichtigen sind. Inwieweit hier Faktoren der Therapie überhaupt Moderatorvariablen der Verschlechterung bilden, ist noch weitgehend offen. Verschiedene Störungsbilder weisen offensichtlich einen „natürlichen Verlauf" in Richtung einer depressiven Problematik auf: Diskutiert und nachgewiesen wurde dies anhand eines Verlaufsmodells bei *Zwängen,* die unter bestimmten Bedingungen in eine Depression übergehen (Hand und Zaworka 1981; Zaworka und Hand 1981); auch Marks (1971) hatte auf den engen Zusammenhang von schweren *Agoraphobien* und depressiven Störungen hingewiesen (Zeiss und Jones 1983); ähnliche Überlegungen gelten für *übergewichtige Patienten* (Dubbert und Wilson 1983) beziehungsweise für *anorektische Patienten* (Bruch 1974), die zudem eine Mortalitätsrate von zirka 10–20%

aufweisen (vgl. Horne 1985; Meermann 1981; Vandereycken und Meermann 1984). Auch der „natürliche Verlauf" bei *Abhängigkeiten* (Collins und Marlatt 1983) weist ein sehr heterogenes Bild auf, so daß man nur schwer angeben kann, worauf eine Veränderung (zum Beispiel Verschlechterung/Rückfall) zurückzuführen ist. Diese Berücksichtigung von Merkmalen des *natürlichen Verlaufs* einer Störung sollte nicht als Hinweis darauf verstanden werden, Faktoren der *Verschlechterung* ausschließlich in diesem Bereich zu suchen. Als Therapeut sollte man jedoch das Wissen um die Ätiologie und den Verlauf einer Störung auch bei der *Therapie* – und hier speziell bei der Beurteilung von Verschlechterungseffekten in sensibler Weise berücksichtigen. Die Tatsache, daß sich die einzelnen Faktoren weder in der Praxis noch in Bezug auf die Forschung hinreichend *trennen* lassen, darf kein Grund sein, sie nicht gebührend in Rechnung zu stellen.

Berichte über den mißbräuchlichen Umgang des Therapeuten mit einem Patienten (vgl. Bergin 1971, 1975; Lambert et al. 1977) schildern vielfältige Formen der Verletzung ethischer Grundrechte. So unerfreulich und problematisch solche Hinweise auf den Mißbrauch der therapeutischen Interaktion sind (von Ausbeutung, Unterdrückung, Beschimpfung, bis hin zu körperlichen Angriffen und zu sexuellen Kontakten mit dem Patienten), so notwendig ist eine offene und sachliche Diskussion der damit verbundenen Probleme.

Die öffentliche Kritik und Polemik richtet sich ganz berechtigt auf mehr oder weniger erzwungene sexuelle Kontakte zwischen Therapeuten und Patienten: Abgesehen davon, daß die Materie ebenso *sensibel* wie *konsequent* behandelt werden muß (siehe American Psychological Association 1981; Pope et al. 1986) bleibt es unverständlich, daß manche Therapeuten ihr unethisches Handeln auch noch technologisch zu rechtfertigen versuchen. Therapeuten führen verschiedene Gründe an, weshalb der sexuelle Kontakt mit den Patienten – in den meisten Fällen männliche Therapeuten und weibliche Patienten – für den therapeutischen Fortschritt wichtig oder günstig wären und führen dubiose „wissenschaftliche" Argumente an. Dabei läßt sich ganz klar zeigen – und dies ist einer der Gründe, warum die Thematik unter dem Kapitel „Mißerfolge" angeführt wird –, daß eine solche Argumentation theoretisch höchst fadenscheinig und empirisch völlig unhaltbar ist. In einer Übersicht über Konsequenzen eines sexuellen Kontaktes führen Feldman-Summers und Jones (1984) verschiedene *Verschlechterungen* an, die den Patienten betreffen (psychosomatische Störungen, depressive Zustände bis hin zum Suizid . . .). Diese verschiedenen Zustände waren bei ausgewählten Kontroll-Gruppen von Patienten ohne sexuellen Kontakt mit dem Therapeuten nicht beobachtet worden: „Kurz gesagt, Frauen, die sexuellen Kontakt mit ihrem Therapeuten hatten, berichten über ungünstige psychologische Beeinträchtigungen, die sie von Frauen unterschied, die ebenfalls in Therapie waren, die allerdings keinen sexuellen Kontakt mit ihrem Therapeuten hatten" (Feldman-Summers und Jones 1984, S. 1058, Übersetzung durch den Verfasser). Außerdem berichten 20 von 21 der untersuchten Frauen, die sexuellen Kontakt mit ihrem Therapeuten gehabt haben, daß dieses Erlebnis für sie ausgesprochen negativ war.

Während also die wissenschaftliche Beweislage für die Verschlechterung durch einzelne Faktoren im Rahmen einer korrekt durchgeführten Therapie gering ist, muß man für den Aspekt des sexuellen Kontaktes zwischen Therapeuten und Patienten ganz klar festhalten, daß dies nicht nur ethisch völlig unvertretbar ist, sondern, daß sich offensichtlich auch eine Reihe von Verschlechterungen auf diesen erzwungenen sexuellen Kontakt zurückführen lassen. Auch einzelne dramatische Berichte über Selbstmordhandlungen eines Patienten als Folge eines sexuellen Kontakts mit dem Therapeuten sollten uns für die Problematik sensibilisieren (Strupp und Hadley 1985). Der angesprochene *sensible* und *konsequente* Umgang mit dem Problem des sexuellen Kontakts von Therapeuten und Patienten ist schon deshalb unbedingt nötig, damit a) *potentiell Betroffene* hinreichend geschützt werden können und b) *Verallgemeinerungen* hinsichtlich schädigender Effekte von Therapien nicht ungehindert Platz greifen. Sexueller Kontakt zwischen Patienten und Therapeuten ist aber offensichtlich nur *eine* Form des Mißbrauchs von Therapie; andere der angesprochenen Verletzungen der minimalen professionellen Distanz zwischen Therapeut und Patient sind zwar weniger *publicity*-trächtig, dürfen aber deshalb nicht als irrelevant oder unbedeutsam untergehen.

Zusammenfassung: Die Suche nach einzelnen Faktoren der Verschlechterung führt in die Irre, weil sich zum einen die Bedeutung eines Faktors erst zusammen mit anderen Variablen ergibt und weil zum anderen damit Prozeß-Merkmale (zum Beispiel Motivation) kaum berücksichtigt sind. Auch Verschlechterungen bei der Therapie einzelner Störungen sagen wenig über Effekte der Therapie aus, weil über den sog. „natürlichen" Verlauf einer Störung wenig bekannt ist. Sehr strikt hingegen muß man aus ethischen, theoretischen und empirischen Gründen den Mißbrauch eines therapeutischen Kontakts (speziell erzwungenen Sexualkontakt) ablehnen.

Weiterführende Literatur: Strupp, H. H., und Hadley, S. W.: Negative effects and their determinants. In: Mays, D. T., und Franks, C. M. (Eds.): Negative outcome in psychotherapy and what to do about it. New York: Springer 1985.

4.5.4 Zur Bedeutung von Mißerfolgen für Praxis und Forschung

1. Mißerfolge als Herausforderung

Als therapeutisch Tätiger kennt man eine Reihe von Fällen, die in verschiedener Hinsicht als *Mißerfolge* eingestuft werden können oder müssen. Häufig sind gerade solche Patienten der Gegenstand ausführlicher Bemühungen (Besprechungen, Supervision usw.). Ohne daß man den Mißerfolg ganz genau erklären könnte – oder vielleicht gerade deshalb – stellen solche Patienten eine *Herausforderung* für den Praktiker dar (Emmelkamp und Foa „Failures are a challenge" 1983). Durch eine intensive und engagierte Beschäftigung mit Mißerfolgen kommt es unter Umständen auch zu einer Aufklärung von (Mikro-)Faktoren, die wichtige Bedingungen des

Scheiterns einer therapeutischen Intervention darstellen. Nicht selten bleiben verschiedene Fehler oder spezielle Umstände aus der Behandlung eines Falles, der nicht erfolgreich beendet werden konnte, ausgesprochen klar im Gedächtnis des Praktikers, so daß sie wesentliche Determinanten der Erfahrungsbildung darstellen. Auch im Forschungskontext bilden Mißerfolge ein wichtiges Korrektiv: Wenn vermehrt Einzelfälle über das Mißlingen einer therapeutischen Intervention berichtet werden, so hat dies klare Implikationen für weitere Forschungsbemühungen.

Beispiel: Bei der Therapie von *Zwangspatienten* erweisen sich verschiedene Interventionsverfahren zwar bis zu einem gewissen Rahmen geeignet, dem Patienten beim Umgang mit seinem Problem zu helfen. Gerade bei diesem Störungsbild – insbesondere bei Zwangsgedanken – zeigt sich jedoch, daß wir über die Ätiologie, den Verlauf und aufrechterhaltende Bedingungen der Problematik noch recht wenig wissen.

2. Zur Dokumentation von Mißerfolgen

Die Scheu zur Veröffentlichung von Mißerfolgen einerseits und die Herausgeberpraxis von Zeitschriften andererseits haben lange Zeit eine sachliche Erörterung des Problems verhindert. In den letzten Jahren hat sich die Situation hier einigermaßen geändert: Es bereitet dem Praktiker kaum noch Schwierigkeiten, die Tatsache des Mißlingens von verschiedenen Interventionen zuzugeben, weil bezüglich der Wichtigkeit solcher Befunde weitgehend Übereinstimmung erzielt wurde. Die Publikation wichtiger Sammelbände zu dieser Thematik mag einiges zu dieser Offenheit beigetragen haben (Foa und Emmelkamp 1983; Mays und Franks 1985). Auch im wissenschaftlichen Kontext und in verschiedenen Rubriken von Zeitschriften sowie von Lehr- und Handbüchern wird das Problem der Mißerfolge ernsthaft und sachlich diskutiert: Die Bearbeitung des Themas ist sozusagen wissenschaftlich hoffähig geworden. Eine ganz *grundlegende* Voraussetzung für eine Beschäftigung mit Mißerfolgen aus verschiedenen Blickwinkeln bildet eine sensible *Dokumentation:* Gemeint ist damit, daß bei der praktischen und Forschungsarbeit mit verschiedenen Patienten ein praktisch realisierbarer Dokumentationsaufwand unternommen wird; *nur* durch genaue Aufzeichnungen über den Verlauf verschiedener Merkmale der Störung, ihrer Bedingungen und Aspekte der Intervention im zeitlichen Verlauf lassen sich diejenigen Mikrofaktoren entdecken, die unter Umständen zu einer Verschlechterung in der Problematik (oder zu einem Nicht-Ansprechen auf die Behandlung) beigetragen haben. Auf Gesichtspunkte der therapiebegleitenden Diagnostik und auf Einzelfalldesigns als methodologischen Hintergrund sei hier hingewiesen. Bei der Dokumentation sollte ein ausgewogenes Verhältnis von einer intensiven Erfassung zentraler Merkmale der Störung, ihrer Bedingungen und ihres Verlaufs einerseits sowie ein Bericht über ein breites Spektrum *möglicher* „Effekte" angestrebt werden (ähnlich der Analyse von *„Nebeneffekten"* in der Pharmakotherapie). Wenn man bei der Beurteilung von Mißerfolgen schon verschiedene Gesichtspunkte zugrunde legt, so müssen auch Daten vorliegen, um eine Einschätzung dieser Effekte zu erlauben.

Beispiel: Bei einer Therapie einer depressiven Frau sollte natürlich die Veränderung des Problems im Mittelpunkt der Dokumentation stehen (Veränderung der Aktivität, der Stimmung, der Kognitionen usw.). Neben der Erfassung von Aspekten, die nur den Patienten betreffen, sollten auch sogenannte *Nebeneffekte* erfaßt werden, wie beispielsweise Auswirkungen auf die Partnerschaft, auf die Familie usw. Solche Daten ermöglichen eine Beurteilung der Situation von mehreren Aspekten aus (zum Beispiel Einschätzung der Wahrscheinlichkeit für die Stabilisierung einer Besserung).

3. Funktion von Mißerfolgen in der Ausbildung

Gerade als Lernender im Bereich der Psychotherapie tastet man sich offensichtlich sehr langsam an das Problem der Mißerfolge heran. Es ist meines Erachtens auch Aufgabe der Ausbildungsinstitutionen, den Studierenden mit der Problematik von Mißerfolgen in der Forschung und Praxis vertraut zu machen. Eine fundierte Ausbildung stellt auch eine *notwendige* Voraussetzung für den *Konsumentenschutz* dar: Patienten sind zumeist in einer sehr sensiblen und problematischen Situation, aus der heraus sie ein Hilfsangebot häufig wie einen „rettenden Strohhalm" ergreifen. Es sollte zu den selbstverständlichen ethischen Verpflichtungen gehören, dem Patienten ein für seine Situation optimales Hilfsangebot zur Verfügung zu stellen. Ein solch optimales Hilfsangebot beinhaltet Kenntnisse und Fertigkeiten in einem breiten Bereich der klinischen Psychologie; die universitäre Ausbildung sollte hierfür die notwendigen grundlegenden Voraussetzungen schaffen. Mit dem Abgang von der Universität ist allerdings die Ausbildung nicht abgeschlossen; der Umgang mit einem wechselnden Feld von Problemen erfordert vielmehr eine lebenslange *Weiterbildung*.

Eine Aus- und Weiterbildung zum *verantwortlichen Praktiker* sollte dem Studierenden auch Möglichkeiten zum Umgang mit Mißerfolgen aufzeigen und vermitteln (etwa: Darstellen von auftauchenden Schwierigkeiten bei verschiedenen Problemen und nicht nur Darstellung von völlig „glatt" und unproblematisch verlaufenden Fällen, die es erfreulicherweise ja *auch* gibt). Ein Modell für die praxisorientierte Ausbildung von Studierenden im Hauptstudium wird von Dorrmann und Kaimer (1986) beschrieben.

Diese Fähigkeit zum Umgang mit Mißerfolgen (zum Beispiel im Bereich der Dokumentation) sollte auch zu einer *realistischen* Einschätzung eigener therapeutischer Möglichkeiten führen, die dann im Umgang mit dem Patienten zum Tragen kommen. Gerade das Lernen im Umgang mit *Problemen* – Mißerfolge als Herausforderung – führt einen angehenden Praktiker zur engagierten und fundierten Beschäftigung mit speziellen Hindernissen für den therapeutischen Erfolg.

Beispiel: Studierende sollten bereits während des Studiums sehen, welche *realen* Probleme bei der psychotherapeutischen Behandlung verschiedener Störungen auftauchen. Der Vermittler solchen Wissens und entsprechender Fertigkeiten – selbst ein weiterhin Lernender – darf keine Scheu davor haben, auch Mängel, Probleme und Schwierigkeiten bei der Behandlung eines Falls zu vermitteln. Nur so wird dem zukünftigen Praktiker ein realistisches Bild seiner späteren Tätigkeit vermittelt.

4. Zum Umgang und zur Bewältigung von Mißerfolgen

Eine verhaltenstherapeutische Intervention bewirkt in den seltensten Fällen einen kontinuierlichen Aufwärtsprozeß; unrealistische Erwartungen und *Standards* auf seiten von Therapeut und Patient können dazu beitragen, daß eine langsame Besserung oder eine Stagnation bereits als Rückfall oder Mißerfolg interpretiert werden.

Rückschläge und Mißerfolge in verschiedenen Stadien des therapeutischen Prozesses sind fast alltäglich, sie gehören zur Therapie, so wie negative Erlebnisse, Streß und unangenehme Ereignisse zu unserem Leben gehören. Unsere Aufgabe als Therapeut besteht weniger darin, diese Ereignisse und Mißerfolge zu beschönigen, wegzudiskutieren, sondern dem Patienten zu helfen, sie aktiv und selbständig zu *bewältigen*. An der Bewältigung von Mißerfolgen im Verlauf des therapeutischen Prozesses kann der Patient unter kontrollierten Bedingungen lernen, wie er mit Streß und unangnehmen Lebenserfahrungen umgehen kann. Mißerfolge sind in dieser Hinsicht also Gelegenheit zum Erwerb von Bewältigungsfertigkeiten, zu aktiven Auseinandersetzungen mit unangenehmen und belastenden Ereignissen.

Beispiel: Bei der Therapie des Alkoholismus wird ein *Rückfall* häufig schon im Stadium der Therapie *geplant* und geübt, damit der Patient nach Abschluß der Intervention mit einem solchen Ereignis nicht unvorbereitet konfrontiert wird (Marlatt und Gordon 1980; Petry 1985). Unabhängig vom Therapieziel und vom Interventionsverfahren bei Alkoholismus (oder anderen Abhängigkeiten) bildet ein *Rückfall* ein häufiges Ereignis, und es ist angezeigt, daß der Patient frühzeitig lernt, damit umzugehen.

Die Bewältigung eines Mißerfolges durch den Therapeuten stellt eine Art *Modell* für den Patienten dar. Insofern tun auch Therapeuten gut daran, sich auf das Vorkommen von Mißerfolgen einzustellen, sie als Herausforderung zu betrachten, Strategien zum Umgang zu erwerben und sie entsprechend einzusetzen (beziehungsweise auch zu vermitteln).

Zusammenfassung: Therapeutische Mißerfolge besitzen wichtige Funktionen für Praxis und Forschung:

1. Sie stellen eine Herausforderung zur Beschäftigung mit einem Problem dar, dessen Bearbeitung aufgrund unseres bisherigen Wissens offensichtlich unzureichend ist.
2. Mißerfolge regen zu einer breiten Dokumentation von Prozeßmerkmalen einerseits und einer breiten Palette möglicher Effekte andererseits an.
3. In der Aus- und Weiterbildung sollte der Studierende ein realistisches Bild psychologischer Tätigkeit vermittelt bekommen; dazu gehört auch der Umgang mit Mißerfolgen.
4. Die Bewältigung von Mißerfolgen bietet für Therapeuten und Patienten gleichermaßen eine Chance für konkrete und realistische Lernerfahrungen.

Weiterführende Literatur: Mays, D. T., und Franks, C. M. (Eds.): Negative outcome in psychotherapy and what to do about it. New York: Springer 1985.

Anhang

Hinweise auf einschlägige Zeitschriften, Reihen
und verhaltenstherapeutische Gesellschaften

In den klinisch einschlägigen Zeitschriften werden vermehrt verhaltenstherapeutische Beiträge publiziert (zum Beispiel Journal of Consulting and Clinical Psychology; Psychotherapy: Theory, Resarch and Practice; Journal of Abnormal Psychology; Clinical Psychology Review; Zeitschrift für Klinische Psychologie; . . .).

Daneben wurden in den vergangenen 20 Jahren eine ganze Reihe von Zeitschriften gegründet, die speziell verhaltenstherapeutische Artikel (mit unterschiedlichen Schwerpunkten) publizieren; man kann sich als Verhaltenstherapeut durch die Lektüre einschlägiger Zeitschriften gut auf dem laufenden halten. Zur Orientierung werden die wichtigsten verhaltenstherapeutischen Zeitschriften angeführt und kurz charakterisiert.

Zur näheren Beschäftigung in der Forschung, aber auch bei der Behandlung einzelner Störungsbilder, beim Einsatz spezieller Methoden und bei neuen Fragestellungen ist natürlich ein Zugriff auf entsprechend spezielle Publikationen und Zeitschriften notwendig (zum Beispiel Biofeedback and Self-Regulation; Journal of Psychosomatic Research; International Journal of Eating Disorders; Addictive Behaviors; Journal of Behavioral Medicine; Psychological Medicine). Auch die Berücksichtigung von Publikationen in medizinischen und psychiatrischen Fachzeitschriften ist für den Verhaltenstherapeuten ausgesprochen wichtig.

Verhaltenstherapeutische Zeitschriften:

Behaviour Research and Therapy
(gegr.: 1963; erste verhaltenstherapeutische Zeitschrift; enthält speziell Beiträge in der Tradition der „englischen" Verhaltenstherapie/Eysenck, Rachman).
Journal of Applied Behavior Analysis
(gegr.: 1968; enthält vorwiegend Beiträge aus der „operanten" Tradition; viele Beispiele für außerklinische Anwendungen der Verhaltenstherapie).
Behavior Therapy
(gegr.: 1970; „klassische" amerikanische Verhaltenstherapie – Zeitschrift mit einer breiten Palette an Beiträgen; Publikationsorgan der AABT/Wilson, Franks).
Journal of Behavior Therapy and Experimental Psychiatry
(gegr.: 1970; enthält vorwiegend Beiträge aus dem klinisch-psychiatrischen Bereich der Gruppe um J. Wolpe).
Behavioural Psychotherapy
(gegr.: 1973; englische Verhaltenstherapie-Zeitschrift, enthält vorwiegend klinische Beiträge zur Verhaltenstherapie; europäischer Einzugsbereich).

Behavior Modification
(gegr.: 1977; Beiträge aus dem breiten Bereich der Verhaltensmodifikation, Anwendungen in Schulen, in der Erziehung, in Institutionen; insgesamt aber mit einem sehr breiten Spektrum/ Hersen, Bellack).

Cognitive Therapy and Research
(gegr.: 1977; vorwiegend Beiträge zur kognitiven Verhaltensmodifikation, auch Kontroversen und Grundlagen kognitiver Therapien).

Behavioral Assessment
(gegr.: 1979; Beiträge zur verhaltenstheoretisch orientierten Diagnostik, mit einem Verständnis von Diagnostik als „assessment").

Advances in Behaviour Research and Therapy
(gegr.: 1979; europäische Verhaltenstherapiezeitschrift mit klinischer Orientierung).

Behavioural Analysis and Modification
(gegr.: 1975 als European Journal of Behavioral Analysis and Modification; 1978 umbenannt; 1981 eingestellt; Europäische Verhaltenstherapiezeitschrift für Beiträge aus einem sehr heterogenen Bereich; Artikel von deutschen Autoren/Brengelmann).

Journal de thérapie comportementale de langue française
15, av. E. Ysaye, F-75006 Paris (Verwaltung: 24, rue du Cherche-Midi, B-4920 Liége/ Embourg).

Technologie et Thérapie du comportement
Ed. Behaviora, 6975 Taschereau, 011 Brossard Quebec/Canada Y4Z 1A7

Verhaltenstherapie und Psychosoziale Praxis
Früher: „DGVT-Mitteilungen" (gegr.: 1969; Organ der DGVT; vereins- und gesundheitspolitische Schwerpunkte).

Verhaltensmodifikation und Verhaltensmedizin
Früher: „Verhaltensmodifikation" (gegr.: 1980; Organ der AVM; unterschiedliches Spektrum an Beiträgen; starke Praxis-Orientierung).

Verhaltenstherapie
(gegr.: 1982; Zeitschrift der SGVT, mit deutschen und französischsprachigen Beiträgen).

Verhaltenstherapeutische Buchreihen:

Annual Review of Behaviour Therapy
(seit 1973, jährlich ein Band) – Enthält wichtige Beiträge, die im entsprechenden Jahr – zumeist in verschiedenen Zeitschriften – erschienen sind. *Herausgeber:* C. M. Franks und G. T. Wilson, neuerdings auch P. C. Kendall und K. D. Brownell (Guilford Press). (Die Bände wurden zum Teil übersetzt und sind im DGVT-Verlag erschienen.)

Progress in Behavior Modification
(seit 1975, bisher 20 Bände erschienen) – Enthält fundierte Übersichts- und Sammelreferate zu unterschiedlichen Störungsbildern, Methoden und diversen anderen Aspekten; bietet damit einen ausgezeichneten Überblick und Einstieg zu den einzelnen Themen. *Herausgeber:* M. Hersen, R. M. Eisler und P. M. Miller (Academic Press seit Band 21, 1987 Sage Publications).

Advances in Cognitive-Behavioral Research and Therapy
(seit 1982, jährlich ein Band) – Enthält verschiedene Beiträge zu Grundlagen und Anwendungsgebieten der kognitiven Verhaltenstherapie und Kognitiven Therapie. *Herausgeber:* P. C. Kendall (Academic Press).

Verhaltenstherapeutische Gesellschaften:

AVM, Arbeitsgemeinschaft für Verhaltensmodifikation
gegr. 1976; Adresse: Dr. Herbert Mackinger, Universität Salzburg, Institut für Psychologie, Hellbrunner Straße 34, A-5020 Salzburg

BETA, Bayerische Experimentelle Therapie-Assoziation
gegr. 1978; Adresse: Prof. Dr. J. C. Brengelmann, Max-Planck-Institut für Psychiatrie, Psychologische Abteilung, Kraepelinstraße 10, D-8000 München 40

DGVM, Deutsche Gesellschaft für Verhaltensmedizin und Verhaltensmodifikation
gegr. 1984; Adresse: DGVM, Parzivalstraße 25, D-8000 München 40

DGVT, Deutsche Gesellschaft für Verhaltenstherapie
gegr. 1968; Adresse: DGVT, Postfach 1343, Friedrichstraße 5, D-7400 Tübingen

EABT, European Association of Behaviour Therapy
gegr. 1970; Dachverband der nationalen europäischen Verhaltenstherapiegesellschaften; Adresse: Secretary: Drs. F. Donker, Sint Joseph Ziekenhuis, Afdeling Psychologie, Aalsterweg 259, Postbus 988,. 5600 ML Eindhoven, Holland

ÖGVT, Österreichische Gesellschaft zur Förderung der Verhaltensforschung, Verhaltensmodifikation und Verhaltenstherapie
gegr.: 1971; Adresse: Prof. Dr. H. G. Zapotoczky, Psychiatrische Universitätsklinik, Lazarettgasse 14, A-1090 Wien

SGVT, Schweizerische Gesellschaft für Verhaltenstherapie
gegr.: 1978; Adresse: SGVT, Postfach 4033, CH-3001 Bern

Literaturverzeichnis

Abramson, L. Y., Seligman, M. E. P., und Teasdale, J. D.: Learned helplessness in humans: Critique and reformulation. Journal of Abnormal Psychology 87 (1987), 49–74.

Adams, H. E., und Hughes, H. H.: Animal analogues of behavioral treatment procedures: A critical evaluation. In: Hersen, M., Eisler, R. M., und Miller, P. M. (Eds.): Progress in behavior modification. Vol. 3. New York: Academic Press 1976.

Agras, W. S. (Ed.): Behavior modification. Principles and clinical applications. Boston: Little, Brown & Company, 2. ed. 1978.

Agras, W. S.: The behavioral treatment of somatic disorders. In: Gentry, W. D. (Ed.): Handbook of behavioral medicine. New York: Guilford Press 1984.

Alberti, L.: Verhaltenstherapie/Lernpsychologie. Bern: Huber 1975.

American Psychiatric Association: Diagnostic and Statistical Manual of Mental Disorders (DSM III). 3rd Ed. Washington, D. C.: APA, 1980.

American Psychological Association: Ethical Principles of Psychologists (rev. ed.) Washington, D. C.: Author, 1981.

American Psychologist. Journal of the American Psychological Association, 1986, Vol. 41, No. 2. (Special Issue: Psychotherapy Research, Guest Editor: G. R. Vandenbos).

Amsel, A., und Rashotte, M. E.: Entwicklungsrichtungen der S-R-Lerntheorien in Amerika. In: Zeier, H. (Hg.): Die Psychologie des 20. Jahrhunderts. Bd. IV.: Pawlow und die Folgen. Zürich: Kindler 1977.

Auerbach, A. H., und Johnson, M.: Research on the therapist's level of experience. In: Gurman, A. S., und Razin, A. M. (Eds.): Effective psychotherapy. A handbook of research. Oxford: Pergamon Press 1977.

Ayllon, T., und Azrin, N. H.: The token exonomy: A motivational system for therapy and rehabilitation. New York: Appleton-Century-Crofts 1968.

Azrin, N. H., und Holz, W. C.: Punishment. In: Honig, W. K. (Ed.): Operant behavior. Areas of research and Application. Englewood Cliffs, N. J.: Prentice-Hall 1966.

Baekeland, F., und Lundwall, L.: Dropping out of treatment: A critical review. Psychological Bulletin 82 (1975), 738–783.

Baer, D. M.: Perhaps it would be better not to know everything. Journal of Applied Behavior Analysis 10 (1977), 167–172.

Baer, D. M., Wolf, M. M., und Risley, T. R.: Some current dimensions of applied behavior analysis. Journal of Applied Behavior Analysis 1 (1968), 91–97.

Baker, B. L.: Symptom treatment and symptom substitution in enuresis. Journal of Abnormal Psychology 74 (1969), 42–49.

Bales, R. F.: Die Interaktionsanalyse: Ein Beobachtungsverfahren zur Untersuchung kleiner Gruppen. In: König, R. (Hg.): Beobachtung und Experiment in der Sozialforschung. Köln: Kiepenheuer & Witsch 1956.

Bandura, A.: Psychotherapy as a learning process. Psychological Bulletin 58 (1961), 143–159.

Bandura, A.: Principles of behavior modification. New York: Holt 1969.

Bandura, A.: Behavior theory and the models of man. American Psychologist 29 (1974), 859–869.

Bandura, A.: Self-efficacy: Toward a unifying theory of behavioral change. Psychological Review 84 (1977a), 191–215.

Bandura, A.: Social learning theory. Englewood Cliffs, N. J.: Prentice-Hall 1977b.

Bandura, A.: Self-efficacy: Toward a unifying theory of behavior change. In: Franks, C. M., und Wilson, G. T. (Eds.): Annual review of behavior therapy. Theory and practice. New York: Bruner/Mazel 1978.

Barbrack, C. R.: Negative outcome in behavior therapy. In: Mays, D. T., und Franks, C. M.

(Eds.): Negative outcome in psychotherapy and what to do about it. New York: Springer 1985.

Barlow, D. H., und Hersen, M.: Single case experimental designs: Use in applied clinical research. Archives of General Psychiatry 29 (1973), 319–325.

Bartling, G., Echelmeyer, L., Engberding, M., und Krause, R.: Problemanalyse im therapeutischen Prozeß. Stuttgart: Kohlhammer 1980.

Basler, H.-D., und Florin, I.: Klinische Psychologie und körperliche Krankheit. Stuttgart: Kohlhammer 1985.

Basler, H.-D., Otte, H., Schneller, Th., und Schwoon, D.: Verhaltenstherapie bei psychosomatischen Erkrankungen. Stuttgart: Kohlhammer 1979.

Bastine, R.: Psychotherapie-Effekte. In: Bastine, R., Fiedler, P. A., Grawe, K., Schmidtchen, S., und Sommer, G. (Hg.): Grundbegriffe der Psychotherapie. Weinheim: Edition Psychologie 1982.

Bastine, R.: Klinische Psychologie. Bd. 1. Stuttgart: Kohlhammer 1984.

Bauer, M.: Verhaltensmodifikation durch Modellernen. Stuttgart: Kohlhammer 1979.

Baum, M.: Extinction of avoidance responding through response prevention (flooding). Psychological Bulletin 74 (1970), 276–284.

Baumann, U. (Hg.): Indikation zur Psychotherapie. Perspektiven für Praxis und Forschung. München: Urban & Schwarzenberg 1981.

Baumann, U. (Hg.): Psychotherapie: Makro-/Mikroperspektive. Göttingen: Hogrefe 1984.

Baumann, U., und Perrez, M. (Hg.): Lehrbuch der Klinischen Psychologie. Bern: Huber 1987 (im Druck).

Baumann, U., und Reinecker-Hecht, Ch.: Psychotherapie-Evaluation. In: Kisker, K. P., Lauter, H., Meyer, J. E., Müller, C., und Strömgren, E. (Hg.): Psychiatrie der Gegenwart I. Berlin: Springer, 3. Aufl. 1986.

Bayer, G.: Verhaltensdiagnose und Verhaltensbeobachtung. In: Kraiker, Ch. (Hg.): Handbuch der Verhaltenstherapie. München: Kindler 1974.

Beck, A. T.: Cognitive therapy: Nature and relation to behavior therapy. Behavior Therapy 1 (1970), 184–200.

Beck, A. T.: Cognitive therapy and emotional disorders. New York: International Universities Press 1976.

Beck, A. T., Rush, A. J., Shaw, B., und Emery, G.: Cognitive therapy of depression. New York: Guilford Press, 1979 (dt.: Kognitive Therapie der Depression. München: Urban & Schwarzenberg 1981).

Becker, M. H.: The health belief model and sick role behavior. Health Education Monographs 2 (1974), 409–419.

Bellack, A. S., und Hersen, M. (Eds.): Research methods in clinical psychology. New York: Pergamon Press 1984.

Bellack, A. S., und Schwartz, J. E.: Assessment for self-control programs. In: Hersen, M., und Bellack, A. S. (Eds.): Behavioral assessment. A practical handbook. New York: Pergamon Press 1976.

Bellack, A. S., Hersen, M., und Lamparski, D.: Role play tests for assessing social skills: Are they valid? Are they useful? Journal of Consulting and Clinical Psychology 47 (1979), 335–342.

Bem, D. J.: Self-perception: An alternative interpretation of cognitive dissonance phenomena. Psychological Review 74 (1967), 183–200.

Bem, D. J.: Self-perception theory. In: Berkowitz, L. (Ed.): Advances in experimental social Psychology. Vol. 6. New York: Academic Press 1972.

Bergin, A. E.: The effects of psychotherapy: Negative results revisited. Journal of Counseling Psychology 10 (1963), 244–250.

Bergin, A. E.: Some implications of psychotherapy for therapeutic practice. Journal of Abnormal Psychology 71 (1966), 235–246.

Bergin, A. E.: The evaluation of therapeutic outcomes. In: Bergin, A. E., und Garfield, S. L.

(Eds.): Handbook of psychotherapy and behavior change. An empirical analysis. New York: Wiley 1971.

Bergin, A. E.: Psychotherapy can be dangerous. Psychology Today 11 (1975), 96–103.

Bergin, A. E.: Evaluating the psychotherapies. Behavior Therapy 12 (1981), 295–307.

Bergin, A. E., und Lambert, M. J.: The evaluation of therapeutic outcomes. In: Garfield, S. L., und Bergin, A. E. (Eds.): Handbook of psychotherapy and behavior change. An empirical analysis. New York: Wiley, 2. ed. 1978.

Bergius, R.: Behavioristische Konzeptionen zur Persönlichkeitspsychologie. In: Lersch, P., und Thomae, H. (Hg.): Handbuch der Psychologie. Bd. 4. Göttingen: Hogrefe 1960.

Bergmann, G.: The subject matter of psychology. Philosophy of Science 7 (1940), 415–433.

Bergold, J. B.: Verhaltensindikatoren der Angst. In: Kraiker, Ch. (Hg.): Handbuch der Verhaltenstherapie. München: Kindler 1974a.

Bergold, J. B.: Subjektiv-verbale Indikatoren der Angst. In: Kraiker, Ch. (Hg.): Handbuch der Verhaltenstherapie. München: Kindler 1974b.

Berman, P. S., und Johnson, H. J.: A psychophysiological assessment battery. Biofeedback and Self-Regulation 10 (1985), 203–221.

Bernstein, D. A., und Nietzel, M. T.: Behavioral avoidance tests: The effects of demand characteristics and repeated measures on two types of subjects. Behavior Therapy 5 (1974), 183–192.

Bernstein, D. A., und Paul, G. L.: Some comments on therapy analogue research with small animal „phobias". Journal of Behavior Therapy and Experimental Psychiatry 2 (1971), 225–237. (dt.: Anmerkungen zu therapieanalogen Untersuchungen über „Kleintierphobien". In: Petermann, F., und Schmook, C. [Hg.]: Grundlagentexte der Klinischen Psychologie. Bd. 1: Forschungsfragen der Klinischen Psychologie. Bern: Huber 1977.)

Biefang, S. (Hg.): Evaluationsforschung in der Psychiatrie. Fragestellungen und Methoden. Stuttgart: Enke 1980.

Bijou, S. W., und Baer, D. M.: Child development: The universal stage of infancy. Vol. 2. Englewood Cliffs, N. J.: Prentice-Hall 1965.

Bijou, S. W., und Baer, D. M.: Behavior analysis and child development. Englewood Cliffs, N. J.: Prentice-Hall 1978.

Birbaumer, N. (Hg.): Neuropsychologie der Angst. München: Urban & Schwarzenberg 1973.

Birbaumer, N.: Zur Anwendung psychophysiologischer Methoden in der Verhaltensmodifikation. In: Kraiker, Ch. (Hg.): Handbuch der Verhaltenstherapie. München: Kindler 1974.

Birbaumer, N.: Psychophysiologie der Angst. München: Urban & Schwarzenberg 1977.

Birbaumer, N.: Psychosomatische Störungen. In: Wittling, W. (Hg.): Handbuch der Klinischen Psychologie. Bd. 5: Therapie gestörten Verhaltens. Hamburg: Hoffmann und Campe 1980.

Birbaumer, N., und Kimmel, H. D.: Biofeedback and self-regulation. Hillsdale, N. J.: Erlbaum Ass. 1979.

Birk, L.: Biofeedback: Behavioral medicine. New York: Grune & Stratton 1973.

Blaser, A.: Der Urteilsprozeß bei der Indikationsstellung zur Psychotherapie. Bern: Huber 1977.

Blöschl, L.: Grundlagen und Methoden der Verhaltenstherapie. Bern: Huber 1969.

Bobbitt, B. L., und Keating, D. P.: A cognitive-developmental perspective for clinical research and practice. In: Kendall, P. C. (Ed.): Advances in cognitive-behavioral research and therapy. New York: Academic Press 1983.

Bochenski, I. M., Church, A., und Goodman, N.: The problem of universals. A symposium. Indiana: Notre Dame University Press 1956.

Borkovec, T. D.: The role of expectancy and physiological feedback in fear research. A review with special reference to subject characteristics. Behavior Therapy 4 (1973), 491–505.

Borkovec, T. D., und O'Brien, G. T.: Methodological and target behavior issues in analogue therapy outcome research. In: Hersen, M., Eisler, R. M., und Miller, P. M. (Eds.): Progress in behavior modification. Vol. 3. New York: Academic Press 1976.

Borkovec, T. D., und Rachman,. S. J.: The utility of analogue research. Behaviour Research and Therapy 17 (1979), 253–261.

Box, G. E. P., und Jenkins, G. M.: Time series analysis: Forecasting and control. San Francisco: Holden-Day 1970.

Bradley, L. A.: Coping with chronic pain. In: Burish, T. G., und Bradley, L. A. (Eds.): Coping with chronic disease. Research and applications. New York: Academic Press 1983.

Bradley, L. A., und Burish, T. G.: Coping with chronic disease: Current status and future directions. In: Burish, T. G., und Bradley, L. A. (Eds.): Coping with chronic disease. Research and applications. New York: Academic Press 1983.

Breger, L., und McGaugh, J. L.: Critique and reformulation of „learning theory" approaches to psychotherapy and neuroses. Psychological Bulletin 63 (1965), 338–358.

Breger, L., und McGaugh, J. L.: Learning theory and behavior therapy: A reply to Rachman and Eysenck. Psychological Bulletin 65 (1966), 170–173.

Brehm, S. W.: Anwendungen der Sozialpsychologie in der klinischen Praxis. Bern: Huber 1980.

Bridger, W. H., und Mandel, I. J.: A comparison of GSR fear responses produces by threat and electric shock. Journal of Psychiatric Research 2 (1964), 31–40.

Bridger, W. H., und Mandel, I. J.: Abolition of the PRE by instructions in GSR conditioning. Journal of Experimental Psychology 69 (1965), 476–482.

Bridgman, P. W.: The logic of modern physics. New York: Macmillian 1927.

Brown, R. T., und Wagner, A. R.: Resistance to punishment and extinction following training with shock or nonreinforcement. Journal of Experimental Psychology 68 (1964), 503–507.

Brownell, K. D.: Verhaltensmedizin. In: Franks, C. M., Wilson, G. T., und Brownell, K. D. (Hg.): Jahresüberblick der Verhaltenstherapie. Bd. 9. Tübingen: DGVT 1985.

Brožek, J., und Diamond, S.: Die Ursprünge der objektiven Psychologie. In: Balmer, H. (Hg.): Die Psychologie des 20. Jahrhunderts. Bd. I: Die europäische Tradition. Zürich: Kindler 1976.

Bruch, H.: Perils of behavior modification in the treatment of anorexia nervosa. Journal of the American Medical Association 230 (1974), 1419–1427.

Bruner, J. S.: Personality dynamics and the process of perceiving. In: Blake, R. N., und Ramsey, G. V. (Eds.): Perception. An approach to personality. New York: Ronald Press 1951.

Bruner, J. S.: On perceptual readiness. Psychological Review 64 (1957), 123–152.

Buchwald, A. M., und Young, R. D.: Some comments on the foundations of behavior therapy. In: Franks, C. M. (Ed.): Behavior therapy. Appraisal and status. New York: McGraw Hill 1969.

Bühringer, G., und Hahlweg, K.: Kosten-Nutzen-Aspekte psychologischer Behandlung. Psychologische Rundschau 37 (1986) 1–19.

Bunge, M.: Scientific research. I: The search for system. II: The search for truth. New York: Springer 1967.

Bunge, M.: The mind-body problem. New York: Pergamon Press 1980.

Buresova, O.: Die sowjetische Pawlow-Schule: Experimente, Theorien und Einfluß auf die Psychologie. In: Zeier, H. (Hg.): Die Psychologie des 20. Jahrhunderts. Bd. IV.: Pawlow und die Folgen. Zürich: Kindler 1977.

Buss, A. R.: Causes and reasons in attribution theory: A conceptual critique. Journal of Personality and Social Psychology 36 (1978), 1311–1321.

Buss, A. R.: On the relationship between causes and reasons. Journal of Personality and Social Psychology 37 (1979), 1458–1461.

Butollo, W.: Chronische Angst. Theorie und Praxis der Konfrontationstherapie. München: Urban & Schwarzenberg 1979.

Cahoon, D. D.: Symptom substitution and the behavior therapies. A reappraisal. Psychological Bulletin 69 (1968), 149–156.

Campbell, D. T., und Stanley, J. C.: Experimental and quasi-experimental designs for research on teaching. In: Gage, N. L. (Ed.): Handbook of research on teaching. Chicago: Rand McNally 1963.

Campbell, D. T., und Stanley, J. C.: Experimental and Quasi-experimental designs for research. Chicago: Rand McNally & Co., 1966.

Cantor, N., und Kihlstrom, J. F.: Cognitive and social processes in personality. In: Wilson, G. T., und Franks, C. M. (Eds.): Contemporary behavior therapy. Conceptual and empirical foundations. New York: Guilford Press 1982.

Caplan, G.: Principles of preventive psychiatry. New York: Basic Books 1964.

Cashdan, S.: Interactional psychotherapy: Stages and strategies in behavioral change. New York: Grune & Stratton 1973.

Cashdan, S.: Interactional psychotherapy. Stages and strategies in behavioral change. In: Anchin, K. C., und Kiesler, D. J. (Eds.): Handbook of interpersonal psychotherapy. New York: Pergamon Press 1982.

Caspar, F. M., und Grawe, K.: Vertikale Verhaltensanalyse (VVA). Forschungsberichte aus dem Psychologischen Institut der Universität Bern 1982.

Catania, A. C.: The concept of the operant in the analysis of behavior. Behaviorism 1 (1973), 103–116.

Catania, A. C.: Learning. Englewood Cliffs, N. J.: Prentice-Hall 1979.

Cautela, J. R., und Upper, D.: The behavioral inventory battery: The use of self-report measures in behavioral analysis and therapy. In: Hersen, M., und Bellack, A. S. (Eds.): Behavioral assessment. A practical handbook. New York: Pergamon Press 1976.

Chomsky, N.: Review of B. F. Skinner: Verbal behavior. Language 35 (1959), 26–58.

Ciminero, A. R., Calhoun, K. S., und Adams, H. E. (Eds.): Handbook of behavioral assessment. New York: Wiley 1977.

Cohen, F.: Coping. In: Matarazzo, J., Weiss, S., Herd, J., Miller, N., und Weiss, S. (Eds.): Behavioral health: A handbook of health enhancement and disease prevention. New York: Wiley 1984.

Collegium Internationale Psychiatriae Scalarum (CIPS) (Hg.): Internationale Skalen für Psychiatrie. Weinheim: Beltz 1981.

Collins, R. L., und Marlatt, G. A.: Failures in the treatment of addictive behaviors. In: Foa, E. B., und Emmelkamp, P. M. G. (Eds.): Failures in behavior therapy. New York: Wiley 1983.

Cone, J. D., und Foster, S. L.: Direct observation in clinical psychology. In: Kendall, P. C., und Butcher, J. N. (Eds.): Handbook of research methods in clinical psychology. New York: Wiley 1982.

Cone, J. D., und Hawkins, R. P. (Eds.): Behavioral assessment. New directions in clinical psychology. New York: Bruner/Mazel 1977.

Cook, T. D., und Campbell, D. T.: The design and conduct of quasi-experiments in field settings. In: Dunnett, M. D. (Eds.): Handbook of industrial and organizational psychology. Chicago: Rand McNally 1976.

Cook, T. D., und Campbell, D. T.: Quasi-experimentation. Design and analysis issues for field settings. Boston: Houghton-Mifflin, 1979.

Cooper, B., und Bickel, H.: Epidemiologie psychischer Störungen: Folgerungen für die psychotherapeutische Versorgung. In: Baumann, U. (Hg.): Psychotherapie: Makro-/Mikroperspektive. Hogrefe: Göttingen 1984.

Cooper, J., und Axsom, D.: Effort justification in psychotherapy. In: Weary, G., und Mirels, H. L. (Eds.): Integrations of clinical and social psychology. New York: Oxford University Press 1982.

Cranach, M. V., Kalbermatten, U., Indermühle, K., und Gugler, B.: Zielgerichtetes Handeln. Bern: Huber 1982.

Dahme, B.: Zeitreihenanalyse und psychotherapeutischer Prozeß. In: Petermann, F. (Hg.): Methodische Grundlagen Klinischer Psychologie. Weinheim: Beltz 1977.

Dahme, B.: Statistische Analyse kurzer Zeitreihen in der klinischen Effektprüfung. In: Petermann, F., und Hehl, F. J. (Hg.): Einzelfallanalyse. München: Urban & Schwarzenberg 1979.

Darwin, Ch.: On the origin of species by natural selection. London: Murray 1859. (dt.: Über die Entstehung der Arten durch natürliche Zuchtwahl. Stuttgart: Reclam 1963).

Davison, G. C., und Neale, J. M.: Klinische Psychologie. Ein Lehrbuch. München: Urban & Schwarzenberg 1979.

Davison, G. C., und Valins, S.: Maintanance of self-attributed and drug-attributed behavior change. Journal of Personality and Social Psychology 11 (1969), 25–33.

Debler, W.: Attributionsforschung. Kritik und kognitiv-funktionale Reformulierung. Salzburg: AVM-Verlag 1984.

Dekker, E., und Groen, J. J.: Reproducible psychogenic attacks of asthma. Journal of Psychosomatic Research 1 (1956), 58–67.

Delprato, D. J., und McGlynn, F. D.: Innovations in behavioral medicine. In: Hersen, M., Eisler, R. M., und Miller, P. M. (Eds.): Progress in behavior modification. Vol. 20. New York: Academic Press 1986.

deSilva, P., Rachman, S., und Seligman, M. E. P.: Prepared phobias and obsessions: Therapeutic outcome. Behaviour Research and Therapy 15 (1977), 65–77.

DeVoge, J. T., und Beck, S.: The therapist-client relationship in behavior therapy. In: Hersen, M., Eisler, R. M., und Miller, P. M. (Eds.): Progress in behavior modification. Vol. 6. New York: Academic Press 1978.

DiMatteo, M. R., und DiNiccola, D. D.: Achieving patient compliance. New York: Pergamon Press 1982.

Dörner, D.: Problemlösen als Informationsverarbeitung. Stuttgart: Kohlhammer, 2. Aufl. 1979.

Dörner, D.: Über die Schwierigkeiten menschlichen Umgangs mit Komplexität. Psychologische Rundschau 31 (1981), 163–179.

Dörner, D.: Verhalten und Handeln. In: Dörner, D., und Selg, H. (Hg.): Psychologie. Eine Einführung in ihre Grundlagen und Anwendungsfelder. Stuttgart: Kohlhammer 1985.

Dörner, D., und Selg, H. (Hg.): Psychologie. Eine Einführung in ihre Grundlagen und Anwendungsfelder. Stuttgart: Kohlhammer 1985.

Dörner, D., Reither, F., und Stäudel, T.: Emotion und problemlösendes Denken. In: Mandl, H., und Huber, G. L. (Hg.): Emotion und Kognition. München: Urban & Schwarzenberg 1983.

Doleys, D. M., Meredith, H. R., und Ciminero, A. R.: Behavioral medicine. Assessment and treatment strategies. New York: Plenum Press 1982.

Dollard, J., und Miller, N. E.: Personality and psychotherapy. An analysis in terms of learning, thinking, and culture. New York: McGraw Hill 1950.

Dorrmann, W., und Kaimer, P.: Ein praxisorientiertes Modell für die Ausbildung in Klinischer Psychologie. Verhaltenstherapie und psychosoziale Praxis 18 (1986), 296–302.

Dubbert, P. M., und Wilson, G. T.: Failures in behavior therapy for obesity: Causes, correlates, and consequences. In: Foa, E. B., und Emmelkamp, P. M. G. (Eds.): Failures in behavior therapy. New York: Wiley 1983.

Dunlap, K.: A revision of the fundamental law on habit formation. Science 67 (1928), 360–362.

Dunlap, K.: Habits: Their making and unmaking. New York: Liveright 1932.

Durlak, J. A.: Comparative effectiveness of paraprofessional and professional helpers. Psychological Bulletin 86 (1979), 80–92.

D'Zurilla, T. J., und Goldfried, M. R.: Problem solving and behavior modification. Journal of Abnormal Psychology 78 (1971), 107–126.

D'Zurilla, T. J., und Nezu, A.: Social problem solving in adults. In: Kendall, P. C. (Ed.): Advances in cognitive-behavioral research and therapy. New York: Academic Press 1982.

Eelen, P.: Conditioning and attribution. In: Boulougouris, J. C. (Ed.): Learning theory approaches to psychiatry. New York: Wiley 1982.

Eisenack, P.: Verhaltenstherapie bei Herzphobie. Eine Therapiestudie zur stationären Verhaltenstherapie bei phobisch verarbeiteten Herz- und Kreislaufbeschwerden unter besonderer

Berücksichtigung kognitiver Therapie und von Biofeedback-Training. Dissertation, Salzburg 1983.

Eller, F., Perrez, M., Schultze, J., und Winkelmann, K.: Arbeitsbericht des Unterprojekts „Eltern-Kind-Interaktion". Teil des Projektes „Beobachtungsverfahren und Therapietheorie". Berlin: Institut für Erziehungswissenschaften 1975.

Ellis, A.: Reason and emotion in psychotherapy. New York: Lyle Stuart 1962.

Ellis, A.: Humanistic psychotherapy: The rational-emotive approach. New York: Julian Press 1973.

Emmelkamp, P. M. G., und Foa, E. B.: Failures are a challenge. In: Foa, E. B., und Emmelkamp, P. M. G. (Eds.): Failures in behavior therapy. New York: Wiley 1983.

Endler, N. S., und Magnusson, D. (Eds.): Interactional psychology and personality. Washington: Hemisphere Press 1976.

Engel, B. T.: Response specifity. In: Greenfield, N. S., und Sternbach, R. A. (Eds.): Handbook of psychophysiology. New York: Holt 1972.

Epstein, L. H.: Psychophysiological measurement in assessment. In: Hersen, M., und Bellack, A. S. (Eds.): Behavioral assessment. A practical handbook. New York: Pergamon Press 1976.

Epstein, S.: The measurement of drive and conflict in humans: Theory and experiment. In: Jones, M. R. (Ed.): Nebraska symposium on motivation, 1962. Lincoln: University of Nebraska Press 1962.

Epstein, S.: Toward a unified theory of anxiety. In: Maher, B. (Ed.): Progress in experimental personality research. Vol. 4. New York: Academic Press 1967.

Epstein, S.: Heart rate, skin conductance, and intensity ratings during experimentally induced anxiety: Habituation within and among days. Psychophysiology 8 (1971), 319–331.

Epstein, S.: The nature of anxiety with emphasis upon its relationship to expectancy. In: Spielberger, C. D. (Ed.): Anxiety: Current trends in theory and research. Vol. 2. New York: Academic Press 1972.

Epstein, S.: Versuch einer Theorie der Angst. In: Birbaumer, N. (Hg.): Psychophysiologie der Angst. München: Urban & Schwarzenberg, 2. Aufl. 1977.

Epstein, S., und Fenz, W. D.: Theory and experiment on the measurement of approach-avoidance conflict. Journal of Abnormal and Social Psychology 64 (1962), 97–112.

Epstein, S., und O'Brien, E. J.: The person-situation debate in historical and current perspective. Psychological Bulletin 98 (1985), 513–537.

Essler, W. K.: Wissenschaftstheorie I. Definition und Reduktion. Freiburg: Alber 1970.

Essler, W. K.: Wissenschaftstheorie II. Theorie und Erfahrung. Freiburg: Alber 1971.

Essler, W. K.: Wissenschaftstheorie III. Wahrscheinlichkeit und Induktion. Freiburg: Alber 1973.

Estes, W. K. (Ed.): Handbook of learning and cognitive processes. Vol. 2: Conditioning and behavior theory. Hillsdale, N. J.: Erlbaum Ass. 1975a.

Estes, W. K.: Memory and conditioning. In: McGuigan, F. J., und Lumsden, D. B. (Eds.): Contemporary approaches to conditioning and learning. New York: Wiley 1975b.

Euler, H. A., und Mandl, H. (Hg.): Emotionspsychologie. Ein Handbuch in Schlüsselbegriffen. München: Urban & Schwarzenberg 1983.

Evans, I. M.: Building system models as a strategy for target behavior selection in clinical assessment. Behavioral Assessment 7 (1985), 21–32.

Eysenck, H. J.: Dimensions of personality. London: Routeledge und Kegan Paul 1947.

Eysenck, H. J.: Learning theory and behaviour therapy. Journal of Mental Science 105 (1959), 61–75.

Eysenck, H. J.: Behaviour therapy and the neuroses. New York: Pergamon Press 1960.

Eysenck, H. J. (Ed.): Experiments in behaviour therapy. Readings in modern methods of treatment of mental disorders derived from learning theory. Oxford: Pergamon Press 1964.

Eysenck, H. J.: The biological basis of personality. Springfield, Ill.: C. C. Thomas 1967.

Eysenck, H. J.: A theory of the incubation of anxiety/fear response. Behaviour Research and Therapy 6 (1968), 319–321.

Eysenck, H. J.: Behavior therapy as a scientific discipline. Journal of Consulting and Clinical Psychology 36 (1971), 314–319.

Eysenck, H. J.: Behaviour therapy: Dogma or applied science? In: Feldman, M. P., und Broadhurst, A. (Eds.): Theoretical and experimental bases of the behaviour therapies. London: Wiley 1976.

Eysenck, H. J.: Verhaltenstherapie ist behavioristisch. In: Westmeyer, H., und Hoffmann, N. (Hg.): Verhaltenstherapie. Grundlegende Texte. Hamburg: Hoffmann und Campe 1977.

Eysenck, H. J.: An exercise in mega-silliness. American Psychologist 33 (1978), 517.

Eysenck, H. J.: The conditioning model of neurosis. The Behavioral and Brain Sciences 2 (1979), 155–199.

Eysenck, H. J.: Neobehavioristic (S-R) theory. In: Wilson, G. T., und Franks, C. M. (Eds.): Contemporary behavior therapy. Conceptual and empirical foundations. New York: Guilford Press 1982.

Eysenck, H. J., und Beech, H. R.: Counter conditioning and related methods. In: Bergin, A. E., und Garfield, S. L. (Eds.): Handbook of psychotherapy and behavior change. An empirical analysis. New York: Wiley 1971.

Eysenck, H. J., und Rachman, S. J.: Neurosen – Ursachen und Heilmethoden. Berlin: Deutscher Verlag der Wissenschaften 1967.

Fähndrich, E., Linden, M., und Müller-Oerlinghausen, B.: Biochemische Aspekte psychischer Störungen. In: Baumann, U., Berbalk, H., und Seidenstücker, G. (Hg.): Klinische Psychologie. Trends in Forschung und Praxis 2. Bern: Huber 1979.

Fahrenberg, J.: Methodische Überlegungen zur Mehrebenen-Prozeß-Forschung. In: Baumann, U. (Hg.): Psychotherapie: Makro-/Mikroperspektive. Göttingen: Hogrefe 1984.

Farina, A., und Fisher, J. D.: Beliefs about mental disorders: Findings and implications. In: Weary, G., und Mirels, H. L. (Eds.): Integrations of clinical and social psychology. New York: Oxford University Press 1982.

Faßnacht, G.: Systematische Verhaltensbeobachtung. München: Reinhardt 1979.

Feldman, M. P.: Social psychology and the behaviour therapies. In: Feldman, M. P., und Broadhurst, A. (Eds.): Theoretical and experimental bases of the behaviour therapies. New York: Wiley 1976.

Feldman, M. P., und Broadhurst, A. (Eds.): Theoretical and experimental bases of the behaviour therapies. New York: Wiley 1976.

Feldman-Summers, S., und Jones, G.: Psychological impacts of sexual contact between therapist or other health care practitioners and their clients. Journal of Consulting and Clinical Psychology 52 (1984), 1054–1061.

Fenz, W. D.: Strategies for coping with stress. In: Sarason, E. G., und Spielberger, C. D. (Eds.): Stress and anxiety. Vol. 2. Washington: Hemisphere Press 1975.

Ferster, C. B.: Reinforcement and punishment in the control of human behavior by social agencies. Psychiatric Research Reports 10 (1958), 101–118.

Ferster, C. B.: Positive reinforcement and behavioral deficits in autistic children. Child Development 32 (1961), 437–456.

Ferster, C. B.: Classification of behavioral pathology. In: Krasner, L., und Ullmann, L. P. (Eds.): Research in behavior modification. New developments and implications. New York: Holt 1965.

Ferster, C. B., und Skinner, B. F.: Schedules of reinforcement. New York: Appleton-Century-Crofts 1957.

Ferster, C. B., Nurnberger, J. I., und Levitt, E. B.: The control of eating. Journal of Mathetics 1 (1962), 87–109.

Ferstl, R.: Psychosomatische Störungen. In: Wittling, W. (Hg.): Handbuch der Klinischen Psychologie. Bd. 4: Ätiologie gestörten Verhaltens. Hamburg: Hoffmann und Campe 1980.

Ferstl, R., deJong, R., und Brengelmann, J. C.: Verhaltenstherapie des Übergewichts. Schriftenreihe des Bundesministers für Familie und Gesundheit. Stuttgart: Kohlhammer 1978.

Ferstl, R., Henrich, G., Richter, M., Bühringer, G., und Brengelmann, J. C.: Die Beeinflussung des Übergewichts. IFT-Berichte Bd. 6. München: Institut für Therapieforschung 1977.

Festinger, L.: A theory of cognitive dissonance. Evanston, Ill.: Stanford University 1957.

Festinger, L.: The psychological effects of insufficient reward. American Psychologist 16 (1961), 1–12.

Festinger, L.: Conflict, decision, and dissonance. Stanford: Stanford University Press 1964.

Fiedler, P. A.: Gesprächsführung bei verhaltenstherapeutischen Explorationen. In: Schulte, D. (Hg.): Diagnostik in der Verhaltenstherapie. München: Urban & Schwarzenberg 1974.

Fiedler, P. A. (Hg.): Psychotherapieziel Selbstbehandlung. Grundlagen kooperativer Psychotherapie. Weinheim: Edition Psychologie 1981.

Filipp, S. H. (Hg.): Kritische Lebensereignisse. München: Urban & Schwarzenberg 1981.

Fliegel, S., Groeger, W. M., Künzel, R., Schulte, D., und Sorgatz, H.: Verhaltenstherapeutische Standardmethoden. Ein Übungsbuch. München: Urban & Schwarzenberg 1981.

Foa, E. B., und Emmelkamp, P. M. G. (Eds.): Failures in behavior therapy. New York: Wiley 1983.

Försterling, F.: Attributionstheorie in der klinischen Psychologie. München: Urban & Schwarzenberg 1986.

Ford, J. D.: Therapeutic relationship in behavior therapy: An empirical analysis. Journal of Consulting and Clinical Psychology 46 (1978), 1302–1314.

Foreyt, J. P., und Rathjen, D. P. (Eds.): Cognitive behavior therapy. Research and applications. New York: Plenum Press 1979.

Frank, J. D.: Persuasion and healing. Baltimore: John Hopkins University Press 1973 (dt.: Die Heiler. München: dtv/Klett-Cotta 1985).

Franks, C. M.: Behavior therapy. Appraisal and status. New York: McGraw Hill 1969.

Franks, C. M. (Ed.): New developments in behavior therapy: From research to clinical application. New York: The Haworth Press 1984.

Franks, C. M.: The place of theory and concept in a world of practice and doing: A clinician's guide to the behavioral galaxy. In: Franks, C. M. (Ed.): New developments in behavior therapy. From research to clinical application. New York: Haworth Press 1984.

Franks, C. M., und Wilson, G. T. (Eds.): Annual review of behavior therapy. Theory and practice 1973. New York: Bruner/Mazel 1973.

Franks, C. M., und Wilson, G. T. (Eds.): Annual review of behavior therapy. Theory and practice 1978. New York: Bruner/Mazel 1978.

Franks, C. M., Wilson, G. T., Kendall, P. C., und Brownell, K. D.: Jahresüberblick der Verhaltenstherapie. Bd. 9: Theorie und Praxis. Tübingen: DGVT-Verlag 1985.

Freedberg, E. J.: Behavior therapy: A comparison between early (1890–1920) and contemporary techniques. The Canadian Psychologist 14 (1973), 225–240.

Fricke, R., und Treinies, G.: Einführung in die Metaanalyse. Bern: Huber 1985.

Gadenne, V.: Die Gültigkeit psychologischer Untersuchungen. Stuttgart: Kohlhammer 1976.

Gambrill, E. D.: Behavior modification. Handbook of assessment, intervention, and evaluation. San Francisco: Jossey-Bass 1977.

Garcia, J., und Koelling, R. A.: Relation of cue to consequence in avoidance learning. Psychonomic Science 4 (1966), 123–124.

Garcia, J., Ervin, F. R., und Koelling, R. A.: Learning with prolonged delay of reinforcement. Psychonomic Science 4 (1966), 121–122.

Garcia, J., McGowan, B. K., und Green, K. F.: Biological constraints of conditioning. In: Black, A. H., und Prokasy, W. F. (Eds.): Classical conditioning. Vol. 2: Current theory and research. New York: Appleton-Century-Crofts 1972.

Garfield, S. L.: Research on client variables in psychotherapy. In: Garfield, S. L., und Bergin, A. E. (Eds.): Handbook of psychotherapy and behavior change. An empirical analysis. New York: Wiley, 2. ed. 1978.

Garfield, S. L.: Psychotherapy: An eclectic approach. New York: Wiley 1980.

Garfield, S. L.: Psychotherapie: Ein eklektischer Ansatz. Weinheim/Basel: Beltz 1982.

Garfield, S. L., und Bergin, A. E. (Eds.): Handbook of psychotherapy and behavior change. An empirical analysis. New York: Wiley, 3. ed. 1986.

Gentile, J. R., Roden, A. H., und Klein, R. D.: An analysis of variance model for the intrasubject replication design. Journal of Applied Behavior Analysis 5 (1972), 193–198.

Gentry, W. D.: Behavioral medicine: A new research paradigm. In: Gentry, W. D. (Ed.): Handbook of behavioral medicine. New York: Guilford Press 1984a.

Gentry, W. D. (Ed.): Handbook of behavioral medicine. New York: Guilford Press 1984b.

Glass, G. V., McGraw, B., und Smith, M. C.: Meta-analysis in social research. Beverly Hills: Sage Publications 1981.

Glass, G. V., Willson, V. L., und Gottman, J. M.: Design and analysis of time-series experiments. Boulder, Colorado: Associated University Press 1975.

Goldfried, M. R.: Behavioral Assessment. In: Weiner, J. B. (Ed.): Clinical Methods in psychology. New York: Wiley 1976.

Goldfried, M. R., und Goldfried, A. P.: Cognitive change methods. In: Kanfer, F. H., und Goldstein, A. P. (Eds.): Helping people change. A textbook of methods. New York: Pergamon Press 1975.

Goldfried, M. R., und Kent, R. N.: Traditional versus behavioral personality assessment: A comparison of methodological and theoretical assumptions. Psychological Bulletin 77 (1972), 409–420. (dt.: Herkömmliche gegenüber verhaltenstheoretischer Persönlichkeitsdiagnostik: Ein Vergleich methodischer und theoretischer Voraussetzungen. In: Schulte, D. (Hg.): Diagnostik in der Verhaltenstherapie. München: Urban & Schwarzenberg 1974).

Goldfried, M. R., und Merbaum, M. (Eds.): Behavior change through self-control. New York: Holt 1973.

Goldfried, M. R., und Robins, C.: Self-schema, cognitive bias, and the processing of therapeutic experiences. In: Kendall, P. C. (Ed.): Advances in cognitive-behavioral research and therapy. New York: Academic Press 1983.

Goldstein, A. P.: Psychotherapeutic attraction. New York: Pergamon Press 1971.

Goldstein, A. P.: Structured learning therapy. Toward a psychotherapy for the poor. New York: Academic Press 1973.

Goldstein, A. P.: Relationship-enhancement methods. In: Kanfer, F. H., und Goldstein, A. P.: Helping people change. A textbook of methods. New York: Pergamon Press 1975.

Goldstein, A. P., und Kanfer, F. H. (Eds.): Maximizing treatment gains. Transfer enhancement in psychotherapy. New York: Academic Press 1979.

Goldstein, A. P., und Simonson, N. R.: Social psychological approaches to psychotherapy research. In: Bergin, A. E., und Garfield, S. L. (Eds.): Handbook of psychotherapy and behavior change. An empirical analysis. New York: Wiley 1971.

Goldstein, A. P., Heller, K., und Sechrest, L. B.: Psychotherapy and the psychology of behavior change. New York: Wiley 1966.

Goodenough, F. L.: Mental testing. New York: Rinehart & Co. 1949.

Gottman, J. M., und Glass, G. V.: Analysis of interrupted time-series experiments. In: Kratochwill, T. R. (Ed.): Single subject research. Strategies for evaluating change. New York: Academic Press 1978.

Gottman, J. M., und Markman, H. J.: Experimental designs in psychotherapy research. In: Garfield, S. L., und Bergin, A. E. (Eds.): Handbook of psychotherapy and behavior change. An empirical analysis. New York: Wiley 2. ed. 1978.

Gottwald, P., und Kraiker, C. (Hg.): Zum Verhältnis von Theorie und Praxis in der Psychologie. Sonderheft I/1976 der Mitteilungen der DGVT. München: Steinbauer & Rau 1976.

Grawe, K.: Differentielle Psychotherapie I. Indikation und spezifische Wirkung von Verhaltenstherapie und Gesprächstherapie. Eine Untersuchung an phobischen Patienten. Bern: Huber 1976.

Grawe, K.: Psychotherapieforschung. In: Bastine, R., Fiedler, P. A., Grawe, K., Schmidtchen, S., und Sommer, G. (Hg.): Grundbegriffe der Psychotherapie. Weinheim: Edition Psychologie 1982.

Grawe, K.: Mißerfolge in der Psychotherapie aus verhaltenstherapeutischer Sicht. Verhaltens-modifikation 5 (1984), 219–234.

Grawe, K.: Meta-Analyse: Ein Beitrag zur Gerüchtebildung in der Psychotherapie. Vortrag auf dem 15. Kongreß der EABT, München 1985.

Grawe, K.: Verborgene Wahrheiten über die Wirkungen von Psychotherapien – eine Analyse des Ergebnisstandes der Psychotherapieforschung unter differentiellem Aspekt. Forschungs-bericht, Bern 1986.

Grawe, K., und Caspar, F. M.: Die Plananalyse als Konzept und Instrument für die Psychothe-rapieforschung. In: Baumann, U. (Hg.): Psychotherapie: Makro-/Mikroperspektive. Göttin-gen: Hogrefe 1984.

Gray, J. A.: Angst und Streß. München: Kindler 1971.

Gray, J. A.: Neuropsychology of anxiety. New York: Oxford University Press 1982.

Greenfield, N. S., und Sternbach, R. A. (Eds.): Handbook of psychophysiology. New York: Holt 1972.

Greenspoon, J.: Verbal conditioning and clinical psychology. In: Bachrach, A. J. (Ed.): Experimental foundations of clinical psychology. New York: Basic Books 1962.

Greenspoon, J., und Lamal, P. A.: Cognitive behavior modification – who needs it? The Psychological Record 28 (1978), 343–351.

Groeben, N., und Westmeyer, H.: Kriterien psychologischer Forschung. München: Juventa 1975.

Groen, J. J.: Present status of the psychosomatic approach to bronchial asthma. In: Hill, O. (Ed.): Modern trends in psychosomatic medicine 3. London: Butterworths 1976.

Groen, J. J.: The psychosomatic theory of bronchial asthma. Psychotherapy and Psychosomatic 31 (1979), 38–48.

Grossberg, J. M.: Behavior therapy: A review. Psychological Bulletin 62 (1964), 73–88.

Gunzelmann, T.: Laienhelfer in der psychosozialen Versorgung: Eine Meta-Analyse von Effektivitätsstudien aus verschiedenen Problembereichen. Diplomarbeit, Bamberg 1986.

Gurman, A. S., und Razin, A. M. (Eds.): Effective psychotherapy. A handbook of research. New York: Pergamon Press 1977.

Guthrie, E. R.: The psychology of learning. New York: Harper 1935.

Guthrie, E. R.: Association by contiguity. In: Koch, S. (Ed.): Psychology. A study of a science, II. New York: McGraw Hill 1959.

Haaga, D. A., und Davison, G. C.: Cognitive change methods. In: Kanfer, F. H., und Goldstein, A. P. (Eds.): Helping people change. A textbook of methods. New York: Pergamon Press, 3. ed. 1986.

Hacker, W.: Allgemeine Arbeits- und Ingenieur-Psychologie. Bern: Huber Verlag 1978.

Hacker, W.: Action control in the task-depent structure of action-controlling mental representa-tions. In: Hacker, W., Volpert, W., und Cranach, M. von (Eds.): Cognitive and motivational aspects of action. Amsterdam: North-Holland 1982.

Halder, P.: Verhaltenstherapie und Patientenerwartung. Bern: Huber 1977.

Haley, J.: Problem solving therapy. San Francisco: Jossey-Bass 1978.

Hall, G. S.: A study of fear. American Journal of Psychology 8 (1897), 147–249.

Hand, I., und Zaworka, W.: Entwicklung der Zwangsneurose über die Zeit: Ergebnisse einer „Quasi"-Längsschnittuntersuchung und deren Implikationen für die Neurosentheorie und -therapie. In: Baumann, U. (Hg.): Indikation zur Psychotherapie. Perspektiven für Praxis und Forschung. München: Urban & Schwarzenberg 1981.

Harlow, H. F.: The formation of learning sets. Psychological Review 56 (1949), 51–56.

Harris, J. D.: Forward conditioning, backward conditioning, and pseudoconditioning, and adaption to the conditioned stimulus. Journal of Experimental Psychology 28 (1941), 491–502.

Harter, S.: A developmental perspective on some parameters of self-regulation in children. In: Karoly, P., und Kanfer, F. H. (Eds.): Self-management and behavior change. From theory to practice. New York: Pergamon Press 1982.

Hartig, M.: Selbstkontrolle: Lerntheoretische und verhaltenstherapeutische Ansätze. München: Urban & Schwarzenberg 1973.

Hartmann, D. P.: Forcing square pegs into round holes: Some comments on „An analysis-of-variance model for the intrasubject replication design". Journal of Applied Behavior Analysis 7 (1974), 635–638.

Hartmann, K.: Verhaltenstherapie bei phobisch verarbeiteten funktionellen Herz-Kreislaufbeschwerden. Ein Beitrag zur differentiellen Psychotherapieforschung unter besonderer Berücksichtigung kognitiver Strategien. Dissertation, Salzburg 1985.

Harvey, J. H., und Tucker, J. A.: On problems with the cause-reason distinction in attribution theory. Journal of Personality and Social Psychology 37 (1979), 1441–1446.

Harzem, P., und Miles, T. R.: Conceptual issues in operant psychology. New York: Wiley 1978.

Harzem, P., und Zeiler, M. D. (Eds.): Predictability, correlation, and continguity. Advances in analysis of behavior. Vol. 2. New York: Wiley 1981.

Haynes, S. N.: Principles of behavioral assessment. New York: Gardner Press 1978.

Hearst, E.: The classical-instrumental distinction: Reflexes, voluntary behavior, and categories of associative learning. In: Estes, W. K. (Ed.): Handbook of learning and cognitive processes. Vol. 2: Conditioning and behavior theory. Hillsdale, N. J.: Erlbaum Ass. 1975.

Hecht, Ch.: Selbstaufzeichnungen und deren reaktive Effekte. Unveröff. Dissertation, Salzburg 1979.

Hecht, Ch.: Kognitive Verhaltenstherapie. Selbstmanagement-Therapie. In: Petzold, H. (Hg.): Wege zum Menschen. Methoden und Persönlichkeiten moderner Psychotherapie. Paderborn: Junfermann-Verlag 1984.

Heckhausen, H.: Motivation und Handeln. Lehrbuch der Motivationspsychologie. Berlin: Springer 1980.

Heider, F.: Social perception and phenomenal causality. New York: Wiley 1944.

Heider, F.: The psychology of interpersonal relations. New York: Wiley 1958.

Hempel, C. G.: Aspekte wissenschaftlicher Erklärung. Berlin: deGruyter 1977.

Hempel, C. G., und Oppenheim, P.: Studies in the logic of explanations. Philosophy of Science 15 (1948), 135–175.

Herd, J. A.: Treatment of cardiovascular disorders. In: Prokop, C. A., und Bradley, L. A. (Eds.): Medical psychology. Contributions to behavioral medicine. New York: Academic Press 1981.

Herkner, W.: Attribution – Psychologie der Kausalität. Bern: Huber 1980.

Herrmann, T.: Die Psychologie und ihre Forschungsprogramme. Göttingen: Hogrefe 1976.

Herrmann, T.: Methoden als Problemlösungsmittel. In: Roth, E. (Hg.): Sozialwissenschaftliche Methoden. München: Oldenbourg 1984.

Herrmann, T., und Lantermann, E.-D. (Hg.): Persönlichkeitspsychologie. Ein Handbuch in Schlüsselbegriffen. München: Urban & Schwarzenberg 1985.

Hersen, M., und Barlow, D. H.: Single case experimental designs. Strategies for studying behavior change. New York: Pergamon Press 1976.

Hersen, M., und Bellack, A. S. (Eds.): Behavioral assessment. A practical handbook. New York: Pergamon Press 1976.

Heyden, T.: Verhaltenstherapie in der psychosozialen Versorgung. In: Deutsche Gesellschaft für Verhaltenstherapie (Hg.), mit Beiträgen von Th. Heyden, H. Reinecker, D. Schulte und H. Sorgatz: Verhaltenstherapie: Theorien und Methoden. Tübingen: DGVT-Verlag 1986.

Hilgard, E. R., und Bower, G. H.: Theorien des Lernens I. Stuttgart: Klett, 4. Aufl. 1975.

Hilgard, E. R., und Marquis, D. G.: Conditioning and learning. New York: Appleton-Century-Crofts 1940.

Hinsch, R., und Pfingsten, U.: Gruppentraining sozialer Kompetenzen. München: Urban & Schwarzenberg 1983.

Hiroto, D. S.: Locus of control and learned helplessness. Journal of Experimental Psychology 102 (1974), 187–193.

257

Hodgson, R., und Rachman, S. J.: Desynchrony in measures of fear. Behaviour Research and Therapy 12 (1974), 319–326.

Hodgson, R., Rachman, S. J. und Marks, I. M.: The treatment of chronic obsessive-compulsive neurosis: Follow-up and the further findings. Behaviour Research and Therapy 10 (1972), 181–189.

Holland, J. G.: Behaviorism: Part or the problem of part of the solution? Journal of Applied Behavior Analysis 11 (1978), 163–174.

Holland, J. G., und Skinner, B. F.: The analysis of behavior. New York: McGraw Hill 1961. (dt.: Analyse des Verhaltens. München: Urban & Schwarzenberg 1972).

Hollon, S. D., und Emmerson, M. G.: Negative outcome: Treatment of depressive disorders. In: Mays, D. T., und Franks, C. M. (Eds.): Negative outcome in psychotherapy and what to do about it. New York: Springer 1985.

Holtzmann, W. H.: Statistische Modelle zur Untersuchung von Veränderungen im Einzelfall. In: Petermann, F. (Hg.): Methodische Grundlagen Klinischer Psychologie. Weinheim: Beltz 1977.

Homme, L.: Perspectives in psychology XXIV: Control of coverants, the operants of the mind. Psychological Record 15 (1965), 501–511.

Honig, W. K. (Ed.): Operant behavior. Areas of research and application. Englewood Cliffs, N. J.: Prentice-Hall 1966.

Honig, W. K., und Staddon, J. E. R. (Eds.): Handbook of operant behavior. Englewood Cliffs, N. J.: Prentice-Hall 1977.

Horne, R. L.: Negative outcome in anorexia nervosa. In: Mays, D. T., und Franks, C. M. (Eds.): Negative outcome in psychotherapy and what to do about it. New York: Springer 1985.

Hovland, C. I.: The generalization of conditioned responses. The sensory generalization of conditioned responses with varying intensities of tone. Journal of General Psychology 17 (1937a), 125–148.

Hovland, C. I.: The generalization of conditioned responses. IV: The effects of varying amounts of reinforcement upon the degree of generalization of conditioned responses. Journal of Experimental Psychology 21 (1937b), 261–276.

Huber, H. P.: Kontrollierte Fallstudie. In: Pongratz, L. J. (Hg.): Handbuch der Psychologie, Bd. 8: Klinische Psychologie. 2. Halbbd. Göttingen: Hogrefe 1978.

Huber, O.: Ist der Mensch meßbar? In: Rüdiger, D., und Perrez, M. (Hg.): Anthropologische Aspekte der Psychologie. Festschrift für W. J. Revers Salzburg: O. Müller 1979.

Hübner, P.: Einführung in die Methodenlehre der Psychologie. Darmstadt: Wissenschaftliche Buchgesellschaft 1980.

Hugdahl, K., Frederikson, M., und Öhman, A.: „Preparedness" and „arousability" as determinants of electrodermal conditioning. Behaviour Research and Therapy 15 (1977), 345–353.

Hull, C. L.: A functional interpretation of the conditioned reflex. Psychological Review 36 (1929), 495–511.

Hull, C. L.: Goal attraction and directing ideas conceived as habit phenomena. Psychological Review 38 (1931), 487–506.

Hull, C. L.: Principles of behavior. An introduction to behavior theory. New York: Appleton-Century-Crofts: 1943.

Hull, C. L.: A behavior system. An introduction to behavior theory concerning the individual organism. New Haven: Yale University Press 1952.

Izard, C.: Die Emotionen des Menschen. Weinheim: Beltz 1981.

Jacobson, N. S.: Problem solving and contingency contracting in the treatment of marital discord. Journal of Consulting and Clinical Psychology 45 (1977), 92–100.

Jaremko, M.: A component analysis of stress inoculation: Review and prospectus. Cognitive Therapy and Research 3 (1979), 35–48.

Jason, L. A., und Glenwick, D. S.: Behavioral community psychology. A review of recent research and applications. In: Hersen, M., Eisler, R. M., und Miller, P. M. (Eds.): Progress in behavior modification. Vol. 18. New York: Academic Press 1984.

Johnson, D. W., und Matross, R.: Interpersonal influence in psychotherapy. A social psychological view. In: Gurman, A. S., und Razin, A. M. (Eds.): Effective psychotherapy. A handbook of research. New York: Pergamon Press 1977.

Jones, E. E., und Davis, K. E.: From acts to dispositions: The attribution process in person perception. In: Berkowitz, L. (Ed.): Advances in experimental social psychology. Vol. 2. New York: Academic Press 1965.

Jones, E. E., und Nisbett, R. E.: The actor and the observer: Divergent perceptions of the causes of behavior. New York: General Learning Press 1971.

Jones, E. E., Kanouse, D. E., Kelley, H. H., Nisbett, E. E., Valins, S., und Weiner, B. (Eds.): Attribution: Perceiving the causes of behavior. Morristown, N. J.: General Learning Press 1972.

Jones, M. C.: The elimination of children's fears. Journal of Experimental Psychology 7 (1924a), 382–390.

Jones, M. C.: A laboratory study of fear: The case of Peter. Pediatric Seminars 31 (1924b), 308–315.

Jones, R. R., Vaught, R. S., und Weinrott, M.: Time-series analysis in operant research. Journal of Applied Behavior Analysis 10 (1977), 151–166.

Jones, R. T., und Haney, J. I.: Behavior therapy and fire emergencies: Conceptualization, assessment, and intervention. In: Hersen, M., Eisler, R. M., und Miller, P. M. (Eds.): Progress in behavior modification. Vol. 19. New York: Academic Press 1985.

Kahlke, W., Gromus, B., Koch, U., und Wilke, H.: Kooperation von Internisten, Psychologen und Ernährungsberatern bei der Adipositasbehandlung. Therapiewoche (1978), 8144–8162.

Kahneman, D., Slovic, P., und Tversky, A. (Eds.): Judgment under uncertainty: Heuristics and biases. Cambridge: Cambridge University Press 1982.

Kaminski, G.: Verhaltenstheorie und Verhaltensmodifikation. Entwurf einer integrativen Theorie psychologischer Praxis am Individuum. Stuttgart: Klett 1970.

Kanfer, F. H.: Comments on learning in psychotherapy. Psychological Reports 9 (1961), 681–699.

Kanfer, F. H.: Issues and ethics in behavior manipulation. Psychological Reports 16 (1965), 187–196.

Kanfer, F. H.: Self-regulation: Research, issues, and speculations. In: Neuringer, C., und Michael, J. L. (Eds.): Behavior modification in clinical psychology. New York: Appleton 1970a.

Kanfer, F. H.: Self-monitoring: Methodological limitations and clinical applications. Journal of Consulting and Clinical Psychology 35 (1970b), 148–152.

Kanfer, F. H.: The many faces of self-control, or behavior modification changes its focus. In: Stuart, P. B. (Ed.): Behavioral self-management. New York: Bruner/Mazel 1977a.

Kanfer, F. H.: Selbstregulierung und Selbstkontrolle. In: Zeier, H. (Hg.): Die Psychologie des 20. Jahrhunderts. Bd. IV: Pawlow und die Folgen. Zürich: Kindler 1977b.

Kanfer, F. H.: Self-management: Strategies and tactics. In: Goldstein, A. P., und Kanfer, F. H. (Eds.): Maximizing treatment gains. Transfer enhancement in psychotherapy. New York: Academic Press, 1979.

Kanfer, F. H.: Die Bedeutung von Informationsverarbeitungsmodellen für das diagnostisch-therapeutische Gespräch. Verhaltensmodifikation 6 (1985a), 3–19.

Kanfer, F. H.: The limitations of animal models in understanding anxiety. In: Tuma, A. H., und Maser, J. D. (Eds.): Anxiety and the anxiety disorders. Hillsdale, N. J.: Erlbaum Ass. 1985b.

Kanfer, F. H.: Target selection for clinical change programs. Behavioral Assessment 7 (1985c), 7–20.

Kanfer, F. H.: Self-regulation and behavior. Paper presented at Ringberg Symposium on „Volition and Action", 1986. New York: Springer (in press).

Kanfer, F. H., und Busemeyer, J. R.: The use of problem solving and decision making in behavior therapy. Clinical Psychology Review 2 (1982), 239–266.

Kanfer, F. H., und Gaelick, L.: Self-management methods. In: Kanfer, F. H., und Goldstein, A. P. (Eds.): Helping people change. A textbook of methods. New York: Pergamon Press, 3. ed. 1986.

Kanfer, F. H., und Grimm, L. G.: Behavioral analysis. Selecting target behaviors in the interview. Behavior Modification 1 (1977), 7–28.

Kanfer, F. H., und Grimm, L. G.: Bewerkstelligung klinischer Veränderungen: Ein Prozeßmodell der Therapie. Verhaltensmodifikation 3 (1981), 125–136.

Kanfer, F. H., und Hagerman, S.: Behavior therapy and the information processing paradigm. In: Reiss, S., und Bootzin, R. R. (Eds.): Theoretical issues in behavior therapy. New York: Academic Press 1984.

Kanfer, F. H., und Karoly, P.: Self-control: A behavioristic excursion into the lion's den. Behavior Therapy 3 (1972), 398–416.

Kanfer, F. H., und Nay, W. R.: Behavioral assessment. In: Wilson, G. T., und Franks, C. M. (Eds.): Contemporary behavior therapy. Conceptual and empirical foundations. New York: Guilford Press 1982.

Kanfer, F. H., und Phillips, J. S.: Behavior therapy: A panacea for all ills or a passing fancy? Archives of General Psychiatry 5 (1966), 114–128.

Kanfer, F.H., und Phillips, J.S.: Learning foundations of behavior therapy. New York: Wiley 1970.

Kanfer, F. H., und Phillips, J. S.: Lerntheoretische Grundlagen der Verhaltenstherapie. München: Kindler 1975.

Kanfer, F. H., und Saslow, G.: Behavioral analysis: An alternative to diagnostic classification. Archives of General Psychiatry 12 (1965), 529–538.

Kanfer, F. H., und Saslow, G.: Behavioral diagnosis. In: Franks, C. M. (Ed.): Behavior therapy. Appraisal and status. New York: McGraw Hill 1969.

Kanfer, F. H., und Schefft, K. B.: Self-management therapy in clinical practice. New York: Guilford Press 1987 (in press).

Kantor, J. R.: Behaviorism in the history of psychology. Psychological Record 18 (1968), 151–166.

Kaplan, H. S.: Disorders of sexual desire and other new concepts and techniques in sex therapy. New York: Bruner/Mazel 1979.

Kaplan, H. S.: Sexualtherapie. Ein neuer Weg für die Praxis. Stuttgart: Enke 1983.

Karoly, P., und Harris, A.: Operant methods. In: Kanfer, F. H., und Goldstein, A. P. (Eds.): Helping people change. A textbook of methods. New York: Pergamon Press 3. ed. 1986.

Karoly, P., und Kanfer, F. H. (Eds.): Self-management and behavior change. From theory to practice. New York: Pergamon Press 1982.

Katkin, E. S., und Hastrup, J. L.: Psychophysiological methods in clinical research. In: Kendall, P. C., und Butcher, J. N. (Eds.): Handbook of research methods in clinical psychology. New York: Wiley 1982.

Katschnig, H.: Psychotherapiebedarf. In: Strotzka, H. (Hg.): Psychotherapie: Grundlagen, Verfahren, Indikationen. München: Urban & Schwarzenberg 1975.

Katschnig, H. (Hg.): Sozialer Streß und psychische Erkrankung. Lebensverändernde Ereignisse als Ursache seelischer Störungen. München: Urban & Schwarzenberg 1980.

Katz, E. R., Varni, J. W., und Jay, S. M.: Behavioral assessment and management of pediatric pain. In: Hersen, M., Eisler, R. M., und Miller, P. M. (Ed.): Progress in behavior modification. Vol. 18. New York: Academic Press 1984.

Kazdin, A. E.: Self-monitoring and behavior change. In: Mahoney, M. J., und Thoresen, C. E. (Eds.): Self-control: Power to the person. Monterey, Calif.: Brooks-Cole 1974.

Kazdin, A. E.: Statistical analyses for single-case experimental designs. In: Hersen, M., und Barlow, D. H. (Eds.): Single case experimental designs. Strategies for studying behavior change. New York: Pergamon Press 1976.

Kazdin, A. E.: Extension of reinforcement techniques to socially and environmentally relevant behaviors. In: Hersen, M., Eisler, R. M., und Miller, P. M. (Eds.): Progress in behavior modification. Vol. 4. New York. Academic Press 1977.

Kazdin, A. E.: History of behavior modification. Baltimore: University Park Press 1978.

Kazdin, A. E.: Drawing valid inferences from case studies. Journal of Consulting and Clinical Psychology 49 (1981), 183–192.

Kazdin, A. E.: Single-case research designs. Methods for clinical and applied settings. New York: Oxford University Press 1982.

Kazdin, A. E.: Treatment research: The investigation and evaluation of psychotherapy. In: Hersen, M., Kazdin, A. E., und Bellack, A. S. (Eds): The clinical psychology handbook. New York: Pergamon Press 1983.

Kazdin, A. E.: Selection of target behaviors: The relationship of the treatment focus to clinical dysfunction. Behavioral Assessment 7 (1985), 33–47.

Kazdin, A. E., und Wilson, G. T.: Evaluation of behavior therapy. Issues, evidence, and research strategies. Cambridge, Mass.: Ballinger 1978a.

Kazdin, A. E., und Wilson, G. T.: Criteria for evaluating psychotherapy. Archives of General Psychiatry 35 (1978b) 407–416.

Keehn, J. D., und Webster, C. D.: Behavior therapy and behavior modification. Canadian Journal of Psychology 10 (1969), 68–73.

Keller, M.: Kognitive Entwicklung und soziale Kompetenz. Stuttgart: Klett-Cotta 1976.

Keller, M.: Entwicklungspsychologie sozialkognitiver Prozesse. In: Waller, M. (Hg.): Jahrbuch für Entwicklungspsychologie 2/1980. Soziale Entwicklung im Kindesalter. Stuttgart: Klett-Cotta 1980.

Kelley, H. H.: Attribution theory in social psychology. In: Levine, D. (Ed.): Nebraska symposium on motivation 1967. Lincoln: University of Nebraska Press 1967.

Kelley, H. H.: Attribution in social interaction. New York: General Learning Press 1971.

Kelley, H. H.: Causal schemata and the attribution process. New York: General Learning Press 1972.

Kelley, H. H., und Michela, J. L.: Attribution theory research. In: Rosenzweig, M. R., und Porter, L. W. (Eds.): Annual review of psychology. Palo Alto, Calif.: Annual Reviews Inc. 1980.

Kendall, P. C., und Butcher, J. N.: Handbook of research methods in clinical psychology. New York: Wiley 1982.

Kendall, P. C., und Hollon, S. D. (Eds.): Cognitive-behavioral interventions. Theory, research, and procedures. New York: Academic Press 1979.

Kendall, P. C., und Watson, D.: Psychological preparation for stressful medical procedures. In: Prokop, C. A., und Bradley, L. A. (Eds.): Medical psychology: Contributions to behavioral medicine. New York: Academic Press 1981.

Kendall, P. C., Williams, L., Pechacek, T. F., Graham, L., Shisslak, C., und Herzoff, N.: Cognitive-behavioral and patient education interventions in cardiac catheterization procedures: The Palo Alto Medical Psychology Project. Journal of Consulting and Clinical Psychology 47 (1979), 49–85.

Kendler, H. H., und Spence, J. T.: Tenets of neobehaviorism. In: Kendler, H. H., und Spence, J. T. (Eds.): Essays in neobehaviorism. New York 1971.

Keupp, H. (Hg.): Der Krankheitsmythos in der Psychopathologie. München: Urban & Schwarzenberg 1972.

Keupp, H. (Hg.): Verhaltensstörungen und Sozialstruktur. Epidemiologie: Empirie, Theorie, Praxis. München: Urban & Schwarzenberg 1974a.

Keupp, H.: Psychische Störungen als abweichendes Verhalten. Zur Soziogenese psychischer Störungen. München: Urban & Schwarzenberg 1974b.

Keupp, H.: Modellvorstellungen psychischer Störungen: „Medizinisches Modell" und mögliche Alternativen. In: Kraiker, Ch. (Hg.): Handbuch der Verhaltenstherapie. München: Kindler 1974c.

Keupp, H.: Psychologische Tätigkeit in der psychosozialen Versorgung. Wider die Voreiligkeit programmatischer Fortschrittlichkeit. In: Verhaltenstherapie und psychosoziale Versorgung. Sonderheft II/1978 der Mitteilungen der DGVT. Tübingen: DGVT 1978.

Keupp, H.: Normalität und Abweichung. Fortsetzung einer notwendigen Kontroverse. München: Urban & Schwarzenberg 1979.

Keupp, H.: Einleitende Thesen zu einer radikalen gemeindepsychologischen Perspektive. In: Keupp, H., und Rerrich,. D. (Hg.): Psychosoziale Praxis. Ein Handbuch in Schlüsselbegriffen. München: Urban & Schwarzenberg 1982.

Keupp, H., und Bergold, J. B.: Probleme der Macht in der Psychotherapie unter spezieller Berücksichtigung der Verhaltenstherapie. In: Bachmann, C. H. (Hg.): Psychoanalyse und Verhaltenstherapie. Frankfurt a. M.: Fischer 1972.

Keupp, H., und Rerrich, D. (Hg.): Psychosoziale Praxis. Ein Handbuch in Schlüsselbegriffen. München: Urban & Schwarzenberg 1982.

Kiesler, D. J.: Some myths of psychotherapy research and the search for a paradigm. Psychological Bulletin 65 (1966), 110–136. (dt.: Die Mythen der Psychotherapieforschung, und ein Ansatz für ein neues Forschungsparadigma. In: Petermann, F. (Hg.): Psychotherapieforschung. Weinheim: Beltz 1977).

Kiesler, D. J.: Experimental designs in psychotherapy research. In: Bergin, A. E., und Garfield, S. L. (Eds.): Handbook of psychotherapy and behavior change. An empirical analysis. New York: Wiley 1971.

Kiesler, D. J.: The missing link in psychotherapy research (Review of: Patterns of change. Intensive analysis of psychotherapy process). Contemporary Psychology 30 (1985), 527–529.

Kimble, G. A.: Hilgard and Marquis' Conditioning and learning. New York: Appleton-Century-Crofts, Inc. 1961.

Kimble, G. A.: Cognitive inhibition in classical conditioning. In: Kendler, H. H., und Spence, J. T. (Eds.): Essays in neobehaviorism. New York: Appleton-Century-Crofts 1971.

Kimble, G. A., und Perlmuter, L. C.: The problem of volition. Psychological Review 77 (1970), 361–384.

Kimmel, H. D.: Instrumental conditioning of autonomically mediated responses in human beings. American Psychologist 29 (1974), 325–335.

Kintsch, W.: Learning, memory and conceptual processes. New York: Wiley 1970.

Kitchener, R. F.: Behavior and behaviorism. Behaviorism 5 (1977), 11–71.

Klinger, E.: Meaning and void: Inner experience and the incentives in people's lives. Minneapolis, Minn.: University of Minnesota Press 1977.

Klinger, E.: The self-management of mood, affect, and attention. In: Karoly, P., und Kanfer, F. H. (Eds.): Self-management and behavior change. From theory to practice. New York: Pergamon Press 1982.

Koch, U.: Psychotherapie im medizinischen Bereich. In: Baumann, U., Berbalk, H., und Seidenstücker, G. (Hg.): Klinische Psychologie. Trends in Forschung und Praxis 5. Bern: Huber 1982.

Kockott, G. (Hg.): Sexuelle Störungen. Verhaltensanalyse und -modifikation. München: Urban & Schwarzenberg 1977.

König, F.: Problemlösen und kognitive Therapie. In: Hoffman, N. (Hg.): Grundlagen kognitiver Therapie. Bern: Huber 1979.

Koller, P. S., und Kaplan, R. M.: A two-process theory in learned helplessness. Journal of Personality and Social Psychology 36 (1978), 1177–1183.

Konorski, J., und Miller, S.: On two types of conditioned reflex. Journal of General Psychology 16 (1937), 264–272.

Kraiker, Ch.: Psychoanalyse, Behaviorismus, Handlungstheorie. München: Kindler 1980.

Krantz, D. S., Baum, A., und Wideman, M. von: Assessment of preferences for self-treatment and information in health care. Journal of Personality and Social Psychology 39 (1980), 977–990.

Krasner, L.: Studies on the conditioning of verbal behavior. Psychological Bulletin 55 (1958), 148–170.

Krasner, L.: Behavior control and social responsibility. American Psychologist 17 (1962), 199–204.

Krasner, L.: Behavior therapy. In: Mussen, P. H. (Ed.): Annual Review of Psychology. Vol. 22. Palo Alto, Calif.: Annual Reviews 1971.

Krasner, L.: Behavior modification: Ethical issues and future trends. In: Leitenberg, H. (Ed.): Handbook of behavior modification and behavior therapy. Englewood Cliffs, N. J.: Prentice-Hall 1976.

Krasner, L., und Ullmann, L. P. (Eds.): Research in behavior modification. New developments and implications. New York: Holt 1965.

Kratochwill, T. R. (Ed.): Single subject research. Strategies for evaluating change. New York: Academic Press 1978.

Kratochwill, T. R.: Foundations of time-series research. In: Kratochwill, T. R. (Ed.): Single subject research. Strategies for evaluating change. New York: Academic Press 1978.

Kratochwill, T. R., Mott, S. E. und Dodson, C. L.: Case study and single-case research in clinical and applied psychology. In: Bellack, A. S., und Hersen, M. (Eds.): Research methods in clinical psychology. New York: Pergamon Press 1984.

Kratochwill, T. R., Alden, K., Demuth, D., Dawson, D. L., Panicucci, C., Arntson, P. H., McMurray, N. M. Hempstead, J. O., und Levin, J. R.: A further consideration in the application of an analysis of variance model for the intrasubject replication design. Journal of Applied Behavior Analysis 7 (1974), 629–633.

Krohne, H. W.: Theorien zur Angst. Stuttgart: Kohlhammer 1976.

Kruglanski, A. W.: The endogenous-exogenous partition in attribution theory. Psychological Review 82 (1975), 387–406.

Kruglanski, A. W.: Causal explanation, teleological explanation: On the radical particularism in attribution theory. Journal of Personality and Social Psychology 37 (1979), 1447–1457.

Kussmann, T.: Sowjetische Psychologie. Auf der Suche nach der Methode. Pawlows Lehren und das Menschenbild der marxistischen Psychologie. Bern: Huber 1974.

Kussmann, T.: Pawlow und das klassische Konditionieren. In: Zeier, H. (Hg.): Die Psychologie des 20. Jahrhunderts. Bd. IV.: Pawlow und die Folgen. Zürich: Kindler 1977.

Lachman, R., Lachman, J. L., und Butterfield, E. C.: Cognitive psychology and information processing. Hillsdale, N. J.: Erlbaum 1979.

Lader, M. H., und Mathews, A. M.: A physiological model of phobic anxiety and desensitization. Behaviour Research and Therapy 6 (1968), 411–421.

Lader, M. H., und Wing, L.: Physiological measures, sedative drugs and morbid anxiety. Maudsley Monograph: Oxford University Press 1966.

Lambert, M. J.: Introduction to assessment of psychotherapy outcome: Historical perspectives and current issues. In: Lambert, M. J., Christensen, E. R., und DeJulio, S. S. (Eds.): The assessment of psychotherapy outcome. New York: Wiley 1983.

Lambert, M. J., Bergin, A. E., und Collins, J. L.: Therapist-induced deterioration in psychotherapy. In: Gurman, A. S., und Razin, A. M. (Eds.): Effective psychotherapy. A handbook of research. New York: Pergamon Press 1977.

Lambert, M. J., Christensen, E. R., und DeJulio, S. S. (Eds.): The assessment of psychotherapy outcome. New York: Wiley 1983.

Lang, P. J.: Fear reduction and fear behavior: Problems in treating a construct. In: Shlien, J. M. (Ed.): Research in psychotherapy. Vol. 3. Washington D. C.: American Psychological Association 1968.

Lang, P. J.: The application of psychophysiological methods to the study of psychotherapy and behavior change. In: Bergin, A. E., und Garfield, S. L. (Eds.): Handbook of psychotherapy and behavior change. An empirical analysis. New York: Wiley 1971.

Lang, P. J.: Imagery in therapy: An information processing analysis of fear. Behavior Therapy 8 (1977a), 862–886.

Lang, P. J.: Physiological assessment of anxiety and fear. In: Cone, J. P., und Hawkins, R. P. (Eds.): Behavioral assessment: New directions in clinical psychology. New York: Bruner/Mazel 1977b.

Lang, P. J.: A bio-informational theory of emotional imagery. Psychophysiology 16 (1979), 495–512.

Lang, P. J.: The cognitive psychophysiology of emotion: Fear and anxiety. In: Tuma, A. H., und Maser, J. (Eds.): Anxiety and the anxiety disorders. Hillsdale, N. J.: Erlbaum Ass. 1985.

Lang, P. J., und Lazovik, A. D.: Experimental desensitization of a phobia. Journal of Abnormal and Social Psychology 66 (1963), 519–525.

Larbig, W., und Birbaumer, N.: Angst. In: Wittling, W. (Hg.): Handbuch der Klinischen Psychologie. Bd. 4: Ätiologie gestörten Verhaltens. Hamburg: Hoffmann und Campe 1980.

Lashley, K. S., und Ball, J.: Spinal conduction and kinetic sensitivity in the maze habit. Journal of Comparative Psychology 9 (1929), 71–105.

Lauterbach, W.: Psychotherapie in der Sowjetunion. München: Urban & Schwarzenberg 1978.

Laux, L.: Psychologische Streßkonzeptionen. In: Thomae, H. (Hg.): Enzyklopädie der Psychologie. Theorien und Formen der Motivation. Bd. 1: Motivation und Handeln. Göttingen: Hogrefe 1983.

Lazarus, A. A.: New methods in psychotherapy: A case study. South African Medical Journal 32 (1958), 660–664.

Lazarus, A. A.: The elimination of children's phobias by deconditioning. In: Eysenck, H. J. (Ed.): Behaviour therapy and the neuroses. New York: Pergamon Press 1960.

Lazarus, A. A.: Group therapy of phobic disorders by systematic desensitization. Journal of Abnormal and Social Psychology 63 (1961), 505–510.

Lazarus, A. A.: The results of behavior therapy in 126 cases of severe neurosis. Behaviour Research and Therapy 1 (1963), 69–80.

Lazarus, A. A.: Behavior therapy and beyond. New York: McGraw Hill 1971.

Lazarus, A. A.: Clinical behavior therapy. New York: Bruner/Mazel 1972.

Lazarus, A. A.: Multimodal behavior therapy. New York: Springer 1976.

Lazarus, R. S.: Psychological stress and the coping process. New York: McGraw Hill 1966.

Lazarus, R. S.: Streß- und Streßbewältigung – ein Paradigma. In: Filipp, S. H. (Hg.): Kritische Lebensereignisse. München: Urban & Schwarzenberg 1981.

Lazarus, R. S.: Thoughts on the relations between emotion and cognition. American Psychologist 37 (1982), 1019–1024.

Lazarus, R. S.: On the primacy of cognition. American Psychologist 39 (1984), 124–129.

Lazarus, R. S., und Folkman, S.: Stress, appraisal, and coping. New York: Springer 1984.

Lazarus, R. S., und Launier, R.: Stress-related transactions between person and environment. In: Pervin, L. A., und Lewis, M. (Eds.): Perspectives in interactional psychology. New York: Plenum Press 1978.

Ledwidge, B.: Cognitive behavior modification: A step in the wrong direction? Psychological Bulletin 85 (1978), 353–375.

Legewie, H., und Nusselt, L. (Hg.): Biofeedback-Therapie. Lernmethoden in der Psychosomatik, Neurologie und Rehabilitation. München: Urban & Schwarzenberg 1975.

Leigh, H., und Reiser, M.: The patient: Biological, psychological, and social dimensions of medical practice. New York: Plenum Press 1980.

Leitenberg, H.: Einzelfallmethodologie in der Psychotherapieforschung. In: Petermann, F., und Schmock, C. (Hg.): Grundlagentexte der klinischen Psychologie. Band 1: Forschungsfragen der Klinischen Psychologie. Bern: Huber 1977. (Original: The use of single-case methodology in psychotherapy research. Journal of Abnormal and Social Psychology 32 (1973), 87–101).

Lenk, H. (Hg.): Handlungstheorien interdisziplinär. Bd. I u. II. München: Fink 1980.

Leontjew, A. N.: Tätigkeit, Bewußtsein, Persönlichkeit. Stuttgart: Klett 1977.

Leventhal, H., Zimmerman, R., und Gutmann, M.: Compliance: A self-regulation perspective. In: Gentry, W. D. (Ed.): Handbook of behavioral medicine. New York: Guilford Press 1984.

Levin, J. R., Marascuilo, L. A., und Hubert, L. L.: N = Nonparametric randomization tests. In: Kratochwill, T. R. (Ed.): Single subject research. Strategies for evaluating change. New York: Academic Press 1978.

Lewin, K.: Die psychologische Situation bei Lohn und Strafe. Leipzig: Hirzel 1931.

Lewin, K.: A dynamic theory of personality: Selected papers. New York: McGraw Hill 1935.

Liddell, H. S.: The conditioned reflex. In: Moss, F. A. (Ed.): Comparative psychology. New York: Prentice-Hall 1934.

Linden, M., und Manns, M.: Psychopharmakologie für Psychologen. Salzburg: O. Müller 1977.

Lindsley, O. R.: Operant conditioning methods applied to research in chronic schizophrenia. Psychiatry Research Reports 8 (1956), 118–139.

Lindsley, O. R.: Characteristics of the behavior of chronic psychotics as revealed by free-operant conditioning methods. Disease of the Nervous System 21 (1960), 66–78.

London, P.: The end of ideology in behavior modification. American Psychologist 27 (1972), 913–920.

Lovaas, O. I.: A program for the establishment of speech in psychotic children. In: Wing, J. K. (Ed.): Early childhood autism. New York: Pergamon Press 1966.

Lovaas, O. I.: The autistic child. New York: Irvington 1977.

Lovibond, S. H.: The current status of behavior therapy. The Canadian Psychologist 7 (1966), 93–101.

Luborsky, L., Singer, B., und Luborsky, L.: Comparative studies of psycho-therapies. Archives of General Psychiatry 32 (1975), 995–1008.

Lutz, R.: Das verhaltensdiagnostische Interview. Stuttgart: Kohlhammer 1978.

Lutz, R., und Windheuser, H. J.: Therapiebegleitende Diagnostik. In: Schulte, D. (Hg.): Diagnostik in der Verhaltenstherapie. München: Urban & Schwarzenberg 1974.

MacCorquodale, K.: On Chomsky's review on Skinner's Verbal behavior. Journal of the Experimental Analysis of Behavior 13 (1970), 83–99.

Mace, C. A.: Some implications of analytical behaviorism. Proceedings of the Aristotelian Society 49 (1948–49), 1–6.

Mace, C. F., und Kratochwill, T. R.: Theories of reactivity in self-monitoring: A comparison of cognitive-behavioral and operant models. Behavior Modification 9 (1985), 323–343.

Mackintosh, N. J.: Kognitive Lerntheorien. In: Zeier, H. (Hg.): Die Psychologie des 20. Jahrhunderts. Bd. IV: Pawlow und die Folgen. Zürich: Kindler 1977.

Magnusson, D.: Interaktionale Modelle des Verhaltens. In: Hoefert, H.-W. (Hg.): Person und Situation. Göttingen: Hogrefe 1982.

Mahoney, M. J.: Cognition and behavior modification. Cambridge, Mass.: Ballinger 1974.

Mahoney, M. J.: Scientist as subject: The psychological imperative. Cambridge, Mass.: Ballinger 1976.

Mahoney, M. J. (Ed.): Psychotherapy process. Current issues and future directions. New York: Plenum Press 1980.

Mahoney, M. J., und Thoresen, C. E.: Self-control: Power to the person. Monterey, Calif.: Brooks/Cole 1974.

Mahoney, M. J., Kazdin, A. E., und Kenigsberg, M.: Getting published. Cognitive Therapy and Research 2 (1978), 69–70.

Maier, S. F., und Seligman, M. E. P.: Learned helplessness: Theory and evidence. Journal of Experimental Psychology: General 105 (1976), 3–46.

Mandl, H., und Huber, G. L. (Hg.): Emotion und Kognition. München: Urban & Schwarzenberg 1983.

Mandler, G.: Mind and Emotion. New York: Wiley 1975.

Marks, I. M.: Phobia disorders four years after treatment: A prospective follow-up. British Journal of Psychiatry 118 (1971), 683–688.

Marks, I. M.: Exposure treatments: Conceptual issues. In: Agras, W. S. (Ed.): Behavior modification: Principles and clinical applications. Boston: Little, Brown & Comp. 1978a.

Marks, I. M.: Behavioral psychotherapy of adult neurosis. In: Garfield, S. L., und Bergin, A. E. (Eds.): Handbook of psychotherapy and behavior change. An empirical analysis. New York: Wiley, 2. ed. 1978b.

Marks, I. M.: Toward an empirical clinical science: Behavioral psychotherapy in the 1980s. Behavior Therapy 13 (1982), 63–81.

Marks, I. M.: Behavioral concepts and treatment of neuroses. In: Rosenbaum, M., Franks, C. M., und Jaffe, Y. (Eds.): Perspectives on behavior therapy in the eighties. Vol. 9. New York: Springer 1983.

Marlatt, G. A., und Gordon, J. R.: Determinants of relapse: Implications for the maintenance of behavior change. In: Davidson, P. O., und Davidson, S. M. (Eds.): Behavioral medicine: Changing health lifestyles. New York: Bruner/Mazel 1980.

Maser, J. D., und Seligman, M. E. P. (Eds.): Psychopathology: Experimental models. San Francisco: Freeman 1977.

Masserman, J. H.: Behavior and neurosis. Chicago: University of Chicago Press 1943.

Mays, D. T., und Franks, C. M. (Eds.): Negative outcome in psychotherapy and what to do about it. New York: Springer 1985.

McGuigan, F. J., und Lumsden, D. B. (Eds.): Contemporary approaches to conditioning and learning. New York: Wiley 1975.

McLeish, J., und Martin, J.: Verbal behavior: A review and experimental analysis. The Journal of General Psychology 93 (1975), 3–66.

Medley, D. N., und Mitzel, H. E.: Measuring classroom behavior by systematic observation. In: Gage, N. L. (Ed.): Handbook of research on teaching. Chicago: RandMcNally 1963.

Mednick, S. A., Pollio, H. R., und Loftus, E. F.: Psychologie d. Lernens. München: Juventa 1975.

Meermann, R. (Hg.): Anorexia nervosa. Stuttgart: Enke 1981.

Mees, U.: Verbales Konditionieren – Analyse eines Paradigmas. Zeitschrift für Klinische Psychologie und Psychotherapie 24 (1976), 331–347.

Mees, U., und Selg, H.: Verhaltensbeobachtung und Verhaltensmodifikation. Stuttg.: Klett 1977.

Meichenbaum, D.: Cognitive-behavior modification: An integrative approach. New York: Plenum Press 1977.

Meichenbaum, D.: Stress inoculation training. New York: Pergamon Press 1985.

Meichenbaum, D.: Cognitive behavior modification. In: Kanfer, F. H., u. Goldstein, A. P. (Eds.): Helping people change. A textbook of methods. New York: Pergamon Press, 3. ed. 1986.

Meichenbaum, D., und Cameron, R.: Cognitive-behavior therapy. In: Wilson, G. T., und Franks, C. M. (Eds.): Contemporary behavior therapy. Conceptual and empirical foundations. New York: Guilford Press 1982.

Meichenbaum, D., und Jaremko, M.: Stress reduction and prevention. New York: Plenum Press 1983.

Meichenbaum, D., und Novaco, R.: Stress inoculation: A preventive approach. In: Spielberger, C., und Sarason, I. (Eds.): Stress and anxiety. Vol. 5. New York: Holsted Press 1978.

Menne, A.: Einführung in die Methodologie. Elementare allgemeine wissenschaftliche Denkmethoden im Überblick. Darmstadt: Wissenschaftliche Buchgesellschaft 1980.

Meyer, V.: The treatment of two phobic patients on the basis of learning principles. Journal of Abnormal and Social Psychology 55 (1957), 261–266.

Meyer, V., und Chesser, E. S.: Behaviour therapy in clinical psychiatry. Harmondsworth: Penguin Books 1970.

Meyer, V., und Crisp, A. H.: Some problems in behaviour therapy. British Journal of Psychiatry 112 (1966), 367–381.

Meyer, V., und Gelder, M. G.: Behaviour therapy and phobic disorders. British Journal of Psychiatry 109 (1963), 19–28.

Meyer, W. U., und Schmalt, H. D.: Die Attributionstheorie. In: Frey, D. (Hg.): Kognitive Theorien der Sozialpsychologie. Bern: Huber 1978.

Michael, J.: Statistical inference for individual organism research: Mixed blessing or cure? Journal of Applied Behavior Analysis 7 (1974), 647–653.

Michelson, L.: Treatment consonance and response profiles in agoraphobia: The role of individual differences in cognitive, behavioral, and physiological treatments. Behaviour Research and Therapy 24 (1986), 263–275.

Miller, G. A., Galanter, E., und Pribram, K.: Plans and the structure of behavior. New York: Holt, Rinehart und Winston 1960. (Dt.: Strategien des Handelns: Pläne und Strukturen des Verhaltens. Stuttgart: Klett 1973).

Miller, I. W., und Norman, W. H.: Learned helplessness in humans: A review and attribution-theory model. Psychological Bulletin 86 (1979), 93–118.

Miller, N. E.: Experimental studies of conflict. In: Hunt, J. McV. (Ed.): Personality and behavior disorders. New York: Ronald Press 1944.

Miller, N. E.: Learnable drives and rewards. In: Stevens, S. S. (Ed.): Handbook of experimental psychology. New York: Wiley 1951.

Miller, N. E.: Liberalization of basic S-R-concepts: Extensions to conflict behavior, motivation, and social learning. In: Koch, S. (Ed.): Psychology: A study of a science. Vol. II. New York: McGraw Hill 1959.

Miller, N. E.: Learning of visceral and glandular responses. Science 163 (1969), 434–445.

Miller, N. E.: Theoretical models relating animal experiments on fear to clinical phenomena. In: Tuma, A. H., und Maser, J. (Eds.): Anxiety and the anxiety disorders. Hillsdale, N. J.: Erlbaum Ass. 1985.

Miller, N. E., und Dollard, J.: Social learning and imitation. New Haven: Yale University Press 1941.

Miller, N. E., DiCara, L. V., Solomon, H., Weiss, J. M., und Dworkin, B.: Learned modifications of autonomic functions: A review and some new data. Circulation Research 27 (1970), Suppl. 1, 3–11.

Miller, N. E., und Dworkin, B.: Visceral learning: Recent difficulties with curarized rats and significant problems for human research. In: Obrist, P., Black, A., Brener, J., und DiCara, L. V. (Eds.): Cardiovascular psychophysiology. Chicago: Aldine-Atherton 1974.

Miller, S., und Konorski, J.: Sur une forme particulière des reflexes conditionels. Compte rendu Hebdomadaire des Séances et Memoires de la Société de Biologie 99 (1928), 1155–1157.

Miltner, W., Birbaumer, N., und Gerber, W.-D.: Verhaltensmedizin. Berlin: Springer 1986.

Mineka, S.: Role of fear in theories of avoidance learning, flooding, and extinction. Psychological Bulletin 86 (1979), 985–1010.

Mineka, S.: The frightful complexity of the origins of fear. In: Overmier, J. B., und Brush, F. R. (Eds.): Affect, conditioning, and cognition: Essays on the determinants of behavior. Hillsdale, N. J.: Erlbaum Ass. 1985.

Mischel, W.: Personality and assessment. New York: Wiley 1968.

Mischel, W.: Towards a cognitive social learning reconceptualization of personality. Psychological Review 80 (1973), 252–283.

Möller, H. J.: Methodische Grundprobleme der Psychiatrie. Stuttgart: Kohlhammer 1976.

Morscher, E.: Das Sein-Sollen-Problem logisch betrachtet. Eine Übersicht über den gegenwärtigen Stand der Diskussion. Conceptus 8 (1974), 5–29.

Mowrer, O. H.: On the dual nature of learning – a re-interpretation of „conditioning" and „problem-solving". Harvard Educational Review 17 (1947), 102–148.

Mowrer, O. H.: Learning theory and behavior. New York: Wiley 1960 a.

Mowrer, O. H.: Learning theory and the symbolic processes. New York: Wiley 1960 b.

Münzel, K., und Tunner, W.: Lerngeschichtliche Interpretation und Probehandlung. Eine Therapievergleichsstudie. Zeitschrift für Klinische Psychologie 12 (1983), 245–272.

Napalkov, A.: Information process of the brain. In: Wiener, N., und Schade, J. P. (Eds.): Progress in brain research. Vol. 2: Nerve brain and memory models. Amsterdam: Elsevier 1963.

Neisser, U.: Cognition and reality. San Francisco: Free Press 1976.

Nelson, R. O.: Assessment and therapeutic functions of self-monitoring. In: Hersen, M., Eisler, R. M., und Miller, P. M. (Eds.): Progress in behavior modification. Vol. 5. New York: Academic Press 1977.

Newell, A., und Simon, H. A.: Human problem solving. Englewood Cliffs, N. J.: Prentice Hall 1972.

Nietzel, M. T.: Verhaltenstherapeutisch orientierte Gemeindepsychologie. In: Belschner, W., Ernst, H., Kaiser, P., Köppelmann-Bailieu, M., Jäckel, P., und Sommer, G. (Hg.): Gemeindepsychologische Perspektiven I. Grundlagen und Anwendungen. Tübingen: DGVT-Verlag 1983.

Nietzel, M. T., und Fisher, S. G.: Effectiveness of professional and paraprofessional helpers: A comment on Durlak. Psychological Bulletin 89 (1981), 555–565.

Nisbett, R. E., und Ross, L.: Human inference: Strategies and shortcomings of social judgement. Englewood Cliffs, N. J.: Prentice-Hall 1980.

Nisbett, R. E., und Wilson, T. D.: Telling more than we can know: Verbal reports on mental processes. Psychological Review 84 (1977), 231–259.

Novaco, R. W.: The cognitive regulation of anger and stress. In: Kendall, P. C., und Hollon, S. D. (Eds.): Cognitive-behavioral interventions. Theory, research, and procedures. New York: Academic Press 1979.

Nutzinger, G., Pfersmann, D., Welan, T., und Zapotoczky, H. G. (Hg.): Herzphobien. Stuttgart: Enke 1986.

Öhman, A., und Dinsberg, V.: Facial expressions as conditioned stimuli for electrodermal responses: A case of „preparedness"? Journal of Personality and Social Psychology 36 (1978), 1251–1258.

Öhman, A., Frederikson, M., Hugdahl, K., und Rimmö P.-A.: The promise of equipotentiality in human classical conditioning: Conditioned electrodermal responses to potentially phobic stimuli. Journal of Experimental Psychology: General 105 (1976), 313–337.

Öst, L. G., Jerremalm, A., und Johansson, J.: Individual response patterns and the effects of different behavioural methods in the treatment of social phobics. Behaviour Research and Therapy 19 (1981), 1–16.

Öst, L. G., Jerremalm, A., und Johansson, J.: Individual response patterns and the effects of different behavioural methods in the treatment of agoraphobis. Behaviour Research and Therapy 22 (1984), 697–707.

Öst, L. G., Johansson, J., und Jerremalm, A.: Individual response patterns and the effects of different behavioural methods in the treatment of claustrophobia. Behaviour Research and Therapy 20 (1982), 445–460.

Osgood, C. E.: Method and theory in experimental psychology. New York: Oxford University Press 1953.

Ottens, A. J.: Muiltifaceted treatment of compulsive hair pulling. Journal of Behavior Therapy and Experimental Psychiatry 12 (1981), 77–80.

Otto, J.: Attribuierungsproblematik und kognitive Therapie. In: Hoffmann, N. (Hg.): Grundlagen kognitiver Therapie. Theoretische Modelle und praktische Anwendung. Bern: Huber 1979.

Paivio, A.: Imagery and verbal processes. New York: Holt 1971.

Parloff, M. B., Waskow, I. E., und Wolfe, B. E.: Research on therapist variables in relation to process and outcome. In: Garfield, S. L., und Bergin, A. E. (Eds.): Handbook of psychotherapy and behavior change. An empirical analysis. New York: Wiley, 2. ed. 1978.

Parsonson, B. S., und Baer, D. M.: The analysis and presentation of graphic data. In: Kratochwill, T. R. (Ed.): Single subject research. Strategies for evaluating change. New York: Academic Press 1978.

Patry, J. L.: Feldforschung. Methoden und Probleme sozialwissenschaftlicher Forschung unter natürlichen Bedingungen. Bern: Huber 1982.

Patterson, G. R.: A performance theory for coercive family interaction. In: Cairns, R. B. (Ed.): The analysis of social interactions. Hillsdale, N. J.: Erlbaum 1979.

Patterson, G. R., Ray, R. S., Shaw, D. A., und Cobb, J. A.: Manual for coding of family interaction. Manuscript 1969.

Paul, G. L.: Insight versus desensitization in psychotherapy: An experiment in anxiety reduction. Stanford: Stanford University Press 1966.

Paul, G. L., und Lentz, R. J.: Psychosocial treatment of chronic mental patients: Milieu versus social learning programs. Cambridge, Mass.: Harvard University Press 1977.

Pawlow, I. P.: Conditioned reflexes. London: Oxford University Press 1927.

Pawlow, I. P.: Ausgewählte Werke. Berlin: Akademie-Verlag 1953.

Pawlow, I. P.: Pawlowsche Mittwochskolloquien. Berlin: Akademie-Verlag 1955.

Perrez, M.: Was nützt die Psychotherapie? Psychologische Rundschau 33 (1982), 121–126.

Perrez, M., und Ischi, N.: Remarks on observational methodology in social interaction research – Exemplified by the analysis of social contingencies in child-parent-interaction. Forschungsbericht des Psychologischen Instituts der Universität Fribourg, Nr. 39 1983.

Perrez, M., und Otto, J. (Hg.): Symptomverschiebung. Eine Kontroverse zwischen Psychoanalyse und Verhaltenstherapie. Salzburg: O. Müller 1978.

Petermann, F. (Hg.): Psychotherapieforschung. Weinheim: Beltz 1977.

Petermann, F.: Veränderungsmessung. Stuttgart: Kohlhammer 1978.

Petermann, F.: Einzelfalldiagnose und klinische Praxis. Stuttgart: Kohlhammer 1982.

Petermann, F., und Hehl, F. J. (Hg.): Einzelfallanalyse. München: Urban & Schwarzenberg 1979.

Petry, J.: Alkoholismustherapie. Vom Einstellungswandel zur kognitiven Therapie. München: Urban & Schwarzenberg 1985.

Phares, E. J.: Locus of control in personality. Morristown, N. J.: General Learning Press 1976.

Phares, E. J.: Locus of control. In: London, H., und Exner, I. E. (Eds.): Dimensions of personality. New York: Wiley 1978.

Phillips, E. L.: A guide for therapists and patients to short-term psychotherapy. Springfield, Ill.: C. C. Thomas 1985.

Pickenhain, L.: Grundriß der Physiologie der höheren Nerventätigkeit. Berlin: VEB Verlag Volk und Gesundheit 1959.

Pinkerton, S. S., Hughes, H., und Wenrich, W. W.: Behavioral medicine. New York: Wiley 1982.

Plog, U.: Differentielle Psychotherapie II: Der Zusammenhang von Lebensbedingungen und spezifischen Therapieeffekten im Vergleich von Gesprächspsychotherapie und Verhaltenstherapie. Bern: Huber 1976.

Pomerleau, O. F., und Brady, J. P. (Eds.): Behavioral medicine. Theory and practice. Baltimore: Williams & Wilkins 1979.

Pope, K. S., Keith-Spiegel, P., und Tabachnik, B. G.: Sexual attraction to clients. American Psychologist 41 (1986), 147–158.

Popper, K. R.: Logik der Forschung. Tübingen: Mohr 1969.

Popper, K. R., und Eccles, J. C.: Das Ich und sein Gehirn. München: Piper 1982.

Postman, L.: The history and present status of the law of effect. Psychological Bulletin 44 (1947), 489–563.

Premack, D.: Reinforcement theory. In: Levine, D. (Ed.): Nebraska symposium on motivation. Lincoln: University of Nebraska Press 1965.

Premack, D.: Cognitive principles? In: McGuigan, F. J., und Lumsden, B. D. (Eds.): Contemporary approaches to conditioning and learning. New York: Wiley 1975.

Preuss, Ch.: Zur Beurteilung von Prozeß und Ergebnis von Psychotherapie aus der subjektiven Sicht von Klienten. Diplomarbeit, Universität Bamberg 1986.

Pribram, K. H.: Languages of the brain. Englewood Cliffs, N. J.: Prentice-Hall 1971.

Pribram K. H.: The cognitive revolution and mind/brain issues. American Psychologist 41 (1986), 507–520.

Prokop, C. A., und Bradley, L. A. (Eds.): Medical psychology. Contributions to behavioral medicine. New York: Academic Press 1981.

Pudel, V.: Zur Psychogenese und Therapie der Adipositas. Berlin: Springer 1978.

Quine, W. v. O.: From a logical point of view. Logico-philosophical essays. New York: Harper & Row 1953.

Rachlin, H.: Introduction to modern behaviorism. San Francisco: Freeman, 2. ed. 1976.

Rachman, S. J.: The current status of behavior therapy. Archives of General Psychiatry 13 (1965), 418–423.

Rachman, S. J.: The effects of psychological treatment. In: Eysenck, H. J., (Ed.): Handbook of abnormal psychology. New York: Basic Books 1973.

Rachman, S. J.: The passing of the two-stage theory of fear and avoidance: Fresh possibilities. Behaviour Research and Therapy 14 (1976), 125–131.

Rachman, S. J.: The conditioning theory of fear acquisition: A critical examination. Behaviour Research and Therapy 15 (1977), 375–387.

Rachman, S. J. (Ed.): Contributions to medical psychology. Vol. 2. Oxford: Pergamon Press 1980.

Rachman, S. J.: Obstacles to the successful treatment of obsessions. In: Foa, E. B., und Emmelkamp, P. M. G. (Eds.): Failures in behavior therapy. New York: Wiley 1983.

Rachman, S. J., und Bergold, J. B.: Verhaltenstherapie bei Phobien. München: Urban & Schwarzenberg 1976.

Rachman, S. J., und Hodgson, R.: Synchrony and desynchrony in fear and avoidance. Behaviour Research and Therapy 12 (1974), 311–318.

Rachman, S. J., und Hodgson, R.: Obsessions and compulsions. Englewood Cliffs, N. J.: Prentice Hall 1980.

Rachman, S. J., Marks, I. M. und Hodgson, R.: The treatment of chronic obsessive-compulsive neurotics by modeling and flooding in vivo. Behaviour Research and Therapy 11 (1973), 463–471.

Rachman, S. J., und Phillips, C.: Psychology and medicine. London: Temple Smith 1975.

Rachman, S. J., und Wilson, G. T.: The effects of psychological therapy. Oxford: Pergamon Press 1980.

Ramp, E., und Semb, G. (Eds.): Behavior analysis. Areas of research and application. Englewood Cliffs, N. J.: Prentice-Hall 1975.

Razran, G.: Stimulus generalization of conditioned responses. Psychological Bulletin 46 (1949), 337–365.

Razran, G.: Operant vs. classical conditioning. American Journal of Psychology 68 (1955), 489–490.

Reed, S. D., Katkin, E. S., und Goldband, S.: Biofeedback and behavioral medicine. In: Kanfer, F. H., und Goldstein, A. P. (Eds.): Helping people change. A textbook of methods. New York: Pergamon Press, 3. ed. 1986.

Reinecker, H.: Selbstkontrolle. Verhaltenstheoretische und kognitive Grundlagen, Techniken und Therapiemethoden. Salzburg: O. Müller 1978.

Reinecker, H.: Grundlagen, Versuchsplanung und Auswertungsmöglichkeiten von Einzelfall-analysen. Zeitschrift für Klinische Psychologie und Psychotherapie 30 (1982), 120–140.

Reinecker, H.: Grundlagen und Kriterien verhaltenstherapeutischer Forschung. Salzburg: AVM-Verlag 1983.

Reinecker, H.: Einzelfallanalyse. In: Roth, E. (Hg.): Sozialwissenschaftliche Methoden. Lehr- und Handbuch für Forschung und Praxis. München: Oldenbourg 1984 a.

Reinecker, H.: Prozeßtheorien: Verhaltensorientierte Modelle. In: Baumann, U. (Hg.): Psycho-therapie: Makro-/Mikroperspektive. Göttingen: Hogrefe 1984 b.

Reinecker, H.: Entwicklungstrends der Verhaltenstherapie. Psychologische Rundschau 36 (1985 a) 158–163.

Reinecker, H.: Verhaltenstherapie. In: Dörner, D., und Selg, H. (Hg.): Psychologie. Eine Einführung in ihre Grundlagen und Anwendungsfelder. Stuttgart: Kohlhammer 1985 b.

Reinecker, H.: Methoden der Verhaltenstherapie. In: Deutsche Gesellschaft für Verhaltensthe-rapie (Hg.), mit Beiträgen von Heyden, Th., Reinecker, H., Schulte, D., und Sorgatz, H.: Verhaltenstherapie: Theorien und Methoden. Tübingen: DGVT-Verlag 1986 a.

Reinecker, H.: Differentielle Effekte der Vermittlung plausibler Ätiologie- und Therapiemo-delle. In: Nutzinger, G., Pfersmann, D., Welan, T., und Zapotoczky, H. G. (Hg.): Herzphobien. Stuttgart: Enke 1986 b.

Reinecker, H., Eisenack, P., und Hartmann, K.: Verhaltenstherapie bei Herzphobien. Exposi-tionstraining, Plausible Modelle und Biofeedback. Memorandum Nr. 4, Lehrstuhl Klinische Psychologie, Bamberg 1985.

Reinecker, H., Hartmann, K., und Eisenack, P.: Plausible Ätiologie- und Therapiemodelle: Differentielle Effekte bei der Therapie von Herzphobikern. Memorandum Nr. 5, Lehrstuhl Klinische Psychologie, Bamberg 1985.

Reisenzein, R.: Kognitive Ansätze in der Emotionsforschung unter spezieller Berücksichtigung der Attributionstheorie. Unveröffentl. Dissertation, Salzburg 1980.

Reisenzein, R.: The Schachter theory of emotion: Two decades later. Psychological Bulletin 94 (1983), 239–264.

Reiter, L.: Werte, Ziele und Entscheidungen in der Psychotherapie. In: Strotzka, H. (Hg.): Psychotherapie: Grundlagen, Verfahren, Indikationen. München: Urban & Schwarzenberg 1975.

Rescorla, R. A.: Pavlovian conditioning and its proper control procedures. Psychological Review 74 (1967), 71–80.

Rescorla, R. A., und Solomon, R. L.: Two-process learning theory: Relationship between Pavlovian conditioning and instrumental learning. Psychological Review 74 (1967), 151–182.

Rescorla, R. A., und Wagner, A. R.: A theory of Pavlovian conditioning: Variations in the effectiveness of reinforcement and nonreinforcement. In: Black, A. H., und Prokasy, W. F. (Eds.): Classical conditioning II: Current research and theory. New York: Appleton-Century-Crofts 1972.

Revenstorf, D.: Zeitreihenanalyse für klinische Daten. Methodik und Anwendungen. Weinheim: Beltz 1979.

Revenstorf, D.: Neuere Methoden der Prozeß- und Evaluationsforschung in der Psychotherapie. Eine kritische Diskussion. In: Brengelmann, J. C. (Hg.): Entwicklung der Verhaltenstherapie in der Praxis. München: Röttger 1980.

Revenstorf, D.: Psychotherapeutische Verfahren, Bd. II: Verhaltenstherapie. Stuttgart: Kohlhammer 1982.

Revenstorf, D.: Stärken & Schwächen der Meta-Analysen für den Therapievergleich. In: Brengelmann, J. C., und Bühringer, G. (Hg.): Therapieforschung für die Praxis. München: Röttger Verlag 1984.

Revusky, S.: The role of interference in association over a delay. In: Honig, W. K., und James, P. H. R. (Eds.): Animal memory. New York: Academic Press 1971.

Revusky, S., und Garcia, J.: Learned associations over long delays. In: Bower, G. H. (Ed.): The psychology of learning and motivation. Vol. IV. New York: Academic Press 1970.

Rimm, D. C., und Masters, J. C.: Behavior therapy. Techniques and empirical findings. New York: Academic Press, 1974 (2. ed. 1979).

Ross, A. O.: Behavior therapy with children. In: Garfield, S. L., und Bergin, A. E. (Eds.): Handbook of psychotherapy and behavior change. An empirical analysis. New York: Wiley, 2. ed. 1978.

Ross, L.: The intuitive psychologist and his shortcomings: Distortions in the attribution process. In: Berkowitz, L. (Ed.): Advances in experimental social psychology. Vol. 10. New York: Academic Press 1977.

Ross, L., Rodin, J., und Zimbardo, P. G.: Towards an attribution therapy: The reduction of fear through induced cognitive-emotional misattribution. Journal of Personality and Social Psychology 12 (1969), 279–288.

Rotter, J. B.: Social learning and clinical psychology. Englewood Cliffs, N. J.: Prentice-Hall 1954.

Rotter, J. B.: Generalized expectancies for internal versus external control of reinforcement. Psychological Monographs 80 (1966), 1–28.

Ryle, G.: The concept of mind. New York: Barnes & Noble 1949.

Saltz, E.: Higher mental processes as the bases for the laws of conditioning. In: McGuigan, F. J. und Lumsden, D. B. (Eds.): Contemporary approaches to conditioning and learning. New York: Wiley 1975.

Sarbin, T. R.: The scientific status of the mental illness metaphor. In: Plog, S. C., und Edgerton, R. B. (Eds.): Changing perspectives in mental illness. New York: Holt 1969.

Sarbin, T., Taft, R., und Bailey, D.: Clinical inference and cognitive theory. New York: Holt 1960.

Schachter, S., und Singer, J. E.: Cognitive, social and physiological determinants of emotional states. Psychological Review 69 (1962), 379–399.

Schandry, R.: Psychophysiologie. Körperliche Indikatoren menschlichen Verhaltens. München: Urban & Schwarzenberg 1981.

Scheerer, E.: Die Verhaltensanalyse. Berlin: Springer 1983.

Scheff, T. J.: Being mentally ill. A sociological theory. Chicago: Aldine-Atherton 1966.

Schiepek, G.: Systemdiagnostik in stationären psychosozialen Einrichtungen. Memorandum Nr. 2, Lehrstuhl Klinische Psychologie, Bamberg 1984.

Schiepek, G.: Systemische Diagnostik in der Klinischen Psychologie. Weinheim: Beltz 1986.

Schindler, L., Müller, U., Hohenberger, E., und Hahlweg, K.: Codierungssystem zur Interaktion in der Psychotherapie. Unveröff. Manuskript, MPI München 1984.

Schlick, M.: Allgemeine Erkenntnislehre. Frankfurt a. M.: Suhrkamp 1979.

Schlosberg, H.: The relationship between success and the laws of conditioning. Psychological Review 44 (1937), 379–394.

Schmelzer, D.: Problem- und zielorientierte Therapie: Ansätze zur Klärung der Ziele und Werte von Klienten. Verhaltensmodifikation 4 (1983), 130–156.

Schmelzer, D.: Problem- und zielorientierte Verhaltenstherapie. Teil I: Zu einigen Kernannahmen des aktuellen verhaltenstherapeutischen Vorgehens. Verhaltensmodifikation 6 (1985), 101–151.

Schmelzer, D.: Problem- und zielorientierte Verhaltenstherapie. Teil II: Das „Optimize"-Prozeßmodell als Orientierungsrahmen für die Praxis. Verhaltensmodifikation 7 (1986), 3–110.

Schmidt, L. (Hg.): Lehrbuch der Klinischen Psychologie. Stuttgart: Enke, 2. Aufl. 1984 a.

Schmidt, L.: Klinische Klassifikations-Systeme und Probleme. In: Schmidt, L. (Hg.): Lehrbuch der Klinischen Psychologie. Stuttgart: Enke, 2. Aufl. 1984 b.

Schneider, W., und Shiffrin, R. M.: Controlled and automatic human information processing: I. Detection, search, and attention. Psychological Review 84 (1977), 1–66.

Schofield, W.: Psychotherapy, the purchase of friendship. Englewood Cliffs, N. J.: Prentice-Hall 1964.

Schorr, A.: Die Verhaltenstherapie. Ihre Geschichte von den Anfängen bis zur Gegenwart. Beltz: Weinheim 1984.

Schulte, D. (Hg.): Diagnostik in der Verhaltenstherapie. München: Urban & Schwarzenberg 1974.

Schulte, D.: Psychodiagnostik zur Erklärung und Modifikation von Verhalten. In: Pawlik, K. (Hg.): Diagnose der Diagnostik. Stuttgart: Klett 1976.

Schulte, D.: Problemanalyse. In: Deutsche Gesellschaft für Verhaltenstherapie (Hg.) mit Beiträgen von Heyden, Th., Reinecker, H. Schulte D., und Sorgatz, H.: Verhaltenstherapie: Theorien und Methoden. Tübingen: DGVT 1986.

Schulte, D., und Kemmler, L.: Systematische Beobachtung in der Verhaltenstherapie. In: Schulte, D. (Hg.): Diagnostik in der Verhaltenstherapie. München: Urban & Schwarzenberg 1974.

Schulz, T., Muthig, K. P., und Koeppler, K.: Theorie, Experiment und Versuchsplanung in der Psychologie. Stuttgart: Kohlhammer 1981.

Schwartz, B., und Gamzu, E.: Pawlowsche Steuerung von operantem Verhalten. In: Zeier, H. (Hg.): Die Psychologie des 20. Jahrhunderts. Bd. IV.: Pawlow und die Folgen. Zürich: Kindler 1977.

Schwartz, G. E.: Psychobiological foundations of psychotherapy and behavior change. In: Garfield, S. L., und Bergin, A. E. (Eds.): Handbook of psychotherapy and behavior change. An empirical analysis. New York: Wiley, 2. ed. 1978.

Schwartz, G. E.: Integrating psychobiology and behavior therapy: A systems perspective. In: Wilson, G. T., und Franks, C. M. (Eds.): Contemporary behavior therapy. Conceptual and empirical foundations. New York: Cuilford Press 1982.

Schwartz, G. E., und Weiss, S. M.: Yale conference on behavioral medicine: A proposed definition and statement of goals. Journal of Behavioral Medicine 1 (1978), 3–12.

Seidenstücker, G.: Indikation in der Psychotherapie. In: Schmidt, L. R. (Hg.): Lehrbuch der Klinischen Psychologie. Stuttgart: Enke, 2. Aufl. 1984.

Seidenstücker, G., und Baumann, U.: Multimethodale Diagnostik. In: Baumann, U., Berbalk, H., und Seidenstücker, G. (Hg.): Klinische Psychologie. Trends in Forschung und Praxis 1. Bern: Huber 1978.

Seiderer-Hartig, M.: Beziehung und Interaktion in der Verhaltenstherapie. Theorie – Praxis – Fallbeispiele. München: Pfeiffer 1980.

Seligman, M. E. P.: On the generality of the laws of learning. Psychological Review 77 (1970), 406–418.

Seligman, M. E. P.: Phobias and preparedness. Behavior Therapy 2 (1971), 307–320.

Seligman, M. E. P.: Helplessness. On depression, development and death. San Francisco: Freeman 1975.

Seligman, M. E. P., und Hager, J. L. (Eds.): Biological boundaries of learning. New York: Appleton-Century-Crofts 1972.

Seligman, M. E. P., und Johnston, J. C.: A cognitive theory of avoidance learning. In: McGuigan, F. J., und Lumsden, D. B. (Eds.): Contemporary approaches to conditioning and learning. New York: Wiley 1975.

Shapiro, D. A., und Shapiro, D.: Meta-analysis of comparative therapy outcome studies: A replication and refinement. Psychological Bulletin 92 (1982), 581–604.

Shapiro, D. H.: Self-control: Refinement of a construct. Biofeedback and Self-Regulation 8 (1983), 443–460.

Shapiro, M. B.: The single case in fundamental clinical psychological research. British Journal of Medical Psychology 34 (1961), 255–262.

Shapiro, M. B.: Clinical approach to fundamental research with special reference to the study of the single patient. In: Sainsbury, P., und Kreitmann, N. (Eds.): Methods of psychiatric research. London: Oxford University Press 1963.

Shapiro, M. B.: The single case in clinical-psychological research. Journal of General Psychology 74 (1966), 2–23.

Shelton, J. L., und Levy, R. L.: Behavioral assignments and treatment compliance. Champaign, Ill.: Research Press 1981.

Sherrington, C. S.: The integrative action of the nervous system. New Haven: Yale University Press 1906.

Shine, L. C., und Bower, S. M.: A one-way analysis of variance for single-subject design. Educational and Psychological Measurement 31 (1971), 105–113.

Sidman, M.: Tactics of scientific research. New York: Basic Books 1960.

Siegrist, J.: Lehrbuch der Medizinischen Soziologie. München: Urban & Schwarzenberg, 2. Aufl. 1975.

Silver, R., und Wortman, C.: Coping with undesirable life events. In: Garber, J., und Seligman, M. E. P. (Eds.): Human helplessness: Theory and applications. New York: Academic Press 1980.

Simon, H. A.: Information processing models of cognition. Annual Review of Psychology 30 (1979), 363–396.

Skinner, B. F.: Two types of conditioned reflex and a pseudotype. Journal of General Psychology 12 (1935), 66–77.

Skinner, B. F.: Two types of conditioned reflex: A reply to Konorski and Miller. Journal of General Psychology 16 (1937), 272–279.

Skinner, B. F.: The behavior of organisms. New York: Appleton-Century-Crofts 1938.

Skinner, B. F.: Are theories of learning necessary? Psychological Review 57 (1950), 193–216.

273

Skinner, B. F.: Science and human behavior. New York: Macmillian 1953. (dt.: Wissenschaft und menschliches Verhalten. München: Kindler 1973).

Skinner, B. F.: Verbal behavior. New York: Appleton-Century-Crofts 1957.

Skinner, B. F.: Cumulative record. New York: Appleton-Century-Crofts 1959.

Skinner, B. F.: Operant behavior. American Psychologist 18 (1963), 503–515.

Skinner, B. F.: An operant analysis of problem solving. In: Kleinmuntz, B. (Ed.): Problem solving. Research, method and theory. New York: Wiley 1966.

Skinner, B. F.: Contingencies of reinforcement. A theoretical analysis. New York: Appleton-Century-Crofts 1969. (dt.: Die Funktion der Verstärkung in der Verhaltenswissenschaft. München: Kindler 1974).

Skinner, B. F.: Beyond freedom and dignity. New York: Appleton-Century-Crofts 1971. (dt.: Jenseits von Freiheit und Würde. Reinbek: Rowohlt 1973).

Skinner, B. F.: About behaviorism. New York: Knopf 1974.

Sloane, R. B., Staples, F. R., Cristol, A. H., Yorkston, N. J., und Whipple, K.: Short-term analytically oriented psychotherapy versus behavior therapy. Cambridge, Mass.: Harvard University Press 1975.

Smith, M. L., und Glass, G. V.: Meta-analysis of psychotherapy outcome studies. American Psychologist 32 (1977), 752–760.

Smith, M. L., Glass, G. V., und Miller, T. I.: The benefits of psychotherapy. Baltimore: John Hopkins University Press 1980.

Solomon, R. R., Kamin, L. J., und Wynne, L. C.: Traumatic avoidance learning: The outcome of several extinction procedures with dogs. Journal of Abnormal and Social Psychology 48 (1953), 291–302.

Sommer, G., und Ernst, H.: Gemeindepsychologie. München: Urban & Schwarzenberg 1977.

Sorgatz, H.: Theorien zur Erklärung psychischer Störungen. In: Deutsche Gesellschaft für Verhaltenstherapie (Hg.), mit Beiträgen von Heyden, Th., Reinecker, H. Schulte, D., und Sorgatz: H.: Verhaltenstherapie: Theorien und Methoden. Tübingen: DGVT-Verlag 1986.

Spence, K. W.: The nature of discrimination learning in animals. Psychological Review 43 (1963), 427–449.

Spence, K. W.: Behavior theory and conditioning. New Haven: Yale University Press 1956.

Spence, K. W.: Behavior theory and learning. Selected papers. Englewood Cliffs, N. J.: Prentice-Hall 1960.

Staats, A. W.: Language behavior therapy: A derivate of social behaviorism. Behavior Therapy 3 (1972), 165–192.

Staats, A. W.: Social behaviorism. Homewood, Ill.: Dorsey Press 1975.

Stegmüller, W.: Das Problem der Induktion: Humes Herausforderung und moderne Antworten. In: Lenk, H. (Hg.): Neue Aspekte der Wissenschaftstheorie. Braunschweig: Vieweg 1971.

Stegmüller, W.: Wissenschaftliche Erklärung und Begründung. Probleme und Resultate der Wissenschaftstheorie und Analytischen Philosophie. Bd. I. Berlin: Springer 1974.

Stern, E.: Reaktivitätseffekte in Untersuchungen zur Selbstprotokollierung des Verhaltens im Feld. Frankfurt a. M.: P. Lang, 1986.

Storms, M., und Nisbett, R. E.: Insomnia and the attribution process. Journal of Personality and Social Psychology 16 (1970), 319–328.

Strian, F.: Angst. Grundlagen und Klinik. Berlin: Springer 1983.

Strong, S. R.: Social psychological approach to pschotherapy research. In: Garfield, S. L., und Bergin, A. E. (Eds.): Handbook of psychotherapy and behavior change. An empirical analysis. New York: Wiley, 2. ed. 1978.

Strong, S. R.: Emerging integrations of clinical and social psychology: A clinician's perspective: In: Weary, G., und Mirels, H. L. (Eds.): Integrations of clinical and social psychology. New York: Oxford University Press 1982.

Strupp, H. H., und Hadley, S. W.: Contemporary views of negative effects in psychotherapy. Archives of General Psychiatry 33 (1976), 1291.

Strupp, H. H., und Hadley, S. W.: A tripartite model of mental health and therapeutic outcomes. With special reference to negative effects in psychotherapy. American Psychologist 32 (1977), 187–196.

Strupp, H. H., und Hadley, S. W.: Negative effects and their determinants. In: Mays, D. T., und Franks, C. M. (Eds.): Negative outcome in psychotherapy and what to do about it. New York: Springer 1985.

Strupp, H. H., Hadley, S. W., und Gomes-Schwartz, B.: Psychotherapy for better or worse: The problem of negative effects. New York: Aronson 1977.

Stuart, R. B.: Behavioral control of overeating. Behaviour Research and Therapy 5 (1967), 357–365.

Stuart, R. B.: Ethical guidelines for behavior therapy. In: Turner, S. M., Calhoun, K. S., und Adams, H. E. (Eds.): Handbook of clinical behavior therapy. New York: Wiley 1981.

Stuart, R. B., Mitchell, Ch., und Jensen, J. A.: Therapeutic options in the management of obesity. In: Prokop, C. A., und Bradley, L. A. (Eds.): Medical psychology: Contributions to behavioral medicine. New York: Academic Press 1981.

Sturgis, E. T., und Arena, J. G.: Psychophysiological assessment. In: Hersen, M., Eisler, R. M. und Miller, P. M. (Eds.): Progress in behavior modification. Vol. 17. New York: Academic Press 1984.

Suomi, S. J.: Relevance of animal models for clinical psychology. In: Kendall, P. C., und Butcher, J. N. (Eds.): Handbook of research methods in clinical psychology. New York: Wiley 1982.

Suppes, P.: Introduction to logic. Princeton, N. J.: Van Nostrand 1957.

Sweet, A.: The therapeutic relationship in behavior therapy. Clinical Psychology Review 4 (1984), 253–272.

Szasz, T. S.: The myth of mental illness. American Psychologist 15 (1960), 113–118.

Taylor, S. E., und Fiske, S. T.: Point of view and perception of causality. Journal of Personality and Social Psychology 32 (1975), 439–445.

Taylor, S. E., und Fiske, S. T.: Salience, attention, and attribution: Top of the head phenomena. In: Berkowitz, L. (Ed.): Advances in experimental social psychology. Vol. 11. New York: Academic Press 1978.

Terris, W., und Wechkin, S.: Learning to resist the effect of punishment. Psychonomic Science 7 (1967), 169–170.

Teska, P. T.: The mentality of hydrocephalics and a description of an interesting case. Journal of Psychology 23 (1947), 197–203.

Tharp, R. G., und Wetzel, R. J.: Verhaltensänderungen im gegebenen Sozialfeld. München: Urban & Schwarzenberg 1975.

Thomas, L.: On the science and technology of medicine. In: Knowles, J. H. (Ed.): Doing better and feeling worse: Health in the United States. New York: Norton 1977.

Thoresen, C. E., und Elashoff, J. D.: An analysis-of-variance model for intrasubject replication design: Some additional comments. Journal of Applied Behavior Analysis 7 (1974), 639–641.

Thorndike, E. L.: Animal intelligence: An experimental study of the associative processes in animals. Psychological Review Monograph 2 (1898), 1–109.

Thorndike, E. L.: Animal intelligence. New York: Macmillian 1911.

Thorndike, E. L.: Educational psychology I: The original nature of man. New York: Teachers College, Columbia University 1913 a.

Thorndike, E. L.: Educational psychology II: The psychology of learning. New York: Teachers College, Columbia University 1913 b.

Thorndike, E. L.: The fundamentals of learning. New York: Teachers College, Columbia University 1932.

Thorndike, E. L.: The psychology of wants, interests and attitudes. New York: Appleton Century Inc. 1935.

Tolman, E. C.: Purposive behavior in animals and man. New York: Appleton-Century-Crofts 1932.

Truax, C. B.: Effective ingredients in psychotherapy. Journal of Counseling Psychology 10 (1963), 256–263.

Tunner, W.: Allgemeine theoretische Grundlagen der Verhaltenstherapie. Zeitschrift für Psychotherapie und Medizinische Psychologie 4 (1970), 147–153.

Tunner, W.: Die Behandlung neurotischer Ängste durch Selbstwahrnehmung, Selbstinstruktion und Probehandeln. Experimentelle Ergebnisse und klinische Beobachtungen. Vortrag auf dem 30. Kongreß der DGfPs in Regensburg 1976.

Tunner, W.: Das Dilemma experimenteller Therapie-Erfolgsstudien. Vortrag auf dem Kongreß der EABT, Wien 1978.

Tunner, W.: Die therapeutische Anwendung lerngeschichtlicher Analyse. In: Brengelmann, J. C. (Hg.): Entwicklung der Verhaltenstherapie in der Praxis. München: Röttger 1980.

Tunner, W., und Birbaumer, N.: Über die Bedeutung der allgemeinen Psychologie für die Verhaltenstherapie. Zeitschrift für Klinische Psychologie 15 (1986), 89–95.

Turk, D. C., und Genest, M.: Regulation of pain: The application of cognitive and behavioral techniques for prevention and remediation. In: Kendall, P. C., und Hollon, S. D. (Eds.): Cognitive-behavioral interventions. Theory, research, and procedures. New York: Academic Press 1979.

Turk, D. C., und Salovey, P.: Cognitive structures, cognitive processes, and cognitive-behavior modification: II. Judgments and inferences of the clinician. Cognitive Therapy and Research 9 (1985), 19–33.

Turk, D. C., und Speers, M. A.: Cognitive schemata and cognitive processes in cognitive-behavioral interventions: Going beyonds the information given. In: Kendall, P. C. (Ed.): Advances in cognitive-behavioral research and therapy. New York: Academic Press 1983.

Turner, M. B.: Philosophy and the science of behavior. New York: Appleton-Century-Crofts 1967.

Turner, R. M., und Ascher, L. M. (Eds.): Evaluating behavior therapy outcome. New York: Springer 1985.

Turner, S. M., Calhoun, K. S., und Adams, H. E. (Eds.): Handbook of clinical behavior therapy. New York: Wiley 1981.

Twardosz, S.: Environmental organization: The physical, social, and programmatic context of behavior. In: Hersen, M., Eisler, R. M., und Miller, P. M. (Eds.): Progress in behavior modification. Vol. 18. New York: Academic Press 1984.

Ulich, D.: Das Gefühl. Eine Einführung in die Emotionspsychologie. München: Urban & Schwarzenberg 1982.

Ullmann, L. P., und Krasner, L. (Eds.): Case studies in behavior modification. New York: Holt 1965.

Ullmann, L. P., und Krasner, L.: A psychological approach to abnormal behavior. Englewood Cliffs, N. J.: Prentice-Hall 1975 (2nd Ed.).

Ullrich de Muynck, R., und Ullrich, R.: Das Assertiveness-Trainings-Programm ATP. Einübung von Selbstvertrauen und sozialer Kompetenz. 3 Bde. München: Pfeiffer 1976.

Valins, S., und Nisbett, R. E.: Attribution processes in the development and treatment of emotional disorders. In: Jones, E. E. et al. (Eds.): Attribution: Perceiving the causes of behavior. Morristown, N. J.: General Learning Press 1971.

Vandenbos, G. R. (Ed.): Psychotherapy. Practice, research, policy. Beverly Hills: Sage 1980.

Vandenbos, G. R. (Ed.): Special issue: Psychotherapy research. American Psychologist 41 (1986), whole No. 2.

Vandereycken, W., und Meermann, R.: Anorexia nervosa. A clinician's guide to treatment. Berlin: deGruyter 1984.

Vaughan, M., und Beech, H. R.: Which obsessionals fail to change? In: Mays, D. T., und Franks, C. M. (Eds.): Negative outcome in psychotherapy and what to do about it. New York: Springer 1985.

Vogl, S.: Modellernen. In: Kraiker, Ch. (Hg.): Handbuch der Verhaltenstherapie. München: Kindler 1974.

Wagner, A. R.: Frustrative nonreward: A variety of punishment. In: Campbell, B. A., und Church, R. M. (Eds.): Punishment and aversive behavior. New York: Appleton-Century-Crofts 1969.

Walschburger, P.: Emotionsforschung und Klinische Psychologie. In: Baumann, U., Berbalk, H., und Seidenstücker, G. (Hg.): Klinische Psychologie. Trends in Forschung und Praxis 5. Bern: Huber 1982.

Watson, J. B.: Psychology as the behaviorist views it. Psychological Review 20 (1913), 158–177.

Watson, J. B.: Psychology from the standpoint of a behaviorist. Philadelphia: Lippincott 1919.

Watson, J. B.: Behaviorism. Chicago: University of Chicago Press 1924.

Weary, G., und Mirels, H. L. (Eds.): Integrations of clinical and social psychology. New York: Oxford University Press 1982.

Weiner, B.: Achievement motivation and attribution theory. Morristown, N. J.: General Learning Press 1974.

Weiner, B.: Human motivation. New York: Holt 1980.

Weingartner, P.: Wissenschaftstheorie I. Einführung in die Hauptprobleme. Stuttgart: Fromann-Holzboog 1971.

Weiss, R. L.: Operante Methoden in der psychologischen Diagnostik. In: Schulte, D. (Hg.): Diagnostik in der Verhaltenstherapie. München: Urban & Schwarzenberg 1974.

Westmeyer, H.: Logik der Diagnostik. Grundlagen einer normativen Diagnostik. Stuttgart: Kohlhammer 1972.

Westmeyer, H.: Kritik der psychologischen Unvernunft. Probleme der Psychologie als Wissenschaft. Stuttgart: Kohlhammer 1973.

Westmeyer, H.: Zur Beziehung zwischen Verhaltensdiagnose und Verhaltenstherapie. Psychologische Rundschau 26 (1975), 282–288.

Westmeyer, H.: Die rationale Rekonstruktion einiger Aspekte psychologischer Praxis. In: Albert, H., und Stapf, K. H. (Hg.): Theorie und Erfahrung. Beiträge zur Grundlagenproblematik in den Sozialwissenschaften. Stuttgart: Klett 1979a.

Westmeyer, H.: Wissenschaftstheoretische Grundlagen der Einzelfallanalyse. In: Petermann, F., und Hehl, F. J. (Hg.): Einzelfallanalyse. München: Urban & Schwarzenberg 1979b.

Westmeyer, H.: Allgemeine methodologische Probleme der Indikation in der Psychotherapie. In: Baumann, U. (Hg.): Indikation zur Psychotherapie. Perspektiven für Praxis und Forschung. München: Urban & Schwarzenberg 1981a.

Westmeyer, H.: Von den Schwierigkeiten, ein Behaviorist zu sein oder Auf der Suche nach einer behavioristischen Identität. In: Lenk, H. (Hg.): Handlungstheorien – interdisziplinär. Bd. 3. München: Fink 1981b.

Westmeyer, H., und Hoffmann, N. (Hg.): Verhaltenstherapie: Grundlegende Texte. Hamburg: Hoffmann und Campe 1977.

Wiener, N.: Cybernetics. New York: Wiley 1948. (dt.: Kybernetik. Reinbek: Rowohlt 1968).

Wiggins, J. S.: Personality and prediction. Principles of personality assessment. Menlo Park, Calif.: Addison-Wesley 1973.

Wikler, A.: Einige lerntheoretische Überlegungen zum Problem der Drogenabhängigkeit. In: Ferstl, R., und Kraemer, S. (Hg.): Abhängigkeiten. Ansätze zur Verhaltensmodifikation. München: Urban & Schwarzenberg 1976.

Williams, J. B. W., und Spitzer, R. L. (Eds.): Psychotherapy research: Where are we and where should we go? New York: Guilford Press 1984.

Williams, R. B., und Gentry, W. D. (Eds.): Behavioral approaches to medical treatment. Cambridge Mass.: Ballinger 1977.

Wilson, G. T.: On the much discussed nature of the term „behavior therapy". Behavior Therapy 9 (1978), 89–98.

Wilson, G. T.: Towards specifying the „nonspecific" factors in behavior therapy: A social-learning analysis. In: Mahoney, M. J. (Ed.): Psychotherapy process. Current issues and future directions. New York: Plenum Press 1980.

Wilson, G. T.: Behavior therapy as a short-term therapeutic approach. In: Budman, S. H. (Ed.): Forms of brief therapy. New York: Guilford Press 1981.

Wilson, G. T., und Evans, I. M.: The therapist-client relationship in behavior therapy. In: Gurman, A. S., und Razin, A. M. (Eds.): Effective psychotherapy. A handbook of research. New York: Pergamon Press 1977.

Wilson, G. T., und Franks, C. M. (Eds.): Contemporary behavior therapy. Conceptual and empirical foundations. New York: Guilford Press 1982.

Wilson, G. T., Hannon, A. E., und Evans, W. I. M.: Behavior therapy and the therapist-patient relationship. Journal of Consulting and Clinical Psychology 32 (1968), 103–109.

Wimmer, H., und Perner, J.: Kognitionspsychologie. Stuttgart: Kohlhammer 1979.

Wipplinger, R.: Ethische Probleme in der Verhaltenstherapie. Verhaltenstherapie und psychosoziale Praxis 1 (1986), 7–25.

Wittchen, H. U., und Fichter, M.: Psychotherapie in der Bundesrepublik. Weinheim: Beltz 1980.

Wittgenstein, L.: Philosophical investigations. London: Blackwell 1953.

Wittling, W.: Biofeedback-Therapie. In: Wittling, W. (Hg.): Handbuch der Klinischen Psychologie. Bd. 2: Psychotherapeutische Interventionsmethoden. Hamburg: Hoffmann und Campe 1980.

Wittmann, W. W.: Die Evaluation von Behandlungs- und Versorgungskonzepten. In: Baumann, U. (Hg.): Psychotherapie: Makro-/Mikroperspektive. Göttingen: Hogrefe 1984.

Wittmann, W. W.: Evaluationsforschung. Aufgaben, Probleme und Anwendungen. Berlin: Springer 1985.

Wittmann, W. W., und Matt, G. E.: Meta-Analyse als Integration von Forschungsergebnissen am Beispiel deutschsprachiger Arbeiten zur Effektivität von Psychotherapie. Psychologische Rundschau 37 (1986), 20–40.

Wolpe, J.: Experimental neuroses as learned behavior. British Journal of Psychology 43 (1952), 243–261.

Wolpe, J.: Psychotherapy by reciprocal inhibition. Palo Alto, Calif.: Stanford University Press 1958.

Wolpe, J.: The practice of behavior therapy. New York: Pergamon Press 1969.

Wolpe, J.: Behavior therapy and its malcontents I.: Denial of its bases and psychodynamic fusionism. Journal of Behavior Therapy and Experimental Psychiatry 7 (1976a), 1–5.

Wolpe, J.: Behavior therapy and its malcontents II.: Multimodal eclecticism, cognitive exclusivism and „exposure" empiricism. Journal of Behavior Therapy and Experimental Psychiatry 7 (1976b), 109–116.

Wolpe, J.: Cognition and causation in human behavior and its therapy. American Psychologist 33 (1978), 437–446.

Wolpe, J., und Lang, P.: A fear survey schedule for use in behavior therapy. Behaviour Research and Therapy 5 (1964), 27–30.

Wolpe, J., und Lazarus, A. A.: Behavior therapy techniques: A guide to the treatment of neuroses. Oxford: Pergamon Press 1966.

Wynne, L. C., und Solomon, R. L.: Traumatic avoidance learning: Acquisition and extinction in dogs deprived of normal peripheral autonomic function. Genetic and Psychological Monographs 52 (1955), 241–284.

Yates, A. J.: Symptoms and symptom substitution. Psychological Review 65 (1958), 371–374.

Yates, A. J.: Behavior therapy. New York: Wiley 1970.

Yates, A. J.: Theory and practice in behavior therapy. New York: Wiley 1975.

Yates, A. J.: Research methods in behavior modification. A comparative evaluation. In: Hersen, M., Eisler, R. M., und Miller, P. M. (Eds.): Progress in behavior modification. Vol. 2. New York: Academic Press 1976.

Yates, A. J.: Biofeedback and the modification of behavior. New York: Plenum Press 1980.

Yates, B. T., und Newman, F. L.: Approaches to cost-effectiveness analysis and cost-benefit analysis of psychotherapy. In: Vandenbos, G. R. (Ed.): Psychotherapy. Practice, Research, policy. Beverly Hills: Sage Publications 1980.

Zajonc, R. B.: Feeling and thinking: Preferences need no inferences. American Psychologist 35 (1980), 151–175.

Zajonc, R. B.: On the primacy of affect. American Psychologist 39 (1984), 117–123.

Zaworka, W., und Hand, I.: Ein individuelles Verlaufs- und Indikations-Modell (IVIM) für (Zwangs-)neurotische Symptombildungen. Ein Modellansatz. In: Baumann, U. (Hg.): Indikation zur Psychotherapie. Perspektiven für Praxis und Forschung. München: Urban & Schwarzenberg 1981.

Zeier, H.: Wörterbuch der Lerntheorien und der Verhaltenstherapie. München: Kindler 1976.

Zeiler, M. D., und Harzem, P. (Eds.): Reinforcement and the organization of behavior. Advances in analysis of behaviour. Vol. 1. New York: Wiley 1979.

Zeiss, A. M., und Jones, S. L.: Behavioral treatment of depression: Examining treatment failures. In: Foa, E. B., und Emmelkamp, P. M. G. (Eds.): Failures in behavior therapy. New York: Wiley 1983.

Ziesat, H. A.: Behavioral approaches to the treatment of chronic pain. In: Prokop, C. A., und Bradley, L. A. (Eds.): Medical psychology: Contributions to behavioral medicine. New York: Academic Press 1981.

Zimmer, D. (Hg.): Die therapeutische Beziehung. Konzepte, empirische Befunde und Prinzipien ihrer Gestaltung. Weinheim: Edition Psychologie 1983.

Personenverzeichnis

Sachverzeichnis

Pädagogische Psychologie
Ein Lehrbuch
Hrsg. v. Bernd Weidenmann, Andreas Krapp,
Manfred Hofer, Günter L. Huber und Heinz Mandl
1986, 873 Seiten, kartoniert
ISBN 3–621–14311–4

Lernen und Erziehen

sind die Themen der Pädagogischen Psychologie
oder Erziehungspsychologie. Sie erforscht
pädagogische Situationen in Familie, Schule, Beruf,
Freizeit und untersucht die Psychologie von
Schülern, Lehrern, Eltern, erwachsenen Lernern,
von Medien und Lernumwelten.
Dieses neue Lehrbuch gibt einen Überblick über
die aktuelle Pädagogische Psychologie in
drei Bereichen: (1) Wissenschaftliche Grundlagen,
(2) Theorien und Ergebnisse, (3) Pädagogisch-
Psychologisches Handeln.
Es ist entstanden unter Mitarbeit bekannter
Experten aus verschiedenen Teilgebieten der
Psychologie und Pädagogik.

Psychologie Verlags Union

Handbücher in Schlüsselbegriffen

Bruhn/Oerter/Rösing (Hg.)
Musikpsychologie
1985. 592 Seiten, kartoniert DM 78.- ISBN 3-621-14291-6

Euler/Mandl (Hg.)
Emotionspsychologie
1983. 368 Seiten, kartoniert DM 36.- ISBN 3-621-14031-X

Frey/Greif (Hg.)
Sozialpsychologie
2., erw. Aufl. 1987. 631 Seiten, kartoniert DM 48.- ISBN 3-621-27003-5

Herrmann/Lantermann (Hg.)
Persönlichkeitspsychologie
1985. 466 Seiten, kartoniert DM48.- ISBN 3-621-14281-9

Kagelmann/Wenninger (Hg.)
Medienpsychologie
1982. 291 Seiten, kartoniert DM 32.- ISBN 3-621-09941-7

Keupp/Rerrich (Hg.)
Psychosoziale Praxis
1982. 350 Seiten, kartoniert DM 35.- ISBN 3-621-10321-X

Kruse/Graumann/Lantermann (Hg.)
Ökopsychologie
1989. Ca. 550 Seiten, kartoniert ca. DM 98.- ISBN 3-621-14321-1

Lück/Miller/Rechtien (Hg.)
Geschichte der Psychologie
1984. 282 Seiten, kartoniert DM 36.- ISBN 3-621-14161-8

Mertens (Hg.)
Psychoanalyse
1983. 352 Seiten, kartoniert DM 48.- ISBN 3-621-10441-0

Silbereisen/Montada (Hg.)
Entwicklungspsychologie
1983. 304 Seiten, kartoniert DM 36.- ISBN 3-621-10461-5

Thomas (Hg.)
Sportpsychologie
1982. 277 Seiten, kartoniert DM 36.- ISBN 3-621-10481-X

Psychologie Verlags Union

Preisänderungen vorbehalten

Materialien für die psychosoziale Praxis

Ulrike Petermann: Training mit sozial unsicheren Kindern
Einzeltraining, Kindergruppen, Elternberatung
2.,erw. Auflage 1986, 184 Seiten, DM 38,- ISBN 3-621-27004-3

Sozial unsicheres Verhalten bei Kindern ist ein alltägliches Problem: Gehemmtheit, Schüchternheit, soziale Isolation, Hilflosigkeit, Rückzugsverhalten, mangelnde Selbstwertgefühle, Unsicherheit, fehlende Selbstbehauptung, Verweigerungsverhalten, soziale Angst.
Durch Intervention auf verschiedenen Ebenen, beim einzelnen Kind, in der Kindergruppe, in der Arbeit mit Eltern, kann hier Abhilfe geschaffen werden.

Franz Petermann/Ulrike Petermann:
Training mit aggressiven Kindern
Einzeltraining, Kindergruppen, Elternverantwortung
2.,überarb. Auflage 1984, 238 Seiten, DM 38,- ISBN 3-621-08702-8

Aggressionen sind bei Kindern weit verbreitet. Wutausbrüche, Egoismus, feindseliges Verhalten, Rachsucht, Zerstörungsdrang, Haß und Ärger sind Phänomene, denen Erwachsene und Gleichaltrige oft hilflos gegenüberstehen. Dieses erprobte Trainingsprogramm schafft Abhilfe.

Franz Petermann/Meinolf Noeker/Udo Bode:
Psychologie chronischer Krankheiten im
Kindes- und Jugendalter
1987, ca. 190 Seiten, ca. DM 32,- ISBN 3-621-27041-8

Das interdisziplinäre Team dieses Buches gibt Aufklärung über Formen, Verlauf, Prognose und psychosoziale Bewältigungs-möglichkeiten von chronischen Erkrankungen bei Kindern (Krebs, Diabetes, Herzfehler u.a.m.). Zahlreiche Hinweise für das praktische Vorgehen bei der psychosozialen Intervention runden die Darstellung ab.

Psychologie Verlags Union
München - Weinheim